MALRAUX
ÊTRE ET DIRE

MALRAUX
ÊTRE ET DIRE

Textes réunis par Martine de Courcel

NÉOCRITIQUE

Postface inédite de
ANDRE MALRAUX

PLON

© George Weidenfeld et Nicolson Ltd, 1976
© André Malraux pour *Néocritique*
© Maurice Schumann pour *A. M., la biologie et l'anti-destin*
© Librairie Plon, 1976, pour la traduction française

ISBN : 2-259-00084-3

AVERTISSEMENT AU LECTEUR

Il est bien rare de commencer à lire un livre par le commencement. Ici cette démarche généralement répréhensible est sans aucun doute justifiée, voire même à encourager, le lecteur allant directement au meilleur : la postface d'André Malraux, *Néocritique.* Texte dans lequel il parle plus longuement qu'il ne l'a jamais fait du concept de métamorphose en littérature et ouvre de nouvelles perspectives sur la biographie. Si le lecteur a été discipliné, ce qui suit l'éclairera sur le propos de cet ouvrage, et s'il ne l'a pas été, il ne trouvera peut-être pas inutile que lui soit expliqué comment ce livre est devenu ce qu'il est.

Car Malraux comme toujours va directement au noyau des choses, sans s'attarder aux couches intermédiaires, et s'il fait la genèse des « Colloques » qui constituent selon lui un nouveau genre littéraire, auquel appartient ce livre, il est peut-être bon de reprendre un cheminement plus lent, plus logique, moins fulgurant et d'expliquer la manière dont celui-ci s'est fait.

I

Ce livre avait comme ambition première de faire tomber le mur de rhétorique qui semble interdire aux Anglo-Saxons, et aux Anglais en particulier, l'accès à l'œuvre de Malraux : la rhétorique étant pour eux un objet de désapprobation et une cause d'embarras.

A l'origine les auteurs devaient donc être anglais ou américains. Il est devenu rapidement évident que certains aspects de l'œuvre de Malraux devaient être étudiés par des Français, dans la mesure où ils relevaient trop exclusivement de notre contexte national. D'autre part, à mesure que le choix des thèmes à traiter se précisait, il m'est apparu que la dimension mondiale de Malraux demandait la participation à ce livre, d'auteurs appartenant à des pays qui avaient marqué par leur culture et leur art l'œuvre de Malraux et qui en retour avaient été marqués par sa pensée, d'où la participation de Chang Mei-yoan, Girija Mookerjee et Tadao Takémoto.

J'ai donc appareillé des sujets et des auteurs, sans plan bien défini, sachant seulement d'*où* je partais et *où* je voulais arriver. Il ne s'agissait pas, comme Malraux l'écrira ensuite dans sa Postface, « de rendre une œuvre intelligible, mais de rendre sensible à ce qui fait sa valeur ». La structure du livre est née de son existence et ce n'est qu'à postériori que les différents chapitres se sont ordonnés en une table des matières qui a une logique interne née de la fusion du thématique et du chronologique : il me semble en effet qu'à travers des études relativement abstraites et théoriques comme l'*Unité d'esprit*, l'*Agnosticisme*, le *Taoisme et le Confucianisme*, le *Mythe*, dont l'austérité devrait être compensée par des articles plus concrets comme les témoignages de Victoria Ocampo ou de Cyril Sulzberger et par des chapitres à dominante historique comme ceux sur l'Indochine et la Guerre d'Espagne, apparaît un Malraux très proche, très vivant et très humain.

Cette présence de Malraux, nous l'avons obtenue par des moyens indirects que Malraux appellerait « obliques », alors qu'une approche plus directe aurait donné une image plus précise, mais sans doute moins exacte. Cette image n'est pas une photographie « posée », elle est en quelque sorte une image cinétique, elle bouge, elle est peut-être un peu floue, mais à travers elle Malraux existe.

Par respect pour la propre attitude de Malraux à l'égard de sa biographie * — qui est de ne pas s'y intéresser —, figure à la fin du livre un tableau synoptique des événements importants de sa vie et des dates de publication de ses œuvres : seul l'article du professeur Walter Langlois donne quelques précisions sur son enfance et son adolescence, car après l'aventure indochinoise la vie de Malraux et son œuvre sont si intimement mêlées qu'il suffit de se référer à ses livres pour connaître sa biographie.

La structure de ce livre est plus horizontale que verticale : les textes communiquent entre eux et forment un réseau avec

---

* Consulter l'excellent ouvrage de Jean Lacouture, *André Malraux, une Vie dans le Siècle,* Seuil 1973.

des croisements, des intersections et même des bifurcations. Ce qui pourrait donc apparaître comme redite ou comme chevauchement crée au contraire des points où l'image s'affine et se trouve améliorée par chaque auteur : accroissement du contraste, semblable à celui qu'apporte le tirage simultané de négatifs superposés.

Cette technique d'approches multiples, que Malraux compare à des faisceaux de D.C.A. suivant un avion dans le ciel, conduit à un éclatement de la biographie linéaire, à un refus de réduire le personnage aux éléments objectifs de sa vie, qui me paraît convenir tout particulièrement à l'étude de Malraux, dans la mesure où il se définit par un double système intégré, par une double unité : une première entre sa vie et son œuvre et une seconde à l'intérieur de l'œuvre elle-même. Car s'il est toujours artificiel d' « atomiser » une œuvre, de la compartimenter en chapitres indépendants les uns des autres (même si cette technique a une valeur heuristique), il serait encore plus absurde de le faire dans le cas de Malraux.

Ce travail ne prétend donc pas être exhaustif, mais au contraire, être suffisamment ouvert pour susciter et accueillir ensuite d'autres points de vue et d'autres démarches : je veux pour preuve de cette ouverture que, prenant connaissance au moment de mettre sous presse de la très intéressante étude de Maurice Schumann, « De la Condition humaine à la logique du vivant, André Malraux, la biologie et l'antidestin », nous n'avons pas hésité à différer la parution de *Malraux, Etre et Dire,* pour publier une partie de ce travail, tant il nous paraissait être dans le droit fil de notre approche.

C'est pourquoi, dans cette perspective de communication entre les textes, il est intéressant qu'Isaiah Berlin tente d'analyser le marxisme de Malraux et que Françoise Dorenlot, Hugh Thomas, Manès Sperber et Cyril Sulzberger en parlent aussi dans leurs articles. Et que finalement ces opinions, qui parfois convergent et parfois divergent, fassent apparaître que Malraux s'était intéressé au marxisme dans la mesure où il lui semblait apporter une possibilité de métamorphose du monde et que paradoxalement il était devenu gaulliste pour des raisons du même ordre, c'est-à-dire éthiques plutôt qu'idéologiques : voyant en de Gaulle une sorte d'artiste suprême qui avait le pouvoir de ressusciter la France historique et mythique.

De même il est bon que Gaston Palewski esquisse l'arrière-plan historique de l'amitié entre Malraux et de Gaulle, comme il est utile que Françoise Dorenlot, Manès Sperber et Girija Mookerjee apportent leur point de vue. C'est évidemment dans la mesure où il était antifasciste et anticommuniste que Malraux était gaulliste mais c'était aussi parce qu'il avait des idées très voisines de celles du général de Gaulle sur la décolonisation, problème qui avait été, nous le verrons, à l'origine de sa vocation politique. L'un et l'autre croyaient au Verbe : leurs discours étaient des actes.

Une telle démarche n'est pas sans risque, comme il n'est pas sans risque de tenter de faire un livre de synthèse sur un écrivain qui continue d'écrire, car si, comme le dit Malraux, « le tir devient de plus en plus groupé », il arrive aussi que le tir soit franchement hors de la cible (je laisse au lecteur le soin de le découvrir), et si certains articles enlèvent un masque, d'autres en ajoutent.

Pour les mêmes raisons il me semble également important que Manès Sperber, dans son article sur Malraux et la politique, soit conduit à parler des conceptions esthétiques de ce dernier, comme il l'est que dans son article sur la création artistique Jean Leymarie mentionne les engagements révolutionnaires de Malraux. Et que André Holleaux qui décrit son travail administratif au ministère des Affaires culturelles fasse allusion à ses théories sur l'art. Et que Hugh Thomas qui étudie son action pendant la guerre d'Espagne finisse par parler du général de Gaulle. Et que Tadao Takémoto qui analyse le rapport de Malraux avec le Japon soit amené à inclure certaines réflexions sur celui qu'il a avec l'Inde dans son article. Et que le R.P. Pierre Bockel parlant de l'attitude de Malraux à l'égard de la foi raconte la vie du « colonel Berger » dans les maquis de Corrèze. Il est certain aussi que l'entreprise indochinoise vue par Walter Langlois et celle vue par John Lehmann sont deux aventures bien différentes : quelle est la vraie ? De même l'importance du rôle prêté à Malraux dans la Révolution chinoise varie d'un auteur à l'autre. Comme varie l'interprétation donnée à l'absence de femmes dans son œuvre lorsqu'elle est faite par John Lehmann, Freddie Ayer ou Hugh Thomas.

Mais ces variations sont finalement de contour et ce qui est au centre de l'image s'en trouve d'une certaine manière précisé.

Ce livre, sous l'apparence de la diversité, rend compte de cette double unité qui me paraît caractériser l'œuvre de Malraux et dont j'ai déjà parlé : unité interne de l'œuvre et unité entre l'œuvre et la vie, si bien illustrée par le fait que Malraux écrivit plusieurs chapitres de *l'Espoir* entre deux missions aériennes.

II

La première question qui vient à l'esprit en lisant ce livre, c'est de se demander si vraiment Malraux n'éprouve pas une sorte de répulsion ontologique à l'endroit de ce qui est organisé, institutionnalisé. Nous le verrons, il ne supporte pas l'enseignement trop académique de l'Ecole Turgot, et prend lui-même en charge son éducation ; c'est à titre personnel, sans l'aide protectrice de l'Ecole d'Extrême-Orient, qu'il entreprend des fouilles en Indochine ; il participe à la guerre civile espagnole jusqu'au moment où elle se transforme en guerre classique ; la Résistance n'était pas non plus le comble de la convention, ni dans ses méthodes ni dans les risques qu'on y prenait ; il abandonne la politique au moment où de Gaulle se retire, car il pressent un retour aux anciennes règles du jeu.

C'est sans doute pour cela que Malraux n'est aimé ni de la gauche ni de la droite. (Son roman *Les Conquérants* fut interdit en U.R.S.S. et en Italie lors de sa parution en 1928). En fait il n'est pas aimé de ceux qui sont des *professionnels de quelque chose,* ils le perçoivent comme un tricheur, un marginal. Il est un peu comme ces jeunes Espagnols dont il avait le physique dans sa jeunesse et dont il conserve la fougue, que l'on appelle « espontaneos » et qui sautent dans l'arène sans en avoir le droit : Malraux lui, tue le toro du matador et celui-ci a l'air un peu ridicule.

Peut-être est-ce pour les mêmes raisons que, parmi nos contemporains, personne ne comprend mieux que lui ce qui se passe dans les zones mystérieuses qui sont aux confins du passé et du présent et à ceux du présent et du futur : la récente réflexion de Malraux sur la biologie moderne, commentée par Maurice Schumann, nous en donne un exemple.

Il éprouve la même répulsion à l'égard de toute église établie : c'est probablement une des raisons qui l'ont fait se détacher du marxisme. Cet agnostique que la pensée religieuse, les pensées religieuses, fascinent, n'est jamais intéressé par le dogme d'une religion, qu'elle soit taoïste, catholique ou bouddhiste, ce qui l'intéresse c'est ce que les religions font de

l'homme qui les pratique et par quels moyens elles l'aident
à tirer de lui-même « des images assez puissantes pour nier
son néant ».

Nous retrouvons là cette même horreur de tout ce qui est
institutionnalisé et c'est dans d'autres religions qu'il cherchera
les réponses aux questions que pose la religion chrétienne.

Lorsque Mauriac laisse entendre dans ses souvenirs, qu'il
pensait que Malraux avait un tempérament profondément
religieux et que si il haïssait l'Eglise il ne la méprisait pas, il
avait peut-être présent à la mémoire le passage de *l'Espoir*
dans lequel Guernico exprime sa tristesse devant le fait que
l'Eglise ait oublié le message du Christ pour n'être plus que
rites.

Pour Malraux, pèlerin de la transcendance, la curiosité à
l'égard de la mort n'est ni d'ordre religieux ni d'ordre psychologique, mais précisément d'ordre métaphysique. Il a tout
l'appareil mental des mystiques, mais sa foi n'est pas religieuse, elle est une sorte de foi en l'homme et en son pouvoir
de dépasser son propre néant.

III

Le second élément que ce livre met aussi en lumière est
ce que, faute de mieux, j'appellerai *l'aspect atemporel* de
Malraux : il semble n'avoir connu ni « jeunesse » ni « maturité », elles sont de simples repères chronologiques. Sa maturité à 20 ans n'était pas plus étonnante que ne l'est sa jeunesse à 70 ans : entreprendre des fouilles au Cambodge en
1923, impliquait non seulement un grand esprit d'aventure,
mais aussi un réalisme et un sens de l'organisation rares chez
un garçon de 21 ans ; et se porter volontaire pour combattre
au Bengladesh n'est pas venu à l'esprit de nombreux septua-
génaires en 1973.

C'est sur le bateau qui le ramenait d'Indochine qu'il écrira
la plus grande partie de *la Tentation de l'Occident,* considéré
par John Lehmann comme secondaire, mais qui me semble au
contraire très important, tout d'abord parce qu'il contient
en puissance *toutes* les idées de Malraux sur l'art : métamorphose, intemporalité, transmutation mythique et découverte de la méthode comparative. Idées qu'il développera dans
La Psychologie de l'Art et *le Musée Imaginaire* et qui me
semblent avoir contribué à changer le rapport que nous avons

avec l'art : notre regard. Ensuite parce que ce livre a une signification historique dans la mesure où il est le premier ouvrage non spécialisé à poser le problème des rapports de l'Europe et de l'Asie en termes nouveaux. Cette vision globale de l'art qui semble être le fruit d'une longue maturation, Malraux en a donc eu la révélation à vingt ans !

Atemporalité aussi dans sa relation avec les artistes et leurs œuvres : Malraux est fasciné par la création artistique, celle des artistes du passé, comme celle des artistes du présent, il a avec les artistes la même familiarité, qu'ils soient morts ou vivants. Ces derniers le lui rendent bien, car je n'ai jamais parlé de Malraux avec un peintre ou un musicien sans avoir le sentiment qu'ils le considéraient comme l'un des leurs. Il est déjà aux Champs-Elysées et il lui semble tout aussi naturel d'entretenir un commerce d'amitié avec Michel-Ange, Braque, Titien, Tolstoï, Picasso, Baudelaire, Giotto et Nietzsche qu'avec Dante, Alexandre, Mao Tsé-toung, Stendhal, les deux Lawrence, Matisse, Dostoïevski... et même Victor Hugo.

Mais cette « intimité » avec la culture, l'histoire et les artistes n'est pas seulement le fruit de son imagination, certains diraient de son délire : Malraux a été, est, l'ami des peintres, il a hanté les ateliers, il a vidé des bouteilles de vin rouge avec Picasso, il a beaucoup vu Fautrier, Braque, Masson parmi d'autres ; il est allé sur les chantiers avec Le Corbusier ; il a été l'ami de Gide, de Valéry et a connu tous les écrivains de la NRF. Malraux est entré dans l'édition en passant par les ateliers d'imprimerie des livres de luxe. Il a énormément voyagé après son retour d'Indochine au Proche et au Moyen-Orient, en Asie où il a été sur les sites des fouilles archéologiques et dans les musées : il a été sans cesse « sur le terrain »... de l'art.

Cette atemporalité a naturellement aussi un caractère spatial. Il fut un des premiers à percevoir le phénomène de l'internationalisation de la culture dont il parle dans la postface ajoutée aux *Conquérants* en 1948, lui opposant l'illusion politique de l'internationalisme. A travers cette appréhension de la multiplicité des cultures, il acquiert très tôt une conception planétaire du monde, qu'il explique ainsi dans les *Antimémoires* :

> La passion que m'ont inspirée naguère l'Asie et les civilisations disparues, l'ethnographie, tenait à une surprise essentielle devant les formes qu'a pu prendre

l'homme, mais aussi à l'éclairage que toute civilisation
étrangère projetait sur la mienne, à la singularité ou
à l'arbitraire qu'il révélait en tel de ses aspects.
(P. 297.)

Atemporalité de sa mémoire : elle paraît absolue, définitive. Il se souvient de tout et peut puiser à chaque instant
dans le plus fabuleux magasin d'accessoires qui soit et malgré
cela sa liberté demeure, il n'est pas entravé par l'abondance
de ses connaissances. Pensée à jamais renouvelée et nouvelle :
chaque aube est l'aube d'un premier jour, rien n'est jamais
réglé, classé définitivement, il y a remise en question — en
questions — permanente. Il sort toujours un lapin « autre »
de son chapeau. La notion de moderne n'a plus de sens : le
système est intégré, avec des effets de *feed-back*. La mer
éternellement recommencée. Il n'y a jamais de point final.
C'est dans la même optique et avec la même liberté qu'il
manipule son œuvre, plaçant un morceau appartenant à un
ancien livre dans une œuvre nouvelle, nous prévenant qu'un
livre qui nous semblait se suffire à lui-même n'est que la
troisième partie d'un ouvrage à venir, incluant dans un nouveau livre un texte vieux de vingt ans : ou faisant le contraire,
comme ce fut le cas pour la postface des *Conquérants* : procédé qu'il emprunte aux musiciens qui utilisent parfois un
même thème dans plusieurs compositions.

L'atemporalité de son œuvre même a tendance à nous
faire oublier ce que sa technique romanesque avait de décon-
certant et de nouveau dans les années 20 : ses livres n'ayant
pas vieilli, ils nous semblent contemporains.

C'est pourquoi j'aurais aimé, mais la place nous a manqué,
qu'un chapitre sur la technique et le style de Malraux figurât
dans cet ouvrage. Chapitre dans lequel aurait été étudiée la
poésie dans ses romans et même dans ses textes sur l'art ;
car il y a peu d'œuvres en prose, (je ne parle pas de son œuvre
parlée, de ses discours qui sont par définition de la poésie
lyrique), dans lesquelles la vision poétique, fulgurante, soit
si continuellement présente. On le voit dans ce livre, les citations sont comme autant de passages de poèmes, ... d'où les
difficultés de traduction. D'où la difficulté de traduction en
général : en parcourant la version anglaise de certains de
ses livres, je me suis émerveillée que Malraux ait des lecteurs
outre-Atlantique et outre-Manche.

Ce caractère atemporel de l'œuvre de Malraux se retrouve

dans son unique film, *Sierra de Teruel,* projeté maintenant sous le titre du roman dont il illustre un des épisodes, *Espoir.* Ce film tourné en 1938, mais qui ne fut projeté sur les écrans qu'en 1945, car il avait été jugé dangereusement révolutionnaire au début de la Seconde Guerre mondiale, a soulevé des critiques très élogieuses lorsqu'il fut à nouveau projeté en 1970 et en 1975 (*Cf.* Marion, *André Malraux,* col. Cinéma d'aujourd'hui, Seghers). Le tournage de ce film par Malraux en pleine guerre d'Espagne, sa disparition (les Allemands s'étant emparé des bobines), et sa réapparition après la guerre, due au fait qu'une copie du film avait été rangée (par hasard ou délibérément), dans des boîtes qui portaient l'étiquette *Drôle de Drame,* humour des choses fait pour plaire à Malraux, constituent un véritable roman à épisode.

Atemporalité dans la perception intellectuelle : Malraux semble avoir un appareil cérébral émetteur-récepteur plus sensible, plus sophistiqué que les nôtres ; il donne l'impression d'obtenir instantanément le résultat de calculs qui prendraient toute une vie à un autre critique.

Cette rapidité, cette simultanéité des opérations fait qu'il a tendance à aller au cœur des choses sans préliminaires. Il est comme cela quand on le rencontre, car bien que d'une parfaite courtoisie, il ne perd jamais un instant en formules de politesse toutes faites.

Chaque pays a son bout du monde, chaque village, chaque être : c'est la limite extrême de notre univers. Malraux semble vivre en permanence dans cette région. Mais ne nous y trompons pas, ce n'est pas un rêveur qui habite à la lisière de ses rêves, ne confondons pas homme de vision et homme de visions.

Il vit dans une espèce d'exaltation intellectuelle permanente, qui n'est pas de l'agitation : en effet il a une attitude très concrète à l'égard des problèmes pratiques — ce qu'il appelle une « aptitude à l'action » — il est précis et méticuleux : son écriture le montre. André Holleaux rapporte que comme ministre il se préoccupait de détails qui n'en étaient d'ailleurs pas, comme la couleur de l'asphalte sur la place de la Concorde. Son activité professionnelle dans le métier d'éditeur d'art demandait précision et connaissances techniques. Et ses détracteurs ont beau dire, l'escadrille España a été opérationnelle.

J'aurais d'ailleurs souhaité qu'un chapitre de ce livre soit consacré à Malraux éditeur, car il faut se souvenir qu'il est entré dans la littérature en vendant, découvrant et éditant des livres : il travaille d'abord pour le libraire Doyon, puis pour le marchand de tableaux, éditeur d'art, Kahnweiler, chez lequel il a en quelque sorte fait l'apprentissage du support « physique » du livre, il sera ensuite directeur artistique chez Gallimard, c'est là qu'il conçoit son *Tableau de la Littérature française,* (dont le « Colloque » est peut-être un vague cousin à la mode de Bretagne) et qu'il fonde la collection « Univers des Formes » dont il est toujours un des directeurs. Dans plusieurs endroits de son *Journal,* entre 1919 et 1928, Gide fait état de la compétence de Malraux, puis le 18 mai 1929 il écrit : « La réussite de ce livre est due au zèle de Malraux et à son bon goût. » Et le 2 janvier 1932 « ... aide inappréciable de Malraux, sans lui je ne m'en serais jamais tiré. »

Cette simultanéité des opérations de l'esprit, liée à son immense générosité intellectuelle, conduit Malraux à une espèce de passion pour l'explication : comprenant beaucoup de choses que nous ne comprenons pas, il veut nous les faire comprendre. Mais sa sensibilité sensorielle, surtout visuelle, fait qu'il désire aussi nous faire voir : ce n'est pas seulement aux statues aveugles qu'il veut ouvrir les yeux.

Même Nixon l'avait compris, puisqu'il confia à un journaliste, comme le rapporte Yves Salgues * : « Je croyais consulter un esprit brouillon, j'avais devant moi la lumière la plus révélatrice de notre temps. »

J'ai entendu plusieurs hommes politiques perplexes devant un événement dire : « Il faudrait savoir ce que Malraux en pense. » Pour eux il était en quelque sorte le grand gourou de l'Occident. Et comme il l'a drôlement dit à Pierre de Boisdeffre, ce n'est pas de sa faute si le monde se met à ressembler à ses livres.

Malraux est une machine à analyser — analyse du sens — qui est alimentée par l'intelligence et la sensibilité, et contrairement aux ordinateurs électroniques, elle ne semble pas connaître de « limites » : à tel point que parfois on a le sentiment que la machine donne presque trop de résultats.

Mais cet espèce de travail de Pythie se fait avec le plus grand naturel, même si son naturel est parfois un peu compliqué, avec beaucoup d'humour aussi : c'est une autre des lacunes de ce travail, qu'une étude ne traite pas de son humour, de son sourire qui est le contraire de celui de Voltaire, car il

---

* *Historia,* novembre 1975.

est souvent au bord du désespoir ; quelques-unes des citations faites dans ce livre en apporteront des exemples, ainsi que de nombreux passages de *Néocritique*. Une parfaite simplicité préside à ce déchiffrage : Malraux ne se trouve pas plus extraordinaire qu'un autre homme, pas moins d'ailleurs. Il voit pour nous et nous lui inspirons la même tendresse que celle que nous ressentons pour l'aveugle que nous aidons à traverser la rue.

Dans ce didactisme qui est en fait de la générosité, un désir de communiquer son savoir à celui qui ne sait pas, sa vision à celui qui ne voit pas, d'être l'intercesseur, le médiateur entre nous et une réalité qui nous échappe, il n'entre aucun jugement, mais plutôt une sorte de neutralité, assez proche de la neutralité de l'analyste. Bien que la psychanalyse soit étrangement absente de l'œuvre de Malraux, absente comme elle l'est parfois chez d'autres écrivains, c'est-à-dire qu'elle est présence non conceptualisée plutôt qu'absence. Car c'est le *freudisme* qui est absent, (toujours cette répulsion de Malraux à l'égard de tout dogme), alors que la pensée moins systématique de Jung est compatible avec la vision malrucienne de l'homme et du monde.

Et dans tout cela, comme le disent plusieurs des auteurs qui ont participé à ce livre, une grande gentillesse qui est le contraire de la fausse modestie et naît de sa compassion pour l'homme : « J'ai tendance à me croire utile », nous confesse-t-il *.

On a souvent prétendu que de Gaulle aimait la France mais pas les Français : Malraux aime l'humanité et les hommes. Il s'intéresse à ce qui est essentiel dans l'homme : cet essentiel s'exprimant par l'art et l'action. C'est pourquoi s'il est de plain-pied avec les grands personnages de l'époque contemporaine (comme il l'est aussi avec ceux du passé), il ne l'est pas moins avec le commun des mortels : pensons au couple de paysans assis sur le pas de la porte de leur ferme à la fin des *Noyers de l'Altenburg,* à ces inconnus auxquels, comme à nous, il voudrait ouvrir les yeux dans les musées (même si nous devenons parfois ce que Gide appelle « ses auditeurs-victimes »), à cette vieille femme pour laquelle il intercéda auprès d'un des marins qui maintenaient la foule aux obsèques du général de Gaulle : « Laissez-la passer, cela aurait fait plaisir au Général. »

---

* *Antimémoires,* p. 14, Gallimard. Folio.

IV

Mais à côté de cette gentillesse, il y a le drame, la tragédie, l'angoisse — l'angoisse pascalienne fondamentale —, l'ultime question : « Que faisons-nous ici ? » La réponse, il l'a cherchée partout et auprès de chacun. Ne faut-il pas voir dans ses voyages, ses explorations, ses rencontres avec les grands hommes de notre temps, le signe d'un secret espoir que peut-être quelqu'un a la réponse ou qu'elle existe ou a existé quelque part ?

Il est allé en Indochine pour découvrir des statues Khmer, il en est revenu avec des idées révolutionnaires : l'Indochine est le lieu où le goût et le sens de l'action s'intègrent à ce qui n'était que sensibilité esthétique. Ensuite ses voyages ont fait partie de sa quête, ont nourri ses questions. Ici je voudrais citer intégralement, comme le fait Vandegans dans son remarquable *Jeunesse littéraire d'André Malraux,* le portrait que Jean Prévost fit de lui, lorsqu'il revint d'Indochine : « Un enfant puni, un rebelle tendre qui n'a encore embrassé que la mort : c'était Malraux retour d'Asie. Il cherchait à s'abriter d'autrui et des choses sous des politesses, des doctrines, des rêveries farfelues. La plume à la main il écorchait la vie. Les amples et tenaces retours de la mort, le sadisme faisaient de son œuvre une revanche. Son génie a pu l'assouvir. Plus que l'âge, l'action l'a fait homme. Le danger lui a musclé le cœur ; il semble même capable de repos. Il arrive au sommet d'une ligne de partage. Où pencher ? Que dire ? » (*Les Caractères,* pp. 106-107, Albin Michel.)

Il n'a pas été en Espagne pour voir, pour faire un reportage, comme l'a cru Trotsky, ou si c'était pour voir c'était dans un autre sens du mot, celui de « vision », peut-être même de « voyance ». Il ne fait pas de tourisme, mais « las de notre monde ancien », comme disait Apollinaire, il veut savoir si d'autres cultures lui donneront des réponses que la nôtre lui a refusées.

L'exotisme des romans est une commodité, non pas d'ordre pratique, mais poétique : ses personnages sont des hommes avant d'être des Chinois, des Espagnols ou des Allemands. Denis Marion qui participa au tournage de *Sierra de Teruel,* le fait remarquer : « L'adversaire demeure anonyme. C'est une œuvre sans haine et sans mépris bien qu'œuvre de propagande. » (P. 36, *op., cit.*)

Malraux ne fait que planter son décor. Peut-être est-ce la lecture qu'il fit très jeune de Loti qui lui avait donné ce goût de l'exotisme pour l'exotisme, il s'en libère, s'en détache dans une grande bouffée de fantastique, payant son unique tribut au cubisme, et d'une certaine manière au surréalisme (là encore se retrouve cette même horreur de toute école), en écrivant *Lunes en Papier* et *Ecrit pour une Idole à Trompe*.

Voici une autre lacune de ce travail, ne faire que mentionner ses premiers livres, mais peut-être est-ce parce que tout en l'éclairant ils ne sont pas essentiels à la compréhension de l'ensemble de son œuvre, que le besoin d'en parler n'a été ressenti par aucun des auteurs, bien que Malraux suggérât dès ce moment-là dans *Lunes en Papier* de « tuer la mort », comme solution définitive à tous nos maux...

Ce qu'il cherche c'est le sens de la vie et c'est pourquoi il s'intéresse à la mort dans les diverses cultures et les diverses religions : certains ont dit que cet intérêt allait jusqu'à l'obsession, mais parler de la mort ne prouve pas qu'on en ait peur et il dit lui-même dans *Lazare* (p. 102) :

> L'importance que j'ai donné au caractère métaphysique de la mort, m'a fait croire obsédé par le trépas. Autant croire que les biologistes voués à l'étude de la naissance cherchent des places de nourrice.

Comment ne pas s'intéresser particulièrement à la mort, lorsqu'elle s'est manifestée avec tant d'insistance et d'étrangeté : mort ou suicide de son grand-père, qui s'ouvrit le crâne d'un coup de hache en abattant un arbre ; suicide de son père ; morts de ses demi-frères, (Roland tué dans le bombardement du *Cap-Arcona,* lors d'un transfert de prisonniers en Mer du Nord, Claude mort à Bergen-Belsen dans la section *Nacht und Nebel*) ; mort à la suite d'un tragique accident, au moment de la Libération, de Josette Clotis, mère de ses deux fils ; morts de ses fils, Gauthier et Vincent dans un accident de voiture ; mort de Louise de Vilmorin retrouvée ; mort du général de Gaulle : l'angoisse métaphysique devient personnelle, « Malraux est l'homme le plus malheureux que je connaisse », m'a dit Sperber.

La souffrance humaine imprègne l'œuvre de Malraux, le mal et la mort y sont omniprésents et si cet agnostique s'accommode de la notion du sacré, c'est dans l'action et dans l'art qu'il voit le salut, la notion de péché étant absente.

Univers proche mais, par ce dernier point, radicalement

opposé à celui d'un Graham Greene : les romans des deux écrivains sont jonchés de morts et de suicidés, leurs héros ont le mal du monde, mais ils en ont aussi le goût et la curiosité. Chez l'un et l'autre les événements, les faits divers, les propres expériences de l'auteur sont amalgamés par une espèce de ciment métaphysique. Malgré ces similitudes les deux œuvres restent étrangères l'une à l'autre, parce que pour Malraux l'homme peut fonder sa grandeur, sans religion, sur le néant, tandis que pour Greene la créature ne peut se sauver que par les voies plus mêlées de la chute et de l'humiliation.

A cette quête de la transcendance, de ce qui dépasse l'homme et fonde son existence, se mêle une sorte d'ascèse personnelle dans laquelle le monde n'est pour Malraux qu'un immense « matériel projectif » : l'ambiguïté des choses et des êtres lui permettant de projeter ses propres phantasmes, ses propres doutes et ses propres espoirs.

Là encore il semble s'agir d'un phénomène de fusion presque mystique (je l'ai déjà dit, je ne pense pas du tout que Malraux soit un mystique, mais simplement que sa faculté de compréhension conjuguée à sa puissance créatrice le conduisent à des résultats comparables à ceux qui sont liés à l'expérience mystique) : le général de Gaulle ne lui a peut-être pas tenu tous les propos qu'il lui prête dans *les Chênes qu'on abat...,* pendant la dernière conversation de vingt-cinq minutes qu'ils eurent ensemble, mais il les lui a sans doute tenus pendant ce dialogue, cette conversation de vingt-cinq ans que fut leur amitié, et il n'y a pas de plus beau livre sur de Gaulle.

Picasso ne lui a peut-être pas dit tout ce qu'il rapporte dans *La tête d'obsidienne,* mais personne à ma connaissance n'a écrit des choses aussi importantes pour la compréhension de Picasso.

De même, s'il est probable que les volontaires qui se battaient aux côtés des Républicains n'avaient pas entre les combats des entretiens dignes des Décades de Pontigny, sur la Liberté et la Mort, l'historien Hugh Thomas, dont l'*Histoire de la Guerre d'Espagne* fait autorité, reconnaît à *l'Espoir* une « crédibilité historique absolue » et pense que ce sont finalement les pages de ce livre qui resteront dans les mémoires, plus que celles des manuels d'histoire.

Ce point de vue rejoint celui du professeur Gombrich, qui malgré ses efforts ne réussit pas à surmonter une espèce de refus fondamental des thèses de Malraux et ne peut accepter que celui-ci « révèle la présence d'un mystère sans apporter la solution d'une énigme », mais termine cependant, assez paradoxalement, l'article qu'il a écrit pour ce livre et dans lequel il accuse Malraux de n'avoir rien inventé de nouveau et de n'avoir pratiquement jamais travaillé que sur des représentations d'œuvres d'art (alors que nous savons que peu d'historiens de l'art ont été autant que lui sur le terrain), en disant que les générations futures continueront à lire Malraux, lorsque les œuvres des spécialistes se couvriront de poussière sur les rayons des bibliothèques.

Malraux n'a jamais cessé d'être à la recherche du Minotaure et l'art a été son fil d'Ariane. Chez lui la création et l'action ont donc toujours été intimement mêlées : biographie que le pouvoir créateur transforme en œuvre. Œuvre qui est avant tout cette tentative « de donner conscience à des hommes de la grandeur qu'ils ignorent en eux », selon une phrase de la préface du *Temps du Mépris*.

Recherche et combat. Malraux s'est beaucoup battu pour un homme qui n'aime pas la guerre : d'abord en Espagne, puis avec l'armée blindée en 1940 et ensuite dans la Résistance. Mais comme il l'a dit à Sulzberger, la guerre a toujours été « autour de lui ». C'est dans ces combats qu'il a découvert cette fraternité virile qui lui est apparue comme une seconde force à opposer au destin, l'art étant la première. Cette espèce d'accomplissement dans le combat peut paraître étrange chez un homme aussi habité que l'est Malraux par l'amour du prochain : n'oublions pas que les chasseurs les plus fanatiques sont généralement de grands amateurs d'animaux.

Mais ces combats, il les a toujours menés en faveur de la liberté. C'est pourquoi il est intéressant et significatif que le thème de la liberté soit un de ceux qui reviennent dans les chapitres de Walter Langlois, de Pierre Bockel et de Girija Mookerjee. Car la liberté ou plutôt son contraire, l'asservissement de l'homme par l'homme, auquel il s'est heurté pour la première fois en Indochine, sera toujours l'objet de ses luttes.

Cette liberté, il l'a aussi défendue comme ministre des Affaires culturelles, je n'en donnerai ici qu'un exemple : lors d'une tournée de l'Odéon-Comédie-Française à Londres, dans les années 60, Laurence Olivier dit à Jean-Louis Barrault qu'il ne pouvait pas croire qu'une pièce comme *les Paravents* de Jean Genêt ait pu être jouée dans un théâtre subventionné par l'Etat.

C'est aussi au nom de la liberté qu'en 1973 il alla déposer en faveur de Jean Kay, ce jeune homme qui avait essayé de détourner un avion de médicaments vers le Bengladesh.

V

Mais à travers tous ces voyages, toutes ces aventures, tous ces engagements, toutes ces actions éclatantes, une légende inévitablement s'est forgée.

Légende très puissante, très ancienne aussi, puisque dès la période indochinoise il y eut un « mythe » Malraux. En effet, une des choses qui m'a toujours le plus étonnée dans la vie de Malraux, et les sujets d'étonnement n'y sont pas rares, c'est que l'inculpation de vol de statues par les autorités d'Indochine d'un jeune homme de vingt et un ans, presque inconnu, qui n'avait fait que publier *Lunes en Papier* et des extraits d'*Ecrit pour une Idole à Trompe* dans des revues et édité quelques ouvrages pour bibliophiles, ait pu réunir au bas d'une pétition pour sa demande de mise en liberté tous les noms importants de la littérature française contemporaine.

Il fallait que le mythe existât déjà. Et on peut se demander si, en cherchant une explication simple qui consisterait à dire qu'il s'agit d'un phénomène d'envoûtement, on ne se tromperait pas et s'il ne faut pas chercher une explication par le fantastique, qui verrait en cette pétition un acte d'allégeance de ses pairs envers celui qu'ils reconnaissaient comme un des leurs : Mauriac, Gide, Breton, Aragon et beaucoup d'autres avaient signé. Anatole France envoya à Malraux un livre avec une dédicace l'assurant de sa sympathie et de son soutien.

La légende est donc très archaïque dans la biographie de Malraux, je sais bien qu'il était beau, ténébreux, élégant et incroyablement brillant, mais cette explication n'est pas suffisante. Encore une lacune de ce livre, j'aurais aimé que quelqu'un parlât du dandysme de Malraux : dandysme dans certaines attitudes, mais dandysme aussi dans son élégance vestimentaire qui apparaît avec évidence sur toutes les photographies prises à chaque époque de sa vie.

Nous ne pouvons que constater l'existence de cette légende que Malraux ne fait d'ailleurs jamais rien pour détruire. Malgré certains faits dont la réalité ne peut être mise en doute, les gens continueront, par exemple, à croire que Malraux a

joué un rôle dans la première révolution chinoise : Paul
Morand le dit dans *Papiers d'Identité* (p. 270) et on sait
aussi que la notice biographique qui accompagnait l'édition
allemande des *Conquérants* précisait que Malraux avait été
« commissaire suppléant à la propagande » auprès du Kuomintang (*cf.* à ce sujet l'article de Sperber).

On a beaucoup dit que Malraux soignait sa légende : il
s'est contenté de ne rien démentir et de ne rien confirmer.
(C'est aussi ce que faisait le général de Gaulle.) Cette attitude
est bien dans la ligne de l'indifférence qu'il professe à l'égard
de « ce qui n'importe qu'à lui » *. Si Malraux refuse l'introspection, il ne refuse pas le romantisme, et c'est pourquoi le
professeur Henri Peyre voit en lui le « dernier romantique »
et Mauriac intitulera un des *Bloc-Notes* qu'il lui a consacré
« Le romantisme au pouvoir ».

VI

Lorsque ce livre n'était qu'à ses prémices, j'ai jeté des
bouteilles à la mer pour essayer d'expliquer à un certain nombre d'auteurs ce que je souhaitais que fût cet ouvrage sur
Malraux, je leur avais écrit ou dit, qu'il y avait au début
des *Antimémoires* une phrase qui résumait mon but :

> L'homme ne trouve pas son image dans l'étendue
> des connaissances qu'il acquiert, il trouve une image
> de lui-même dans les questions qu'il pose. (P. 18.)

Paraphrasant Malraux, je disais espérer que le lecteur de
ce livre trouverait une image de Malraux, non dans un amon-
cellement de faits, de dates et d'anecdotes, mais dans les
questions qu'il a posées au monde... et dans les questions
que le monde lui a posées.

Je voulais aussi que la cohésion de l'ouvrage, qui par
sa nature même risquait d'apparaître comme une simple juxta-
position de textes sans lien, soit donnée par la présence
en filigrane du thème de la *Question*, car ce thème se trouve
dans les plus anciens comme dans les plus récents textes
de Malraux, qui a écrit dans sa préface au roman de Manès
Sperber, *Qu'une larme dans l'Océan*...

---

* *Antimémoires*, Gallimard, Folio, p. 10.

Notre civilisation qui dans ses sciences comme dans sa pensée, se fonde sur des questions, commence à reconnaître une de ses voix secrètes dans les hautes expressions de l'interrogation.

Je me réjouis que cette orientation générale, prise au moment de la conception de ce livre, se trouve en quelque sorte légitimée par Malraux dans la postface qui le termine, lorsqu'il écrit que la pensée moderne occidentale « remplace souvent les réponses par une dialectique des questions ».

L'unité donnée par ce thème de la question à *Malraux, Etre et Dire* ne fait que refléter celle qui existe entre la vie et l'œuvre de Malraux à travers les multiples démarches, — simultanées ou successives —, de sa pensée, de son action et de son art.

Cette unité née du mélange inextricable entre ce qu'il est, ce qu'il fait et ce qu'il dit, est une unité, pour ainsi dire, organique, dans le sens où Claudel pensait qu'un écrivain écrit toujours son œuvre « au moyen de lui-même ». L'œuvre de Malraux est née de l'insertion de son être dans le tissu historique de son époque : œuvre à la fois énigmatique et évidente, personnelle et pudique, œuvre d'un écorché vif, écrite à la première personne mais dans laquelle l'auteur ne se livre pas, œuvre plongée dans le réel et si détachée de l'immédiat. Œuvre marquée par une obsession de la dignité de l'homme et de ses bassesses, de sa liberté et de ses servitudes, dominée dans une certaine mesure par les problèmes contemporains, mais bien davantage par l'ultime question : « Que faisons-nous là ? »

Devant la complexité des données de cette vie, vécue avec cette « lucidité avide » dont Malraux parle lui-même, il faut aller au-delà de la notion même d'unité et passer à une notion plus dynamique, qui rendrait mieux compte du « système malrucien », la notion d'intégration : car il s'agit d'un ensemble complexe, ouvert, dans lequel rien n'est figé, dans lequel il existe un échange permanent entre l'homme et ce qu'il crée, dans un mouvement à l'intérieur duquel s'intègrent l'auteur, l'histoire et l'œuvre — l'être, le faire et le dire —, le dire étant un mode d'existence.

Malraux n'a jamais cessé d'être obsédé par la création, même au cœur de l'action la plus intense, (certaines pages des *Noyers de l'Altenburg* furent écrites au soir d'une bataille, comme l'avaient été certains chapitres de *l'Espoir*). Par la création comme seule réponse à la question existentielle, seule réponse qui ne le satisfait d'ailleurs pas. Insatisfaction essentielle que Mauriac a définie en disant : « L'authenticité de Malraux tient dans cette contemplation du néant, dont l'aventure ne le délivre pas. » *

Je pense que finalement malgré les insuffisances et les lacunes que j'ai signalées et celles qui m'échappent, ce travail aura fait progresser la problématique de Malraux, qui est peut-être la métamorphose...

Ce livre de questions s'ouvre sur d'autres questions, mais comme l'a dit Malraux dans *La tête d'obsidienne* (p. 212), « qu'importe qu'on n'approuve mes réponses si l'on ne peut ignorer mes questions ».

Martine de Courcel.

---

* *Nouveaux Mémoires intérieurs*, Flammarion. Folio, p. 172.

PREMIERE PARTIE

L'ACTION SŒUR DU RÊVE

Walter G. Langlois.

INDOCHINE, L'INITIATION

Au cours d'une récente interview, André Malraux remarquait que « les monuments de la vie d'un homme ne s'ajoutent pas les uns aux autres dans un ordre régulier. Les biographies qui vont de l'âge de cinq ans à l'âge de cinquante ans sont de fausses confessions. Ce sont ses expériences qui situent un homme. » Son séjour de deux ans en Indochine lorsqu'il était très jeune fut certainement, dans sa biographie, une expérience majeure, parce qu'il influença profondément le cours de toute sa vie.

Georges-André Malraux naquit dans une famille bourgeoise, à Paris, le 3 novembre 1901. Son père, Fernand Malraux, était d'origine française et flamande ; et sa mère, née Berthe Lamy, avait une ascendance franco-italienne. Les quatre ou cinq premières années de la vie du jeune Malraux ne furent pas particulièrement paisibles parce que ses parents s'entendaient mal. (Ils se séparèrent lorsqu'André avait environ cinq ans et finalement divorcèrent.) Sans aucun doute, les meilleurs moments de cette toute première enfance furent les visites à la maison familiale des Malraux à Dunkerque. Son grand-père, Alphonse-Emile, homme d'une exceptionnelle force de caractère, croyait à la vertu du travail et avait développé la modeste affaire de pêche dont il avait hérité jusqu'à posséder une petite flottille, ainsi que plusieurs entreprises maritimes. Malheureusement, peu avant la naissance d'André, la prospérité de la famille avait subi un déclin considérable par suite de la perte de biens importants non assurés, et ce désastre avait exacerbé la tendance du vieillard à l'excentricité. Malgré cela, le jeune André se sentait très proche de son grand-père et admirait tout particulièrement son sens de la justice. Dans le portrait fictif qu'il fit plus tard de lui (dans *la Voie royale* et dans *les Noyers de l'Altenburg*), il rapporte deux anecdotes significatives. Un jour, alors qu'aucun des notables de la ville ne consentait à la communauté juive un local où se réunir et pratiquer son culte, le vieil homme, catholique fervent, dénonça vigoureusement la grossière injustice d'une telle attitude et, le soir même, offrit une aile de sa vaste demeure, gratuitement, au rabbin de la congrégation. De même, quand il pensa que la municipalité avait abusivement refusé à un cirque ambulant un emplacement où dresser son campement, il offrit à la troupe de s'installer sur un terrain qui lui appartenait. Les photographies du jeune Malraux prises au cours de ces visites à Dunkerque montrent un enfant éveillé, élégamment vêtu à la mode qui était d'usage dans la bourgeoisie à cette époque : costume de velours à col de dentelle ou costume marin.

Lorsque les parents de Malraux se séparèrent en 1905, André et sa mère allèrent vivre avec Adrienne Romania, sa grand-mère maternelle, à Bondy, petite ville située à environ douze kilomètres au nord de Paris. Pendant les dix années suivantes, le garçon partagea avec les deux femmes le petit appartement qui se trouvait au-dessus du magasin d'épicerie appartenant à la famille de sa mère. Au cours de ces années, il subit sans aucun doute l'influence de la personnalité forte et indépendante de sa grand-mère italienne. Bien que lui-même n'en ait presque jamais parlé, sa première femme, Clara, a donné d'Adrienne un portrait assez frappant. Grande et altière, douée d'une vive intelligence et d'une dignité naturelle, c'était une femme très au courant de ce qui se passait dans le monde autour d'elle. Lorsqu'elle trouvait que quelque chose n'allait pas dans la société, elle exhortait les gens à l'action, ajoutant : « de mon temps, les gens descendaient dans la rue » pour soutenir les causes sociales.

Malraux fréquenta l'école de Bondy pendant plusieurs années, mais le niveau de l'enseignement n'était pas très élevé et la compétition était restreinte ; il décida donc, en 1915, d'essayer d'obtenir une bourse pour une institution privée de Paris. Pour affronter ce concours, il entra dans une classe préparatoire dirigée par la fille d'un policier local. Sur une photographie de cette classe, il paraît assuré et intelligent, avec peut-être un certain air de dandy ; son professeur se souvient de lui comme d'un garçon plutôt grand, aux yeux vifs, avec quelque chose d'intense dans chacun de ses gestes. Il avait déjà quelques-uns de ces tics faciaux qui devaient l'affliger pendant la plus grande partie de sa vie d'adulte. Il était exceptionnellement indépendant et capable d'un grand contrôle de lui-même, et certaines qualités de chef étaient déjà évidentes chez lui.

Malraux obtint sa bourse et réussit très bien dans ses études à l'école parisienne. Cependant, le déroulement lent et l'étroitesse du curriculum traditionnel lui parurent de plus en plus insupportables, et quand vint le moment d'entrer au lycée, il décida de prendre en main lui-même son éducation. Au cours des cinq années suivantes — jusqu'à son départ pour l'Indochine en 1923 —, il explora trois domaines qui l'intéressaient particulièrement et qui sont demeurés les préoccupations majeures de toute sa vie : la littérature, l'art (surtout celui des civilisations anciennes) et ce que l'on pourrait appeler la philosophie des cultures. Il avait un esprit exceptionnellement vif et une excellente mémoire et, au moyen de lectures, de contacts personnels et de visites fréquentes dans les galeries, les musées et les bibliothèques de Paris, il acquit rapidement d'assez vastes connaissances intellectuelles.

Pendant cette période, Malraux gagna sa vie, en partie par l'achat et la revente de livres dans les milieux des bibliophiles, très actifs à ce moment-là. Et cette activité, à laquelle il adjoignit par la suite un travail qui consistait à surveiller la publication de plusieurs séries d'ouvrages à tirage limité, l'introduisit dans le courant principal de la vie littéraire de la capitale. Il devint bientôt l'ami de nombreux écrivains dont certains étaient ses contemporains (Pascal Pia, Marcel Arland, Jean Paulhan par exemple), mais dont d'autres appartenaient à la génération précédente (André Gide, Max Jacob, Jean de Gourmont). Son mariage, en 1922, avec Clara Goldschmidt, fille d'une riche famille de banquiers juifs et intellectuelle en fleur, le fit entrer en rapports avec un cercle encore plus large de gens. Comme il était aisé de le prévoir, il fut bientôt invité à collaborer à un certain nombre des petites revues qui proliféraient dans l'immédiat après-guerre. Puis, en 1921, le marchand de tableaux et éditeur spécialisé dans les éditions de luxe, D.-H. Kahnweiler, publia son premier volume, un bizarre poème en prose intitulé *Lunes en papier,* illustré de bois gravés par Fernand Léger.

Pendant ce temps, Malraux avait fait la connaissance de nombreux artistes travaillant à Paris et, en 1922, il publia son tout premier essai sur un sujet artistique. C'était une préface au catalogue d'une exposition de l'œuvre de D. Galanis, un peintre qu'il admirait et qui, par la suite, devint et demeura toute sa vie un ami et collaborateur. Ce fut dans ce texte, écrit alors qu'il n'avait que vingt ans, que Malraux exprima pour la première fois l'une de ses convictions intellectuelles fondamentales : « Nous ne pouvons sentir que par comparaison, [écrivait-il]. Le génie grec sera mieux compris par l'opposition d'une statue grecque à une statue égyptienne ou asiatique que

par la conaissance de cent statues grecques ». De la même
manière, il nota plus tard que nous arrivons à nous connaître en
observant des gens qui ont une formation culturelle et des traditions différentes des nôtres.

L'intérêt de Malraux pour les différences entre les diverses
civilisations était motivé par quelque chose de plus profond
qu'un simple goût romantique pour l'exotisme, car il était
pleinement conscient que de telles variations ont pour origine
certains idéaux philosophiques ou métaphysiques fondamentaux. Aux temps troublés du début des années vingt, où les
intellectuels européens remettaient en question avec insistance les assises de tout leur héritage gréco-romain et chrétien,
de telles considérations l'absorbèrent de plus en plus. Marcel
Arland fit plus tard allusion à cet aspect des préoccupations de
son ami Malraux lorsqu'il observa que, ayant à peine plus de
vingt ans, ce jeune homme doué d'une grande sensibilité métaphysique avait « plus vécu, plus pensé, plus souffert que la
plupart de nos vieillards officiels. Son admirable intelligence
avive encore ce tourment ; elle l'a jeté tour à tour vers toutes
les possibilités qui s'offraient à lui ; il les envisage, il s'y livre
maintes fois ; mais il garde jusqu'au bout sa lucidité qui l'ali-
mente d'amertume, son frémissement qui fait de lui un artiste,
et son malaise qui le pousse sans cesse plus avant. » Bien que
des considérations financières puissent avoir joué un certain
rôle dans la décision de Malraux d'aller en Indochine (comme
le prétend avec amertume son ex-épouse), il n'est pas douteux
qu'une telle inquiétude, une aussi intense angoisse intellectuelle
et métaphysique, jointes au besoin d'approfondir quelques-unes
des réponses non-occidentales au problème de la condition
humaine, furent des motivations plus profondes et plus authentiques de son voyage en Asie.

Le 13 octobre 1923, André et Clara Malraux quittèrent
Marseille pour une expédition en Indochine entreprise à leurs
frais. Ils espéraient trouver des vestiges de la civilisation
khmère au Cambodge. L'ami d'enfance de Malraux, Louis
Chevasson, devait les suivre un peu plus tard. Tous les travaux
archéologiques dans la colonie avaient été depuis longtemps
monopolisés par l'Ecole française d'Extrême-Orient, dont le
siège était à Hanoi ; mais le jeune Malraux avait réussi à
convaincre les fonctionnaires du ministère des Colonies à Paris
— qui avait également compétence en la matière — de lui
accorder un « ordre de mission » officiel de recherches. En fait,
ce document ne lui conférait guère plus que l'autorisation de

se rendre dans la région et le droit de faire appel aux autorités locales pour lui fournir l'aide des indigènes. Le projet de Malraux était de redécouvrir l'ancienne Voie Royale des Khmers, une route de pèlerinage reliant la capitale sacrée d'Angkor à d'autres régions du pays. Il était convaincu que cette voie était jonchée de temples et de sanctuaires en ruine de même que des églises sont semées le long de routes similaires dans l'Europe médiévale chrétienne.

Si l'on tient compte du manque de formation professionnelle de Malraux et du fait qu'il avait obtenu son « ordre de mission » sans passer par les voies habituelles, on ne saurait s'étonner de ce que l'accueil que lui réserva l'Ecole française d'Extrême-Orient d'Hanoi ne fût pas particulièrement chaleureux. Les fonctionnaires de l'Ecole, jaloux de leurs prérogatives, n'appréciaient guère le fait qu'un outsider — et de plus un néophyte absolu, un amateur autodidacte — se soit vu octroyer la permission d'explorer ce qu'ils considéraient comme l'une de leurs chasses gardées. Le directeur adjoint prit un certain plaisir à faire remarquer à Malraux qu'un récent décret administratif stipulait que tous les matériaux archéologiques découverts dans la colonie devaient demeurer *in situ,* en vue de leur évaluation et de leur exploitation ultérieures par l'Ecole. Le jeune Malraux n'était guère disposé à remettre à qui que ce soit d'autre les découvertes qu'il pourrait faire et la discussion s'acheva de manière peu concluante.

Après s'être équipés à Phnom Penh (où ils furent rejoints par Louis Chevasson, récemment arrivé), André et sa femme remontèrent la rivière jusqu'à Siem Reap, dans la région d'Angkor, où ils se procurèrent des chevaux, plusieurs chars à bœufs avec leurs conducteurs et un guide pour voyager à travers la jungle. Par suite de diverses difficultés, Malraux avait décidé de renoncer à son assez ambitieux premier projet de rechercher l'ancienne route de pèlerinage, et de concentrer plutôt ses efforts sur la détermination de l'emplacement de Banteay Srei, un petit temple situé à quelque distance d'Angkor. Ce temple avait été découvert par hasard par un topographe français, une dizaine d'années plus tôt, mais l'Ecole, à Hanoi, n'avait jamais fait beaucoup plus qu'une inspection préliminaire des ruines.

Après deux jours de voyage dans la jungle, un guide engagé dans un village réussit à conduire le convoi de Malraux jusqu'au site abandonné, perdu dans la brousse. Bien que fortement délabrés, plusieurs murs proches de ce qui avait été la

tour du petit sanctuaire central étaient encore en partie debout.
Sur l'un de ces murs, Malraux vit une belle sculpture en haut-
relief représentant une devata ou apsara, une déesse bouddhique. La déesse, qui n'était pas tout à fait grandeur nature, était
sculptée dans plusieurs blocs de pierre superposés dont l'un
était tombé à terre. Au prix d'efforts considérables, Malraux
et Chevasson parvinrent à dégager ces pierres et les chargè-
rent sur leurs chars à bœufs, ainsi que plusieurs autres sculptures plus petites, découvertes parmi les débris du fronton de
la toiture. Ensuite, ils retournèrent à travers la jungle à Siem
Reap, où ils embarquèrent sur le bateau à vapeur qui devait
les conduire à Saigon d'où ils rentreraient par bateau en France.
Mais au cours d'un bref arrêt d'une nuit à Phnom Penh, Malraux et Chevasson furent brusquement réveillés par plusieurs
membres de la police coloniale qui demandèrent à examiner
leurs bagages qui étaient dans la cale. Quand les policiers découvrirent les sculptures de Banteay Srei, les deux hommes furent
informés qu'ils étaient formellement inculpés d'avoir prélevé
des matériaux dans un site archéologique.

Conformément aux usages judiciaires français, dans un cas
comme celui-là, un juge d'instruction est désigné pour préparer le dossier préliminaire d'enquête et dire si oui ou non l'accusé doit passer en jugement. Les éléments de l'accusation
étaient évidemment très faibles car, bien qu'il eût, techniquement, violé un récent décret administratif en enlevant des frag-
ments d'une ruine, Malraux n'avait à coup sûr pas fait pire que
des archéologues (professionnels et amateurs), des fonctionnaires du gouvernement et certains citoyens n'avaient fait, sur les
territoires coloniaux, pendant des années. En tout cas, le premier juge d'instruction se montra disposé à recommander que
les motifs d'inculpation contre ce jeune homme de vingt-deux
ans fussent abandonnés et que les sculptures fussent simplement
confiées à la garde de l'Ecole d'Hanoi. Cependant, pour des
raisons qui ne sont pas parfaitement claires (mais qui ne sont
peut-être pas étrangères à la réputation qu'avait Malraux
d'avoir des relations avec les milieux « bohèmes » artistiques
et littéraires de Paris), les fonctionnaires coloniaux français se
trouvant sur place insistèrent pour qu'une suite fût donnée à
l'affaire. Un second juge d'instruction fut désigné mais, quand
il s'avéra que lui aussi répugnait à recommander d'entreprendre des poursuites judiciaires, il fut également écarté. Le troisième juge fut plus coopératif et le procès eut finalement lieu
à Phnom Penh les 16 et 17 juillet 1924. D'après des témoins

oculaires, Malraux se défendit avec énergie, mais l'Administration exerça en coulisse des pressions considérables et, le 21 juillet, lui et Chevasson furent déclarés coupables d'avoir enlevé des sculptures de pierre d'un site classé. Ils furent très sévèrement condamnés : trois ans de prison pour Malraux et dix-huit mois pour Chevasson, sans sursis. Cependant, les deux jeunes gens furent laissés en liberté en attendant de faire appel.

Pendant ce temps, Clara Malraux était retournée en France pour presser les amis de son mari de lui venir en aide. Il y eut, en fait, deux pétitions, l'une le 25 août 1924 dans l'*Eclair*, et l'autre le 16 août 1924 dans *les Nouvelles Littéraires*. Parmi les 28 signataires, citons : François Mauriac, André Gide, Jean Paulhan, André Maurois, Jacques Rivière, Max Jacob, Maurice Martin du Gard, Gaston Gallimard, Louis Aragon, André Breton, Marcel Arland. Grâce en partie à leur intervention — et au fait que l'avocat de Malraux réussit à mettre en évidence de nombreuses irrégularités dans le dossier de l'accusation —, le jugement en appel, à Saigon, au mois d'octobre, fut assez favorable aux accusés. La cour réduisit les lourdes condamnations prononcées à Phnom Penh à un an de prison pour Malraux et huit mois pour Chevasson, avec la possibilité d'un sursis. Pourtant, cela ne suffit pas à Malraux. Par l'intermédiaire de son avocat, il annonça qu'il faisait appel auprès de la Cour de Cassation de Paris. (Quand l'affaire vint finalement devant cette instance, quelques mois plus tard, les conclusions des deux tribunaux coloniaux furent écartées pour défauts de procédure ; en fin de compte, dans les années trente, les poursuites furent simplement abandonnées).

Malraux était allé en Indochine pour y accomplir une mission archéologique prévue comme assez brève ; mais, par suite de ses démêlés avec les autorités, il avait dû passer de longs mois à Phnom Penh et ensuite à Saigon pour préparer sa défense. Ce séjour forcé lui donna l'occasion d'observer par lui-même le fonctionnement de la bureaucratie coloniale. Pour quelqu'un d'aussi imbu de traditions républicaines que lui, ce ne fut pas un spectacle édifiant. L'idée française de placer les indigènes des colonies considérés comme des enfants sous une bienveillante autorité paternelle capable de les guider pouvait être justifiable dans son principe mais, en pratique, ce système paternaliste avait dégénéré en une exploitation des plus flagrantes. Au Cambodge, et plus encore au Viêt-nam (l'Annam et la Cochinchine), Malraux vit des gens fiers, ayant une longue tradition culturelle, traités presque comme des escla-

ves et comme des étrangers dans leur propre pays, tandis que
des bureaucrates corrompus et peu clairvoyants, venus de
France, usaient de leur pouvoir pour édifier d'énormes fortunes
personnelles. Aux yeux de Malraux, le système en était venu à
représenter le capitalisme bourgeois dans ce qu'il avait de pire.

A Saigon, Malraux fit la connaissance de plusieurs avocats
libéraux qui travaillaient activement à une réforme politique
et sociale en Indochine. L'un d'eux, Paul Monin, était particulièrement respecté en tant que défenseur des droits des indigènes qui ne mâchait pas ses mots et comme l'avocat de la
sorte de nationalisme asiatique représentée par le parti chinois
kouomintang de Sun Yat-sen. Ayant découvert qu'ils avaient
des idées sociales et politiques très proches, Malraux et Monin
décidèrent d'unir leurs forces et de créer un journal d'opposition. Une telle publication aiderait à révéler les méfaits des
fonctionnaires administratifs et à informer l'opinion ; ce qui
était encore plus important, elle répandrait un idéal nouveau et
positif de collaboration franco-indochinoise, fondé sur quelque
chose d'autre que l'autoritarisme. Rétrospectivement, le programme général du journal — et du mouvement politique du
Jeune Annam auquel il était associé — apparaît comme un
nationalisme indochinois modéré, étroitement lié aux traditions
républicaines françaises. L'objectif principal des jeunes rédac-
teurs menant cette campagne était de mettre fin au paternalisme
tyrannique de l'Administration coloniale qui avait permis aux
abus de s'exercer si longtemps.

Grâce au soutien financier de plusieurs hommes d'affaires
vietnamiens, le premier numéro de *l'Indochine* (tel était le nom
du nouveau quotidien) sortit des presses le 17 juin 1925. En
dépit de grandes difficultés rencontrées du côté de l'Administration coloniale, le journal de huit pages continua à paraître
régulièrement jusqu'au 14 août ; il avait eu au total quarante-
neuf numéros. A ce moment-là, le Vietnamien responsable de
l'impression, las des menaces formulées contre lui par les fonctionnaires, dit finalement à Malraux et à Monin qu'il ne voulait
plus se charger d'imprimer leur journal. Après des recherches
frénétiques — qui amenèrent Malraux à Hong Kong et probablement en Chine — les deux jeunes gens dénichèrent et ache-
tèrent une vieille presse et, quelques semaines plus tard, des
caractères romains. Leur journal, rebaptisé *l'Indochine enchaînée,* recommença à paraître le 4 novembre 1925. Bien que
réduit aux dimensions d'une petite revue, il parut très régulièrement deux fois par semaine en novembre et décembre 1925

et, après une interruption d'un mois due à une défaillance de la presse à imprimer, en février 1926, ce qui fit au total vingt-trois numéros, avant de disparaître définitivement.

Dès le début, Malraux prit une part très active à la rédaction du journal. Outre de courts articles sur des sujets divers, des morceaux satiriques et un récit imaginaire (*l'Expédition d'Ispahan,* publié sous un pseudonyme), il fit paraître un certain nombre d'exposés documentaires très intéressants sur diverses formes de corruption et sur des pratiques illégales qui avaient cours chez les gens détenant l'autorité dans la colonie. Il dénonça ainsi plusieurs gigantesques escroqueries tendant à l'appropriation des terres ; des cas où des droits garantis par la loi étaient violés de façon flagrante ; des faits de collusion et de corruption s'étendant à tous les niveaux de la bureaucratie ; des tortures et des meurtres commis par des soldats et des policiers français au nom de « l'ordre ». Cependant, les textes les plus intéressants de Malraux sont, de loin, les divers éditoriaux politiques qu'il écrivit — parfois à titre de co-auteur avec Monin — pour préciser la position du journal au sujet de la collaboration franco-indochinoise. Ils fournissent des données inestimables pour la connaissance et la compréhension de sa pensée politique à ses débuts et ils renseignent clairement sur l'orientation d'un engagement idéologique qui a souvent été mal compris ou mal interprété par la suite.

Le sous-titre de *l'Indochine* proclamait que c'était un « journal quotidien de rapprochement franco-annamite ». Cet élément positif était le fondement de la politique de collaboration dont Malraux espérait qu'elle remplacerait la mentalité de « domination » dépassée et l'organisation bureaucratique qui avaient rendu possibles tant d'abus. Les grandes lignes de son programme politique général se dégagent de façon particulièrement nette dans deux de ces éditoriaux. Le premier fut publié le 4 juillet, sous le titre révélateur : « Sur quelles réalités appuyer un effort annamite ». La parution d'un journal français plaidant pour un programme de collaboration entre les *colons* français et les indigènes entraîna apparemment l'arrivée d'un abondant courrier provenant d'intellectuels indochinois. Ces hommes, formés par la culture française et les traditions républicaines dont ils s'étaient imprégnés au cours de leurs études, étaient de plus en plus exaspérés par l'injuste système autoritaire sous lequel ils devaient vivre. Ils réclamaient à grands cris le droit de travailler à y mettre fin. Dans son éditorial de réponse, Malraux commença par dire ceci : « pour faire de l'Annam une nation libre où deux peuples vivent sur un pied d'égalité... il est indispensable que la première partie de votre vie soit sacrifiée. Vous pouvez constituer un Annam véritable, mais ce sont vos enfants qui le verront. » Tout en admettant que la grande majorité des coloniaux français venaient dans la péninsule pour gagner de l'argent, il soulignait qu'il n'y avait rien d'intrinsèquement mauvais dans une telle motivation capitaliste, *pourvu que* les profits de ces Français fussent le produit d'un vrai travail et non le fruit de la corruption.

Quant aux réformes politiques, une majorité d'Indochinois pensaient apparemment qu'une action entreprise par l'intermédiaire de la Chambre des députés à Paris serait la plus efficace, mais plus réaliste, Malraux faisait remarquer qu'il existait une autre sorte de pression dont les résultats seraient probablement plus rapides et plus durables. Mais pour y arriver, un changement radical devait avoir lieu dans la pensée des éléments instruits de la population indigène. Au lieu de rechercher la sécurité et le prestige d'emploi bureaucratiques subalternes — en réalité les seuls qui leur étaient accessibles — ils devaient s'efforcer d'acquérir une formation technique spécialisée qui les rendît aptes à occuper certains postes techniques importants. « Que chaque famille annamite apprenne qu'être un technicien quelconque est beaucoup mieux qu'être un secrétaire de l'Administration », écrivait Malraux. « Il n'y a pas de techniciens annamites. Il faut qu'ils soient nombreux dans vingt ans. Faites de vos fils des ingénieurs, des chefs de chantier, des médecins. Faites d'eux, avant tout, des ingénieurs agronomes. » Quand ces jeunes Indochinois auront reçu une formation technique (de préférence dans une école spécialisée, en France) ils devront s'organiser en syndicats et en associations professionnelles, sous la conduite de chefs militants.

Malraux reconnaissait que cette méthode pour aboutir à un changement était lente parce qu'elle demandait une longue période de formation, d'organisation et de sacrifices. Cependant, elle était à ses yeux de loin la meilleure, non seulement parce qu'elle était non violente, mais surtout parce qu'elle était fondée sur *l'effort* des requérants.

Dans ces éditoriaux, Malraux paraît plus conservateur que « révolutionnaire ». Il souhaitait évidemment en finir avec les abus flagrants qui s'étaient développés dans la colonie, mais il se montrait tout à fait convaincu des vertus du capitalisme, de la libre entreprise et de la concurrence. Bien que souhaitant des syndicats ouvriers plus forts, il ne partageait pas le point

de vue marxiste selon lequel la société occidentale est le terrain d'une lutte constante entre les classes économiques. S'il
combattait ce qu'était devenu le système colonial français,
c'était surtout parce que ce système était en complète opposition avec ses plus profondes convictions humanistes. Il souhaitait que Français et Indochinois pussent vivre ensemble non
comme des maîtres et des esclaves, mais comme des égaux
parce que, en tant qu'hommes, ils *étaient* égaux. Les indigènes
avaient un droit fondamental aux mêmes possibilités d'instruction, aux mêmes chances économiques, à la même justice et à
la même liberté individuelle que les Français. Leur dénier ces
droits et les traiter comme des inférieurs sans valeur, c'était
trahir la longue tradition libérale de la France.

En dépit de son caractère raisonnable et de sa modération,
le programme Malraux-Monin fut un objet d'exécration pour
les archi-conservateurs de la colonie. Ils y virent avec raison
une terrible menace pour leur pouvoir — et pour leurs revenus.
La presse de Saigon, presse aux ordres du gouvernement,
poussa de hauts cris et parla de « bolchevisme » lorsqu'elle eut
connaissance des projets de *l'Indochine,* suggérant que de telles
réformes conduiraient le pays au chaos. Pour réfuter leurs accu-
sations, Malraux écrivit le plus émouvant de ses éditoriaux
politiques, intitulé « Sélection d'énergies ». Dans cet article du
14 août, il concentra ses attaques sur la politique à courte vue
qui, délibérément, sélectionnait pour les envoyer poursuivre
leurs études en France seulement les Indochinois les plus ser-
viles. N'importe quel jeune indigène qui manifestait un esprit
d'indépendance et de la force de caractère était immédiatement classé comme « dangereux » par l'Administration et
empêché de quitter la colonie. Cette politique, notait de façon
sarcastique Malraux, avait évidemment été élaborée « dans les
plus sereines régions de l'imbécillité heureuse », car il était évident qu'elle ne pouvait manquer « d'entraîner, dans un avenir
très proche, les plus graves violences que puisse rencontrer ici
notre colonisation. » En contrecarrant délibérément les efforts
des leaders indigènes en puissance pour se préparer à participer
à la vie économique et politique de leur pays, l'Administration
coloniale préparait le terrain à une révolte qui, un jour, chas-
serait à jamais la France de la péninsule. Dans un passage particulièrement éloquent, le Malraux de vingt-trois ans parlait
prophétiquement du soulèvement qui, à coup sûr, résulterait
de toutes ces énergies nationalistes frustrées :

Toute puissance qui sent en elle une volonté d'expansion et cette violence contenue qui font les peuples colonisateurs se fixe pour première tâche la recherche de la force. Ceux que Rome envoyait aux marches de l'Empire, ceux que Tai-Tsong envoyait au fond du Gobi, ceux que nos rois envoyaient en Louisiane s'attachaient avant tout à deviner, parmi les forces éparses qui s'opposaient à eux, quelles qualités de résistance, de vigueur et d'énergie pouvaient se cacher, afin de les lier à leur cause en leur reconnaissant, sans incertitudes et sans contestations, les droits des maîtres. Jamais un grand roi, jamais un grand homme d'Etat n'oublia de discerner ce caractère d'indépendance et de loyauté vite révoltées à quoi se reconnaissent les forts.

Notre politique en Cochinchine et en Annam est à l'heure actuelle fort simple : elle dit que les Annamites n'ont aucune raison de venir en France, et elle implique immédiatement la coalition, *contre nous,* des plus hauts caractères et des plus tenaces énergies d'Annam. Il semble que des stupidités politiques de clans ou d'argent s'appliquent avec une rare persévérance à détruire ce que nous avons su faire, et à réveiller dans cette vieille terre semée de grands souvenirs les échos assoupis de plus de six cents révoltes... (Sachons) montrer que nous savons faire autre chose que de dresser contre nous, grâce à un système ingénieux, un des plus beaux, un des plus purs, un des plus parfaits faisceaux d'énergies que puisse diriger contre elle une grande puissance coloniale.

Malheureusement, cette estimation lucide de la situation tomba dans des oreilles qui ne voulaient pas entendre. Les conservateurs de la colonie refusèrent de croire que le temps des changements était venu comme ils refusèrent obstinément de modifier leur système autoritaire. Pendant une brève période, la nomination d'un nouveau Gouverneur Général issu des rangs du parti socialiste français sembla permettre quelque espoir de réforme, mais même cet espoir se révéla illusoire. Vers la fin du mois de décembre 1925, épuisé par la maladie et par l'énorme dépense d'énergie que lui avait coûtée son combat contre la bureaucratie autoritaire, Malraux, déçu, décida de rentrer en France. Ainsi qu'il le dit dans un éditorial d'adieu à ses amis et à ses partisans indochinois :

> Le peuple, en France, n'acceptera pas que les douleurs dont vous portez les marques vous soient infligées en son nom... Il faut que la grande voix populaire s'élève et vienne demander à ses maîtres compte de toute cette lourde peine, de cette angoisse désolée qui pèsent sur les plaines d'Indochine. Obtiendrons-nous la liberté ? Nous ne pouvons le savoir encore. Du moins obtiendrons-nous quelques libertés. C'est pourquoi je pars en France.

Après son retour à Paris en 1926, Malraux se mit au travail en faveur de la cause indochinoise, mais son combat s'étendit rapidement à des objectifs plus vastes qu'une simple mise en cause du système colonial abusif. Il en vint bientôt à réclamer d'importantes réformes du gouvernement français lui-même pour que celui-ci cessât d'être sous la domination de la bourgeoisie conservatrice, classe qui, à ses yeux, représentait les pires éléments du capitalisme occidental. Se rapprochant de plus en plus de la gauche, il voulait remettre le pouvoir entre les mains du peuple afin que des changements politiques et sociaux de grande envergure pussent être effectués, à la fois en France et dans l'empire colonial. Dans ce combat élargi, le problème indochinois tendit à être submergé par des préoccupations plus vastes et Malraux ne parla presque plus jamais de l'Indochine ou de ses projets de réforme dans cette contrée du monde. Pourtant, rétrospectivement, l'expérience indochinoise fut indiscutablement pour lui une expérience cruciale, un des « monuments » de sa vie.

En effet, avant d'aller dans la péninsule, le jeune homme n'était nullement obsédé par les problèmes politiques ou sociaux. Préoccupé de questions littéraires et artistiques, il ne s'était guère intéressé jusqu'alors qu'à l'esthétique. Mais quand il s'était trouvé face à face avec les énormes injustices qui caractérisaient tous les aspects de la vie dans la colonie, le petit-fils d'Alphonse-Emile Malraux et d'Adrienne Romania avait senti brusquement s'éveiller en lui sa conscience sociale. Dans un texte peu connu, il a évoqué les circonstances de sa transformation de dilettante intellectuel en révolutionnaire à préoccupations sociales : « Pour moi, le révolutionnaire naît d'une résistance. Qu'un homme prenne conscience de certaines injustices et de certaines inégalités, qu'il prenne conscience d'une souffrance intense, cela ne suffira jamais à faire de lui un révolutionnaire... Pour cela, il faut qu'au moment où il voudra intervenir en faveur de cette souffrance, *il se heurte à une résistance.* » Ce fut précisément la résistance aveugle des coloniaux, conservateurs opposés au moindre changement dans le *statu quo,* à la moindre tentative de corriger les abus sous lesquels les indigènes étaient écrasés à tous les niveaux, qui fit de Malraux un réformateur social de plus en plus militant. Et ce furent ses préoccupations sociales qui bientôt l'amenèrent à écrire ces chefs-d'œuvre littéraires et philosophiques que sont *la Condition humaine* et *l'Espoir.*

Traduction de Georges Magnane.

Isaiah Berlin

MALRAUX ET LA RUSSIE DES ANNEES 30 ET BEAUCOUP D'AUTRES CHOSES ENCORE OU LE LANGAGE DES PARTHES A-T-IL VRAIMENT DISPARU ? *

M. C. — La dernière fois que nous avons déjeuné ensemble à Londres, vous m'avez dit que la Russie avait été le lien entre Malraux et vous. Que vouliez-vous dire par là exactement ?

I. B. — Malraux était naturellement très fatigué quand il est arrivé à la maison après sa conférence au Sheldonian Theater. Je pense qu'il a cru que le micro qui était devant lui était celui d'un haut-parleur, alors qu'en fait c'était celui d'un enregistreur. Il parla donc sans élever la voix, et, à Oxford, il y a peu de gens (moi inclus), qui comprennent le français lorsqu'il est parlé rapidement et, de plus, à voix basse. A un moment, Malraux se rendit compte brusquement que quelque chose n'allait pas, fut pris d'inquiétude et s'arrêta — tel fut notre sentiment — à mi-chemin. Je ne me souviens pas exactement de ce qu'il a dit, mais que c'était original et intéressant et que cela avait trait aux attitudes classiques à l'égard de la beauté, de l'histoire et de la mort ; tout à coup ses propres paroles semblèrent l'ennuyer et il se tut. Après la conférence il vint chez moi, il était très fatigué, et nous avons pris un verre.

M. C. — Et alors ce fut « l'amour fou » ?

I. B. — Je ne sais pas si cela a été l'amour fou, mais nous avons commencé à parler d'un tas de choses. Je lui ai demandé ce qu'avaient été ses voyages en Russie dans les années 30, qui il avait rencontré et quelles avaient été ses impressions. Il s'anima alors d'une manière extraordinaire et il devint évident qu'il avait vraiment été fasciné par ses expériences en

---

* Lorsque Malraux vint à Oxford pour recevoir son doctorat *honoris causa,* il fut l'hôte de Sir Isaiah et Lady Berlin : celui-ci évoque ici cette visite avec Martine de Courcel.

Union soviétique à ce moment-là et qu'il avait rencontré de nombreux écrivains qui n'avaient pas encore été broyés par Staline, tout au moins pas encore complètement, et il parla de la façon la plus intéressante de Pasternak et d'Olestra, entre autres, et d'un journaliste qui avait été reporter pendant la guerre d'Espagne et avait ensuite été liquidé.

Il est certain que, à cette époque-là, il avait eu en Russie le sentiment de pénétrer dans un monde nouveau où les gens étaient en quelque sorte intacts et originaux, et n'étaient pas empêtrés dans le bavardage littéraire qui sévissait à l'Ouest. Il avait trouvé en Russie ce que j'y ai trouvé moi-même de nombreuses années plus tard, bien qu'à ce moment-là le nombre de gens qu'un écrivain étranger, même non communiste, pouvait rencontrer fût probablement plus grand. Ces auteurs soviétiques, en tout cas ceux que j'ai alors connus, ne parlaient ni de la pluie et du beau temps, ni de ce qu'ils gagnaient, ni de leurs éditeurs, ni des critiques littéraires, ni de leurs rivaux, ils allaient droit au but, il n'y avait pas de temps perdu, pas d'obstacle entre eux et le sujet dont ils voulaient parler et leurs propos avaient quelque chose de direct, de frais et de spontané. Cela avait aussi beaucoup frappé Malraux et il y revenait avec un plaisir évident.

J'eus le sentiment que ce qu'il avait recherché à ce moment-là, c'était une sorte d'expérience qui enlèverait au monde sa patine de conventions et lui rendrait nouveauté et fraîcheur. Je me suis demandé s'il n'avait pas trouvé cela en Indochine vers 1920.

Ce qui le fascinait chez ces écrivains, c'était le caractère direct de leur vision et leur totale absence de mercantilisme. L'éloquence et la chaleur de ses propos étaient telles que je sentis que notre entretien n'était pas simplement une conversation courtoise entre un hôte et son invité officiel, mais que Malraux avait compris que j'avais eu accès à un univers qu'il connaissait lui aussi et que nous étions attirés par la même sorte de gens et les mêmes sortes de valeurs chez ces gens. Cela créa entre nous un lien de sympathie immédiat.

M. C. — *Vous étiez, comme il l'a écrit sur la page de garde de l'exemplaire des* Antimémoires *qu'il vous a donné, « son complice » ?*

I. B. — C'est tout à fait vrai. Après cela, tout se passa merveilleusement bien. Je ne me souviens plus de notre conversation en détails, mais il était littéralement fascinant.

M. C. — *Au cours du même déjeuner, vous m'avez dit aussi que Malraux avait besoin de « piqûres », qu'il avait d'abord eu « la piqûre chinoise » puis « la piqûre espagnole » et que de Gaulle avait été « l'ultime piqûre ».*

I. B. — Je pense que si j'ai dit cela, j'ai dit quelque chose de très mauvais goût et je l'ai probablement dit puisque vous vous en souvenez, je le regrette. Ce n'est pas cela que je voulais dire ; je pense qu'il y a plusieurs façons de devenir marxiste : par idéalisme social, par réaction aiguë contre l'injustice, la pauvreté ou l'exploitation de la misère. Mais je ne crois pas que Malraux ait été guidé par aucun de ces mobiles.

M. C. — *Par lesquels l'a-t-il été ?*

I. B. — Difficile à dire. J'imagine qu'il y a des gens qui viennent au communisme parce qu'ils pensent que c'est scientifique et qu'il est important d'organiser le monde d'une manière rationnelle au lieu de laisser les choses, les circonstances et les événements incontrôlés le dominer. Mais Malraux n'entre pas non plus dans cette catégorie. Il y a aussi des gens qui deviennent communistes parce qu'ils sont oppressés, dégoûtés par la corruption et ce qu'il y a de sordide dans le monde où ils vivent : ils veulent s'en échapper ou le purifier.

En fait, c'est assez drôle, mais quand j'étais en Russie, Pasternak m'accusa de regarder l'Union soviétique avec des yeux émerveillés : « Nous sommes là, vivant dans une société terrible, sordide, étouffante, dans cette infecte porcherie, et vous regardez tout cela avec des yeux fascinés ! Comment pouvez-vous ? Vous idéalisez, vous romantisez tout ici, me dit Paternak, alors que la vie, l'art, l'individu n'existent qu'à l'Ouest. »

Bien que nous soyons très différents, j'en suis certain, et que Malraux soit un homme de génie alors que je suis fort loin d'en être un, je pense qu'il a connu, vécu la même expérience. Car je soupçonne que toute sa vie, il a cherché une sorte de rénovation des choses, ce que la Renaissance, lorsqu'elle se tourna vers la Grèce et Rome, appela *renovatio, restauratio*. C'est sans doute une soif de l'avenir, mais si oui, elle est déguisée en soif du passé.

Parmi les visions de splendeur que Malraux évoqua, trois sortes d'êtres l'attiraient plus spécialement : d'abord Alexandre le Grand, qu'il admirait parce qu'il était beau et qu'il mourut jeune de ses vices et que ceux-ci lui paraissaient sans doute avoir été des vices héroïques ; ensuite T.E. Lawrence à qui il semblait s'identifier dans une certaine mesure : un romantique, un aventurier exhibitionniste, qui recherchait aussi la rénovation dans des sociétés lointaines et primitives, enfin les Parthes, car ils étaient les seuls à ne pas avoir été vaincus par les Romains.

Ce que ces divers objets de son admiration avaient en commun était une sorte de quête romantique des valeurs héroïques, et il est possible que le choix qu'il a fait de donner son soutien au « héros » de Gaulle ait eu la même origine ; il le pressentait plus simple, plus grand que nature, libre de doutes, tout d'une pièce. C'est possible, je n'en suis pas certain.

Malraux avait demandé à voir la chambre que T.E. Lawrence avait occupée au collège de All Souls, de même que Gide avait voulu voir la chambre d'Oscar Wilde au collège de Magdalen. Nous avons fini par trouver la chambre de Lawrence, c'était une petite chambre de collège très banale, comme toutes les autres, mais il la regarda avec des yeux émerveillés. C'était exactement ce genre de réaction que Pasternak avait trouvé si absurde chez moi, lorsque j'étais en Russie : mais j'avais l'impression de comprendre ce que Malraux ressentait. En fait je pense qu'il a le culte des héros, bien qu'aucun de ses héros n'appartienne au xxᵉ siècle, sauf peut-être de Gaulle et sans doute Mao ; ni Lénine ni Trotsky ne sont dans son Panthéon imaginaire. Ce qu'il veut, c'est vivre l'expérience la plus intense, il recherche la plénitude de la vie : il y a des gens qui détestent le juste milieu, qui veulent vivre à la limite de l'être, que la vie de tous les jours assomme. Si j'ai parlé de piqûres, c'était une manière vulgaire et maladroite de dire qu'il aspirait à être emporté par une sensation extraordinaire qui lui permettrait d'élargir et d'intensifier sa sensibilité : de vivre en somme une expérience semblable à celle que d'autres trouvent dans la religion ou la création artistique.

Dans le cas de Malraux, cette aspiration est satisfaite jusqu'à un certain point par sa très vive sensibilité visuelle, mais surtout, je crois, par sa méditation sur les actes héroïques de certains individus — la splendeur —, un inimaginable idéal de splendeur, qu'il sait naturellement, et a toujours su, être irréalisable. Si c'est du romantisme, c'est un romantisme dans un cadre classique.

M. C. — Vous m'avez dit aussi que les problèmes de Malraux semblaient toujours être des problèmes personnels, qu'ils restaient finalement toujours personnels ?

I. B. — Ce que je voulais dire par là, c'est qu'ils n'ont rien à voir avec les théories. Je pense qu'il se romantise, ce qui est pour moi une autre caractéristique très sympathique. Je ne veux pas du tout dire par là qu'il vit en permanence dans un monde imaginaire peuplé de fantasmes, loin de là, bien que je pense qu'il a parfois des fantasmes et qu'il est content de les avoir. Mais il appartient à la tradition romantique du XIXᵉ siècle, dont Baudelaire est le meilleur représentant, celle des poètes maudits et des âmes damnées. Il est de ces êtres dont la vision a quelque chose de sauvage, de méprisant et de tragique : une ivresse de la perversité, la fascination du satanisme dont parle Marco Paz, qui n'est ni une contrefaçon ni une affectation, mais correspond à une part authentique de leur nature.

Malraux a une teinte de cela sans aucun doute, mais d'autre part il n'est ni décadent ni sentimental, il y a en lui quelque chose de très sec, de très réaliste et très pénétrant. Ce qui m'intéressait, ce qui rendait sa conversation incomparable pour moi, ce n'était pas seulement son charme qui est considérable, ni son éloquence qui est remarquable, mais une impression qu'il me donne de posséder un pouvoir de discrimination très sûr entre ce qui est authentique et ce qui ne l'est pas ; il sait ce qu'il veut, il sait ce qu'il cherche, ce qui lui donne ces sensations aiguës qui le font vivre, lui font sentir qu'il est vivant. Je crois que Byron parle quelque part du « désir de la sensation » : être conscient de sa propre existence, même si ce doit être à travers la douleur, et je pense qu'il y a chez Malraux cet élément byronien, allié à une curieuse sorte de réalisme, pénétrant et ironique, qui existait d'ailleurs aussi chez Byron. Il n'a pas parlé de Byron, il m'a semblé cependant que ce qu'il avait aimé chez Alexandre, Lawrence et les Parthes invaincus, était précisément leur côté byronien. Mais il y a aussi chez lui cette vieille notion de défi aux hommes et à la nature, cette volonté d'être *contra mundum* ; une image traditionnelle et romantique du penseur solitaire. Malraux ne me semble pas être de ceux qui aiment travailler en équipe ou diriger un parti, ni de ceux qui chan-

gent de principes ou de convictions pour s'adapter à un mouvement de masse et se donner ainsi l'impression d'être à sa
tête, ou tout au moins de marcher avec d'autres hommes
vers un même but. Il ne craint pas de se détacher d'eux, si
cela lui semble nécessaire, et de suivre son propre chemin :
il y a certainement chez lui un grand désir de solitude, mais
il y a aussi un élément d'autodramatisation et d'autoroman-
tisation, si méprisé de nos jours, mais qui est pour moi, je
l'admets, plutôt rafraîchissant : exactement à l'opposé de
M. Sartre, par exemple.

*M. C. — Quand j'ai commencé à réfléchir au sujet
que j'aimerais vous voir traiter dans ce livre, le premier thème
qui m'est venu à l'esprit a été « Malraux et le marxisme »,
ensuite j'ai pensé que « Malraux et l'aventure marxiste »
rendrait mieux compte de sa relation avec le marxisme et,
finalement, que « Malraux et la tentation marxiste » serait
peut-être encore un meilleur titre. Il me semble maintenant
que nous n'allons pas du tout parler de Malraux et du marxisme,
pour la simple raison qu'il n'a jamais vraiment été un marxiste
au sens propre du terme.*

I. B. — Je ne sais pas du tout jusqu'à quel point il a
jamais été un marxiste théorique. Il l'a sûrement été dans un
certain sens : je ne sais pas néanmoins s'il se décrirait lui-
même comme ayant été marxiste à aucune période de son
existence. En fait, je ne peux pas parler de « Malraux *et*
quoi que ce soit », parce que je ne le connais pas vraiment,
et qu'il est impossible de juger les gens d'après leurs livres.
On se ferait une très étrange idée de la personnalité de Tolstoï
si on n'avait que *Guerre et Paix* ou *Anna Karénine* pour en
juger. On peut naturellement soutenir que comprendre *Guerre
et Paix* et *Anna Karénine* est plus important que de comprendre l'individu Tolstoï, et c'est possible ; mais si on voulait
comprendre Tolstoï lui-même, il faudrait avoir vécu avec lui,
avoir entendu sa voix, ses intonations, vu ses gestes et ses
attitudes et tout cela pendant un certain temps. Faire des
déductions sur les gens ou essayer de les reconstituer à partir
de courtes rencontres, ou pire encore, à partir de leur œuvre,
n'est jamais très satisfaisant à mon avis.

*M. C. — Vous admettrez que, dans le cas de Malraux,
le marxisme n'était ni un jeu ni un confort intellectuel, c'était
un engagement véritable : il a fondé un journal militant pour*

la cause indigène à Saigon, il a pris part à la guerre d'Espa-
gne, puisque c'est lui qui a organisé et commandé l'esca-
drille España. Ce n'était pas une approche abstraite, mais
bien un engagement physique.

I. B. — Oh ! je suis certain que l'action a une grande
importance pour lui car il est habité par le besoin impérieux
d'une vie héroïque. Je me trompe sans doute et je vais peut-
être dire une bêtise, mais il me semble qu'il y a chez Malraux
quelque chose de semblable à ce qui a existé au début de
l'ère chrétienne, quand des gens, qui ne s'intéressaient pas
spécialement à la théologie chrétienne ni même à la nouvelle
vision de Dieu et de l'homme que le christianisme impliquait
mais qui se sentaient prisonniers du monde païen qu'ils considéraient comme épuisé et épuisant, s'attachèrent au christianisme dans la mesure où ils le considéraient comme une révolution qui apportait une conception de l'infini qui renou-
velait tout, la terre et le ciel, mais restaurait aussi en même
temps un monde antérieur, un monde plus jeune. Peut-être
était-ce le résultat d'un nouveau primitivisme qui concevait
l'histoire comme cyclique et voyait là le commencement d'une
nouvelle ère. Je crois que Malraux est un peu comme ces gens,
et que c'est de cette façon-là qu'il a été, à l'origine, attiré
par les mouvements de gauche en Asie, en Europe et en Russie.

Il est évident que l'Asie le fascine : quand il a visité l'Ash-
molean Museum à Oxford, ce qu'il désirait voir avant tout,
c'étaient les collections provenant de Chine, de Perse et d'Afghanistan. Nous connaissons sa passion pour la Chine et l'Indochine : peut-être cherchait-il là-bas l'expérience d'une sorte de
contraste, presque de conflit entre la vieille civilisation occidentale et autre chose, peut-être espérait-il par le choc entre ces
deux cultures faire naître une étincelle qui lui apporterait une
vitalité nouvelle. La collision de valeurs conflictuelles, d'où
émergerait quelque chose de neuf et de frais qui avait toujours
été là en puissance. Je crois que c'est cela qui l'intéressait :
c'est pourquoi il parle de la Russie post-révolutionnaire comme
j'ai tendance à le faire moi-même, comme d'un monde qui,
pour un ensemble de raisons politiques et historiques, avait
été coupé dans une large mesure, de ce qui se passait à l'Ouest
et qui à cause de cela avait conservé pour l'Occidental une
espèce d'étrangeté — un « au-delà janséniste » —, dans lequel
les êtres humains se conduisaient davantage comme des êtres
humains et dans lequel ce qu'ils disaient était plus vrai d'une

certaine manière, plus puéril, mais aussi plus sincère. C'est
cela, me semble-t-il, qui l'a attiré : une espèce de qualité
poétique dans la vie des gens qu'il rencontrait, quelque chose
qui n'avait pas été contaminé. Tel est souvent le lot des hommes qui vivent sous une tyrannie : parce qu'ils sont isolés,
isolés par la force, du monde extérieur et sont réduits au strict
essentiel, réduits à mener une vie contrôlée, rudimentaire et
donc, dans une certaine mesure, enfantine, ils s'en trouvent
parfois purifiés — on les empêche de grandir —, et ils sont
à l'abri des défauts dont souffrent les sociétés plus ouvertes,
plus prospères et plus blasées. C'est là un des effets secondaires
qu'entraîne le fait de ne mener qu'une vie purement privée, lorsque la vie publique est dangereuse ou même interdite.
Cela, il l'a trouvé, je pense, chez les Russes, et surtout chez
les écrivains et les artistes qu'il a rencontrés : nous avons
parlé, ou plus exactement, il a parlé, avec un plaisir nostalgi-
que évident, de leur charme et de leur imagination.

J'ai l'impression que ce qu'il aime, c'est parler des êtres
d'exception. Pendant ce séjour à Oxford, il eut plusieurs obligations officielles à remplir : recevoir un doctorat *honoris
causa,* inaugurer la nouvelle Maison Française et ainsi de suite.
En ces diverses occasions, il eut à rencontrer des représentants de l'Université et il était lui-même accompagné par des
personnalités académiques françaises : bien qu'il parût faire
tout cela sans réticences, tout au moins je le crois, il était
cependant visiblement heureux de reprendre nos conversations
sur les personnages intéressants qu'il avait rencontrés ailleurs
qu'en Europe occidentale et de me dire ce qu'il en avait pensé.
Il trouvait sans doute difficile de le faire avec la plupart des
universitaires d'Oxford qui, bien que parfaitement courtois,
n'en étaient pas moins légèrement déconcertés : il aurait sans
aucun doute trouvé certains d'entre eux très intéressants s'il
avait pu les voir davantage, ce qui était impossible au cours
d'une visite officielle de ce genre.

Lorsque nous étions à la maison, il reprenait avec un
plaisir évident ses descriptions de Boukharine par exemple, ou
d'autres vieux bolcheviks qui, selon lui, savaient qu'ils
étaient condamnés et qu'ils auraient une fin tragique, mais
marchaient cependant vers leur destin d'une façon qui lui
paraissait extrêmement intéressante. Il aimait aussi parler des
hommes et des femmes « fatals », des destinées tragiques, des
âmes byroniennes, solitaires : je me souviens, entre autres,
d'une longue conversation à propos de Lou Andreas Salomé,

sur laquelle un livre venait de paraître ; elle avait vécu en Russie, puis en Allemagne où Nietzsche s'était épris d'elle (elle épousa son ami Rhee), elle fut ensuite la maîtresse de Rilke, finit par subjuguer Freud et devint elle-même psychanalyste. La vie de cette femme étrange, douée et fascinante, l'avait absolument captivé. Il ne voulait pas parler de Victor Hugo qui lui semblait un redoutable raseur, assommant et bavard, bien qu'il le considérât comme incroyablement doué, toujours « Victor Hugo, hélas ! ». Mais nous avons parlé de Delacroix, car il était fier, amer et farouche, et par-dessus tout un homme seul, un solitaire. Il considérait Hemingway comme un faux solitaire, peu convaincant, sans intérêt, il l'excluait. Il aime les êtres qui ont quelque chose d'unique, avec si possible un côté « maudit », hostile, les personnages à contre-courant qui méprisent la facilité sous toutes ses formes. Le défi, c'est ce qu'il semblait préférer à tout ; malgré son rôle officiel et son appartenance au gouvernement, en dépit du fait qu'il apparaissait comme un gaulliste inconditionnel, l'idée de défi, si possible avec un élément de dandysme et de provocation, le refus du compromis, la réalisation de soi à n'importe quel prix, l'attiraient énormément. Mais peut-être suis-je en train de peindre un mauvais portrait de Malraux, de peindre tout simplement un romantique typique du XIX⁰ siècle — ce n'est pas du tout ce qu'il est : je ne sais vraiment pas faire un portrait psychologique, il vaut mieux que je m'arrête.

M. C. — Je me souviens de cette conversation sur Delacroix : vous avez essayé de reconstituer ensemble sa vie sentimentale, Malraux en proposant un maillon, et vous l'autre, etc., mais je me souviens aussi que vous avez parlé musique.

I. B — Oui, nous avons parlé de musique, mais il est visible qu'il n'aime pas vraiment la musique. Vous vous souvenez qu'il avait beaucoup offensé Stravinsky en décrivant la musique comme un « art mineur ». Quoi qu'il en soit, il était très fier d'avoir découvert une marche funèbre du compositeur belge Gossec, datant de l'époque révolutionnaire. Il était très content d'avoir trouvé ce morceau de Gossec ; il éprouvait ce ravissement particulier que ressentent les amateurs lorsqu'ils découvrent quelque chose que les professionnels ne leur ont pas appris. Je ne connais que trop bien ce sentiment.

M. C. — *Lorsque « le Dieu eut trahi » et que la lumière se fit sur le stalinisme, des gens comme Koestler ou Stephen Spender ne savaient plus où ils en étaient. Pour Malraux, il restait toujours une possibilité de salut dans l'Art.*

I. B. — Malraux ne m'a pas paru particulièrement sauvé. Stephen Spender a été un communiste éphémère, mettons pendant trois ou quatre mois en tout. C'était un grand ami à moi et il le demeure ; j'ai beaucoup d'affection pour lui, mais le communisme a été un épisode tout à fait accidentel de son existence : tout individu qui avait tant soit peu quelque chose dans le ventre a éprouvé ce genre d'attirance pendant les terribles années 30. Ce qui m'a sauvé de la tentation de travailler pour le Parti, c'est le simple fait d'avoir vu de mes propres yeux, lorsque j'étais enfant, certains des aspects les moins séduisants de la révolution russe et d'avoir ensuite constaté de loin ses conséquences les plus attristantes. Je ne pense pas que le salut soit ce que Malraux cherche ou obtienne ; ce que je pense, c'est que l'art est extrêmement important pour lui, simplement parce qu'il a une attitude passionnelle à l'égard de la création en tant que telle, et qu'il la conçoit dans une perspective romantique. Je crois que, pour lui, la création est l'expression de l'individu, et pas seulement la création d'un objet : elle est la communication humaine de ces êtres exceptionnels qui sont plus grands que nature, voient plus, souffrent plus, devinent davantage, méprisent davantage, comprennent davantage et en sont d'autant plus désespérés. C'est, je crois, sa conception de ce que sont les grands hommes, les meilleurs acteurs.

J'ai beaucoup aimé, entre autres choses (et peut-être lui l'a-t-il aussi aimée), notre dernière conversation sur le chemin de l'aéroport, une conversation du genre de celles que l'on a lorsqu'on est étudiant. Nous avons commencé par nous demander, si nous pouvions remonter le cours du temps, qui nous aurions aimé rencontrer ou inviter à dîner, et ainsi de suite. J'étais assis à côté du chauffeur et je me suis retourné pour dire à Malraux : « Si vous aviez le choix entre Platon et Socrate, lequel préféreriez-vous avoir à déjeuner ? », Il me répondit sans aucune hésitation : « Certainement Platon, ce ne serait pas facile, mais il finirait par venir, il est tellement snob ! » Nous continuâmes en spéculant sur la possibilité que Dante soit snobé par Platon, et nous poursuivîmes dans cette veine. Mais il revenait toujours à Alexandre le Grand, qu'il avait vraiment envie de rencontrer, et que moi je n'avais pas du tout envie de connaître parce qu'il aurait été frénétique et arbitraire, mais c'est justement ce que Malraux aimait. Il voulait aller à Ctésiphon pour rencontrer les Parthes, mais il admettait qu'il n'aurait pas compris un mot de ce qu'ils lui auraient dit, car leur grec devait être atroce — le langage des Parthes est complètement perdu —, mais cela lui était égal, ce qu'il voulait c'était les voir.

Notre conversation devint de plus en plus animée et nous jouions avec toutes sortes d'idées. Il peut sembler extraordinaire de dire cela d'un homme aussi doué que Malraux et qui a vécu une existence si riche en événements, mais il y a en lui quelque chose qui appartient encore à l'enfance, qui n'est pas tout à fait adulte, quelque chose de particulièrement charmant, de très jeune, le contraire de quelque chose d'épuisé. Si les sujets abordés l'intéressent, si l'atmosphère lui convient, une source d'allégresse intellectuelle jaillit, d'une qualité exceptionnelle et pour moi délicieuse. Il n'y a rien de pompeux, de solennel, de guindé, chez Malraux, malgré une parfaite conscience de sa propre importance. Dès que le sujet le stimule un tant soit peu, il prend de fantastiques tangentes qui vous entraînent Dieu sait où.

Tout ce que je peux dire, c'est que pour moi ce fut une visite extrêmement stimulante et agréable, et que j'ai éprouvé cette sensation particulière que l'on éprouve auprès de certains hommes marqués par le génie : le sentiment d'une vitalité augmentée et une impression de regret croissant et de platitude quand ils sont partis, bien qu'une certaine exaltation demeure encore quelque temps après. Malraux est un génie éloquent et il n'éprouve pas cette crainte philistine à l'endroit des envolées de rhétorique. Après sa conférence ratée au Sheldonian Theater, il inaugura le jour suivant la nouvelle Maison Française d'Oxford : il était assis sur l'estrade, arborant une espèce d'expression napoléonienne, et semblait n'écouter qu'à moitié les discours des divers orateurs. Puis il se leva, et pendant je pense cinq minutes, il parla avec la plus splendide éloquence des obligations de ceux qui portent la toge de l'Université, et de tous les intellectuels, dans le monde terrible de sexe, de sang et de banalité dans lequel nous vivons.

La plupart des gens de l'assistance me semblèrent être très embarrassés par cette espèce de rhétorique un peu d'un autre âge et trouver qu'elle convenait mal à notre temps et aux circonstances. Les Anglais ne sont pas friands de ce genre de grand style : mais moi, je pensais que c'était absolument merveilleux et je le pense encore. Cette sorte d'éloquence est celle que W. B. Yeats avait l'habitude de défendre contre ceux qui professaient qu'il fallait tordre le cou à la rhétorique et faire coller les mots à la platitude des faits, d'une façon extrêmement austère et précise. Malraux, lui, croit au souffle poétique et c'est une chose exceptionnellement peu à la mode aujourd'hui.

Traduction de Martine de Courcel.

DISCOURS PRONONCE PAR ANDRE MALRAUX
A L'OCCASION DE L'INAUGURATION
DE LA NOUVELLE MAISON FRANÇAISE D'OXFORD
LE 18 NOVEMBRE 1967

Mesdames, messieurs, et vous tous qui dans cette salle portez la robe de l'Université, vous rendez-vous compte que, depuis la naissance de la civilisation occidentale, jamais la responsabilité de l'Université n'a été si lourde dans le destin des hommes ? Lorsqu'a commencé la civilisation machiniste, on a dit, banalement, que la machine lutterait contre l'esprit ; nous savons aujourd'hui, qu'à toutes les usines de la terre répondent les usines de rêves. Trois mille personnes allaient au spectacle à Paris il y a cent ans, trois millions écoutent la télévision. Or, cet appel du rêve à la totalité des hommes implique — les marchands de rêves n'étant pas spécialement dominés par l'esprit — l'appel le plus profond et peut-être le plus tragique que l'humanité ait jamais connu, à ses fantômes et démons. Ce qui est le plus puissant à travers la télévision, à travers le cinéma, ce sont les instincts et les puissances organiques du sexe et du sang. Or la seule chose (et nous ne l'avions pas prévue) la seule chose qui compte en face des démons du sang, ce sont les paroles immortelles.

Nous ne savions pas pourquoi, nous ne savions pas comment nous mêlions dans notre cœur les paroles du Christ avec les paroles d'Antigone : « Je ne suis pas venue pour partager la haine, je suis venue pour partager l'amour. » Mais nous savons tous que nous n'avons pas oublié l'écho de la voix d'Antigone, et qu'à celle des pêcheurs de Tiberiade, s'unit aujourd'hui l'accent des bergers d'Arcadie. Ce qui est devenu immortel ne l'est pas devenu par hasard. Aucun de nous ne sait pourquoi, je répète, aucun de nous ne sait comment, mais nous savons tous que la seule lutte qui affronte aujourd'hui les puissances souterraines, c'est celle des puissances de l'esprit.

Messieurs, vous portez cette robe de l'Université, puissance de l'esprit, comme le clergé portait la robe de l'Eglise, puissance de l'âme. Aujourd'hui ce ne sont plus les grandes religions qui soutiennent la civilisation machiniste et agnostique, ce sont les puissances de l'esprit. C'est seulement par ce que vous maintiendrez de ce que vous avez sauvé de la mort pour l'esprit des hommes, que le destin sinistre qui menace l'humanité sera arrêté. Messieurs, je pense que nos universités travaillent de concert, mais il ne s'agit pas seulement d'universités ; quiconque travaille pour l'esprit, travaille aujourd'hui pour sauver l'intelligence humaine et pour que l'homme reste l'homme. C'est pourquoi je me félicite que nous travaillions ensemble, et déclare aujourd'hui la Maison Française d'Oxford, ouverte.

Hugh Thomas

L'ILLUSION LYRIQUE : ESPAGNE 1936

La guerre civile espagnole éclata en juillet 1936, à un moment qui semblait éminemment favorable à la cause antifasciste en Europe. Enfin, comme put le dire Philip Toynbee alors étudiant à Oxford, le gant était jeté dans la lutte contre le fascisme. Léon Blum avait formé son gouvernement de Front Populaire en juin 1936 et les manifestations antifascistes à Paris étaient les plus considérables qu'on eût jamais vues. Le déchaînement de la guerre en Espagne semblait offrir une occasion d'annuler l'effet produit par la faiblesse dont avaient fait preuve les démocraties devant l'occupation de la Ruhr par les Allemands en février.

La plupart de ceux qui sympathisèrent avec le gouvernement de Front Populaire espagnol (ainsi que les partis révolutionnaires et autres qui le soutinrent, une fois le combat engagé) croyaient que le « soulèvement des généraux » en Espagne faisait partie de l'offensive coordonnée des fascistes européens : avant-hier, c'était l'Italie ; hier, l'Allemagne, l'Autriche, la Tchécoslovaquie ; même l'Angleterre, jusqu'alors à l'écart, finirait par tomber. Des gens remarquèrent, comme le Scali de *l'Espoir,* qu'une preuve évidente de cette coordination préalable avait été fournie par la découverte d'instructions données aux aviateurs italiens avant le 18 juillet, date du soulèvement en Espagne :

> Deux colonnes : *De... à...* et des dates. Le 16 juillet (donc *avant* le soulèvement de Franco) : La Spezia ; puis Melilla ; le 18, le 19, le 20 ; puis Séville, Salamanque [1] ...

La lutte longtemps attendue contre le fascisme pouvait donc commencer : *Oggi in Spagna, domani in Italia,* tel était le slogan des démocrates sociaux de *Justizia e Libertà* de Carlo Rosselli ; *Die Heimat ist heute vor Madrid* chantaient les Allemands du bataillon Thaelmann des brigades internationales ; même pour Jaime, l'un des socialistes espagnols de *l'Espoir,*

---

1. *L'Espoir,* p. 531 (édition de la Pléiade, 1947).

« le Front Populaire, c'était cette fraternité dans la vie et dans la mort... il combattait dans la plénitude de son cœur². » André Malraux qui était allé en Espagne en mai, au cours de la « primavera tragica », comme coprésident du Comité mondial des Intellectuels contre la Guerre et le Fascisme, retourna à Madrid en juillet afin d'observer ce qui se passait à la fois pour le bénéfice immédiat des lecteurs de *l'Humanité* et des amis qu'il avait dans le gouvernement de Léon Blum, et pour le bénéfice à long terme de son roman et de son film, tous deux intitulés *l'Espoir*. Il se jeta immédiatement, avec toute la passion pour la cause en jeu et toute la véhémence qui l'avaient rendu célèbre, dans le combat³ ; passant sans transition du rôle de *voyeur* à celui d'acteur, il aida à organiser l'expédition d'avions français destinés à la défense des Républicains et, ainsi que le savent tous ceux qui s'intéressent au XX° siècle et à ses mythes, il organisa la célèbre escadrille aérienne de volontaires et de mercenaires, « l'Escuadrilla España » (dont je reparlerai plus loin en détail).

Bien que Malraux fût certainement considéré par les communistes et le mouvement antifasciste en général comme le plus brillant de leurs partisans, il n'était pas membre du parti communiste et, en fait, ses conceptions ne furent jamais vraiment celles d'un communiste. Son style n'a jamais été influencé par le vocabulaire spécifique du marxisme. De plus, comme l'a noté David Caute : « Il ne s'est jamais véritablement intéressé aux projets d'amélioration de la société, à l'extension du bénéfice de la sécurité sociale, aux statistiques sur la production et à la libéralisation de l'avortement. Les héritiers du siècle des lumières se sont appliqués à ces problèmes... là où ils se souciaient de la destination, lui se souciait du voyage, du combat, d'héroïsme et de camaraderie⁴. » La Guerre d'Espagne lui offrit précisément tout cela, et de façon incomparable. Aux portes de la France, la révolution russe se jouait une nouvelle fois — comme une tragédie, il est vrai, pas comme une farce, mais avec les mêmes symboles : le train blindé de Trotsky roulait de nouveau à Talavera. Malraux en Espagne fut « l'homme engagé » par excellence ; dans son roman, fondé directement

---

2. *L'Espoir,* p. 449.
3. Sur l'emploi du temps de Malraux en juillet, voir W.-G. Langlois, « Aux sources de l'Espoir », *La Revue des Lettres Modernes*, 1973 (5), nᵒˢ 355-359.
4. David Caute, *The Fellow Travellers,* Londres, 1973, p. 179.

sur son expérience vécue et sur les choses qu'il a vues (d'ailleurs redistribuées de telle sorte que *l'Espoir* en un certain sens
est à la fois de l'antihistoire et un antiroman), les communistes
sont sans aucun doute l'élément prépondérant de ce groupe
d'hommes résolus qui marchent vers la mort avec une lucidité
jamais en défaut. Mais tous les autres ont eu leur chance de
s'exprimer publiquement, comme on pouvait s'y attendre de la
part d'un écrivain qui, bien qu'il fût un compagnon de route
voyageant en première classe en ce temps-là, défendit néanmoins Trotsky en 1937 et contribua à payer de ses deniers sa
garde du corps. Le discours où Malraux dénonça l'attitude
russe à l'égard de la liberté de l'artiste, lors du Congrès des
Ecrivains, à Moscou en 1935, fut probablement le dernier discours d'opposition à être prononcé publiquement à Moscou.
De plus, la place excessive que tient la mort dans les préoccupations des Espagnols était en harmonie avec l'attitude de Malraux lui-même : « Chacun savait que, pour ceux qui l'atten-
draient, sa propre mort ne serait pas autre chose que cette
fumée de cigarettes nerveusement allumées, où l'espoir se débat-
tait comme quelqu'un qui étouffe [5]. » Malraux parlait là des
hommes de son escadrille, mais c'était ainsi que lui-même
voyait l'avenir.

La période d'activité de Malraux en Espagne se situe entre
juillet 1936 et mars 1937, c'est-à-dire pendant les premiers
huit mois d'une guerre civile qui devait durer jusqu'en mars
1939. Sa participation comme chef de l'Escuadrilla España
commença en août. Il rassembla en France, grâce à une sous-
cription publique, un certain nombre de bombardiers *Potez 54,*
quelques *Bloch* et, plus tard, quelques rares avions de chasse
Dewoitine, auxquels vint s'ajouter l'aviation légère privée de
Haïlé Sélassié qui avait été mise en vente ; il engagea des pilotes dont certains se rallièrent à lui par idéalisme, tandis que
d'autres venaient par intérêt, à cause des très hauts salaires
payés par les Républicains au début de la guerre. Cette singulière équipe — qui ne compta jamais plus de six appareils en
vol simultanément, jamais plus de neuf en état de voler et
jamais plus de vingt en tout — eut l'occasion d'agir, sans interruption, d'août à février, dans la vallée du Tage, à Tolède, dans
la province d'Aragon, autour de Madrid et à Malaga. Le rôle
de Malraux consista à organiser, à galvaniser des énergies ou

—————

5. *L'Espoir,* p. 460.

à en inspirer de nouvelles, et à voler en observateur, car il n'avait pas de brevet de pilote et ne connaissait rien aux avions avant cette expérience ; comme Magnin dans *l'Espoir,* il les aimait avec passion. Il participa à plusieurs missions, mais ne fut jamais blessé. L'escadrille fut d'abord basée à Barcelone, puis à Barajas, l'aéroport de Madrid, ensuite à Alcantarilla, non loin d'Albacete, et à la Señaria près de Valence. On a dit beaucoup de choses sur l'efficacité de cette escadrille. C'était une période durant laquelle l'utilisation que faisaient les Républicains de leur armée de l'air laissait partout fort à désirer et où l'on cherchait — où l'on cherche encore — des boucs émissaires. Il est probable que si l'aviation républicaine avait été employée avec autant d'énergie et d'audace qu'en manifestaient les « pilotes » allemands, italiens et rebelles, elle aurait pu se trouver en position favorable. Mais au contraire, ses forces aériennes étaient éparpillées, des opérations de bombardement inutiles étaient lancées contre des objectifs non militaires comme Notre-Dame del Pilar de Saragosse, et les combats qui en résultaient portaient la marque de la bravoure (« le courage aussi était une patrie[7] » mais, encore une fois, cela ne suffisait pas) et de l'incompétence. Peu à peu, la situation s'améliora ; en septembre, quelques excellents pilotes russes étaient en action et, vers la fin d'octobre, une importante intervention russe donna un tour nouveau à la guerre.

Sur cette période, et sur l'ensemble des opérations menées par l'escadrille España de Malraux, certains jugements très durs ont été portés ; le général Hidalgo de Cisneros, qui était à la tête de l'aviation républicaine, se montre, dans ses mémoires, particulièrement sévère pour Malraux[8]. Il faut noter, cependant, qu'Hidalgo adhéra au parti communiste et que ses jugements sur Malraux furent probablement influencés par le souci de se conformer exactement aux points de vue communistes. (Il y aurait du reste beaucoup de critiques à formuler sur la façon dont Hidalgo lui-même dirigea les opérations de l'aviation républicaine.) Il conviendrait, néanmoins, d'entendre d'autres témoignages. Le colonel Garcia Lacalle, qui devait par la suite être le chef de l'aviation de combat républicaine, écrivit que « parmi le groupe de gens extrêmement nombreux

7. *L'Espoir,* p. 442.
8. Hidalgo de Cisneros, *Memorias,* Paris, 1964, vol. II, p. 323 f.

qui arrivèrent avec M. Malraux, très peu étaient ou avaient été des aviateurs professionnels. Ils étaient pour la plupart des auxiliaires, c'est-à-dire des écrivains, des artistes, des photographes ou même des enfants et des femmes, et bien d'autres choses encore, tout excepté des aviateurs. Nous devions, en conséquence, compléter les équipages des *Potez* par des Espagnols. Si j'ai bonne mémoire, nous ne pûmes qu'une seule fois donner à un *Potez* un équipage entièrement français... Je me trouvai un jour à l'hôtel Florida, à Madrid, dans l'une des immenses salles à manger, seul parmi une foule de gens les plus extraordinaires que l'on puisse imaginer. Je demandai qui ils étaient et ils répondirent qu'ils étaient les équipages de l'escadrille Malraux et leurs familles... Sachant qu'il n'y avait à ce moment-là qu'un seul *Potez* en service, j'allai immédiatement voir le lieutenant-colonel Cisneros et lui demandai de renvoyer tous ces gens-là, ce qu'il fit [9]. »

Bien qu'accompagnée de jugements de valeur différents sur l'efficacité du groupe, une description analogue de la vie à l'hôtel Florida a été donnée par Pietro Nenni dans son journal : « Malraux a organisé une « aviation de fortune » qui a rendu des services inestimables. Mince, presque maladif, avec son beau visage pétri d'intelligence, Malraux se dépense sans compter, de tout son cœur, en vrai combattant. Il vit la passion de l'Espagne avant de l'écrire [prophétie juste]. Autour de lui, deux catégories d'aviateurs et de combattants : les volontaires et les mercenaires. Pour ceux-ci, une seule chose compte : remplir leur contrat ; pour les premiers, un seul point de vue : la foi en la cause qu'ils défendent [10]. » Koltsov, le correspondant de *la Pravda* en Espagne et, à l'époque, a-t-on dit, « l'ami » de Staline en personne a lui aussi donné une description de la vie au Florida dans ses articles pour la *Pravda* et dans ses souvenirs d'Espagne ; il a noté dans la perspective propre à son ami de Moscou : « Il y a ici dix hommes qui sont sans aucun doute des espions et une douzaine de fainéants qui intriguent de façon scandaleuse au bar contre André et Guides (Abel Guides, un remarquable aviateur socialiste, un « idéaliste » de l'escadrille) [11] ». Le bombardier le plus souvent utilisé par

---

9. Lettre du colonel Garcia Lacalle à Hugh Thomes, juillet 1964.
10. Pietro Nenni, *la Guerre d'Espagne*, Paris, 1959, p. 196.
11. Miguel Koltsov, *Diario de la Guerra de España*, Paris. 1963, p. 93.

l'escadrille de Malraux était le *Potez 54,* appareil qui, à cause
de sa lenteur, de son poids et du fait qu'il nécessitait un équipage très nombreux, avait été surnommé le cercueil volant collectif. Sa vitesse était inférieure de 90 kilomètres à celle, par
exemple, du *Junker 52* (160 kilomètres à l'heure au lieu de
250). Quelques avions de chasse furent plus tard attachés à
l'escadrille.

Vers la fin de 1936, la guerre civile espagnole avait cessé
d'être une affaire d'amateurs, même doués. Les forces envoyées
par les Russes avaient effectivement pris le contrôle des opérations et le général Smuskievitch (connu sous le nom de général Douglas) fit peser sur Malraux et son équipe — sur ce qu'il
en restait — la lourde main de la bureaucratie soviétique cen-
tralisée. Malraux, au début de la guerre, avait semblé croire,
selon le témoignage porté trente ans plus tard par un des
bureaucrates russes, qu'il pouvait jouer un rôle décisif avec une
poignée d'hommes et quelques appareils [12]. Maintenant, ces
illusions d'élitisme révolutionnaire n'existaient plus. Malraux
se replia donc vers la propagande et la littérature. Puis, plus
tard, il réalisa le beau film tiré de deux épisodes de *l'Espoir.*
On devait le revoir, comme beaucoup de personnes s'en sou-
viennent, au Congrès International des Ecrivains à Valence
et à Madrid en 1937, et il était encore en Catalogne en 1939,
son film n'étant pas terminé. (Les dernières scènes furent
tournées en France.) Il fut présenté à un auditoire choisi à Paris
en juillet 1939, mais sa sortie fut interdite comme film révolutionnaire par le gouvernement après la déclaration de
guerre. Il est d'ailleurs étonnant qu'il n'ait pas totalement disparu [13].

Le rôle de Malraux en tant que propagandiste de la guerre
espagnole ne saurait être négligé. Le souvenir des réunions à
la Mutualité, à Paris, où il siégeait sur l'estrade en compagnie
de Cachin et d'autres personnalités communistes, ou avec
Gide et Benda, demeura longtemps gravé dans la mémoire des
assistants, non tant par le style de ses discours que par son
aspect, par l'impression de grandeur évidente qu'il donnait.
Pour Mauriac qui l'observa un soir de 1937 à la Mutualité,
c'était un Saint-Just quand il paraissait sur la scène mais il

12. Cité par Jean Lacouture, *André Malraux, une vie dans le siècle,*
Paris, 1973, p. 230.
13. Lacouture, p. 259.

« semblait peiner quand il ouvrait la bouche [14] ». Cependant, pour les auditeurs auxquels il s'adressait durant ces années, il demeurait sans erreur possible le héros, l'homme d'action devenu écrivain.

Pour ses auditoires américains, au cours d'une série de conférences qu'il fit en 1937 pour trouver des fonds, il était parfois incompréhensible ; devant un public nombreux, notait la revue *Time* [15], il parlait avec une rapidité et une fougue éloquente presque intraduisible. Pour d'autres, il était inoubliable. Alfred Kazin a rappelé, des années plus tard, la description donnée par Malraux de la procession qui transportait à travers l'Aragon l'aviateur blessé (que l'on retrouve dans *l'Espoir* et qui forme la conclusion du film) :

> Quand je levai les yeux, la file des paysans s'étendait maintenant du sommet de la montagne à sa base ; c'était la plus grandiose image de fraternité que j'aie jamais rencontrée.

Kazin s'aperçut que le mouvement du récit de Malraux avait une puissance tellement irrésistible que l'auditoire entier se balançait à son rythme [16]. L'objectif poursuivi par Malraux aux Etats-Unis était de pousser les écrivains à l'engagement politique. A Hollywood, quelqu'un lui demanda comment il pouvait écrire pendant que la guerre se déroulait. Il répliqua : « Il fait sombre la nuit. » « La tour d'ivoire, dit-il, n'était pas un endroit propice aux écrivains qui ont une cause à défendre. S'ils survivent, leurs écrits sur la guerre seront les meilleurs parce qu'ils auront eu l'expérience de la bataille. S'ils meurent, leur mort les fera entrer dans la légende. » Ce message dut paraître un peu sinistre à l'Amérique de 1938 mais ce qui est certain, c'est qu'il produisit un effet extraordinaire — peut-être finalement plus grand que celui produit par le combat réel de Malraux à la tête de l'escadrille España.

Le témoignage de Malraux sur son action en Espagne est, naturellement, contenu dans *l'Espoir,* roman extrêmement ambitieux où l'auteur a cherché à exprimer, dans une prose qui semble souvent la meilleure de toute son œuvre, non seule-

---

14. François Mauriac, *Mémoires Politiques,* Paris, 1967, p. 79.
15. *Time,* citant Stanley Weintraub : *The last Great Cause,* Londres, 1968, p. 289.
16. Alfred Kazin, *Starting out in the Thirties,* New York, 1965, p. 108.

ment ce qui se passait, mais ce que les gens pensaient qu'il se passait, ce qui était au moins aussi important. Il est certain que, parmi les conversations qui furent tenues en Espagne en 1936, peu eurent le niveau élevé de celles rapportées dans *l'Espoir* — comme le remarque Azaña, qui était lui-même philosophe et homme d'Etat, « il fallait un Français pour faire un philosophe d'un officier de la Garde Civile [17] ». Pourtant, les dialogues, les commentaires et le récit, compte tenu du mode d'expression choisi, ont une validité historique indubitable. Par exemple, ceux qui servirent de modèles aux personnages du siège de l'Alcazar à Tolède, ne s'exprimaient évidemment pas toujours avec la distinction que leur prête Malraux. Mais Malraux n'était pas Zola : ce qu'il désirait faire connaître, c'était moins la réalité, au simple sens de la description des événements, que sa signification. J'ai peine à croire que le véritable chef des opérations, au ministère de l'Air, à Madrid, en 1936, ait dit, comme Malraux fait dire à son « Vargas » :

> Mon cher Monsieur Magnin, nous sommes soutenus et empoisonnés à la fois par deux ou trois mythes assez dangereux. D'abord, les Français : le Peuple — avec une majuscule — a fait la Révolution française. Soit. De ce que cent piques peuvent vaincre de mauvais mousquets, il ne suit pas que cent fusils de chasse puissent vaincre un bon avion. La révolution russe a encore compliqué les choses. Politiquement, elle est la première révolution du XXᵉ siècle ; mais notez que, militairement, elle est la dernière du XIXᵉ. Ni aviation ni tanks chez les tsaristes, des barricades chez les révolutionnaires. Comment sont nées les barricades ? Pour lutter contre les cavaleries royales, le peuple n'ayant jamais de cavalerie. L'Espagne est aujourd'hui couverte de barricades — contre l'aviation de Franco [18].

Mais c'était là, néanmoins, un brillant exposé de ce que pensaient les hommes intelligents, du côté des Républicains, bien que ce fût peut-être un peu trop bien dit. En donnant la priorité aux idées, Malraux résolvait un problème qui se présente à tous les romanciers lorsqu'ils parlent dans leurs livres de pays étrangers. Les romanciers ne peuvent presque jamais traiter en profondeur des personnages d'une nationalité diffé-

---

17. Remarque citée par Lacouture, p. 256.
18. *L'Espoir,* p. 513.

rente de la leur. Cependant, devant les problèmes philosophiques, les frontières disparaissent. (Quelle différence entre Malraux et, par exemple, le talentueux écrivain anglais Gerald
Brenan qui non seulement écrivait bien mais vécut près de vingt
ans en Espagne et qui pourtant décida, après avoir travaillé
pendant cinq ans à un énorme roman historique sur l'Espagne
au XXᵉ siècle, de l'abandonner et de le brûler : « Je suis loin de
connaître assez l'Espagne et les Espagnols [19]. »)

Il n'y a pas que les dialogues qui soient caractéristiques.
Malraux choisit comme personnages principaux des gens à qui
se posent des dilemmes particulièrement délicats : par exemple
le colonel Ximenès, colonel de la garde civile à Barcelone, qui
réussit à maintenir ses hommes du côté gouvernemental lorsque se produit le soulèvement. Azaña pouvait trouver à redire
à sa façon de voir, mais la position d'hommes comme Ximénès
fut l'une des plus difficiles de la guerre civile. Ce n'étaient pas
des hommes de droite, mais des officiers ordinaires et qui
n'avaient pas même été contactés par les militaires conspira-
teurs. Ils combattirent donc instinctivement contre les rebelles, pour découvrir qu'ils étaient les accoucheurs de la révolution. Ils se battirent dans les rangs de l'armée républicaine et
jouèrent un rôle important dans son organisation ; ils furent
souvent désenchantés par le communisme ; parfois, comme le
général Miaja, ils devinrent des « communistes des jours heureux » et souvent, se trouvèrent finalement confrontés à la
répression de Franco — ce qui signifiait soit la mort, soit des
années de prison — ou bien connurent l'exil et la pauvreté.
Pour eux, l'illusion fut rarement lyrique. Manuel demandait
au colonel Ximenès pourquoi il appelait ses hommes « mes
enfants » :

> Les appeler camarades, je ne peux pas. J'ai soixante
> ans : ça ne marche pas, j'ai l'impression de jouer la
> comédie. Alors je les appelle : les gars, ou bien : mes
> enfants [20]...

(En fait l'homme qui avait certainement été à l'origine du
personnage de Ximenès, le colonel Antonio Escobar, fut fusillé
par les franquistes en 1939.)

---

19. Gerald Brenan, *Personal Record 1920-1972,* Londres, 1974,
p. 335.
20. *L'Espoir,* p. 564.

Mousquetaire ou marquis ? *Collection André Malraux.*

La mère de Malraux. *Collection André Malraux.*

Malraux à l'âge de quatre ans. *Collection André Malraux.*

Malraux et son père, 1917. *Collection André Malraux.*

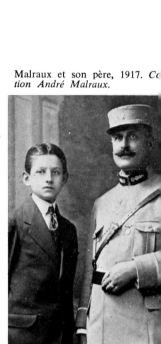

Sur la plage de Dieppe, 1910. *Collection André Malraux.*

...raux préparait son entrée à ...got ; son professeur Mlle ...uvenin, dit de lui : « Il était ...tre de soi déjà et avait un ... le sens du chef. » *Collection ...uvenin.* ▶

Strasbourg, 1922 : hussard pour quelque jours. *Collection André Malraux.*

dré Malraux et son fils Gauthier. *Collection André* ~~lraux.~~

Josette Clotis, mère de Vincent et de Gauthier à Roquebrune. *Collection André Malraux.*

~~lraux~~ et sa fille Florence, Mme Alain Resnais, ~~s~~ 1950 *(Photo Paris-Match).*

Malraux et ses deux fils regardant sa collection de poupées Hopi. *Collection André Malraux.*

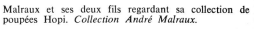

Malraux et Louise de Vilmorin à Verrières où vit Malraux *(Photo Figaro / P. Lelièvre)*.

Le temple de Benteaî-Srey au Cambodge *(Photos Roger-Viollet).*

INDOCHINE

Jeunes archéologues : Malraux et Chevasson, Saïgon, 1924. *Collection Chevasson.*

L'INDOCHINE

⊕ JOURNAL QUOTIDIEN DE RAPPROCHEMENT FRANCO-ANNAMITE ⊕

⊕ ⊕ 12, RUE TABERD ⊕ TÉLÉPHONE 517 ⊕ ABONNEMENTS ⊕ ⊕

⊕ ⊕ ⊕ UN AN 20 $ ⊕ SIX MOIS 10 $ ⊕ UN MOIS 1 $ 80 ⊕ ⊕ ⊕

André MALRAUX   Paul MONIN

E NOTRE PROGRAMME

PAINLEVÉ,

DE LA CHAMBRE

évènements politiques qui allaient provo-
le Président de la Chambre des Députés,
Conseil des Ministres, M. HERRIOT, nous
age consulaire irrité à juger, critiquer ou
dres, fut M. PAINLEVÉ.

udience charmante qu'il avait accordée à
il confier la tâche de former le ministère
n'avait pu constituer.

eine. Son ministère est un grand ministère.
la France Métropolitaine comme pour la

à notre intention l'actuel Président du
singulièrement de la hargne agressive de
lique locale.

mpagnes de division menées par des Outrey
se la nécessité du rapprochement de plus en

es de l'Instruction Publique en Indochine
ction et l'éducation communes sont le meil-
llation ».

r dessus la tête des tyranneaux administra-
resse indigène sans négliger les moyens de
aise indépendante, M. PAINLEVÉ, déclare,
notre formel : « Il faut une la presse

N'est-il pas souhaitable d'encourager chez nos ressortissants
ce désir d'instruction et de par-
faire celle-ci en ouvrant aux Annamites lettrés l'accès de notre
Enseignement Supérieur.

L'instruction, l'éducation communes sont le meilleur et le plus
complet moyen d'assimilation
entre races diverses. Il n'y a pas
entente, ni accord sans l'interpé-
nétration des esprits. Mais, note-
ceci qui est capital. Il faut que
l'instruction soit méthodique et
ne soit généralisée qu'avec sagesse, si les diplômés doivent corres-
pondre à des emplois ou à une
activité dont les diplômés auront
à se montrer capables. Il n'y a
pas douteux qu'une sélection pru-
dente s'impose pour l'accès à
l'Enseignement Supérieur. Rien
n'est dangereux comme une assimilation intellectuelle insuffisante surtout lorsque l'enseignement
reçu tend à être à son tour distri-
bué par les bénéficiaires. Sous ces
réserves très générales, l'accès de
notre enseignement, à tous le

Notre Programme

L'Indochine est un journal
libre, ouvert à tous, sans atta-
ches avec les banques ou les
groupes commerciaux. Il se fera
un principe de respecter le tempérament de ses collaborateurs,
que leur collaboration soit constante ou occasionnelle. Les polé-
mistes y écriront avec âpreté, les
modérés avec modération.

LA DIRECTION.

COURRIER DE PARIS

Une Exposition entr'ouverte

C'est la deuxième fois que l'on inaugure officiellement l'Exposition des
Arts Décoratifs : elle est fort belle, et

ÉCHOS

Il y avait une fois en Annam un fonc-
tionnaire qui ne faisait pas son travail.
Il y avait une fois en Annam un fonc-
tionnaire qui le faisait faire par des
secrétaires.

Or, il arriva qu'une route doit être
construite. Chaque semaine, un état des
frais était envoyé portant les noms des
coolies, et, en regard, le montant de
leur solde. Mais le secrétaire, qui avait
des lettres, aimait lire les poèmes
annamites et dédaignait fort de chercher les noms des coolies. C'est pourquoi, Monsieur P...r, qui a aussi des
lettres, regardant un jour l'état des frais,
et trouvant aux coolies des noms bizarres, comme coi, ta, khéo, da, etc... prêta
au papier une attention particulière. Et,
lisant de haut en bas il trouva :

Tran nam trong coi nguoi ta, Cha lai,
chu mang khéo da ghet nhan. Ce qui
est la première phrase de Kim-van-Kieu.
Le secrétaire recopiait les vers qu'il
aimait sur les états des frais.

Les papiers administratifs analogues
furent alors recherchés et analysés. On
trouva deux listes de coolies formées,
l'une, des généraux de Minh-Mang,
l'autre, de mots en prose.

On s'amuse en Annam...

À Paris, les élections manquent de
gaieté. Où sont les candidats fantaisistes

L'Empere
d'An
est

Depuis le onze ju
la mort de S.M. l'Em
circule avec persista
vince de Hué. Cette
Annamites serait to
d'épargner au Prote
pire les difficultés d'
jours la changem
se souvient de Tsin
l'unificateur de la C
fut tenue secrète ju
deur se dégageant à
ne pût plus permet

Il est bien évi
nouvelle passionne
tes des provinces
qu'elle ne soit pas
ment répandue.

Il est aussi des lépreux
genre circulent en
quement. Il a deux
lait que les lépreux
deau et poussés à l

Journal « L'Indochine ». *Collection Walter Langlois.*

André Malraux en Chine vers 1925. *Collection André Malraux.*

Malraux en 1933, à l'époque où il reçut le prix Goncourt *(Photo Gisèle Freund)*.

Congrès pour la liberté à la Culture organisé par Malraux à Paris en 1935 *(Photo Gisèle Freund)*.

Malraux et André Gide à un meeting en faveur des victimes du fascisme *(Photo David Seymour/Magnum)*.

raux et Eisenstein à
scou en 1934 : le met-
r en scène avait envi-
é de faire un film de
a Condition humaine ».
lection *André Mal-
x*.

raud, Meyerhold et
ternak à Moscou, en
4, au Congrès inter-
ional des Ecrivains
oto Paris-Match).

congrès de la Défense
la Culture avec Ilya
renbourg et Paul Nizan
oto Gisèle Freund).

Malraux avec Paul Valéry vers 1939. *Collection André Malraux.*

Dans un bureau de la N.R.F., avec Jean Paulhan, Valéry, Jules Supervielle et Marcel Arland *(Photo ORTL / André Malraux).*

Malraux reçoit André Gide au cap d'Ail, 1941 *(Photo Charles Courrière / Paris-Match).*

Malraux devant un bombardier de l'escadrille España *(Photo Charles Courrière / Paris-Match)*.

Repos entre deux missions aériennes *(Photo Charles Courrière / Paris-Match)*.

Dans les rues de Torrente. *Collection André Malraux.*

...éunion à Philadelphie en 1937, au ...urs d'une tournée de propagande aux ...S.A. en faveur des Républicains *(Pho-ORTL / André Malraux)*.

...la même époque, Malraux, Heming-...ay et Robert Haas, son éditeur amé-...cain *(Photo Robert Disraeli Films)*.

Malraux, auteur, producteur, cameraman pendant le tournage de « l'Espoir ». *Collection André Malraux.*

L'épave du bombardier *(Photo Paris-Match).*

Scène du film. *Collection André Malraux.*

Un autre personnage remarquable est Manuel, un technicien du son qui, d'abord commandant d'un petit groupe de
volontaires, accède rapidement au grade de général de brigade
(et finalement à celui de général d'armée). Son communisme,
comme son uniforme, est sophistiqué et « montparnassien ». Il
est dominé par l'anticléricalisme et ne parvient pas à oublier
l'église. Sa vie est marquée par le fait qu'il fut autrefois profondément amoureux :

> C'était comme si j'avais été un muet. J'aurais pu
> être l'amant de cette femme, mais ça n'aurait rien
> changé. Entre elle et moi, il y avait un mur : il y avait
> l'Eglise d'Espagne. Je l'aimais et quand j'y réfléchis
> maintenant, je sens que c'était comme si j'avais aimé
> une folle, une folle douce et enfantine. Voyons, enfin,
> mon colonel, regardez ce pays ! Qu'est-ce que l'Eglise
> en a fait d'autre qu'une espèce d'affreuse enfance ?
> Qu'est-ce qu'elle a fait de nos femmes ? Et de notre
> peuple ? Elle leur a enseigné deux choses : à obéir et à
> dormir [21] ...

Il est à noter que les femmes ne jouent, dans *l'Espoir*, d'autre rôle que celui de victimes. Nous n'avons qu'une brève vision
de la Pasionaria à la tête d'une manifestation. Toutefois, elle
a été décrite par le reporter américain « Shade », que nous
identifions comme Herbert Matthews, et qui est représentatif
de tant d'autres Anglo-Saxons : Vincent Sheean, Sefton Del-
mer, Henry Buckley, Hemingway et Dos Passos, qui rendirent
compte à leur public des événements d'Espagne et y partici-
pèrent presque aussi directement que Malraux lui-même.

Manuel est un communiste du « type militaire » plutôt que
du « type abbé », selon l'interprétation du « colonel Magnin »,
un communiste bourgeois, naturellement, capable d'apprécier
la beauté non seulement de la nature mais aussi des situations
dangereuses — même celle des lumières placées par des agents
secrets fascistes à l'intention des avions ennemis.

> Dans la sérénité transparente établie sur la Sierra,
> seul le langage silencieux de la trahison emplit l'obscu-
> rité qui monte [22].

---

21. *L'Espoir,* p. 565.
22. *L'Espoir,* p. 492.

On a souvent identifié le personnage de Manuel à Gustavo Duran, en dépit des dénégations ultérieures de celui-ci qui a affirmé ne jamais avoir été communiste (voir à ce sujet l'article d'Alfred Ayer, p. 73) ; mais il y eut beaucoup de jeunes Espagnols comme lui, qui furent attirés vers le mouvement communiste en 1936 par la propagande des membres du parti, séduits par les occasions offertes à leur courage et, surtout, par la possibilité d'utiliser les armes russes, et qui firent leur éducation politique grâce aux circonstances extraordinaires de la guerre.

Presque tous les personages sont éminemment représentatifs, bien que, en vérité, certains le soient plus que d'autres. Par exemple, de Négus, l'anarchiste, personnage excellemment décrit dans les scènes d'action, l'auteur nous dit que c'est un homme qui se bat toujours contre et non pour quelque chose :

> Les passions négatives ont toujours été les siennes. Et pourtant, ça ne va plus. Il entend les siens faire à la radio l'appel à la discipline, et il envie les jeunes communistes [23].

Cette pensée ne paraît pas très vraisemblable chez un anarchiste affecté aux transports, même si la sympathie avec laquelle sont traités les personnages de Négus et de Puig, un autre anarchiste, montre combien Malraux, déjà en 1937, était loin d'être un communiste conventionnel. De même, Guernico, l'écrivain catholique dont le modèle semble avoir été José Antonio Bergamin, un ami de Malraux, nous paraît moins réussi que d'autres personnages. Mais ces réserves mineures ne changent rien au fait que ces hommes demeurent très convaincants, et nous paraissent aujourd'hui aussi authentiques et émouvants qu'en 1937. Le courage de Hernandez, au moment de son exécution, après avoir parcouru, enchaîné, les rues de Tolède, reste une peinture véridique et prenante de la façon dont se comportèrent des milliers d'officiers vraisemblablement moins capables de s'exprimer :

> Tolède rayonne dans l'air lumineux qui tremble au ras des monts du Tage : Hernandez est en train d'ap-

---

23. *L'Espoir*, p. 765.

prendre de quoi se fait l'histoire. Une fois de plus, dans ce pays de femmes en noir, se lève le peuple millénaire des veuves [24].

Des événements qui, par la suite, devaient prendre une signification presque mythique, emplissent les pages de *l'Espoir* ; par exemple, le problème crucial : pourquoi Ramos devient-il communiste et non pas anarchiste ? Est évoqué aussi le problème des Russes blancs qui désiraient se battre en Espagne parce qu'ils pensaient que le chemin du retour dans leur patrie passait par l'Espagne :

> Beaucoup de Russes, blancs autrefois, qui servaient en Espagne, le faisaient pour prouver leur loyalisme, espérant regagner ensuite leur pays [25].

(Il y avait aussi des Russes blancs de l'autre côté : Koltsov, le correspondant de la *Pravda,* trouva aux environs de Saragosse, en 1937, les carnets de notes du général russe blanc Fok, qui avait commandé l'artillerie à Perekop en 1920 [26].)

Il y a aussi, dans *l'Espoir,* d'excellentes illustrations des idées reçues qui avaient cours en ce temps-là : le volontaire anglais de l'escadrille aérienne avec son Platon [27] ; « Le peuple sans chefs et presque sans armes [28]... », image fausse mais très largement répandue (« Ils ont des chefs, ils ont des armes [29] » ; « Le peuple est magnifique, Magnin, magnifique, dit Vargas. Mais il est impuissant [30] »). Il est question aussi, dans *l'Espoir,* du bric-à-brac contemporain : les avions (la guerre d'Espagne fut en fait le premier conflit où l'aviation joua un rôle décisif) et le téléphone, protagoniste obscur du conflit, dont l'importance se révéla dès les premiers jours de la guerre et aussi en d'autres circonstances (les combats autour du central téléphonique de Madrid en présageaient de moins glorieux autour du central téléphonique de Barcelone en 1937). Il y a finalement les légendes qui ont plus ou moins survécu : les otages de l'Alcazar de Tolède [31], les cadets de la même forteresse [32] ; le mas-

---

24. *L'Espoir,* p. 636.
25. *L'Espoir,* p. 477.
26. Koltsov, p. 469.
27. *L'Espoir,* p. 463.
28. *L'Espoir,* p. 473.
29. *L'Espoir,* p. 475.
30. *L'Espoir,* p. 513.
31. *L'Espoir,* p. 517.
32. *L'Espoir,* p. 526.

sacre de Badajoz [33] ; les Maures [34] ; « les avions russes sont arrivés [35] » ; et les volontaires américains [36] ; et la dernière conférence de Unamuno brièvement mentionnée [37] ; et la légende des
avions italiens *Savoia* « bien supérieurs à tout ce dont dispo-
saient les Républicains [38] ». Et enfin, il y a la description de
la bataille de Guadalajara qui s'acheva par une victoire républicaine remportée sur les volontaires italiens envoyés en Espagne par Mussolini, une victoire dont on peut dire qu'elle fut
pour la République le moment du plus grand espoir. Les antifascistes, certainement à partir de ce moment-là, pensèrent que
l'Espoir, c'était l'Espagne.

Naturellement, les choses tournèrent autrement et, au
moment où *l'Espoir* fut publié, l'espoir s'était évanoui. Tout
le nord de l'Espagne avec ses richesses minières et son industrie était perdu et, à partir de novembre 1937, le seul espoir
qui restait était que la guerre d'Espagne pût s'inclure dans
un conflit général, vision apocalyptique que seuls les plus forts
— des hommes tels que Juan Negrin — pouvaient supporter.

Quand on songe aujourd'hui à tout cela, dans le contexte
des connaissances plus précises que l'on a maintenant du
conflit, on s'aperçoit que certaines idées d'alors sont dans une
certaine mesure à reconsidérer. Prenons par exemple le passage où il est question de l'aviateur italien trouvé porteur de
papiers établissant qu'il avait quitté l'Italie avant que Franco
ne prît la tête du soulèvement. Cette légende a longtemps eu
cours. Elle eut pour origine des papiers datés du 15 juillet,
trouvés, disait-on, sur le corps d'un aviateur italien parti d'Italie le 30 juillet, pour rejoindre la partie du Maroc tenue par
Franco, et qui s'était écrasé avec son appareil en Algérie. Tous
les documents d'origine diplomatique et autre aujourd'hui dis-
ponibles prouvent que Mussolini reçut, de Franco, une
demande d'aide après le 19 juillet, que le Duce se montra
d'abord circonspect et finalement changea d'avis quand il
apprit que le gouvernement français envoyait quelques avions
à ses amis du Front Populaire espagnol. Les historiens se sont
depuis interrogés sur cette mystérieuse date du « 15 juillet ».

---

33. *L'Espoir,* p. 516.
34. *L'Espoir,* p. 626.
35. *L'Espoir,* p. 755.
36. *L'Espoir,* p. 710.
37. *L'Espoir,* p. 734.
38. *L'Espoir,* p. 510.

Se pouvait-il que le pilote eût reçu des ordres d'abord le 15 juillet, puis un contrordre vers le 26 ? L'explication la plus simple est la plus difficile à accepter : ces papiers n'ont jamais existé. Le ministère français de l'Air, en 1936, très pro-républicain, a tout simplement dit que ces papiers avaient été découverts, mais il n'en était rien. S'ils ont été découverts, c'étaient des faux. Dans les années 1930, la gauche comme la droite étaient aussi promptes à forger des mensonges que des idées.

C'est là un point mineur, bien sûr ; mais les points mineurs sur lesquels les convictions lyriques des jours épiques étaient totalement erronées furent vraiment très nombreux. Prenons l'affirmation si souvent répétée que « le peuple » était « sans chefs » et « presque sans armes ». En fait, ce n'est pas vrai ; et il n'était pas vrai non plus de dire que l'on trouvait « contre le gouvernement, les trois quarts de l'armée, comme d'habitude [39] ». C'était ce que les gens croyaient, en 1936, à Madrid. La vérité est que l'armée fut divisée presque à parts égales par le soulèvement de la droite ardente. Malraux a raison, quand il évalue le nombre des rebelles, de parler si fréquemment de « phalangistes » et de « fascistes », car nombre d'entre eux étaient en effet des volontaires pour la « croisade » fasciste, et non des soldats réguliers. Il est vrai que, parmi les plus violents, il y avait les *Africanistes,* ces officiers qui avaient une si cruelle expérience des combats au Maroc dans les années 1920. Mais ils ne laissèrent pas la République sans armes. La République ne manqua jamais de fusils en 1936 — ou plutôt n'aurait pas dû en manquer. L'ennui était qu'un fusil était alors considéré comme un symbole de liberté, de prouesse révolutionnaire, par les membres des organisations ouvrières. Il s'ensuivit que d'innombrables armes furent cachées dans les maisons ou exhibées dans les rues. De plus, la supériorité initiale de l'artillerie républicaine cessa bientôt parce que, dans la confusion des premiers jours passés dans la Sierra, des masses de matériel furent abandonnées au cours des combats. « Magnin » se trompait en donnant à entendre que la République avait un peu moins d'avions que les rebelles au moment du soulèvement. S'il est vrai que les Allemands et les Italiens envoyèrent des *Junker* et des *Savoia* extrêmement utiles en juillet, en août et en septembre, la France de son côté fournit à la République une cinquantaine d'appareils : des bombardiers *Potez* et *Marcel Bloch,* des avions de chasse *Dewoitine* et

---

39. *L'Espoir,* p. 424.

Lioré. Le cri « Camarades, les avions russes sont arrivés » fut l'un de ceux qui contribuèrent à l'évolution de la guerre, car il assura à la République la supériorité dans les airs depuis le moment où il fut poussé jusqu'à l'été 1937, mais cependant les dates sous-entendues dans cette remarque sont fausses : ce cri aurait dû apparaître non à la fin du chapitre XIV de la seconde moitié (« Sang de Gauche ») de la deuxième partie, « Le Manzanarès », mais à la fin du chapitre IV de la première partie.

Mais ne chicanons pas davantage sur des détails. Il y a aussi quelques omissions que l'auteur de *l'Espoir* regrette peut-être aujourd'hui. Il est, par exemple, beaucoup question dans le roman des nuits de Madrid en été :

> Des moustiques tournent autour d'eux. Ils causent. La nuit s'installe sur le champ, solennelle comme sur toutes les grandes étendues ; une nuit chaude semblable à toutes les nuits d'été [40].

En lisant cette phrase, l'historien ne pourra maintenant plus jamais se dispenser d'évoquer un autre souvenir de Madrid en ce mois d'août, écrit, comme le paragraphe de Malraux, peu après, en 1937, par un autre témoin et acteur, Manuel Azaña, qui fut président de la République de 1936 à 1939. Azaña se rappelle la tragédie des meurtres à la Prison Modèle : « Un souvenir personnel : un soir d'août à Madrid. J'observe la place par la fenêtre. De petites bouffées de fumée ; signes d'inquiétude ; nouvelles du feu à la prison ; tombée de la nuit ; tout est fini et tout est calme. A onze heures trente, conversation téléphonique avec Bernardo Giner, ministre des Communications : premières nouvelles des événements : massacre : *la noche triste*. Problème : où est mon devoir. Désolation... affliction pour la République... tristesse incontrôlable. Dans la soirée, les larmes du président du Conseil [41]... »

Non seulement la lecture de *l'Espoir* ne donne aucune idée des meurtres absurdes et tragiques dont furent victimes, loin du front, tant de gens du côté républicain, mais les difficultés dans lesquelles se débattirent des hommes comme Azaña ne

---

40. *L'Espoir,* p. 485.
41. Manuel Azaña, noté dans son journal le 7 novembre 1937, *Obras Completas,* Mexico, 1969, vol. IV, p. 85.

sont pas évoquées. A la différence des personnages de Malraux, Azaña n'était pas à la recherche de son destin, mais seulement de son devoir.

Il y a naturellement beaucoup d'autres points qu'un débat objectif et documenté pourrait aujourd'hui mettre en évidence, faisant ainsi ressortir le côté historiquement partiel de l'image que donne le livre. Il est important de ne pas oublier que l'action de *l'Espoir* se situe entièrement entre juillet 1936 et mars 1937, c'est-à-dire, en fait, avant le pogrom communiste contre le POUM et les collectivités anarchistes de l'Aragon, avant la création de la sinistre police appelée SIM, et avant que le désenchantement provoqué par les méthodes communistes se fût largement répandu — chez les anarchistes parce que, sur le plan politique, les communistes semblaient être en train de détruire la révolution, chez les « libéraux » parce que les méthodes des communistes étaient inacceptables, même si leurs objectifs étaient raisonnables.

Pourtant, en définitive, malgré l'histoire, ce sont les phrases de *l'Espoir* qui restent dans la mémoire, comme les vers d'un grand poème :

> Sur le crépuscule de portrait équestre, dans l'odeur des pins et des herbes de pierraille, la Sierra s'incline en collines décoratives jusqu'à la plaine de Madrid sur quoi la nuit descend comme sur la mer. Insolite, le train blindé tapi dans son tunnel semble oublié par une guerre partie avec le grand soleil [42].

Ce passage a une énergie et une fascination qui défient l'analyse de ce que l'auteur se propose de décrire. La vitalité de la prose de Malraux survivra aux travaux des pédants (tels que moi) qui sont en mesure de prouver que telle ou telle de ses interprétations est historiquement erronée ; et son livre restera aussi comme une expression, après tout vraie, de la qualité de ces *fuerzas vivas* (de ces forces vives) qui, en se heurtant, furent la cause principale de la guerre civile.

Traduction de Georges Magnane.

---

42. *L'Espoir,* p. 489.

A. J. Ayer

LES PREMIERS ROMANS

Ma connaissance des ouvrages d'André Malraux remonte au début des années 1930 où je lus pour la première fois *la Condition humaine.* Ce livre produisit sur moi une si forte impression que, pendant des années, ses principaux personnages et même les détails de son intrigue demeurèrent inscrits dans ma mémoire. A ce moment-là, je ne savais rien de l'auteur et ce fut seulement quelques années plus tard que j'eus la curiosité de lire ses premiers romans : *les Conquérants, la Voie Royale* et *l'Espoir.* J'appris en lisant *l'Espoir* que Malraux avait combattu en Espagne du côté des républicains et lorsque, en tant qu'officier des services secrets britanniques, je me rendis à Toulouse à l'automne de 1944, je découvris qu'il avait été l'un des chefs de la résistance locale et avait joué un rôle éminent dans la libération de la ville. L'admiration que je lui portais s'en trouva accrue et, quelques mois plus tard, lorsqu'on me proposa de le rencontrer à un dîner à Paris, j'acceptai avec empressement l'invitation. Malheureusement, il y avait quelque chose dans son attitude qui, s'ajoutant à une timidité qui me rendait presque muet, fit que je ne retirai rien de cette rencontre, et pas davantage d'une seconde, plus décontractée, à une réception, quelques jours plus tard, si ce n'est l'impression qu'il se considérait principalement comme un homme d'action. Je me souviens qu'il critiqua certain écrivain en vue de ne pas en être un et parut insinuer que cela enlevait de la valeur à son œuvre. Cela me frappa comme un étrange critère littéraire, mais c'était un choix que je pouvais comprendre de sa part. C'était bien entendu aussi un critère auquel très peu d'écrivains allaient trouver l'occasion de satisfaire.

Je pense que j'ai lu à peu près tout ce qu'il a écrit, les *Antimémoires* étant le livre qui m'a donné le plus de plaisir et les ouvrages sur l'art ceux qui m'en ont procuré le moins, mais rien dans son œuvre ne m'en a jamais autant donné que ses quatre premiers romans. Je les ai relus récemment, après un intervalle de nombreuses années et j'ai toujours une très haute opinion de *la Condition humaine,* bien qu'à certains égards j'aie été plus ému par *l'Espoir,* ceci peut-être moins à cause des qualités littéraires de ce livre que de son thème qui ravive en moi les sentiments très vifs que j'éprouvais pendant la guerre civile espagnole. Le livre s'achève sur une note d'optimisme discret qui est d'autant plus poignante, rétrospectivement, que nous savons que l'héroïsme qu'il célèbre n'a servi à rien. Même la légende n'est pas demeurée intacte. Nous éprouvons toujours la même admiration pour l'état d'esprit qui conduisit les hommes à s'engager dans les brigades internationales, mais nous avons appris trop de choses sur le parti dont elles dépendaient.

Les communistes apparaissent sous un jour favorable dans le livre de Malraux à cause de la conscience qu'ils ont de la nécessité pour eux de se plier à une discipline s'ils veulent avoir la moindre chance de gagner la guerre. Le contraste avec les anarchistes est tout à leur avantage car ces derniers combattent à titre individuel et ont tendance à déserter leur poste si la supériorité de l'adversaire leur semble trop grande. En général, Malraux présente ses personnages dans leur intégrité. Il s'intéresse à leurs actes et les qualités qui les caractérisent demeurent constantes. Le seul personnage qui évolue, dans le livre, est le jeune ouvrier, Manuel, technicien du son dans un studio de cinéma et qui a quelques aspirations intellectuelles ; il est montré acquérant peu à peu le sens des responsabilités et la rigueur qui le rendent apte au commandement militaire. L'une des phases de cette transformation est son refus d'intervenir en faveur de deux de ses hommes condamnés à être fusillés pour lâcheté. Il les comprend et il a pitié d'eux mais se rend compte que la poursuite de la victoire interdit de se laisser aller à la pitié.

On pense que, pour créer Manuel, Malraux s'est inspiré de Lister * qui devint par la suite un des principaux généraux communistes, et on a de bonnes raisons de supposer que la plupart des personnages importants du livre ont eu des modèles dans la réalité. Que *l'Espoir* ait des aspects de reportage ne diminue en rien sa valeur qui consiste surtout dans l'évocation de l'état d'esprit du peuple espagnol, dans la vigueur de ses morceaux de bravoure, tels que les descriptions des raids aériens sur Madrid, et dans l'authenticité des scènes de bataille. Les exploits de la petite aviation internationale, mélange de volontaires et de mercenaires, qui, jus-

---

* Voir à ce sujet l'article de Hugh Thomas, p. 66.

qu'à l'arrivée des renforts russes, combattit contre des aviateurs allemands et italiens supérieurs en nombre et mieux
équipés, sont particulièrement bien dépeints. C'était l'arme
dans laquelle servait Malraux et qu'il contribua beaucoup à
organiser.

Au moment où fut écrit *l'Espoir,* la cause de la République
espagnole, comme je l'ai déjà dit, n'était pas encore perdue
de façon évidente. Les troupes de Franco et leurs alliés italiens avaient été chassés de Madrid. *Les Conquérants* aussi
célèbrent une victoire temporaire de la gauche. Paru en 1928,
ce livre est une peinture de Canton en 1925, sous le contrôle
du Kuomintang qui, dans une difficile alliance avec les communistes, tentait alors un blocus économique de Hong Kong,
tandis que l'armée de Chang Kai-chek se préparait à avancer
vers le nord avec pour objectif la prise de Shangaï et de
Pékin. Ceux qui ont les rôles de traîtres, les impérialistes
anglais et les seigneurs de la guerre chinois, restent pour la
plupart dans les coulisses et le sujet principal du livre est en
fait dans le jeu combiné des forces et dans les conflits de
personnalités au sein du mouvement révolutionnaire.

Contrairement à *l'Espoir, les Conquérants* ont un seul
héros, Pierre Garine, un homme qui n'a guère dépassé la
trentaine ; issu de parents suisse et russe, il est devenu directeur de la propagande pour le gouvernement de Canton. On
le voit, dans le roman, travailler avec les communistes, notamment avec le Russe Borodine qui figure en personne dans le
roman, mais Garine n'est pas lui-même communiste. Il est
décrit plutôt comme un révolutionnaire romantique, un
moderne *conquistador,* et c'est de la description d'hommes
tels que lui que le livre tire son titre. Malraux suggère confusément que les hommes de cette sorte ont fait leur temps et
que l'avenir appartient aux travailleurs disciplinés du Parti ;
cependant, il exprime le doute que le parti communiste, avec
sa méfiance à l'égard de l'individualisme, convienne à la Chine.
Cela a peut-être été écrit sous le coup de la déception devant
l'échec de la politique russe à empêcher le Kuomintang de
se retourner contre les communistes — autre épisode historique qui a fourni le cadre de *la Condition humaine.*

Garine n'est pas vu en profondeur. On nous donne quelques indications sur son passé — il a été condamné à Paris
pour complicité dans des affaires d'avortement, complicité
dont les motifs étaient d'ailleurs parfaitement désintéressés ;
il s'est engagé dans la Légion Etrangère française et il a déserté.

Nous le voyons en action : dans une scène du livre, il exé-
cute de façon expéditive l'un des deux agents secrets ennemis faits prisonniers afin de terrifier son compagnon survi-
vant et de l'inciter ainsi à parler, mais l'auteur ne nous éclaire
guère sur les motivations de cet acte, n'en donnant d'autre
que le désir d'accomplir efficacement sa tâche. Il est tout
juste suggéré que Garine souffre d'un sentiment de vide intérieur qu'il éprouve le besoin de compenser par l'exercice du
pouvoir. Il parle de lui comme d'un homme fondamentalement
joueur et qui a appris que « une vie ne vaut rien, mais rien
ne vaut une vie ». Il demeure à son poste bien que le climat
ait détruit sa santé et quand enfin on le persuade de quitter
Canton, l'auteur nous laisse entendre qu'il n'a plus beaucoup
de temps à vivre.

Ce fut peut-être, de la part de Malraux, un choix gratuit de
faire de Garine un homme qui va mourir. L'imminence de la
mort n'a pas de conséquence directe sur son comportement
et l'histoire n'exigeait pas une fin tragique. Mais, encore
une fois, la valeur du livre ne réside pas dans le traitement
des personnages mais dans la dramatisation des événements
historiques, dans la description d'une ville en effervescence.
Déjà, dans cette œuvre de jeunesse, « ce livre d'adolescent »
comme il l'appela par la suite, Malraux révèle son pouvoir de
faire participer le lecteur à l'action qu'il évoque. En ce sens,
sa façon d'écrire possède une vertu cinématique.

Les deux autres romans sont les récits de deux défaites :
l'une politique, l'autre personnelle. Défaite personnelle dans
la Voie royale qui s'inspire très librement d'une aventure juvénile de Malraux lui-même : sa tentative manquée de faire sortir clandestinement des œuvres d'art de l'Indochine qui était
encore en ce temps-là une possession française. Le roman relate
l'histoire de deux hommes qui organisent une expédition afin
d'explorer l'ancienne Voie royale qui conduisait au Siam à travers la jungle cambodgienne, avec l'intention secrète de découvrir des temples en ruine dont ils pilleraient les sculptures,
réalisant ainsi une fortune. L'un d'eux, le jeune Français
Claude, pourrait être en partie un autoportrait, encore que peu
nous soit révélé de sa personnalité. Le héros du livre est le
complice de Claude, Perken, lui aussi un « conquistador »,
un Danois de beaucoup son aîné, plus ou moins au service
du gouvernement siamois, qui s'est assuré un certain ascendant personnel sur quelques-unes des tribus indigènes. Le récit
atteint son sommet dramatique lors d'une scène où Perken

s'avance seul et sans arme pour obtenir du chef d'une tribu hostile la mise en liberté d'un Blanc que les indigènes ont rendu aveugle et réduit en esclavage. Il réussit dans sa tentative, mais se blesse au genou en tombant sur une fléchette. La plaie s'infecte et il n'y a aucun espoir de le sauver. Les Siamois entreprennent une expédition punitive et Perken, agonisant, interviendra pour protéger ses amis. Claude décide de partir avec lui, abandonnant les sculptures qu'il a découvertes. Le livre se termine sur la mort de Perken.

C'est le seul parmi ces premiers romans de Malraux qui donne au lecteur le sentiment d'une recherche authentiquement littéraire. Il semble que l'opulence pittoresque du paysage se soit communiquée au style de Malraux. Si ce livre est une réussite, c'est encore grâce à la création d'une atmosphère et au sentiment qu'elle donne au lecteur de participer à une grande aventure.

La Condition humaine est une œuvre plus ambitieuse et d'une qualité plus grande que *la Voie royale* ou *les Conquérants*. On retrouve dans ce livre la capacité d'empoigner le lecteur qui caractérisait les premiers romans, le même pouvoir de créer une atmosphère et la même qualité cinématique, mais il atteint à une profondeur qui leur faisait défaut. Pour la première fois, Malraux réussit à créer des personnages qui existent indépendamment des événements dans lesquels l'auteur les implique. L'histoire se déroule à Shangaï au printemps de 1927 avec pour toile de fond un soulèvement populaire organisé par les communistes tandis que l'armée du Kuomintang avance vers la ville. Les chefs communistes locaux savent que Chang Kai-chek n'aura que faire d'eux une fois qu'il se sera emparé de Shangaï, mais la politique qui était alors celle du Parti leur interdit d'organiser une résistance contre lui. Ils reçoivent tout d'abord l'ordre de se rendre, puis celui d'enterrer leurs armes. Ils ferment les yeux sur la tentative d'un terroriste chinois d'assassiner Chang, mais l'attentat échoue : le terroriste se jette avec une bombe sous une des voitures de Chang mais Chang n'est pas dans la voiture. Chang fait arrêter et exécuter les chefs communistes, comme ils le furent dans la réalité, en les faisant jeter vivants dans la chaudière d'une locomotive. Un seul d'entre eux, un Belge, personnage secondaire, s'échappe et gagne la Russie.

S'il y a dans le roman un héros romantique, c'est le Russe Katov qui donne ses tablettes de cyanure à ses deux camarades chinois et marche résolument au supplice. Cependant, il n'est pas le personnage dominant du livre ; il joue, en fait, un rôle moins important dans l'histoire que son camarade Kyo, mi-français et mi-japonais, ou que le terroriste chinois Tchen. D'autres personnages sont peints avec plus de force, comme le père de Kyo, Gisors, un professeur de sciences politiques qui s'est réfugié dans l'opium, ou l'industriel Ferral qui se soucie seulement de puissance, et le marchand d'antiquités ruiné, Clappique, un fascinant mythomane qui vit d'expédients.

Le livre comporte de brillants morceaux de bravoure : la scène d'ouverture dans laquelle Tchen assassine un inconnu endormi afin de procurer aux communistes une justification qui leur permettra d'obtenir des armes ; la première tentative avortée de Tchen d'assassiner Chang, quand il entre dans une boutique pour attendre la voiture de Chang et ne peut se débarrasser du marchand en temps utile ; la scène dans laquelle Ferral qui a été humilié par sa maîtresse achète tout le stock d'un marchand d'oiseaux de paradis et les lâche dans la chambre d'hôtel de la dame ; les efforts que déploie Clappique pour avertir Kyo du piège qui a été tendu aux communistes ; lui-même cherche à fuir de Shangaï et espère recevoir de Kyo l'argent qui lui permettra de partir, mais il entre dans un établissement de jeu, succombe à l'inévitable impulsion qui pousse le joueur à perdre tout son argent, et manque son rendez-vous ; la vaine tentative de Ferral, revenu en France, d'amener les milieux d'affaires à renflouer son défunt empire industriel. Il n'y a pas d'effets de style. Le style est subordonné à l'action et l'action se maintient presque constamment au même niveau d'intensité.

Ici aussi les communistes apparaissent sous un jour favorable, mais c'est en tant qu'individus et hommes d'action ; nous n'apprenons pas grand-chose sur leurs convictions politiques. Leur motivation principale étant le respect de la dignité humaine, ils auraient pu être dépeints de façon tout aussi convaincante comme des anarchistes ; la seule différence était dans leur répugnance à aller à l'encontre de la politique du Parti. Quelques années plus tard, Malraux allait devenir très hostile aux communistes, ou du moins aux membres du Parti en France. Dans une postface aux *Conquérants,* qui reprend le texte d'un discours qu'il prononça en tant que gaulliste au printemps de 1948, il leur reproche leur propagande mensongère et réprouve la façon dont ils acceptent le principe selon lequel la fin justifie les moyens. Ce n'est pas un revirement aussi net que cela peut le paraître de prime

abord. Dans la mesure où Malraux fut attiré par les communistes dans la décennie qui précéda la Seconde Guerre mondiale, il semble que ce fut le résultat d'un attachement romanesque, plutôt qu'une adhésion intellectuelle. Il vit en eux
les champions des opprimés et, en Espagne, il les respecta
pour leur efficacité. Il n'y a cependant aucune preuve, dans
ses romans, qu'il accepta jamais le fond de la théorie marxiste.
Ce qu'on y voit nettement, c'est qu'il n'était pas tout à fait
évident pour lui que la fin ne justifie pas les moyens.

Du point de vue politique, il y a quelque affinité entre
le Malraux des années 1930 et un autre écrivain qui était
allé combattre en Espagne, George Orwell. Tous deux étaient
des individualistes et, chez l'un comme chez l'autre, des sympathies pour la gauche s'alliaient au respect de valeurs conser-
vatrices comme le patriotisme, l'habitude de ne compter que
sur soi et la discipline dans l'action. Je suppose qu'Orwell
était le plus puritain des deux bien qu'il ne montrât jamais,
dans les rapports personnels, ni pédantisme ni arrogance ;
peut-être était-il aussi le plus romantique et le plus profondément conscient de l'effet corrupteur du pouvoir. Malraux
semble avoir été plus proche de la mentalité de l'aventurier.
Sans doute Marx les aurait-il considérés tous deux comme des
socialistes sentimentaux.

C'est dans *l'Espoir* que les aspirations socialistes de Malraux se révèlent avec le plus de vigueur. De ses trois romans
historiques, c'est le plus franchement politique. Dans les deux
autres, la cause importe moins que les personnalités et les
expériences de ceux qui combattent pour elle. S'ils nous inspirent de la sympathie, c'est parce que nous sommes entraînés
avec eux dans les péripéties de l'action. Cette constatation peut
s'appliquer même au lecteur que ses tendances politiques
portent du côté opposé. On peut mettre au crédit de *la Condition humaine* le fait que, quand l'industriel Ferral occupe le
centre de la scène, nous voyons les choses de son point de vue.
Ce n'est pas un personnage sympathique, mais le lecteur
en vient à respecter sa lucidité, son absence d'hypocrisie et
son énergie communicative. Il produit une impression plus
forte que les chefs communistes qui sont un peu trop idéalisés.
On pourrait en dire autant, toutes proportions gardées, de
Gisors et de Clappique.

Un trait remarquable de tous ces romans de jeunesse est
qu'ils décrivent un monde presque exclusivement masculin.
Il y a, dans *les Conquérants,* une brève scène où une femme

pleure son mari qui a été torturé et tué par les terroristes et, dans *la Voie royale,* une scène où Perken brutalise sauvagement une prostituée ; mais ce passage est uniquement destiné à éclairer le personnage de Perken, la femme reste anonyme. Dans *l'Espoir,* les femmes ne figurent à aucun titre, sinon comme des utilités extérieures à l'action, auxquelles, très accessoirement, sont confiés de petits bouts de dialogue. Il y a deux personnages féminins de quelque importance dans *la Condition humaine.* L'un d'eux est la maîtresse de Ferral, Valérie, une dessinatrice de mode qui fait grand cas de son indépendance et résiste aux efforts de Ferral pour la dominer. Quand elle le repousse, Ferral prend sa revanche sur le sexe féminin en traitant une courtisane chinoise de haut rang comme une vulgaire prostituée. Ici encore on a l'impression que ces femmes n'ont été introduites dans le roman que pour élargir notre connaissance de Ferral. L'autre personnage féminin de *la Condition humaine* est la femme de Kyo, May, une doctoresse allemande qui travaille dans un hôpital et partage l'activité politique de son mari. Dans une scène du roman, elle confesse une infidélité passagère et Kyo, bien qu'il lui reconnaisse la liberté de faire ce qu'il lui plaît, en éprouve de la douleur et du ressentiment. Ici encore, l'intérêt est concentré sur l'attitude de Kyo plus que sur celle de May. On retrouve May dans la dernière scène du livre lorsque, ayant échappé à l'arrestation, en route pour la Russie où elle espère trouver le moyen de recevoir une formation d'agitateur politique ou, à défaut, la possibilité de travailler comme docteur en Sibérie, elle rend visite à Gisors qui s'est réfugié au Japon. Elle espère qu'il va partir avec elle, mais il refuse. Le marxisme qu'il a enseigné a cessé d'être pour lui une chose vivante, maintenant que son fils est mort. Sa résignation fait ressortir par contraste le besoin que May éprouve de se consacrer à une forme d'action qui lui donnera le sentiment de venger Kyo. Mais bien que l'auteur lui laisse le dernier mot en lui faisant dire avec un orgueil amer que désormais elle ne pleure presque plus, elle n'est là en réalité que pour mettre en valeur le personnage de Gisors.

Il ne faut pas nécessairement considérer comme une faiblesse de ses romans le fait que les femmes y jouent un si petit rôle. On pourrait dire la même chose des meilleurs romans d'aventures. Les femmes ne jouent aucun rôle important dans *Kim,* dans *l'Ile au Trésor* ou dans *Vol de Nuit* de Saint-Exupéry. On pourrait certes objecter que *la Condition humaine* a été conçue pour être plus qu'un roman d'aventures. Ce livre

ferait mentir son titre s'il n'entraînait le lecteur à des considérations générales sur les manières de vivre des hommes. En
fait, il comporte de telles considérations : on y trouve une
idée fondamentale, qui est aussi dans *l'Espoir* et dans *les
Conquérants :* c'est que le rapport dominant dans la vie
des hommes est le rapport hégélien maître-esclave. Malgré
ses réussites dans la caractérisation des personnages, *la Condition humaine* est avant tout une illustration de ce thème.

Cela dit, le philosophe que nous rappelle Malraux est
moins Hegel que Schopenhauer. Ses romans sont des études
sur l'exercice de la volonté. Il se passionne pour les tentatives
que font les esclaves, les gens du peuple d'Espagne ou de
Chine, ou de n'importe quel autre pays, pour se libérer de
leurs maîtres, et il se rend compte qu'elles n'ont de chance
d'aboutir que par une action collective. Mais il faut qu'il
y ait des chefs pour prendre les décisions nécessaires et
imposer la discipline indispensable, des chefs qui s'accomplis-
sent dans l'action, même si l'appétit de pouvoir leur fait parfois défaut. Comme le législateur selon Rousseau, de tels
hommes incarnent la volonté générale, bien que leurs décisions
aillent parfois à l'encontre des volontés individuelles de ceux
pour qui ces décisions sont prises. C'est en assumant de telles
responsabilités que des aventuriers deviennent des conquérants. Au lecteur de ces premiers romans, il ne paraîtra pas
du tout surprenant que Malraux soit devenu un fervent partisan du général de Gaulle.

Traduction de Georges Magnane.

R.-P. *Pierre Bockel*

METAPHYSIQUE DE L'AGNOSTICISME

Parce que dans mon rapport avec André Malraux l'homme a précédé l'œuvre, mon propos sera celui du témoin qui a vu, entendu, vécu, senti et parfois deviné, et non celui du philosophe, du théologien ou du critique littéraire qui décortique et classe. La force du témoignage vaut bien le souci d'être exhaustif.

Je suis prêtre et Malraux se définit comme agnostique. Et voici que les événements de la Résistance française et de la guerre, en nous jetant dans la même aventure, nous ont placés, sans doute pour la durée de la vie, dans une relation où la quête de la transcendance et la foi au Dieu vivant apparaissent dans un questionnement réciproque et continu, parfois explicite, souvent silencieux, mais toujours dans la perspective du salut de l'homme.

Comment cela a-t-il commencé ?

C'était en juillet 1944. Le débarquement venait d'avoir lieu en Provence. L'armée du général de Lattre remontait le Rhône. Les éléments disparates de la Division SS « Das Reich » tournaient en rond, happés à chaque carrefour par les maquisards sortis de l'ombre. Les villes du Sud-Ouest, de Toulouse à Périgueux, étaient devenues la proie d'une Résistance diversifiée en fractions politiques après s'être démobilisée de l'essentiel. Parce que nos provinces étaient encore dans les chaînes, les maquis d'Alsaciens et de Lorrains se devaient d'échapper à cette chute de l'aventure noble dans la fange où grouillaient ensemble, dans le chaos de l'insurrection, vols, viols et viles vengeances. Nous regrouper, pouvoir décoller de ces cités boueuses, que nous avions pourtant aidé à libérer, et rejoindre l'armée fonçant en direction des Vosges, tout cela appelait un chef de taille exceptionnelle. André Malraux, libéré de prison, se présenta pour prendre la tête de ce qui allait bientôt devenir la « Brigade Alsace-Lorraine ».

Je résistai d'abord à son offre de service. En effet, son auréole de membre des Brigades Internationales et sa réputation de militant d'extrême gauche étaient alors de nature à m'effrayer : je craignais notre entrée en Alsace chrétienne sous

la conduite d'un chef aussi fortement marqué au plan politique. Mon rapport avec André Malraux commençait donc assez
mal. Il a fallu toute la puissance de persuasion de certains de
mes camarades pour me convaincre de la chance qui nous était
offerte. Mes amis l'avaient rencontré avant moi. Il m'a suffi de
le rencontrer à mon tour pour comprendre qu'ils avaient raison.

La première rencontre fut courte et plutôt sèche. Cela se
passait à Ussel, aux premiers jours de notre remontée vers
l'Est. Nous étions cantonnés dans un lycée. On m'appelle :
« Le colonel Berger vous demande. » Le voici donc, cet étrange
colonel : l'élégance d'un officier de cavalerie avec pourtant ce
petit béret légendaire qui déjà le classait hors série. Mais c'est
dans son visage que m'apparut le contraste le plus saisissant
entre le gradé classique et l'aventurier des justes causes : sous
un front haut, barré de la mèche bien connue, un regard pénétrant d'intelligence dans un visage encore jeune, d'une extrême
mobilité et ravagé de tics. Ainsi m'apparut Malraux. L'entretien fut bref et presque froid. J'étais encore au garde-à-vous
quand disparut la voiture du colonel. Décidément Gide avait
raison : « Quand on est devant Malraux on ne se sent pas très
intelligent. »

Fort heureusement, la seconde rencontre, la vraie, rectifia
l'impression quelque peu sévère du premier contact. C'est à
Besançon qu'elle eut lieu. Et ce fut un des grands moments
de mon existence. Rappelant ce souvenir dans un livre récemment paru *, j'écrivais : « Je mesurai alors presque instantanément que notre rencontre revêtait une dimension providentielle
— du moins pour moi — et qu'elle appartenait à l'espèce des
choses qui doivent arriver pour en achever ou en dénouer tant
d'autres... Peut-être parce que j'étais tout ensemble prêtre et
son complice dans la présente aventure, notre conversation
eut vite fait de rejoindre ce niveau de profondeur où il n'est
pas besoin de confidence pour trouver l'accord. Au travers du
frémissement de la fraternité je perçus confusément le commencement d'une communion dans l'incommunicable... » Dès
ce jour, je devinai chez mon interlocuteur, et bientôt mon
compagnon, cette profondeur qui rejoignait celle que je portais
par vocation et destin. Je n'étais pas à son niveau d'intelligence et de culture. Mais je sentais par intuition ce qu'il perce-

---

* *L'Enfant du Rire,* Edition Grasset, 1973.

vait immédiatement par l'esprit et me communiquait par le relais d'une vibrante fraternité.

Ainsi, tout au long de l'aventure vécue en commun et plus tard au travers de l'amitié, Malraux, l'incroyant, n'a cessé d'être pour moi, à son insu peut-être, comme le miroir de la foi que je professe. Curieusement, et tant par son comportement que par sa pensée, il m'en a rappelé des aspects oubliés ou révélé des dimensions insoupçonnées : la transcendance qu'il saisit dans le visage de la sainteté, et perçoit en tout cœur humain et aussi dans l'expression artistique, a profondément modifié mon regard sur l'homme. En même temps il me questionnait sur ma propre foi. Et voici qu'aujourd'hui il entrevoit et souhaite le visage religieux de la civilisation à venir comme une condition de sa viabilité et de sa survie.

Je voudrais apporter quelques témoignages à ces quatre types de questions que Malraux pose à la conscience religieuse.

1. — André Malraux, miroir de la foi des chrétiens. Sans doute n'est-il pas un croyant, du moins au sens rigoureux du terme. Il se classe lui-même parmi les agnostiques, encore que l'athéisme lui fasse horreur. Je le tentai récemment en lui rappelant le propos que Pascal prêtait à Dieu : « Tu ne me chercherais pas si déjà tu ne m'avais trouvé », espérant ainsi en savoir davantage sur sa quête de Dieu. Mais au lieu de donner la réponse personnelle que j'attendais, il se déroba à ma question pour s'engager dans un long développement sur Pascal, dissimulant ainsi son sentiment personnel sous une étrange carapace de pudeur... On ne parvient donc au dialogue religieux avec lui qu'à la condition de ne point l'agresser à la manière de ces missionnaires sans respect et sans esprit qui récupèrent pour l'Eglise tout ce qui porte un relent du sacré ou une certaine expression de la charité. Malraux n'est pas un chrétien qui s'ignore, mais un incroyant si perpétuellement en quête de transcendance que le monde chrétien est devenu son univers familier. Certes, il a toute l'apparence de l'homme qu'approche le Christ, ce Christ qui faisait vivre saint Jean, qui animait saint Bernard et a fait François d'Assise l'initiateur d'un monde nouveau au travers d'une expression de la foi retrouvée en ses sources. Mais la grâce qui s'était emparée de Max Jacob ou de Claudel ne paraît pas l'avoir rejoint. Et nous nous devons de respecter un secret qui ne nous appartient pas.

Pourtant, Malraux croit en la transcendance. Mais laquelle ? Il m'a toujours semblé percevoir dans son regard sur l'homme, sur les hommes qu'il avait engagés avec lui, cet immense respect qui volontiers rejoindrait la contemplation de cette « part éternelle » qu'il définit comme « la volonté de l'homme de se subordonner à ce qui, en lui, le dépasse * ». La transcendance ainsi conçue apparaît donc aussi comme une immanence, une présence intérieure et profonde. Cela, je le savais par l'Ecriture et la théologie, mais jamais un regard d'homme ne me l'avait à ce point révélé ! Désormais les expressions bibliques d' « arche d'alliance », de « temple du Saint Esprit » prirent pour moi une valeur de réalisme qui renouvelèrent mon existence.

L'expression profonde et timide de Malraux pour définir la transcendance s'accompagne chez lui d'un engagement radical au service de l'homme et de la fraternité humaine, dont je fus maintes fois le témoin. Ne m'écrivait-il pas, dans cette même lettre, qu'il lui paraissait essentiel qu'ensemble « nous mettions l'accent sur notre défense de la part éternelle de l'homme, que nous la concevions ou non comme liée à la Révélation ** » ?

Cette lettre m'engageait avec lui. Sans doute, nos convictions communes ne puisaient pas nécessairement à la même source ; encore que je songeais à ce passage de saint Paul : « Ce que Dieu a d'invisible depuis la création du monde se laisse voir à l'intelligence à travers ses œuvres (Rom. 1, 20)... »

En quoi me trouvais-je ainsi engagé avec lui au nom de la transcendance ? Et quelles sont les valeurs chrétiennes qu'il a déployées en moi ?

Qu'elles reproduisent l'épopée chevaleresque d'antan en portant une puissance de symbole ou qu'elles aient un objectif précis et limité, les aventures conduites par Malraux se veulent toujours libératrices de l'homme en même temps que d'une terre. Entreprendre à ses risques et périls la libération d'un peuple enchaîné et humilié, et le faire au nom de la justice et de la fraternité, c'est accéder soi-même à la dignité des hommes libres. Créer un journal en Indochine, se battre en Espagne, engager des Alsaciens et des Lorrains à récupérer leurs propres terres, c'est du même coup forger des hommes libres susceptibles de remettre un peuple debout. L'homme libre ? Mais c'est précisément celui qui est capable de se soumettre à ce qui, en lui, le dépasse, à cette transcendance qui l'habite. Ainsi

---

* Lettre qu'il m'adressait le 28 août 1948.
** *Idem.*

Malraux m'enseignait-il la liberté, la vraie, celle de l'Evangile, et, du même coup le sacrifice : « Il n'y a pas de plus grand amour (de plus grande liberté) que de donner sa vie pour ceux que l'on aime. » Je n'avais jamais perçu à ce point le rapport entre la liberté et la mort. Je relisais la passion du Christ... Je la relisais aussi dans les regards d'effroi ou de biche des combattants qui, perdant leur sang, allaient être bientôt sans regard, simplement parce qu'ils avaient un jour dit « oui » à l'homme libre retrouvé en eux sous les décombres de l'homme humilié. Nos techniques cléricales d'apostolat organisé me font sourire en présence d'un homme, d'un témoin, dont le moindre geste réveillait chez le plus lamentable des volontaires cette étincelle de liberté qui, bien souvent, lui rappelait qu'il avait été confirmé dans le Saint Esprit et qu'un évangile d'amour avait traversé son enfance. Car, au cœur de notre gigantesque entreprise de libération dans la solidarité conduite, hélas ! par les armes, mais sans haine, nous percevions à chaque moment le lien étroit qui unissait la liberté, l'amour et la mort, la mort comme l'amoureuse offrande de la vie. Quelle étonnante signification prenait alors la messe dans les bois — « Ceci est mon corps livré... mon sang versé... » — sous le crépitement des balles et le sifflement des obus. « Je salue nos morts d'hier et ceux qui d'entre nous tomberont demain », pouvait alors nous dire, entre deux vagues sanglantes, le colonel Berger, alias Malraux.

Educateur de la liberté, éveilleur d'hommes libres, André Malraux s'avérait être aussi, du même geste — à son insu ? —, réanimateur de la foi des croyants. Par son intelligence et sa culture universelles, par sa sensibilité à l'homme religieux saisi en tous les continents, de l'Occident aux Indes, et à tous les moments de l'histoire, il élargissait notre vision et déposait ainsi en nous cette obsession œcuménique qui devait désormais marquer ma pensée et ma vie. Et le souffle œcuménique, nous l'avons vécu de façon particulièrement intense entre aumôniers catholiques et protestants engagés avec Malraux dans la même aventure. Avec les pasteurs Weiss et Frantz, respectivement réformé et luthérien, avec le Père Bonnal, jésuite et l'abbé Maurel, nous faisions une véritable communauté pastorale au cœur d'une unique paroisse. Combien souvent, au gré du hasard des combats, l'un prenait le relais de l'autre pour assister tel camarade qu'une balle avait cloué au sol. J'entends encore le pasteur Frantz me dire qu'il venait de recevoir la confession d'un soldat catholique avant son dernier souffle.

En dépit de son visage sévère, du caractère spectaculaire

des initiatives qu'il veut chargées de symbole qui suggère et entraîne, en dépit de son goût pour la grande fresque et d'une certaine retenue à l'endroit des sentiments intimes, il y a chez Malraux une tendresse naturelle qui volontiers épouse la charité. Que de gestes, d'attitudes, de paroles pour évoquer les Béatitudes ! Et de cela aussi je reçus et continue de recevoir le témoignage.

Enfin, je lui dois de m'avoir sans cesse rappelé, avec une discrétion pleine de délicatesse, les exigences essentielles d'un sacerdoce dont il se fait la plus haute idée : Malraux n'est pas dupe de cette puissance révélatrice qu'il porte en lui et dont les chrétiens eux-mêmes lui sont redevables.

2. — Malraux contemple la transcendance dans ses plus hautes manifestations humaines, c'est-à-dire dans le visage de la sainteté et dans l'expression artistique de la foi. Et il invite ainsi le monde à tourner son regard en direction du sien et à subir, avec lui, la séduction de la beauté suprême.

Les vies des saints transmises par nos pieux biographes sont généralement ennuyeuses et leur éloignement dans le temps leur donne un caractère désuet qui nous touche peu. Mais quand Malraux parle de saint Bernard ou de saint François d'Assise, son discours les fait revivre et leur donne une telle présence, et son visage s'anime à ce point qu'on les dirait vivants au fond de lui-même. C'est à se demander si le tragique que l'on perçoit toujours dans ses propos ne serait pas alors la nostalgie de ne pouvoir les rejoindre complètement.

Dans le panégyrique qu'il prononçait à Rouen le 31 mai 1964, à l'occasion des fêtes de Jeanne d'Arc, il s'écriait :

> Cette fille de dix-sept ans, comment la comprendrions-nous si nous n'entendions pas, sous sa merveilleuse simplicité, l'accent incorruptible avec lequel les prophètes tendaient vers les rois d'Orient leurs mains menaçantes, et leurs mains consolantes vers la grande pitié du royaume d'Israël ? » Et encore : « Lorsqu'on l'interroge sur sa soumission à l'Eglise militante, elle répond, troublée mais non hésitante : « Oui, mais Dieu premier servi ! » Nulle phrase ne la peint davantage. En face du dauphin, des prélats ou des hommes d'armes, elle écarte le secondaire, combat pour l'essentiel.

Et Malraux ajoutait, peut-être lui aussi troublé mais non hésitant :

> Depuis que le monde est monde, tel est le génie de l'action.

Enfin, décrivant le supplice :

> ... Et la première flamme vint — et avec elle, le cri atroce qui allait faire écho, dans tous les cœurs chrétiens, au cri de la Vierge lorsqu'elle vit monter la croix du Christ sur le ciel livide.

Faut-il rapprocher ces phrases, où l'espérance semble percer les nuages, de quelques propos surprenants que je recueillis de la bouche de Malraux ? tels que : « Vous savez bien que nul n'échappe à Dieu », ou encore : « J'irais bien avec vous à Bénarès ou à la Mecque, mais à Jérusalem, c'est autre chose... Il me faudrait y prononcer les paroles du Christ à Gethsémani... » Et pourtant son admiration pour son ami Jean Grosjean, ce champion de la foi, est sans bornes ; sans bornes aussi la vénération qu'il vouait à Bernanos, dont il se considère volontiers comme l'héritier spirituel... Et ce n'est pas sans quelque pudeur que j'ose citer les termes d'une lettre qu'il m'adressait le 4 octobre 1971, en réponse à un mot que je lui envoyais après qu'il eut manifesté son intention de partir au secours des Bengalais :

> Sachez que dans tout ce que je fais, en face de ce qu'il faut bien appeler le destin du monde, je me sens plus légitime quand je me sens avec vous. Combien de temps encore ? Peu importe. Pour des raisons obscures, et si vous êtes au Sahara et moi au Bengale, nous mourrons ensemble — et sachez que vous m'aiderez à mourir noblement.

Ainsi m'engageait-il avec lui jusque dans le mystère de la communion des saints. L'allusion au Sahara se comprend à partir de notre commune sympathie pour les petites sœurs et les petits frères du Père de Foucauld, que peut-être seuls les circonstances et une défaillance de courage m'ont empêché de rejoindre.

Je ne résiste pas à la tentation de reproduire ici le récit qu'à son retour du Sahara Malraux me fit d'une scène dont il avait été le témoin bouleversé :

> ... Voici que dans l'immensité saharienne nous aperçûmes trois petits points à l'horizon. A mesure que nous roulions, ces points devinrent trois silhouettes qui

avancent. Parvenus à leur hauteur : trois visages souriants... et quel sourire ! Le désert s'anime, prend vie,
parce que trois petites sœurs marchent légèrement dans
l'étincelante vibration de l'espace sans limite, comme
animées d'une mystérieuse présence qui leur communique force, douceur et joie. Nous stoppons et les invi-
tons à monter en voiture. Elles remercient avec une
extrême gentillesse et s'excusent de devoir renoncer à
notre hospitalité : « Ce n'est plus très loin », disent-elles.
En fait, une bonne cinquantaine de kilomètres pour
atteindre le Hoggar dont les montagnes aux formes
étranges se dressaient au-delà du miroitement des
sables... Nous repartîmes, et à travers le nuage que sou-
levait notre engin, nous aperçûmes ceci : les petites
sœurs déposèrent leurs sacs pesants sur le bord de la
piste pour aussitôt reprendre leur marche... Sans doute
songeaient-elles à quelques touaregs miséreux qui pas-
seraient par là. Où allaient-elles ? Après tout, peu
importe leur destination, puisque leur destin était de
marcher avec le Christ qu'elles portaient au fond d'elles-
mêmes *...

Combien volontiers André me parlait de notre ami commun Edmond Michelet. Résistant, déporté, puis, avec lui, compagnon et bientôt ministre du général de Gaulle, Michelet apparaissait, au cœur même du service du peuple et de l'Etat,
comme l'homme de la fraternité universelle vécue dans la foi
des Béatitudes. Héros et saint et, de surcroît, dévot fidèle de
Notre-Dame de Chartres dont il fut l'habituel pèlerin, comment n'eût-il pas séduit un Malraux si également sensible aux
visages des héros et des saints et à la silhouette des cathédrales
qui sont dans l'histoire de l'art la plus haute manifestation de
la transcendance qui habite l'homme, et dont Chartres est, à
ses yeux, la plus parfaite expression.

3. — Malraux me questionne sur ma propre foi.

Il m'a toujours semblé que dans cet échange religieux qui
caractérise ma relation avec Malraux, j'étais des deux le seul
bénéficiaire. Ma conviction que Dieu me parlait par une voix
agnostique me paraissait être sans contrepartie possible ; sans
doute parce que je m'éprouvais pauvre et misérable en pré-

---

* L'Enfant du Rire.

sence de ce géant d'intelligence et d'humanité. Or la lettre, dont je viens de reproduire un extrait, m'a bouleversé non seulement par la densité d'amitié qu'elle révèle, mais plus encore par le sentiment que dans ce rapport d'amitié Dieu est le plus fort de nous trois.

Ramassant mes souvenirs, je retrouve quelques propos où se devinent aisément des questions que Malraux pose sur la foi à son interlocuteur croyant. A cause de la pudeur dont il entoure volontiers sa relation personnelle à la transcendance, ces questions sont généralement du genre « oblique », pour employer une expression qui lui est familière. Elles portent le plus souvent sur les thèmes de la grâce et de la mort.

C'est même avec une insistance obsessionnelle qu'il questionne sur la grâce, comme si celle-ci constituait pour lui cette ultime révélation ou expérience pour franchir une distance aussi courte qu'infinie. Un jour, après un silence de plusieurs années, je me présentai à lui au ministère des Affaires culturelles. Sa perplexité fut grande. En effet, depuis quelques heures il cherchait en vain à m'atteindre pour une chose urgente et personnelle. Et me voici devant lui sans autre motif que le désir de le revoir. Comme si le hasard était une réalité qui ne pouvait qu'en cacher une autre, il me dit d'emblée : « Appelez-vous cela la Grâce ? » Je ne sus que répondre. Mais depuis lors plus d'une fois il me demanda : « Qu'appelez-vous la Grâce ? » Ma réponse partielle est peut-être ce livre, *l'Enfant du Rire,* qu'il vient de gratifier d'une généreuse préface. Il y écrit, en particulier : « Nous ne découvrons pas les causes d'une vocation, et l'auteur nous suggère qu'une vocation n'a d'autre « cause » que le tâtonnement de la Grâce. Il s'attache moins au pourquoi, qu'au comment. Un « comment » plus convaincant que celui de Renan, parce qu'il se fonde sur une psychologie moins rationnelle. » Le « comment » appelle l'expérience... Malraux achève cette admirable préface par ces quelques interrogations : « Des livres comme celui-ci nous enseignent ce que les chrétiens attendent d'une résurrection de la foi, assurée par un retour aux sources, et dont la formule serait sans doute, en effet, que la véritable religion est la communion en Dieu. Il est possible qu'un croyant voie d'abord dans la transcendance le plus puissant moyen de sa communion. Il est certain que pour un incroyant, la question majeure de notre temps devient : peut-il exister une communion sans transcendance, et, sinon, sur quoi l'homme peut-il fonder ses valeurs suprêmes ? Sur quelle transcendance non révélée peut-il fonder sa communion ? J'entends de nouveau le murmure que j'entendais naguère : à quoi bon aller sur la lune, si c'est pour s'y suicider ? »

Le thème de la mort, on l'imagine, a souvent fait l'objet de nos entretiens. La mort, cette grande inconnue qui fascine par l'effroi de son mystère, est aussi pour Malraux la suprême limite de la fraternité vécue en soumission à « ce qui en l'homme le dépasse ». Elle apparaît alors comme l'expression du don suprême de la vie et, par conséquent, de la suprême liberté. La mort du Christ devient à cet égard exemplaire. Et Malraux ne l'ignore pas. Une seule fois, me semble-t-il, je reçus de lui la question de son franchissement. La circonstance en était particulièrement tragique. Nous allions porter en terre ses deux fils, Gauthier et Vincent, tués dans un accident d'auto. Deux cercueils sous une tente dressée dans le petit cimetière parisien de Charonne. Nous nous tenions à leurs côtés. Un peuple ému défilait indéfiniment. Et déjà le soir tombait. Alors André me prit par le bras, et, passant devant la tombe ouverte de Josette Clotis qui attendait ses enfants, il m'entraîna dans une allée du cimetière. Avec une timidité où se percevait la pudeur vaincue, il me demanda : « Accepteriez-vous de célébrer une messe ? Vous savez, comme jadis, lorsque nous enterrions nos camarades tombés à nos côtés ? » Et puis, il s'efforçait de justifier sa demande par la vie de ses enfants écroulés : Ils n'étaient pas des athées, ils avaient même reçu le baptême, etc. C'était comme s'il me disait : ce furent mes fils, alors ? J'acquiesçai. Il avait compris que je n'aurais pas osé profiter de mon état sacerdotal pour imposer, même par mode de suggestion, une initiative qui ne pouvait être que la sienne. Alors presque heureux, il fit immédiatement annoncer que les obsèques seraient remises au lendemain. La même foule d'officiels et de braves gens se retrouvait donc le lendemain dans la petite église de Charonne où l'on porta processionnellement Gauthier et Vincent. Je célébrai la messe au cœur d'une assemblée qui, passant de la tristesse de la mort à l'émotion de son mystère, transpirait la prière secrète : « Requiem aeternam... » Après quoi seulement nous déposions les enfants auprès de leur mère si profondément présente, elle aussi, à cette heure sortie des jours.

Pour moi, l'initiative de Charonne fut également une des grandes questions que Malraux posait à ma conscience de croyant, de biais, certes, mais par quel biais !

4. — Espoir...

« Prophète du siècle », André Malraux regarde en avant. Est-ce du même regard qu'il scrute ses profondeurs et les horizons de l'histoire ? Je ne le sais. S'il y avait une étroite relation entre sa perception de la transcendance et sa vision de l'avenir, celle-ci rencontrerait l'eschatologie, et au travers de son espoir il nous communiquerait l'espérance. Pour bien des chrétiens l'espérance surnaturelle apparaît comme la suprême compensation à une angoisse relative aux lendemains immédiats d'un monde ou d'une civilisation irrémédiablement pollués. Or voici que Malraux apporte à cette espérance au regard voilé le signe de l'espoir. Le monde de demain, pense-t-il et proclame-t-il, sera religieux. Et c'est même là la condition de sa survie. Et voici que cette conviction, fondée sur sa profonde connaissance de l'homme et de l'histoire, engage les croyants à scruter ce monde obscur et à découvrir les premières manifestations de cette soif et de ce renouveau métaphysiques qui devront caractériser la civilisation de l'avenir.

L'espoir de Malraux ira-t-il jusqu'à renforcer et éclairer l'espérance qui puise dans la foi ? Et, en fin de compte, trouvera-t-il lui-même dans l'espérance des croyants la suprême justification de l'espoir qu'il met en l'homme ?...

Gaston Palewski

MALRAUX ET DE GAULLE

Pour André Malraux comme pour moi-même, vingt-cinq ans de vie se sont écoulés, dans une sorte de veille attentive, de service passionné, de dialogue constant, avec le général de Gaulle.

Je le suivais, pour ma part, depuis 1934. Il y avait peut-être entre le général et moi une chaleur particulière qui venait de ce long passé d'effort et d'espoirs partagés. Mais à cette relation si étroitement continue, à dater de juin 40 en avait succédé une autre. Par l'entraînement irréfutable de la logique et du sentiment, de Gaulle avait dû assumer la France. Sa voix s'était élevée, seule, à la place du concert, discordant ou unanime, des voix françaises. C'était avec une sorte de respect religieux, depuis son installation mystique dans cette incarnation de la France par les actes, que nous entourions et que nous servions un homme dont la brusque détente dans l'action parfois nous surprenait. Mais nous savions qu'il y avait une sorte de lien mystérieux entre cette action et ce qui se distinguait confusément dans le silence qui s'était abattu sur un pays vaincu, occupé, bâillonné.

André Malraux venait à nous avec un autre acquis, avec une autre autorité que l'appui politique, que l'aide de coulisse apportés par d'autres au général. Il avait succédé à Barrès dans une sorte de principat de la jeunesse. Mais c'était un Barrès non conformiste. Le communisme, tel qu'il l'avait pratiqué, lui avait donné le moyen de vivre un « roman de l'énergie » non pas nationale, mais internationale. Il y avait cherché — assez vite désabusé — l'occasion de cette fraternité héroïque sans laquelle il ne peut respirer. L'altitude de son esprit, l'universalité de sa culture, sa dialectique foudroyante, les raccourcis, les évocations, les comparaisons que lui permet une mémoire encyclopédique, son goût du tragique quotidien, cette incantation pathétique, ce sens du sacrifice, cet humanisme tolstoïen, cet élan vers le sublime, tout cela qui donne une telle résonance à ses discours comme à son œuvre romanesque, le parait d'un prestige qui n'a fait que croître avec les années. La subordination à la grandeur ne l'a jamais effrayé. Il savait qu'il n'avait rien à y perdre. Plus un homme est grand et moins il est diminué par le sacrifice de lui-même. Rien ne pouvait faire qu'il ne fût une des grandes voix de notre pays. Comme nous tous, mais en lui apportant tellement plus, il est entré dans la geste de De Gaulle comme on entre en religion.

*
**

J'écrirai un jour l'histoire, qui n'a jamais été vraiment racontée, de notre retour à Paris. J'essaierai de montrer l'étrangeté d'une situation où, tandis que l'on créditait le général de Gaulle de la responsabilité de la toute-puissance, nous nous trouvions enfermés dans l'Hôtel de Brienne, dans cette résidence du ministre de la Guerre, rue Saint-Dominique, comme dans une place assiégée, entourés de toute part par la meute des organismes, des mouvements, des partis, des journaux, articulés, manœuvrés, noyautés avec un art incomparable par le parti communiste. Cette subtile mainmise n'avait certes pas épargné les intellectuels, qu'ils se crussent communistes comme Picasso et Eluard ou qu'ils fussent communistes sans se proclamer tels.

Les communistes avaient une revanche à prendre. Tout était prêt pour leur coup d'Etat. Le scénario avait été mis sur pied, un peu contrarié par l'arrivée soudaine du général de Gaulle de Rambouillet à Paris, à la minute même de la reddition de von Choltitz. Dès que nous fûmes installés rue Saint-Dominique, nos propres envoyés en France, eux aussi endoctrinés et subjugués, venaient nous supplier de nous rendre immédiatement à l'Hôtel de Ville pour proclamer la République. Proclamation qui devait être suivie de la désignation « spontanée », comme gouvernement provisoire, d'un comité de salut public adroitement composé. Avec son bon sens supérieur, le général de Gaulle n'eut pas de peine à flairer la manœuvre.

« Proclamer la République ! A quoi bon ! Elle n'a jamais cessé d'exister ! ». La devise : *Liberté, Egalité, Fraternité,* figurait toujours en exergue des émissions de la France Libre. Notre *Journal officiel* faisait foi.

Le général de Gaulle avait mille fois raison. Du moment où, si faible, si fragile qu'il fût, un organisme français se substituait à un gouvernement défaillant pour faire honneur aux

alliances et mener l'action pour la libération de la patrie envahie, il devenait le gouvernement légitime de la France. Il était
fondé à parler et à agir au nom du pays dont l'acclamation
quasi unanime soutenait et ratifiait son action.

Comme on l'a vu, la conspiration fut déjouée, le communisme ne se maintenant que dans quelques places fortes, abu-
sant de la maladie du préfet de police pour s'installer à la préfecture et décréter des arrestations injustifiées parmi les cadres
susceptibles de s'opposer à lui, déchaînant des fusillades arbitraires qui devaient servir à légitimer l'armement des « milices
patriotiques ».

Si le parti communiste n'avait pas atteint le pouvoir, sinon
dans tel département du Centre ou du Midi où la faiblesse
d'un ministre socialiste avait fait maintenir un préfet communiste, il persistait cependant dans son action de noyautage.
Dans les organes de presse et d'opinion, son emprise était faci-
litée par l'éloignement instinctif des écrivains vis-à-vis du
pouvoir. Situation d'autant plus absurde que, hors de France,
la plupart des intellectuels avaient soutenu notre action. Dès
le début, le ralliement d'un Bernanos, d'un Focillon, d'un
Maritain, avait eu une portée considérable. Dans la situation
délicate du duumvirat d'Alger, avant même que l'arrivée des
représentants des mouvements de résistance eût permis d'asseoir définitivement l'autorité du général de Gaulle vis-à-vis
du général Giraud, ce furent les intellectuels présents à Alger
qui trouvèrent en de Gaulle leur interlocuteur naturel. Le
grand peintre Marquet, qui s'était réfugié dans une jolie maison
donnant sur le ravin de la Femme sauvage, avait voulu faire
présent au général d'un de ses tableaux qui montrait un navire
pavoisé de tricolore, un 14 Juillet. La remise de ce tableau
fut une petite fête où tout ce qui composait l'intelligentsia
algéroise entourait Marquet avec, en tête, André Gide arri-
vant de Tunisie. Ils virent alors que ce général qui leur disait :
« Il y a un honneur de l'art comme il y a un honneur de la
France », était un intellectuel comme eux et que son action
avait bien la perfection d'un schéma cartésien.

Ce ralliement des intellectuels de la Résistance était d'autant plus important que nous avions à résoudre le problème
que posait la renaissance des partis politiques. Ces partis, dès
avant la guerre, n'étaient plus compatibles avec l'union des
forces nationales que commandait la situation. J'avais naguère
suggéré à Paul Reynaud un texte déclarant que, face au mouvement qui dressait les dictatures contre les démocraties, l'una-

nimité nationale s'imposait ; que toute dissociation des forces
nationales, que leur fragmentation au sein des partis, consti-
tuaient sinon une trahison, du moins un motif de faiblesse
incompatible avec l'immensité du péril. Mais ces partis
que le courageux et infortuné Pierre Brossolette avait
excommuniés, adjurant ses camarades socialistes de se fondre
dans un grand mouvement pour la résistance, ces partis se
révélaient singulièrement vivaces. Sous des étiquettes différentes, ils montraient leur volonté de se reconstituer. Renaissance ambiguë : le M.U.R.F., sous la présidence d'Edouard
Herriot, ne concrétisait-il pas une étrange collusion entre le
parti communiste et le parti radical ? Le M.R.P. ne faisait-il
pas coexister la renaissance des démocrates chrétiens avec la
droite résistante qui s'apprêtait à revivre en tant que centre
des indépendants ?

En face de cette renaissance des partis, pouvait-on trouver dans les mouvements de résistance des éléments valables
pour assainir et revivifier la vie politique du pays ? Les communistes se rendaient bien compte de l'aléa que ceci aurait
représenté pour leur action. Ils voulaient faire de leur Front
national qui s'était annexé François Mauriac (et Louis Marin !)
une sorte de noyau autour duquel s'agglutinerait l'ensemble
des mouvements de résistance visant à l'action politique.

C'est à ce moment que le premier congrès du M.L.N. qui
groupait les mouvements unifiés de la Résistance (Libération,
Combat, Franc-Tireur avec Défense de la France, Libération-
Nord et l'O.C.M. qui, pendant la guerre, noyautait les admi-
nistrations publiques) devait apporter le premier et éclatant
coup d'arrêt à la tactique communiste. Certes André Malraux
n'y était pas seul. André Philip et d'autres apportaient des
arguments et manifestaient une volonté. Mais c'est le grand
discours d'André Malraux qui devait assurer leur victoire.
Que disait-il, lui dont le seul nom était synonyme d'action
révolutionnaire ?

> Le gouvernement du général de Gaulle est non
> seulement le gouvernement de la France, mais le gou-
> vernement de la Libération et de la Résistance. Il ne
> s'agit donc pas pour nous de le mettre en question...
> Il est juste que le gouvernement dise : la guerre et la
> révolution sont antinomiques. Lorsqu'il y a tous les
> problèmes de la politique extérieure, lorsque la France
> doit nourrir les armées alliées ou mettre ses trains à leur

disposition, il est inévitable ou indispensable que toutes les énergies soient d'abord tendues vers le triomphe militaire et que le problème révolutionnaire vienne
ensuite. Si nous voulons maintenir ce qui a été notre
mobilisation d'énergie, c'est bien par une technique
semblable à celle des communistes que nous devons
agir, c'est-à-dire que nous devons observer à l'intérieur
de notre mouvement une discipline égale à celle du
parti communiste, avec ce qu'elle implique d'héroïque
et avec ce qu'elle implique de dur et de difficile.

S'il me semble que l'immense majorité d'entre nous
est contre l'idée de fusion, je crois également que cette
même majorité désire trouver le point sur lequel une
unité d'action des groupes de la Résistance peut s'établir. Et je vous dis à tous, qui avez été capables quand
vous n'aviez rien d'en faire une, que vous serez, oui ou
non — et je dis oui —, capables de la refaire quand
vous avez tout entre les mains.

Ce discours venait à point nommé pour renforcer notre
action au moment où les vieux partis, sous des étiquettes nouvelles, se dressaient pour reprendre les rênes du pouvoir. Je
me rappelle avec quel étonnement teinté à la fois de scepticisme et d'enthousiasme j'ai pris connaissance d'une position
qui nous apportait un concours essentiel. Je dis à Corniglion-
Molinier, qui avait fait ses preuves de compagnon en dévelop-
pant l'aviation de la France Libre et en s'y signalant par ses
dons de commandement comme par une bravoure légendaire,
et dont je savais qu'il avait secondé Malraux pour la recherche
de la capitale de la reine de Saba comme dans la Guerre
d'Espagne, de ménager une rencontre entre nous. Celle-ci eut
lieu dans son appartement de l'avenue Gabriel où je devais
plus tard trouver un abri pour quelques semaines après que le
général de Gaulle eut quitté le pouvoir.

André Malraux, dans ses *Antimémoires,* a rappelé cette
première conversation qui fut un prudent tâtonnement de part
et d'autre. Mais au-delà des paroles il y eut le contact des
êtres. Toute la légende un peu trouble dont on avait essayé
d'entourer cette grande figure se dissipait d'elle-même dès
qu'on avait pris contact avec lui, fût-ce durant quelques minutes. Et il se révélait tel qu'il était, gorgé de connaissances,
d'expérience et de visions, vivant avec les chefs-d'œuvre de
l'art de tous les temps qui se plaçaient dans son esprit et se

répondaient les uns les autres comme une sorte de fond de tableau sur lequel se détachait son aventure personnelle ; personnelle mais non pas égoïste, avide d'action mais de la seule action qui pouvait nourrir son rêve, c'est-à-dire d'une action aimantée par la générosité sociale et menée dans le cadre d'une sorte de fraternité héroïque. Cette fraternité il l'avait cherchée, ô paradoxe ! dans les rangs du parti communiste en lutte contre le national-socialisme. Mais la Guerre d'Espagne lui avait ouvert les yeux ; alors que Picasso s'enfonçait dans une sorte de conformisme dont il lui fallut plus tard, pour s'en affranchir, se réfugier au bord de la Méditerranée.

Cette fraternité, André Malraux l'avait trouvée dans la résistance armée. Il lui avait donné une figure d'épopée avec sa brigade Alsace-Lorraine. Je sentis tout de suite qu'il nous était indispensable. Connu seulement des spécialistes, le grand esprit qu'était Focillon était mort. Brossolette et Cavaillès avaient succombé dans la lutte clandestine. Bernanos et Maritain, quelque précieuse que pût être l'aide qu'il nous avaient apportée, quelque résonance qu'eût leur pensée pour tous ceux qui comptaient dans le monde, ne représentaient pas cette France métropolitaine dont l'affranchissement avait été notre raison d'être et dont il nous était si malaisé de trouver à nos côtés une expression véritable qui ne fût pas entravée soit par les erreurs du passé, soit par les lâches tentations du présent. En rentrant rue Saint-Dominique, je parlai de cette rencontre au général et je lui dis : « Voilà enfin ce qu'il nous faut. — Il ne voudra jamais », répondit-il.

La partie était gagnée. On sait comment André Malraux se présentait le lendemain au ministère de la Guerre.

Rue Saint-Dominique, le général de Gaulle avait choisi son cabinet qui l'avait conquis par son austérité un peu triste et qui donnait sur l'ancien bureau du Tigre, celui au balcon duquel Clemenceau était venu s'accouder quand la foule de la victoire avait envahi la cour de l'hôtel pour l'acclamer. J'évoque cette pièce où j'ai passé des heures sous l'œil attentif du portrait du comte de Saint-Germain et le pur regard de Carnot, « organisateur de la Victoire », dont la tenue austère et les yeux enflammés contrastaient avec ceux des maréchaux de l'Ancien Régime aux visages sceptiques. Entre les deux fenêtres, la pendule du Grand Frédéric que Napoléon avait rapportée de Potsdam. Les tabourets de Jacob avec leurs glaives entre-croisés mettaient une note d'épopée consulaire. Il eût fallu

conserver ce décor d'une pensée et d'une action si terriblement
solitaires. Mais je ne sais plus quel ministre de la IVe République, pour qui ces souvenirs étaient un reproche vivant,
crut bon de marteler la croix de Lorraine qui avait été sculptée sur la façade et de faire de ce bureau, où avait été écrite
une grande page de l'histoire de France, une sorte de salon
pour pension de famille du seizième arrondissement.

Peut-être faut-il dire un mot de l'apparence que nos deux
personnages présentaient à ce moment-là. De Gaulle a toujours
été lointain ; lointain par cette haute taille qui l'avait fait
appeler le Connétable ; lointain par cette espèce de somnam-
bulisme dans lequel il a vécu depuis le 18 juin 40 jusqu'au
25 août 44, tant que la tâche fixée n'avait pas été remplie.
C'est comme dans une cellule de verre qu'il travaille, qu'il
lutte, qu'il ordonne. A certains moments, très rares, la cloison
s'abaisse ; quand un avantage décisif a été obtenu et qu'il sent
que la besogne qu'il s'est fixée progresse et qu'un jour il en
verra le terme.

Mais après le retour à Paris un changement subtil se produit. En face de lui il n'y a plus la force des choses. Il y a
les pièges ou la dévotion des hommes. La partie devient plus
complexe. C'est peu à peu, lentement, qu'il s'y adapte. Et,
plus tard, c'est après les longues journées de réflexion de
Colombey, pendant la « traversée du désert », qu'il rompt avec
certaines habitudes et certaines idées quant à la pratique du
gouvernement et aux hommes qui doivent y être associés ;
que son système change, qu'il sortira de son éloignement mona-
cal ; qu'il prendra une nouvelle attitude face à un pays qui
hésite à le suivre dès que le péril est écarté et à un monde
où l'importance relative de la France n'est maintenue que
par la supériorité du seul homme politique de génie qui y sub-
siste après la mort qui a frappé les autres Grands.

En face de lui, André Malraux n'est plus l'apparition à
la fois juvénile et désabusée, altérée par un chagrin personnel,
en béret et en tenue kaki de chef de la brigade d'Alsace-
Lorraine. Il a bientôt le comportement du ministre. Mais
c'est la même sensibilité ardente et profonde qui se cache
derrière un mur d'érudition, de connaissances, de pensées
fulgurantes sur les êtres et sur les œuvres. Ces deux sensibilités
anormalement développées, ce même besoin d'un climat de
grandeur et d'altruisme dans la réalisation quotidienne, se
rejoignent, et le courant s'établit entre ces deux êtres d'exception.

Les voici donc face à face. Retranché derrière son bureau, le général n'a que trop souvent l'impression d'avoir à déjouer une embuscade insolente ou insidieuse. Mais nul ne savait mieux deviner les hommes que ce soi-disant contempteur de la nature humaine. Tout de suite, il discerne un être de la même famille, c'est-à-dire un intellectuel dont le devenir ne résiderait pas seulement dans les livres, mais dans une pensée génératrice d'action. Ces deux êtres destinés à progresser si longuement côte à côte apparaissent étrangement semblables et dissemblables à la fois. L'un se distingue par la certitude, l'autre par la recherche. De Gaulle aborde l'action en professionnel ; Malraux s'y aventure. Mais c'est une dimension qui lui est nécessaire pour créer.

Cette certitude, cet acharnement cartésien, de Gaulle l'a montré d'abord en l'appliquant aux données immédiates de son métier. C'est en fonction des instruments modernes de communication et d'abord du moteur qu'il a construit son système tactique : « Le moteur, disait-il, qui s'offre à porter ce que l'on veut, où il faut, à toutes les vitesses et distances ; le moteur qui, s'il est cuirassé, possède une telle puissance de feu et de choc que le rythme du combat s'accorde avec celui des évolutions. »

« On verra, continuait de Gaulle, des troupes rapides courir au loin derrière l'ennemi, frapper ses points sensibles, bouleverser son dispositif. Ainsi sera restaurée cette extension stratégique des résultats d'ordre tactique qui constituait, jadis, la fin suprême, et comme la noblesse de l'art. D'autant que cette aptitude à la surprise et à la rupture se conjuguera avec les propriétés essentielles de l'aviation de combat. »

Ainsi, dans tous ses détails, se trouve préfiguré notre désastre de 40. Car si notre état-major se détournait des idées du colonel de Gaulle, l'Allemagne, elle, les réalisait.

Et puis, quand le flot allemand a déferlé sur le territoire, quand la crainte, la hideuse crainte, domine les assemblées politiques et facilite les manœuvres des partis, quand les chefs incapables, qui n'ont pas voulu mettre en application sa tactique, persistent à ne réfléchir qu'en fonction d'une guerre continentale et pensent que la partie est perdue pour la France et pour tous, de nouveau il applique sa réflexion géopolitique aux données principales de la situation. Ce que n'a pu réaliser en temps utile la France envahie, les autres nations démocratiques, à l'abri de leurs remparts naturels, vont se donner le moyen de le résoudre. Or leurs forces industrielles additionnées sont supérieures à la force allemande : la victoire ne peut manquer de leur échoir. Il faut donc que la France continue dans la guerre si elle veut participer à cette victoire. Cela c'est le schéma intellectuel tel qu'il apparaît dans la fameuse affiche de Londres : « Rien n'est perdu parce que cette guerre est une guerre mondiale. Dans l'univers libre, des forces immenses n'ont pas encore donné. Un jour ces forces écraseront l'ennemi. Il faut que la France, ce jour-là soit présente à la victoire. Alors, elle retrouvera sa liberté et sa grandeur. Tel est mon but, mon seul but ! »

Au raisonnement logique s'ajoutent la part du cœur, la nécessité de continuer la nation, l'impossibilité d'accepter la défaite. Ceci constituera le ciment de la petite force des Français libres qui se mettent sous les ordres d'un général inconnu parce qu'il a décidé de représenter la France immuable dans la lutte. A ce moment, il y a en face de lui une troisième tentation : celle de la facilité que ses adversaires de Vichy croyaient tellement inévitable qu'ils ne doutèrent pas un instant qu'il l'accepterait, celle de devenir purement et simplement un instrument militaire entre les mains du commandement britannique. Car de Gaulle est seul, avec une poignée d'hommes, sans force, sans argent et ne trouvant d'appui qu'en lui-même.

Mais à aucun moment, dès qu'il eut mis le pied sur le sol britannique, quelle qu'ait été notre gratitude pour l'accueil que nous y avons reçu, notre admiration pour la tenue de ce grand peuple, isolé dans la résistance, portant seul alors en lui les chances et les espoirs de la liberté — à aucun moment ne devait le quitter la pensée que, puisque la France continuait de par lui, elle devait continuer par elle-même et pour elle-même, fidèle à ses alliances mais fidèle à son destin. Et c'est pourquoi il s'acharne à mettre des poignées de soldats au combat et sur tous les fronts ; que, dès le début, il pense à organiser à l'intérieur de la France une résistance qui ne lutte et ne travaille que pour la France elle-même. Dès ce moment, les mots de libération et d'indépendance sont inséparables pour lui, et le drame est qu'au milieu de l'allégresse immense du retour, même parmi les meilleurs éléments de la résistance, il y a l'incompréhension. Ils ne comprennent pas la nécessité d'assurer l'indépendance vis-à-vis de l'extérieur, que ce soit l'Angleterre, que ce soit l'Amérique, que ce soit l'U.R.S.S. Si je rappelle tout cela, c'est pour que l'on comprenne bien à quel point, quand un esprit d'une culture, d'un talent et d'une aspiration chevaleresque comme celui d'André Malraux est prêt à venir à lui, le général éprouve un sentiment de joie profonde qui, pour un moment, allège la rudesse du fardeau.

Quant à André Malraux, avec la simplicité des grands esprits, il accepte de venir travailler auprès de moi pour le service de celui qui l'a conquis et dont il a compris à quel point il incarne les chances de la France. De ce moment, sans réserve il s'enrôle et apporte joyeusement et sans condition l'extraordinaire caution de sa présence à un effort qui a été sauvagement discuté de toutes parts. Au cours de ces quelques semaines où j'eus la joie de l'avoir à mes côtés avant qu'il n'entre au gouvernement comme ministre de l'Information, Malraux nous aida puissamment à ne pas dévier d'une voie qui implique l'adhésion non pas d'une catégorie ou d'une caste, mais de toute la France. A ce moment remonte une amitié qui ne s'est jamais démentie. Quand nous nous retrouvâmes à Colombey-les-Deux-Eglises, le jour de l'enterrement du général, nous pouvions nous dire que, de toutes nos forces, nous avions essayé de le servir et qu'il le savait.

Quand le général eut quitté pour la première fois le pouvoir, une première sélection se fit entre ceux qui restaient groupés autour de lui et les autres. C'était une coupure qui devait aller s'accentuant et creuser bientôt un gouffre entre les uns et les autres. Dans cette lumière crue apparut ce qu'il y avait dans le subconscient de chacun : tel fidèle acharné dans les jours de Londres se révéla n'avoir vu dans le désastre qu'un tremplin pour une carrière ; tel autre qui n'avait pas accédé au rang ministériel s'abrita dans le clair-obscur du service public, prêt à jouer le tableau gagnant.

Nous étions partis avec l'idée qu'il s'agissait d'un repli stratégique qui ne durerait guère et qui nous permettrait de revenir aux affaires en déjouant l'embuscade des partis. Nous avions compté sans l'intervention extérieure. Il est certain que sans le plan Marshall, la IVᵉ République n'aurait pas survécu à une crise de trésorerie peu de temps après le départ du général de Gaulle. Faut-il regretter qu'il n'en ait pas été ainsi ? Est-ce que le pays était mûr pour la décolonisation ? L'étions-nous nous-mêmes ? Et puis, nous n'avions pas encore derrière nous cette armée de militants, cette formation nationale qui, contre vents et marées, allait pouvoir se constituer au cours des années.

Ce Rassemblement du peuple français, dans l'esprit du général, devait englober les adhérents des partis les plus divers et ce mouvement pouvait se réaliser dans une atmosphère d'adhésion générale. Dans un premier moment où, à Colombey-les-Deux-Eglises, nous tentions de préciser le profil de ce Rassemblement, il aurait pu s'organiser de cette manière. Mais il eût fallu pour cela que le mouvement restât, au cours d'une première phase, à demi clandestin. Le précédent de l'Union gaulliste, dont l'échec avait atteint le camarade intrépide que fut René Capitant, effraya certains. Bon gré mal gré, le général fit son apparition à Strasbourg à la tête d'une formation qui constituait une merveilleuse caisse de résonance, mais dont le dynamisme suscitait tant de crainte que toute négociation devenait impossible.

André Malraux prit en main la propagande. Je me rappelle son activité incessante dans les quelques pièces de la place de l'Opéra louées à Swissair : le goût merveilleux qui transfigurait nos affiches : cette esquisse de *la Marseillaise* de Rude qui prenait les passants aux entrailles ; ces réunions publiques où des milliers de Français et de Françaises s'écrasaient au Vélodrome d'Hiver et qui finissaient régulièrement sur l'incantation grandiose par laquelle, en créditant ses auditeurs de sa propre noblesse, l'auteur de *la Condition humaine* les plaçait face à la nécessité d'agir pour soulager la patrie dont il faisait revivre les épreuves de jadis et la médiocrité présente.

Il est un peu mélancolique de penser que tant de luttes et d'efforts devaient s'embourber dans les marécages parlementaires ; que c'est une révolte prétorienne qui devait obliger la IVe République à supplier celui qui avait été le restaurateur de la démocratie à en redevenir l'intercesseur.

Par un étrange tour du destin, nous étions éloignés de Paris pendant ces journées fatidiques. Le général de Gaulle s'était départi en ma faveur de sa règle de ne rien avoir à faire avec les pouvoirs publics du moment. Il avait convoqué le secrétaire général des Affaires étrangères et lui avait indiqué qu'il souhaitait pour moi un poste d'ambassadeur. C'est ainsi que j'avais été nommé à Rome. Ce n'était donc que de loin que je pouvais mesurer la fièvre qui montait peu à peu et qui allait emporter le régime. J'étais venu à Venise en ma qualité d'ambassadeur de France en Italie pour assister à la conférence que devait y faire André Malraux à la fondation Cini. Lui était encore dans ce rêve d'art qui avait été un dérivatif à son ennui et qui lui faisait oublier les dérisions du moment dans le rappel à la vie des civilisations des vieux empires défunts ou dans l'évocation des grandes périodes de création artistique. Vittorio Cini et moi-même l'écoutions éblouis par son évocation des grandes réalisations vénitiennes, de cette République de Lépante et du Tintoret qui allait devenir celle des arabesques du Carnaval et de Tiepolo. Mais il devait prolonger son rêve en devenant ministre des Affaires culturelles.

Je le rejoignis bientôt au gouvernement. Il était assis à la droite du général ; j'étais à la gauche de Georges Pompidou. Notre amitié mettait une note plus chaleureuse dans l'ambiance austère des débats ; le général, très sensible aux ondes que répandent les êtres, aimait l'avoir près de lui, de même qu'il aimait regarder les visages amis. Bientôt, ma nomination à la présidence du Conseil constitutionnel m'assigna le bureau qui se trouvait en face du sien. Il n'y avait entre nous que la terrasse du Palais-Royal où nous nous retrouvions parfois quand je n'allais pas chez lui discuter des difficultés de la situation, à moins qu'il ne vînt avec Balthus pour nous emmener déjeuner et converser.

La contribution d'André Malraux à l'action du général de Gaulle, au gouvernement comme dans l'action militante au sein du Rassemblement du peuple français, ne fut pas seulement de fidélité chaleureuse ou de coopération intellectuelle. Certes, sur ce plan, Malraux ne pouvait rien faire qui fût indifférent. De même qu'il avait été un remarquable chef de propagande, Malraux fut un excellent ministre, exceptionnel par sa précision dans la conception et dans l'action, innovant avec les Maisons de la culture et rénovant par la propreté des façades le paysage parisien. Il ne nous apporta pas seulement une « caution à gauche ». Il avait trop voué sa vie à l'action en faveur du peuple, il était trop préoccupé de justice sociale et d'égalité fraternelle pour ne pas rayonner autour de lui et pour ne pas être une sorte de rappel vivant, pour de Gaulle, non pas d'une nécessité dont celui-ci était convaincu, mais de l'urgence qu'il y avait à donner force de loi à cette nécessité.

Je me rappelle que, me promenant dans un des jardins de Londres avec le général de Gaulle au moment du débarquement en Afrique du Nord, alors que Roosevelt avait accepté Darlan comme « *expédient provisoire* », je l'entendis me dire comme s'il se parlait à lui-même : « Nous ne sommes pas des révolutionnaires. Et pourtant on nous accule à la révolution ! Eh bien ! nous la ferons, cette révolution ! »

Il devait me le répéter bien souvent : « Cette guerre est une révolution. » Il le dit à Londres dès avril 1942 : « Un fait domine aujourd'hui toute la question française et ce fait c'est « la révolution ». Car c'est une révolution, la plus grande de son histoire, que la France a commencé d'accomplir. Et je dois dire, à ce sujet, que les gens qui, dans le monde, se figureraient pouvoir retrouver, après le dernier coup de canon, une France politiquement, socialement, moralement pareille à celle qu'ils ont connue jadis, commettraient une insigne erreur. Dans le secret de ses douleurs, il se crée, en ce moment, une France entièrement nouvelle, dont les guides seront des hommes nouveaux. Les gens qui s'étonnent de ne pas trouver parmi nous des politiciens usés, des académiciens somnolents, des hommes d'affaires manégés par les combinaisons, des généraux épuisés de grades, font penser à ces attardés des petites cours d'Europe qui, pendant la dernière révolution française, s'offusquaient de ne pas voir siéger Turgot, Necker et Loménie de Brienne au Comité de salut public. Que voulez-vous, une France en révolution préfère toujours gagner la guerre avec un général Hoche plutôt que de la perdre avec le maréchal de Soubise. Pour proclamer et imposer la Déclaration des droits, une France en révolution préfère toujours écouter Danton plutôt que de s'endormir aux ronrons des formules d'autrefois. »

Cette révolution, il la prévoyait en avril 1943 dans des termes qui, un peu plus tard, devaient définir son action au pouvoir : « Un régime économique et social tel qu'aucun monopole et aucune coalition ne puissent peser sur l'Etat, ni régir le sort des individus, où par conséquent, les principales ressources de la richesse commune soient ou bien administrées, ou tout au moins contrôlées, par la nation, où chaque Français ait, à tout moment, la possibilité de travailler selon ses aptitudes dans une condition susceptible d'assurer une existence digne à lui-même et à sa famille, où les libres groupements de travailleurs et de techniciens soient associés organiquement à la marche des entreprises, telle est la féconde réforme dont le pays renouvelé voudra consoler ses enfants. »

Ces promesses furent réalisées. Loin de redouter les conséquences du grand ébranlement national et social qui a coïncidé avec la Libération, de Gaulle en profite aussitôt pour nationaliser les grands services d'intérêt public (énergie et crédit : électricité, gaz, charbonnages, banques, assurances), pour généraliser et pour mettre en ordre l'ensemble du domaine de la sécurité sociale. Il est véritablement prodigieux de penser que l'ensemble des grandes réformes sociales accomplies par la France depuis la guerre l'ont été au cours de l'année terrible qui a suivi la Libération et qu'à peu près aucune n'a été mise en chantier après que le général de Gaulle eut quitté le pouvoir pour la première fois.

Mais que valent les réformes législatives dans un Etat social bloqué comme le nôtre ? Il fallait aller plus loin et plus profondément. A cet égard, le dialogue de Gaulle-Malraux était essentiel : la recherche si difficile à cerner et à préciser, si malaisément traduisible en textes de lois et même en dessin précis que couvre le mot participation, avait besoin du dialogue Malraux-de Gaulle.

S'adressant à André Malraux dans *les Chênes qu'on abat*, de Gaulle pose la main sur le feuillet en cours de ses *Mémoires*, et dit : « Malraux, de vous à moi, est-ce la peine ? »

En fait, le général était coutumier de ces interrogations apparemment anxieuses, mais auxquelles il s'était déjà, dans son for intérieur, donné la réponse.

Quand il affectait, dans le dégoût, de vouloir quitter sa fonction et partir, qu'il fût à la tête de la Résistance ou à la tête de l'Etat, je lui disais : « Mais, mon général, et la France ? — La France ? répliquait-il superbement, elle nous enterrera tous ! »

Certes. Et voici qu'il repose dans la « bonne et sainte terre » de France, à Colombey-les-Deux-Eglises. Mais, à côté de sa tombe se dresse cette immense croix de Lorraine dont André Malraux avait fait choisir le projet. En s'appuyant sur mon épaule pendant la longue et triste cérémonie de Colombey, peut-être Malraux se disait-il que ce mémorial serait sans doute utile dans l'avenir, mais qu'il était superflu s'il s'agissait de rendre à la France conscience dans sa mission, confiance dans son destin. Quelles que soient les incertitudes de l'avenir, de Gaulle jusqu'à présent nous a légué cela.

André Malraux ? De lui resteront les trois ou quatre grands livres qui en ont fait l'un des directeurs de conscience de notre génération. Mais ce qui demeurera toujours, c'est le souvenir de ce long compagnonnage, de cette amitié sans exemple depuis Voltaire et le Grand Frédéric (mais celle-là a mal fini), depuis Diderot et Catherine II (mais celle-ci était fondée sur de faux-semblants), entre un chef d'Etat et l'un des plus grands écrivains de son temps. C'est sur les sommets qu'ils se sont rencontrés. Ils s'y sont réunis. Pendant vingt-cinq ans, ils ont continué ce long dialogue dont l'un et l'autre sortaient toujours renforcés. C'est ainsi qu'ils figureront côte à côte, séduisant l'imagination des jeunes et chacun contribuant à rehausser l'image de l'autre, devant la postérité.

André Holleaux

LE MINISTRE

Lorsqu'au printemps 1962, Edmond Michelet, qui venait de quitter le ministère de la Justice où j'avais été son collaborateur, m'envoya vers Malraux, j'eus de prime abord le vertige : j'éprouvais la crainte de servir un génie, ne m'imaginant pas très bien dans ces fonctions. Plus concrètement j'avais peur d'être constamment auprès d'un homme nerveux, agacé, difficile, épuisant pour ses collaborateurs. Il n'en fut rien, le brasier était tout intérieur : je parlerais de son extrême gentillesse, si je ne craignais d'affadir le personnage.

Il avait un rapport de travail très agréable : pendant quatre années je fus auprès d'un maître qui ne me fit jamais subir un accès, à plus forte raison la moindre crise de nervosité.

Malraux avait conscience que tout se qui se fait de durable exige du temps, une maturation et que les impondérables, les hasards, le « farfelu » et le romanesque sont le tissu de la vie, surtout au ministère des Affaires culturelles, dont il était le père, mais qui restait pour lui « l'engin », car il ne pouvait le modeler à son désir. Il me l'avait dépeint par avance comme cocasse, me répétant souvent par la suite, « je vous avais bien dit que vous ne vous ennuyeriez pas ».

La rencontre eut lieu au restaurant comme presque toujours avec Malraux ; ce n'était pas chez Lasserre auquel va aujourd'hui sa préférence, mais pour une fois chez Laurent. Il me convia ensuite chaque semaine dans des restaurants différents, seul à seul généralement. Ces restaurants, il les cataloguait mentalement comme un bibliophile. La conversation débutait par un avant-propos de gastronomie comparée, car il est suprêmement orfèvre en la matière, descripteur et assembleur de saveurs : sérieux dans le choix des mets et des vins, triste devant l'assemblage des choses qui ne vont pas ensemble. Vers la fin du repas la conversation s'orientait toujours, comme irrésistiblement, sur le général de Gaulle, qui fut l'alpha et l'oméga de son action, et s'il m'advenait de risquer une réserve sur tel ou tel point, j'étais sèchement remis à ma place, mais toujours il savait faire fructifier le propos.

Ce premier jour, l'entretien n'a pas commencé par la succulence du filet, mais par le chancelier d'Aguesseau, parce que le ministère de la Justice, d'où je venais, est installé en l'hôtel qui porte son nom depuis le XVIIIe siècle, et je m'aperçus que ce romancier conquérant avait beaucoup de terre à ses souliers ; il parle de la Corrèze, du Roussillon et des églises romanes de Charente de façon incomparable.

Donc, j'ai été embauché et nous nous sommes retrouvés le lendemain matin dans son bureau où nichait toujours en quelque endroit un objet d'art familier. Il a tenté d'inaugurer notre rapport de service comme un M. Loyal qui présenterait un ministère. Il a donc commencé par m'expliquer l'organisation de la maison ; j'avais l'impression, non pas que cela l'ennuyait, mais qu'il se sentait impropre à faire, à l'administratif que j'étais, un discours sur des questions techniques. « Tout cela vous le verrez au fur et à mesure, en conseiller d'Etat que vous êtes », ce qui voulait dire : « avec votre optique un peu étriquée de juriste. »

Après ce tour d'horizon, qui ne dura pas plus de cinq minutes, il m'entraîna dehors disant, « maintenant, nous allons voir quelque chose de beaucoup plus important ». Nous filâmes vers le Louvre et restâmes trois quarts d'heure dans la Cour Carrée : il me raconta toute l'histoire du Louvre, non comme l'aurait fait Sacha Guitry, mais comme un historien doublé d'un cinéaste d'Art. Il me brossa une large fresque et il avait visiblement le sentiment qu'après ce bain de pierre et d'architecture, j'étais parfaitement initié à la vie du ministère.

Son chauffeur était le troisième personnage du groupe : Malraux est toujours très cordial avec les gens modestes ou ayant de petits emplois ; au cours des visites d'expositions, il lui arrivait de consacrer des périodes de temps d'une longueur inusitée à un inconnu dont il avait surpris la perplexité et dont il devinait la disponibilité émotive. Le chauffeur me dit que c'était un bon poste d'être avec Malraux. C'est comme cela que tout a commencé.

On imagine un Malraux verbal, intarissable, jouant les grandes orgues en permanence, un pur esprit sans horaire, sans ordre, sans méthode, cacophonique, un poète inspiré, imprécis et bizarre : il est tout le contraire ; au travail, il ressemble tantôt à un archiviste tantôt à un aiguilleur du ciel.

C'est un homme qui a des horaires stricts et raisonnables. Il arrivait au Palais-Royal (où se trouve le ministère), vers 9 heures ou 9 h 30, car il habitait alors le *Pavillon de la Lanterne* qui relève du Domaine de Versailles. Etant parti la veille vers 19 heures ou 19 h 30 avec des papiers, il revenait avec ces dossiers, épluchés, annotés, quelques-uns mis en réserve pour une autre lecture, le tout classé avec des trombones qu'il substituait aux épingles, que je préférais.

Il ne refusait pas les rapports copieux et aimant l'écrit en tant que tel, il soupesait les textes, distinguait les notes « sérieuses », de celles qu'il évacuait avec des annotations telles que « cocottes », « farfelu », « pour l'humour » ou encore « si le cœur vous en dit ». Il savait comme nul autre souligner la phrase clef, l'argument autour duquel le reste de la démonstration pivote.

Malraux est un méticuleux. Un conseiller d'Etat passe pour un coupeur de cheveux en quatre, et pourtant il me battait sur le terrain de la logique moléculaire et même microscopique, repérant les chiffres incertains, ambigus, tactiques et les formules spécieuses.

Un exemple anecdotique : il m'a parlé plusieurs fois du bleu du drapeau français, car il avait remarqué que la nuance n'était pas toujours la même : nous fîmes des recherches sur les bleus des drapeaux de la Révolution et de l'Empire, pour en déterminer la « légitimité », mot qu'il affectionnait.

Il voyait son directeur de Cabinet, que j'étais, principal collaborateur, tous les jours sans exception, entre midi et 1 h 15 : sa secrétaire particulière, Mlle Gaglione, me prévenait à midi moins cinq que « le ministre m'attendait ». En quatre ans Malraux ne m'a parlé au téléphone qu'une ou deux fois et pour des choses sans importance.

Il commençait par m'indiquer les sujets dont il désirait que nous traitions pendant l'entretien et me questionnait sur mon propre menu, en jetant un regard furtif et amusé sur les notes que j'avais en main. Nous déambulions dans le bureau sur des trajectoires de quatre mètres, la conversation n'étant interrompue que par la sonnerie du téléphone réservé aux communications inter-ministérielles.

Nous commencions la conversation, ou plus exactement il commençait à parler, et je me taisais beaucoup, d'abord parce que je n'étais que son directeur de Cabinet et ensuite parce qu'il est difficile de dialoguer avec lui. L'échange se fait très naturellement par de simples regards ou quelques

mots ici ou là. Il sent si l'interlocuteur est intéressé et
adhère à ce qu'il dit ou le contraire ; ce n'est pas la peine
de lui faire des phrases pour le lui faire sentir.

De temps à autre, pour approfondir une réflexion ou
marquer un arrêt, il allait respirer le parfum d'une des
trois ou quatre roses qui étaient sur sa table de travail. Il ne
s'asseyait que pour griffonner une note sur un papier.

Malraux sait ou sent ce que pense l'interlocuteur dès le
premier mouvement des lèvres. Certains disent qu'il a un
sixième sens, qu'il devine l'être ; en effet, je suis témoin
qu'il reconstituait les pensées ou les fantasmes de commen-
saux accidentels qui ne s'étaient découverts que par l'expression de leurs yeux, gestes et marmonnements.

Pendant notre heure de travail quotidien, nous abordions
d'abord le sujet prévu, mais nous nous en éloignions très
vite, car tout prenait rapidement une dimension universelle
et intemporelle.

A l'occasion d'un échange de vues sur un crédit budgé-
taire ou un décret, on voit surgir Savonarole ou Einstein, un
tableau de Manet ou une envolée sur la musique concrète,
Sully, Las Cases ou Prévert : l'époque lui importe peu, devant
le geste.

Ce n'est jamais chez Malraux de l'ostentation ou du pédantisme : il est toujours très naturel, sans souci d'éblouir. Il
s'y prend de telle manière qu'il fait croire à l'interlocuteur
que celui-ci connaît déjà ce qu'il lui révèle.

La phrase commence par « vous savez comme moi ».
Délicate courtoisie de l'homme. Ce qu'il dit, même très
éloigné du sujet en apparence, l'éclaire en réalité et oblige
le collaborateur administratif à repenser la question sous un
autre angle ou éclairage. Il y a une corrélation intime et
fine mais invisible à première vue, entre ses propres développements et le sujet technique posé : ainsi je me souviens qu'en
visitant les grands temples du Mexique, il ne prononçait
jamais les paroles attendues et on en ressentait presque une
déception. Il citait un fait mineur, très éloigné de ce que nous
contemplions, mais qui transformait ce que nous avions sous
les yeux en « autre chose ».

En tout, il introduit des complexités, des contradictions,
des tiroirs, en écartant les apparences, les trompe-l'œil.
Le ministre Malraux était un imaginatif, un réorienteur. Il
obligeait l'interlocuteur à changer de « piste », de niveau,

d'angle de vue : là était la clef de sa puissance de conviction dans les entretiens techniques.

On a dit que de Gaulle était un homme d'avant-hier et d'après-demain ; Malraux aussi : l'empire d'Alexandre voisine chez lui avec la télévision de 1990, Napoléon avec Galbraith, Sun Yat-sen avec le structuralisme.

De retour dans son bureau après le déjeuner qu'il prenait avec un ami personnel, un ambassadeur, un parlementaire, un écrivain, un collègue du gouvernement ou un collaborateur, il dressait un jeu de fiches de son écriture au graphisme net, sur des petits cartons verts, roses ou ocres, selon les destinataires, portant imprimées les mentions « objet » et « réponse au dos ».

L'après-midi, il faisait ce que font les ministres ; il recevait des hommes de lettres, des ambassadeurs, des fonctionnaires et il lui arrivait de revoir son directeur de Cabinet, s'il avait un problème à lui soumettre, puis il quittait son bureau à une heure raisonnable pour ses collaborateurs.

Si « l'oral » était grandiose, poétique, un feu d'artifice intime, le carton vert était un chef-d'œuvre de concision et de précision. Malraux sentait parfaitement que la conversation du matin ne suffisait pas, que si elle débrouillait les dossiers et ouvrait les portes, l'action pratique exige des signes plus traditionnels, des résumés, des programmes, des pense-bêtes, des horaires.

Les fiches vertes étaient le support des messages ministériels ; elles auraient pu avoir été rédigées par un autre ministre ou par le responsable d'une organisation quelconque. J'en recevais entre trois et dix par jour, pour chacun des sujets évoqués le matin qui méritait une transcription, ou pour ce que j'avais à savoir d'une rencontre importante qui avait eu lieu au cours de la journée. Ex. (« vu G.P. », c'est-à-dire Georges Pompidou, alors Premier ministre, « il désire que... téléphoner à... »).

Je ne saurais donner ici une liste, même approximative, des sujets abordés. Tout y était. Beaucoup de fiches dans le genre : « Qui fait quoi ? » et « Quand ? » « Mettez un peu d'ordre dans ce vrac. » « Je dois vous raconter ceci. » Ou, pour clore une affaire, « Terminé pour moi », et « Ainsi soit-il ».

Malraux percevait le côté apathique, endormi, bêtement apaisant, voir théâtral de l'administration : il sentait que les hommes jouaient des rôles et qu'il fallait trouver, déclencher ou neutraliser les vrais ressorts.

Combattant de guerres pas comme les autres, (en effet, il s'est battu parallèlement à l'armée, si je puis dire, à deux reprises), il était tellement proche de De Gaulle, que cela ne lui déplaisait pas d'introduire une notion militaire dans ses relations avec ses collaborateurs. Il considérait son directeur de Cabinet comme son chef d'état-major, occupant une sorte de poste de commandement en liaison avec les autres ministères et un peu plus, en fait avec tout l'Etat.

Auprès de lui, deux ou trois personnes accompagnaient son destin depuis des années : Beuret, son ami de la maison Gallimard ; Brandin, son camarade d'enfance ; Chevasson, son coéquipier d'Indochine. Il leur confiait des missions qui exigeaient une longue accoutumance de vues croisées : ceux-là recevaient des tâches personnelles, psychologiques ; ils étaient son « conseil privé ».

Son principal interlocuteur était son directeur de Cabinet : je n'ai jamais vu un ministère où ce poste fût un tel point de concentration, car Malraux ne voyait pratiquement pas ses autres collaborateurs ; les directeurs n'étaient reçus qu'exceptionnellement et en éprouvaient beaucoup d'amertume. Ces directeurs étaient soit des administrateurs d'origine, soit des personnalités des Arts et des Lettres, pour lesquelles Malraux éprouvait de longue date de l'affection : André Chamson et Gaétan Picon furent parmi eux. Les fonctionnaires acceptaient mal cette distance, car le contact avec Malraux était un moment privilégié ; il faisait appel à eux, pour ce qu'il appelait « des coups », ces opérations de choc dont il avait eu l'initiative et gardait personnellement le contrôle, (expositions magistrales, donations de grande importance, projets d'architecture ou littéraires).

La « qualité » de Malraux était liée à la conscience qu'il avait de ses limites. Esprit suprêmement fécond, il savait qu'il n'était ni juriste, ni administrateur, ni financier, du moins dans le sens où on entend communément ces spécialités : il transcendait trop les problèmes pour embrayer au niveau où se mouvaient les techniciens. Mais alors que d'autres ministres que j'ai connus prétendaient régner sur tout, et plus particulièrement là où leurs lacunes étaient patentes, Malraux, lui, abandonnait à ses « colonels » et « capitaines », lorsqu'ils étaient d'une « réelle compétence » selon sa formule, le soin d'exprimer en langage administratif les concepts ou les élans qu'il dessinait à sa manière. Il connaissait la limite de son propre savoir et s'il avait parfaitement conscience de son génie pour ce qui concerne l'homme et la pensée, il savait aussi que les questions juridiques, administratives et même financières, lui étaient sinon étrangères, du moins « barbares », car il n'a pas de sensibilité dans ce domaine. Il encourageait donc ses collaborateurs, lorsque les problèmes étaient de cet ordre, non seulement à être son intermédiaire, mais à jouer le premier rôle. Ainsi m'est-il arrivé de régler directement avec un autre ministre une question pendante, à caractère administratif.

On se méprendrait en ne voyant en lui qu'une « usine à idées » ; il est aussi un écrivain qui se reprend, se rature cent fois : ce souci de la perfection, du travail bien fait, l'animait dans son activité quotidienne. Il avait le désir de connaître certaines procédures ou tactiques par le menu, de se faire expliquer le pourquoi et le comment des actions, faisant des suggestions imprévues, révélant telle voie nouvelle, mais s'arrêtant net dans l'investissement d'un collaborateur lorsque celui-ci lui faisait apparaître une impossibilité technique radicale.

« Peut-on faire un texte pour ceci ? », demandait-il ; je répondais « non possumus ». Il n'insistait pas, mais deux jours plus tard il y revenait doucement : « si nous prenions le problème autrement ? » ; je souffrais d'avoir à lui dire non à nouveau. En fin de semaine, calmement, il apportait une autre suggestion désarçonnante. Rien ne féconde l'esprit comme ces offensives dans tous les azimuts. Nous trouvions finalement un compromis. Mais, me disait-il, les yeux baissés, (et je ne le savais que trop), « les Finances sont là » ; tristesse pathétique du grand homme à l'évocation des gardiens du Temple ; ses silences et ses moulinets de bras en disaient long.

Mais en vérité, il était parfaitement serein et si les crédits n'étaient pas obtenus, il acceptait qu'on s'en accommodât : il avait le sens de la cohésion qui doit exister entre les responsables de l'Etat et il n'était pas ce genre de ministre qui à tout prix et par n'importe quel moyen, y compris le subterfuge, tente d'obtenir l'aide matérielle refusée.

Il y a du manichéen chez Malraux ; ses admirations, et surtout ses répulsions étaient intenses : pour lui, il y a en chaque homme ou du bon disponible ou du mauvais enkysté à jamais. Au ministère et au-delà, il y avait quelques « diables » dont je devais définitivement me garder.

Lorsqu'il découvrait un être, il lui faisait d'emblée crédit et se retenait de le prendre par la main ; mais gare à celui dont il surprenait les calculs ! Lorsqu'il donne sa confiance, ses pardons sont infinis pour l'erreur, l'oubli, la défaillance, la fatigue.

Il n'aimait pas les inaugurations : il ne faut pas oublier que Malraux avait la hantise d'être un ministre comme les autres. Oh ! ce n'était pas par orgueil, mais il se considérait comme fonctionnellement extraordinaire. Je veux dire par-là qu'il était délégué à son poste par le général de Gaulle ; il le représentait à ce niveau de l'Etat, et c'était pour cela *seulement* qu'il était ministre, ce qui explique qu'il n'ait pas songé un seul instant à rester en place après le départ du Général.

Je n'ai pas la prétention d'explorer ici le rapport exceptionnel qui existait entre eux et que je n'ai connu qu'indirectement, mais on ne saurait le qualifier de l'expression banale « d'inconditionnel ». Ce serait ridicule. Je dirais que c'était une communion intime entre deux esprits liés au même destin et connaissant leurs identités autant que leurs singularités.

Si cela avait été techniquement possible, Malraux aurait associé de Gaulle à tout et pour tout ce qui n'était pas mineur. Je ne veux pas dire qu'il a divinisé de Gaulle, ce mot ne conviendrait pas, mais il y avait de Gaulle et « les autres », sans aucun doute. Une remarque accidentelle du Général pour ou contre quelque projet était déterminante pour la suite des choses.

C'est certainement en pensant à lui qu'il fit dégager les fossés du Louvre devant la Colonnade en 1964-1965, car il pensait que chaque époque avait fait apport au Louvre, de François Ier à la IIIe République, et il ajoutait avec une pointe d'amertume : « le Général n'a construit aucun édifice ».

Une rencontre avec de Gaulle était toujours un moment de dilection, qui était préparé par Malraux comme un acte sacré, et j'étais déçu, lorsque mes prosaïques suggestions d'intendant n'avaient pu trouver place dans l'entretien.

Malraux peut être qualifié d'homme d'Etat, car il était orfèvre en tout ce qui concerne les complexités et les interpénétrations du pouvoir. Il y a peu de ministres qui aient eu autant que lui le sens de la solidarité gouvernementale et le respect du domaine des autres. Il ne tenait pas à « porter un chapeau « sans en avoir les moyens. Aussi, disait-il souvent, « ceci concerne le ministre des Affaires étrangères et lui seul ; donnez donc cela à Couve » (de Murville). Il aurait aimé avoir la télévision « chez lui », dans ses prérogatives, car il savait qu'aujourd'hui tout se fait par elle, et ce n'était certes pas le moindre paradoxe que de priver le ministère des Affaires culturelles du principal levier de la culture.

Les entretiens avec le Premier ministre, Georges Pompidou, étaient décisifs, sur toutes les questions de son ressort et même en deçà. Celui-ci lui donnait le feu vert ou rouge. Il le voyait régulièrement à propos de nombreux sujets, qu'il répertoriait avec moi au préalable (sur une fiche du 5/11/63, que je prends au hasard, je décompte dix sujets dits « important » et huit autres qualifiés de « détail »).

Pas question pour Malraux de biaiser, de finasser ou de démentir ; il jouait cartes sur table et ne donnait dans l'habileté que si « Georges », comme il disait, savait qu'il jouait dans ce registre.

Il exagérait, parfois trop à mes yeux, les liens secrets, les affinités honteuses, les cagoules ; une affiliation maçonnique était souvent supposée et expliquait un comportement. L'intellectuel antifasciste de 1936 réapparaissait alors dans ses condamnations sans nuance.

Le côté « gouvernemental » de Malraux l'éloignait du politicien courant : jamais l'idée de se faire élire ne l'a effleuré (en dépit d'invites pressantes), et s'il avait dû à tout prix choisir, il aurait préféré être conseiller municipal d'un village que député de la nation.

De 1962 à 1965, période où j'ai vraiment été son confident, je ne l'ai jamais vu céder à une demande basse et il en fut ainsi tout au long de sa présence au ministère ; ce n'est que devant une alternative où les deux partis se balancent, qu'il acceptait de retenir, si elle existait, une intervention parlementaire « sérieuse ». Il m'appelait pour me faire lire les lettres reçues qu'il jugeait importantes, et il les traitait comme des documents et non comme du courrier pour la réponse. Evidemment, les recommandations en faveur de danseuses, qui épicaient la vie des ministres des Beaux-Arts d'autrefois, n'étaient pas du nombre.

Il ne méprisait absolument pas les parlementaires, le Parlement étant un rouage de l'Etat et à ce titre respectable : simplement, ces choses se passaient à un niveau à côté du sien et il n'avait pas à entrer dans ces jeux. Sur l'Etat, il n'était pas loin de penser comme Michel Debré : rien de grand ne s'accomplit sans lui.

Dans tel parlementaire, il regardait « l'homme » et finalement le jugement qu'il portait sur lui dépendait davantage de cette vision, que de l'appartenance politique : s'il avait sur le parti communiste, les jugements définitifs que l'on sait, il estimait des députés de ce parti, s'il voyait en eux « la France ».

En novembre de chaque année, il officiait à l'Assemblée nationale, puis au Sénat, pour présenter le budget de son ministère : il montait à la tribune, serrant consciencieusement entre ses mains les notes soigneusement préparées par ses collaborateurs.

Sacrifiant au rite il lisait, d'un ton ennuyé, ces pages dont le style administratif jurait tellement avec le sien, qu'il n'essayait même pas de donner l'illusion qu'elles étaient de sa plume, comme le font les orateurs ordinaires.

Lorsqu'il sentait qu'il en était quitte avec le pensum, il redevenait Malraux ; les nombreux députés qui attendaient ce moment du discours regagnaient furtivement leur place dans l'hémicycle. Alors, un silence total se faisait dans ces lieux désuets que sont les palais du Parlement et jaillissaient non pas « un discours », mais des gerbes de communications exaltantes qui faisaient voisiner les maisons de la Culture avec les écoles primaires de 1890, les statues de Sumer avec le destin de la France, le sexe et le sang avec la mort, mais cela sans souci d'applaudissement.

Si transcendant qu'il ait pu être pendant cette demi-heure lyrique, il n'omettait pas de répondre à toutes les questions, peu ou prou électorales, des parlementaires sans grade : il avait le souci de n'oublier personne, faisant suivre les réponses qu'il jugeait trop brèves, de lettres complémentaires qui étaient expédiées dans les jours suivants.

Et après la séance, sacrifiant aux usages des lieux, il faisait les couloirs, pressant quelque député rencontré, un peu surpris, d'admirer avec lui les fresques de Delacroix, et se dirigeait vers la buvette pour boire avec les députés présents le verre (non alcoolisé) de la fraternité.

Dans des tête-à-tête à voix basse, qui avaient comme point de départ les difficultés de l'école de Musique d'un chef-lieu de canton ou une église romane branlante, il haussait pendant quelques minutes son interlocuteur au-delà de lui-même, en lui disant quelque chose comme, « il est entendu que vous et moi ferons cela ensemble ».

Semblable à de Gaulle qui n'inaugurait pas les chrysanthèmes, Malraux ne posait pas les premières pierres : je le pressais souvent de se rendre plus fréquemment en province pour y voir à l'œuvre des hommes de chez nous ; mes requêtes étaient rarement couronnées de succès car il appréhendait les emplois du temps établis par les préfets, les remises de décorations devant des parterres de notables, les discours après les banquets et les cocktails de conseillers généraux endimanchés. Cependant je l'exhortais à faire ces déplacements, car c'était un des articles de foi du ministère, que l'on travaillait autant pour la province que pour Paris. Son emploi du temps montre qu'il a, malgré cette conviction fondamentale, été plus parisien que provincial.

Il ne s'emballa que pour quelques célébrations grandioses, Jeanne d'Arc à Orléans ou à Rouen, les maisons de la Culture à Bourges, Amiens, Grenoble, Reims : ces discours ou oraisons funèbres étaient préparés très longuement, aussi bien le discours d'inauguration du Son et Lumière de l'Acropole que l'Hommage à Braque. Immense travail de reprises et ratures : pendant six jours, il n'était pas question de le voir.

Je ne peux passer place du Panthéon, sans que résonne à mes oreilles l'extraordinaire Ode aux morts, que fut son allocution à l'entrée des cendres de Jean Moulin, dans le mausolée de nos grands hommes : en ce jour glacé du 19 décembre 1964, devant une tribune d'officiels frigorifiés, d'où émergeait le général de Gaulle qui avait revêtu sa longue capote militaire, il brossa une inoubliable fresque de ce que fut la Résistance.

Dans les circonstances publiques comme dans le secret de son bureau, il ne faisait jamais allusion à ses œuvres, ses aventures, ses combats. Pas une seule fois en quatre ans il ne m'a entretenu de son passé et nous savons qu'il n'a pas lu la plupart des livres sur lui.

Il est allergique au langage conventionnel. Ses formules pour dire « bonjour » ou s'enquérir de la santé de son interlocuteur sont chaque fois une invention. Il déteste l'« étiquette à l'espagnole » et les saluts cérémonieux. Les réceptions de l'Elysée l'exaspéraient par leur côté « fin des Habsbourg ». Cependant il a le sens aigu et parfois prioritaire des protocoles et plus encore des rituels, non pour eux-mêmes, mais parce qu'ils conviennent à la symbolique du pouvoir et de l'Etat. C'est pourquoi il tenait à son titre de ministre de premier rang, seule concession qu'il faisait à la convention. De même il étudiait avec le plus grand soin ses propositions annuelles de Légion d'honneur, du moins pour ce qui concernait les dignités, s'attachant à honorer les grands créateurs.

Malgré son préjugé à l'égard des mécaniques officielles, pendant ses voyages en province, il redevenait le compagnon ou le copain : sans s'attarder aux titres ou aux grades, qu'il classait mentalement à sa manière, il pouvait passer un long moment avec un inconnu dont les yeux en disaient long ; il réussissait à faire vibrer les consciences des provinciaux, qui s'approchaient de lui comme d'un devin.

Il m'est impossible dans les limites de ce chapitre de présenter l'intégralité de son action au ministère des Affaires culturelles : limitons-nous à ce qui relève de l'épopée et qui est d'importance.

Malraux s'est imposé comme ministre, par le blanchiment de Paris en 1960. Il en avait pris la décision contre des techniciens et architectes, qui invoquaient les dangers que court une pierre qui a perdu sa couche protectrice de patine. Ce fut un coup de génie ; de ce jour Malraux a envoûté et est devenu magique : il n'y eut pas de dîner dans le monde ou dans les H.L.M., au cours desquels on ne célébrât entre la poire et le fromage, la nouvelle jeunesse des monuments de Paris. Visiteurs et touristes ne tarirent pas d'éloges, les préfets et les maires imitèrent le ministre des Affaires culturelles et se firent à leur tour nettoyeurs.

Travailleur de l'Imaginaire, Malraux parlait comme un héraut de cette entreprise mais cela ne l'empêchait pas de lire et d'annoter les rapports administratifs les plus ardus avec un soin méticuleux. Il ne faut pas oublier qu'il a au plus haut point le sentiment du « chef-d'œuvre ». Nous devons faire attention en disant cela, car il faudrait pas le prendre pour un ministre des « Beaux-Arts » : il tenait absolument à établir une rupture entre les temps anciens où il existait le ministère des Beaux-Arts et les temps actuels où il y a un « ministère des Affaires culturelles » ou de « la culture ». Les Beaux-Arts, cela comprenait en effet des chefs-d'œuvre, les musées, les grandes architectures, alors que Malraux a dit dès les premiers jours, qu'il travaillait pour la grande masse et qu'il voulait que ce soit le peuple de France, mise à part toute distinction socio-économique, qui profitât de la culture, comme les enfants de France avaient connu l'Ecole après Jules Ferry, dont il se considérait comme l'héritier spirituel. Ce souci de la culture de masse s'accompagne d'une profonde horreur de la vulgarité, entendue non pas dans le sens de la pornographie, ou du langage non châtié, mais dans celui de la médiocrité.

De 1960 à 1969 il se fit chantre et pionnier. Il savait qu'on gouverne avec des idées dont il faut pousser la réalisation jusqu'à des points de non-retour, où devenues mythes et routines, elles acquièrent valeur de nécessité et d'exemple. Et cela vis-à-vis de la presse, de l'opinion, de l'administration et notamment des bureaux du ministère des Finances qui ne vibraient guère à ses initiatives, mais finissaient par inscrire les chiffres, bon an mal an, lorsque la percée avait réussi auprès de Valéry Giscard d'Estaing (qui aimait les échanges avec Malraux).

Ainsi en fut-il pour les fouilles archéologiques, trop oubliées en France, alors que nos savants parcouraient l'Egypte et la Mésopotamie : Malraux donna cette nouvelle impulsion au moment où les terres de France, labourées par les bulldozers des grands travaux d'intérêt public, laissaient émerger à leur surface des silex du néolithique, des poteries gallo-romaines ou comme à Marseille, des vestiges grecs.

Ainsi voulut-il faire pour la statuaire des jardins publics, en commençant par placer dans les Tuileries, les *Nus* de Maillol. Il rêvait de mettre au rancart les pastiches du XIXᵉ et quelques redingotes, mais il procéda avec un tact infini, reculant devant l'idée de toucher à la statue de Jules Ferry, érigée grâce au « sou des enfants des écoles ». Par ailleurs il tenta de convaincre la maréchale Leclerc et les fidèles de la 2ᵉ D.B. de ne pas statufier le héros comme l'avaient été Clemenceau ou Foch, car il avait la hantise de la convention et de la routine.

Il assigna un but grandiose au fameux « inventaire monumental », entreprise de très longue haleine, ébauchée trois ou quatre fois depuis le début du XVIIIᵉ siècle : révéler aux Français leur patrimoine multiforme disséminé dans tant de villages et de lieux dits. Avec Julien Cain et André Chastel, Malraux suscita des passions : des cohortes de bénévoles encadrés par des professeurs d'université travaillent d'arrache-pied depuis dix ans, parcourant canton après canton, carnets de notes et appareils de photo en main.

Pour Malraux, de Gaulle était « la France » : dans son sillage, il fut lui-même un passionné du « patrimoine national », au sens où l'entendaient les ancêtres de la Révolution, (maintes fois, il m'a parlé de Saint-Just et Danton). Avec sa mémoire phénoménale, chargée de tout ce que contiennent les musées du monde entier, (ces musées qu'il connaît par le menu), Malraux trouvait littéralement son accomplissement lorsqu'il pouvait enrichir d'une pièce magistrale ceux de France. D'où l'attention qu'il porta aux mécènes américains ou japonais qui s'intéressaient à Versailles ; il suivait jour après jour avec Van der Kemp et Saltet, la restauration du château et le retour des meubles d'origine. D'où aussi le soin qu'il apportait à ses relations, à ses conversations avec les grands artistes, leur descendants ou héritiers, ceux de Rouault, Dufy, Fernand Léger, Delaunay... Je pense à ses entretiens avec Chagall pour son merveilleux Musée Biblique ou à ceux qu'il eut avec Mme Jean Walter au sujet de son incomparable donation ; nous connaissons maintenant par la *tête d'obsidienne* ceux qu'il eut aussi avec Jacqueline Picasso.

« C'est le ministre des Affaires culturelles, disait-il en plaisantant au ministre des Finances, qui rapporte le plus d'argent à la France : en échange de mes milliards inestimables, donnez-moi un peu plus de vos francs de papier. »

Cette passion pour le patrimoine le mettait en transe. Ce sont les seules occasions où je l'aie vraiment vu scandalisé ; il s'indignait au souvenir de ses pâles prédécesseurs des années 1900 qui dédaignèrent les Cézanne qu'on leur offrait, ou à la pensée des marchands ou des héritiers qui s'abaissaient à céder à l'étranger quelque pièce importante. Il se battit dans ces cas-là comme au temps de la Brigade Alsace-Lorraine, et on ne faisait pas de quartier... Police, action judiciaire, etc. C'est ainsi que le plus important manuscrit de Marcel Proust resta en France.

Cette même passion le conduisit à donner une grande ampleur à la restauration des monuments insignes : Versailles, Fontainebleau, les Invalides, le Louvre, Vincennes, Chambord, la Cathédrale de Reims, etc.

Il allait incognito sur les chantiers, opinait, approuvant ou contestant, s'irritant des lenteurs ; il était moins le familier des directeurs de son ministère que des architectes des Monuments Historiques et des conservateurs de musée, qui venaient lui rendre compte de leur gestion, comme un régisseur au propriétaire.

Malraux sentit l'importance de ce qu'il appelait les « Abords » pour les ensembles architecturaux et les quartiers anciens. Il fut l'inspirateur de la loi du 4 août 1962, qui porte son nom et qui permet de créer des « secteurs sauvegardés » dans toutes les villes dont les pierres sont marquées d'Histoire ou de beauté. Avignon et son « quartier de la Balance » fut son premier et ardent combat ; combien de fois à Paris sommes-nous allés dans « ce quartier du Marais » dont il lança le sauvetage ! Il en connaissait chaque Hôtel et assistait de tout son poids leurs mécènes ; je sais quels appuis et conseils il prodigua à un homme comme François Sommer. En 1976, cinquante-sept villes françaises ont un secteur sauvegardé, la dernière en date étant Metz.

La politique d'action culturelle de Malraux se résume en trois mots : Qualité, Peuple, Création. Dans toutes ses actions, il fut intraitable sur la « qualité » : il a la même répugnance que Montherlant pour la médiocrité et « l'insignifiance ».

En contrepoint des ministres des Beaux-Arts de la « Belle Epoque », qui donnaient dans le conformisme et l'académisme, Malraux n'avait nul préjugé pour ou contre une Ecole ou un talent quelconque ; jamais il n'eût songé à patronner un style, un genre ; c'est la raison pour laquelle il exécrait ce qu'il pressentait de fermé et de conservateur à l'Académie des Beaux-Arts.

Pour lui, l'œuvre est de qualité lorsqu'elle interroge, bouscule, exalte et oblige celui qui la regarde à sortir de lui-même. Une peinture naïve, voire un croquis d'aliéné, une toile de Dubuffet ou de Fautrier, une œuvre de Giacometti (et il faudrait citer tous les grands créateurs contemporains dans les domaines de l'art : Musique, Littérature, Arts Plastiques, Architecture) étaient mis par lui au niveau des Classiques sans considération d'époque.

Le ministre était obsédé par le besoin de révéler « au plus grand nombre », les chefs-d'œuvre de l'humanité, moins parce qu'ils sont beaux que parce qu'ils sont grands et que par eux on accède à l'immortalité. Ainsi, tout ce qui est noble ne saurait être l'apanage de l'élite, des privilégiés de la fortune et de l'éducation mais accessible et familier aux ouvriers et aux paysans, aux jeunes et aux vieillards de toutes conditions.

Il sollicita les grandes puissances créatrices, en particulier celles des maîtres âgés, tant il craignait qu'ils ne disparussent avant d'avoir apporté leur part à notre patrimoine : Le Corbusier, qui avait tant travaillé à l'étranger et que la France avait par trop dédaigné, dessinait lorsqu'il mourut, les volumes flexibles du musée d'Art moderne projeté au quartier de la Défense ; même drame avec Braque, qui disparut alors qu'il s'apprêtait à décorer la tour de la récente Faculté des Sciences ;

enfin Cocteau juste avant son décès travaillait à des vitraux de cathédrale.

Malraux avait souhaité que la France fût la grande héritière de Picasso : certains passages de *La tête d'obsidienne* laissent espérer que ce vœu sera exaucé et nous révèlent l'intimité personnelle et esthétique qui existait entre Malraux et celui qu'il appelle « le plus grand destructeur et créateur de formes de tous les temps ».

« Si le plafond de l'Opéra peint par Chagall divise l'opinion, ce n'est pas rien, disait Malraux, que le maître l'ait donné à la France. »

Masson fit aussi généreusement le plafond de l'Odéon, Messiaen reçut des commandes musicales prestigieuses et Abel Gance entreprit une nouvelle version de son inoubliable Napoléon.

Malraux suivait de très près, avec Gaétan Picon, l'action de la Caisse nationale des Lettres qui aide les écrivains et poètes qui n'ont pas l'heur de séduire le commerce. C'est aussi lui qui fit généraliser ce qu'on appelle le 1 %, c'est-à-dire « l'Art dans les Ecoles » qui oblige à consacrer 1 % du budget de construction des établissements d'enseignement, à des opérations artistiques. Il aurait voulu étendre cette mesure à tous les édifices publics (hôtels des Postes ou des Finances, par exemple).

Il était si avide de création architecturale, qu'on a pu lui reprocher son manque de sensibilité, voire son imprudence à l'endroit des immeubles-tours de Paris ; mais la conjugaison des Arts ne l'a jamais effrayé, bien au contraire. Son syncrétisme l'invitait à donner sa bénédiction à toutes les formes d'épousailles entre les Temps et les Arts.

En revanche, Malraux abominait le pastiche, la copie, « les constructions ridicules », un certain américanisme banal qui enlaidit les villes du monde entier ; il eût aimé que le général de Gaulle attachât son nom à un monument moderne dans lequel la France aurait pu se reconnaître et ce fut sa tristesse que tout se « perdît dans les sables ».

C'est pourquoi il s'attacha au projet de l'architecte Faugeron pour un nouveau ministère de l'Education nationale : la maquette était dans son bureau, il la contemplait souvent et la commentait à ses visiteurs.

Mais il comprit vite que l'effervescence mentale propre aux créateurs, jointe aux exigences et aux lenteurs bureaucratiques (qu'il appelait « les hostilités de service »), fait naître autour des grands projets, des marais impénétrables.

Il demeure certain que Malraux était en prise plus directe avec les écrivains et les musiciens et surtout les peintres, qui sont relativement libres, qu'avec les cinéastes, (car « le cinéma, c'est aussi une industrie »), et les architectes, (car construire, c'est aussi promouvoir et administrer) : « Comment Dieu saurait-il où nous en sommes avec Corbu ? », me demanda-t-il un jour par l'intermédiaire d'une des fameuses fiches vertes.

Malraux lança les Maisons de la Culture dans un embrasement lyrique : dans la hiérarchie de ses « projets », elles sont au premier rang. Il voulait qu'elles fissent pour la culture, ce que l'Ecole de la IIIe République avait fait pour l'instruction. Dès les années 1961, 62, il s'est ici senti porteur d'une grande politique, dont la visite du général de Gaulle à la Maison de la Culture de Bourges en 1965 devint en quelque sorte la fusée porteuse.

Pour Malraux, une Maison de la Culture c'était la Comédie-Française, les richesses du Louvre, les grands chefs d'orchestre, les prestigieuses expositions, toute la noblesse et les richesses du monde, à la portée des enfants des cadres et des ouvriers des villes de cent mille habitants et de leurs banlieues : il leur consacrait le meilleur de lui-même et rédigeait à leur sujet fiches sur fiches.

Mais qu'on ne l'imagine pas en guide inspiré ! L'impulsion donnée, la réalisation achevée, il nommait, avec le concours des maires, les pilotes, les responsables, et vogue la galère ! Jamais il ne leur donna la moindre consigne de programme artistique.

Ni Maurice Escande à la Comédie-Française, ni Georges Auric à l'Opéra, ni Jean-Louis Barrault à l'Odéon (jusqu'à la cassure de mai 68), ni Georges Wilson au T.N.P. (à l'exception d'une pièce de Gatti que le ministère des Affaires étrangères a fait empêcher à la demande des Espagnols en 1965) ; ni Roger Planchon, ni aucun cinéaste d'avant-garde ou farfelu, n'a jamais été sermonné sur son propre terrain. Si Malraux était déçu, son visage se fermait et il laissait tomber un propos désenchanté ; satisfait, il se sentait dans une secrète connivence et sa voix reprenait de la profondeur. Il n'a jamais voulu avoir dans ses attributions la censure cinématographique ; il fut le contraire d'un dirigiste, à l'opposé d'un Roi-Soleil ordonnant, enjoignant, censurant. Sa soif n'était même pas de convaincre, mais seulement d'imprégner en jetant des semences sur les terrains qu'il sentait labourés ; « à vous de jouer », disait-il fréquemment, ou encore, « appuyez vous-même sur la pédale qui convient ».

Il souffrit lorsque certains maires, après la Grande-peur de mai 68, voulurent normaliser les programmes de leurs Maisons de la Culture en y réintroduisant *les Cloches de Corneville* et *la Fille de Madame Angot*.

Certes mai 68 fut pour lui une brisure, non l'événement lui-même dont il avait lucidement mesuré la dimension — « nous ne sommes pas en face de besoins de réformes, mais en face d'une des crises les plus profondes que la civilisation ait connues » — mais la coupure qui en résulta entre le Général de Gaulle et la jeunesse, coupure qui allait entraîner pour Malraux un rétrécissement de son action culturelle.

Je n'étais plus directement auprès de lui à cette époque, mais suffisamment proche pour sentir avec lui que des mécanismes avaient été brisés ; la déception enleva de la force à son élan.

On peut gloser aujourd'hui sur les Maisons de la Culture, mais sans elles Amiens ne serait qu'une préfecture picarde ; Grenoble, le chef-lieu de l'Isère, et Reims, seulement la plus belle cathédrale de France : c'est à cause d'elles que maintenant les Parisiens désirent habiter ces villes et que les étrangers ont cessé de superposer Paris et la France.

Au fur et à mesure que j'écris ces lignes, les souvenirs m'assaillent en si grand nombre, que je voudrais m'étendre davantage sur tout ce qui a été réalisé et dire tout ce qui fut entrepris. De nombreuses idées d'importance furent lancées, des départs furent donnés, des crédits furent obtenus, notamment dans le domaine de la musique ; il ne faut pas oublier que c'est Malraux qui créa l'Orchestre de Paris et en donna la direction à Charles Munch.

Ces entreprises fructifient grâce aux successeurs de Malraux, car les mutations qu'a subies l'Action culturelle depuis 1969 portent plus sur la présentation et l'éthique que sur ce qui fut entrepris : les changements n'ont pas affecté les structures et jamais les fondations.

Si on me demandait pour conclure, de raconter quel fut mon plus beau jour, comme les maîtres d'école le font faire à leurs élèves au retour des grandes vacances, j'évoquerais sans hésiter l'inoubliable voyage de la *Joconde* aux Etats-Unis en 1964 ; il fut préparé avec autant de soin qu'une campagne militaire et il ne manquait pas un bouton de guêtres.

Dans le plus grand hall du *Metropolitan Museum* de New York, John Kennedy et tout le gouvernement américain étaient présents : l'immense foule, imprégnée de dévotion, vint défiler devant l'Icone que gardaient des soldats d'élite, baïonnette au canon et figés comme des statues.

Pendant sept jours et presque sept nuits, Léonard de Vinci fut le Maître des esprits. Il ne manquait que Stendhal pour faire dire aux jeunes américains en blue jean : « J'y étais ! »

Nicole Hervé Alphand

CHEVALIER SERVANT DE LA JOCONDE

Peu de temps après son « inauguration », John Kennedy demanda à Hervé, mon mari, de venir le voir. C'était le premier ambassadeur ainsi reçu à la Maison-Blanche. Le président des Etats-Unis lui exprima le souhait d'entretenir avec la France en tous domaines les relations les plus étroites. Après avoir passé en revue les problèmes immédiats, il lui dit :

— Je pense que ma première visite en dehors du continent américain devrait être pour la France et j'ai le grand désir de voir le général de Gaulle que je ne connais pas, dont j'ai lu tous les livres et dont, au début de mon mandat, les avis me seront d'une extrême utilité.

Dans les jours qui suivirent, Hervé s'employa donc à organiser une visite qui fut finalement fixée du 31 mai au 2 juin 1961.

Aussitôt le principe acquis, chacun pour son compte s'efforça d'apporter sa pierre à la préparation du voyage.

Pour Jackie Kennedy, en particulier, c'était une grande affaire à laquelle elle voulait donner tous ses soins. Elle eut avec moi une longue conversation, dont il ressortit que son désir ardent était de rencontrer à Paris, après le général de Gaulle, André Malraux. La lecture des *Conquérants* et de *la Condition humaine* lui avait laissé une impression profonde. Elle connaissait dans ses recoins *le Musée Imaginaire*. Son vœu le plus cher était d'entendre commenter par son auteur français favori les chefs-d'œuvre qu'elle connaissait déjà, puisque, étudiante, elle avait passé à Paris une partie de son adolescence. Les souhaits de Jackie furent par nos soins communiqués à André Malraux qui donna immédiatement son accord.

Quelques semaines plus tard, le président des Etats-Unis et sa femme débarquaient à Orly, jeune couple débordant de dynamisme, éclatant de beauté, « traînant tous les cœurs après eux », et placé à la tête du pays le plus puissant du monde. Paris ne pouvait que leur réserver un accueil triomphal et affectueux.

Le souhait de Jackie se réalisait enfin. Mais l'événement se produirait-il vraiment ? André Malraux venait, huit jours avant, dans un tragique accident d'automobile, de perdre deux fils qu'il chérissait. Jackie en apprenant la nouvelle qui l'avait bouleversée nous avait dit aussitôt :

— Il ne faut pas que M. Malraux se sente tenu par sa promesse. Comment pourrait-il m'accompagner dans les musées après le drame qui vient de le frapper ?

Le premier soir de la visite, à l'Elysée, nous nous trouvions placés derrière le président de la République qui accueillait ses invités en même temps que le président des Etats-Unis. Dans la longue file des invités, pas d'André Malraux, et je me demandais si vraiment il pourrait surmonter sa douleur. Au moment où la ligne de réception allait se rompre, deux ombres apparurent. Une émotion profonde nous saisit en les apercevant passer rapidement, discrètement, pour se fondre ensuite dans la masse des assistants : André Malraux, accompagné de sa femme, avec un courage étonnant, avait dominé sa peine pour remplir son devoir de ministre de la Culture.

Il servit donc de guide à Jackie Kennedy. Au Jeu de Paume, il lui expliqua Manet, Cézanne et Renoir. Au-dessous de l'*Olympia* de Manet, il avait fait placer, en la faisant venir de Compiègne, la *Vénus* de Bouguereau, sujet parent qui avait reçu le prix du Salon de l'année du refus d'*Olympia,* et n'en avait jamais été rapprochée. A la Malmaison, il se fit historien. Devant un portrait de Joséphine, Jackie s'arrêta et lui dit de sa voix douce et comme expirante :

— Quel destin !... C'était sans doute une femme extraordinaire.

— Un vrai chameau, répliqua le ministre, et il rappela les rapports tumultueux de Joséphine et de Napoléon.

***

Des liens de sympathie étroits s'étaient noués entre le grand écrivain français et la jeune étudiante devenue la première « Dame » des Etats-Unis.

Cet élan qui portait l'un vers l'autre les Kennedy et André Malraux ne tarda pas à prendre une forme nouvelle. Soucieux de donner au règne de la « Nouvelle Frontière » un éclat sans précédent, le président avait décidé de réunir à la Maison-Blanche, en un dîner culturel, tout ce que l'Amérique pouvait compter d'écrivains, de romanciers, d'hommes de théâtre et de musique. Il nous demanda si André Malraux consentirait à ce que cette manifestation fût placée sous son égide — ce qui fut immédiatement acquis, pour le mois de mai 1962.

Nous en parlâmes longuement avec Jackie au cours d'un week-end passé en Floride au début de l'année.

— Il faut, dit-elle, qu'André Malraux ne s'ennuie pas et, comme il parle mal anglais, que nous invitions avant tout des francophones.

Nous lui répondîmes que ce qui importait surtout était la réunion autour de sa table des plus grands artistes de l'Amérique, même s'ils ne parlaient pas français.

De passage à Paris en avril, Hervé discuta en détail avec Malraux d'un voyage dont la perspective le fascinait : il ne parlerait pas seulement de Culture mais, avec le président des Etats-Unis, de politique générale, à un moment où sur bien des points nos avis divergeaient. Le général n'était pas prêt à rendre dans l'immédiat la visite que lui avait faite Kennedy un an plus tôt mais, ajoutait subtilement Malraux : « Il ne lui déplaît pas d'envoyer en avant ses tanks, c'est-à-dire nous-mêmes, et de les faire incendier pour éclairer sa route. »

En fait, cette visite de mai 1962 constitua un succès à la fois pour les Kennedy qui désiraient faire entrer l'Art à la Maison-Blanche sous ses aspects les plus étincelants et pour André Malraux qui put exposer au président des Etats-Unis les positions de la France, telles qu'elles résultaient de ses entretiens avec le général de Gaulle, sur les sujets les plus variés : Occident et Europe, Union soviétique, Inde et Chine. A la fin du dîner, répondant au toast chaleureux de John Kennedy, André Malraux s'écria :

— Je lève mon verre au seul pays qui dans l'Histoire occupe le premier rang parmi les Nations sans l'avoir voulu.

Il est vrai que, tour à tour, la Rome et la Grèce antiques, l'Espagne, la France, la Grande-Bretagne, l'Allemagne ont pu prétendre à ce titre, mais qu'elles étaient alors animées d'une volonté de puissance. Dans l'intérêt des Etats-Unis, dans l'intérêt du monde, il nous faut ardemment souhaiter que les mots prononcés ce soir-là par André Malraux demeurent vrais.

Avant son départ, le ministre français dut faire face aux innombrables questions de la Presse qui l'avait convié. Toutes les interrogations des journalistes eurent un caractère politique sauf une seule, la dernière :

— Et si nous émettions le vœu de voir la Joconde aux Etats-Unis, que répondriez-vous ?

— Oui, sans hésiter, répondit André Malraux.

Ou bien, pensa-t-il, ce sera techniquement impossible, et il sera facile de le prouver ; ou bien, ce sera possible et tout le monde tombera des nues. En tout cas, il était certain que l'idée amuserait le Général.

C'est ainsi que le rendez-vous fut pris. La promesse fut tenue.

André Malraux organisa personnellement avec un soin extraordinaire le voyage du tableau le plus illustre du monde. Il est de fait que Mona Lisa fut déplacée comme un souverain. Des experts furent dépêchés avant son arrivée pour examiner avec John Walker, le conservateur de la National Gallery de Washington, les conditions de son transport et de son hébergement. Un coffret spécial fut conçu et exécuté pour elle, permettant à tout moment de maintenir les conditions de température et d'hygrométrie qui lui sont habituelles au Louvre. Accompagnée de M. Jaujard, secrétaire général du ministère des Affaires culturelles, et de Mme Hours, un des spécialistes les plus éminents du musée du Louvre, elle bénéficia d'une cabine particulière sur le *France*. A chaque instant, ses suivants consultaient le thermomètre et le degré d'humidité. Je fis remarquer à la charmante Mme Hours, à qui avaient été confiées les responsabilités d'infirmière-en-chef auprès de cette précieuse personne, que le maçon italien qui l'avait dérobée au début du siècle et l'avait cachée pendant plusieurs mois sous son lit dans une maison du nord de la Péninsule, n'avait pas pris tant de précautions — et cependant elle avait survécu. Mais telles étaient les instructions ministérielles. Il convenait de ne rien laisser au hasard.

A New York, des camions et un autre groupe de docteurs attendaient la célèbre voyageuse. Elle arriva à Washington sous escorte quinze jours avant le vernissage et se remit de ses émotions par une cure de solitude dans un coffre verrouillé de la National Gallery, entourée de policiers en armes.

Enfin, le 9 janvier, jour du vernissage, André Malraux débarqua à son tour avec son épouse. Le dîner de l'ambassade fut brillant : pour honorer cette Italienne prêtée par des Français, le président des Etats-Unis lui-même se rendit à notre invitation, ce qu'il ne fait jamais que pour la réception de chefs d'Etats. Le vice-président et Mme Johnson, le secrétaire d'Etat et Mme Rusk, les principaux membres du cabinet et du congrès étaient présents pour entourer André Malraux en cette occasion exceptionnelle.

C'est alors que se succédèrent une série d'incidents ridi-

cules qu'il faut bien attribuer à l'influence malicieuse de Mona
Lisa, sans doute mécontente d'avoir été transportée hors de
chez elle et sans son consentement : 3 000 invités convoqués
trop tôt piétinaient avec impatience à la National Gallery,
l'ascenseur qui devait conduire le président au deuxième
étage refusa de fonctionner et il dut gravir — péniblement à
cause de sa blessure de guerre — les marches de l'escalier, il
fut impossible à l'auditoire, debout, dans le vaste hall d'entendre un mot des discours successifs de Dean Rusk, d'André
Malraux * et de John Kennedy, les microphones étant soudainement tombés en panne... Mona Lisa continuait à sourire,
énigmatique et imperturbable.

Il n'empêche que plus d'un million de visiteurs défilèrent
devant elle et que l'audace d'André Malraux, décidant de lui
faire traverser l'Atlantique, fut pleinement récompensée.

Le lendemain, le ministre eut avec le président des entretiens importants et difficiles. Nous étions à la veille de la
fameuse conférence de presse du général de Gaulle opposant
un refus à l'offre américaine de faire participer la France
aux accords nucléaires conclus entre les Etats-Unis et l'Angleterre à Nassau, à la veille aussi de la prise de position très
ferme du général au sujet de l'entrée de la Grande-Bretagne
dans le Marché commun. Sans annoncer lui-même les décisions que Paris se préparait à rendre publiques, le ministre
des Affaires culturelles sut préparer le terrain et faire comprendre au président des Etats-Unis que les relations franco-
américaines allaient aborder une période de sérieuses turbu-
lences, une de ces périodes au cours desquelles Hervé, s'ins-
pirant d'une formule connue, disait : « A Washington, il faut
savoir choisir entre l'ennui et les ennuis. Eh bien ! je puis
dire que je ne m'y ennuie pas. » Et cependant, la photo, à
la sortie de l'entretien de la Maison-Blanche, présente deux
hommes en train de rire. En allant vers le porche, le président
avait dit à Malraux : « Enfin, la grâce de Mme Kennedy (il n'a
pas dit Jackie) arrangera tout cela ce soir... Et nous ne parle-
rons pas de La Fayette ! » Malraux, faisant appel à ses bribes
d'anglais lui répondit : « Who is this guy ? » Rires, ouverture
de la porte à deux battants, photo de MM. Laurel et Hardy.

Le dernier soir du séjour du ministre se termina aussi sur
un sourire. Nous étions invités en Virginie, à quelque vingt

---

* Je joins à ce texte le beau discours prononcé, ce soir-là, par
André Malraux.

minutes de Washington, dans la maison de campagne des Robert Kennedy. Une nuée d'enfants et d'énormes chiens nous y accueillirent. Tout était simple, sans complications, comme lorsqu'on reçoit des voisins ou des parents. Suivant son habitude, Ethel Kennedy dit avant le repas le Benedicite, mais elle le prononça en français en l'honneur de son hôte.

C'est ainsi, qu'en ces diverses occasions, André Malraux a pu connaître les Etats-Unis sous ses aspects les plus officiels comme les plus familiers. Je crois qu'il les a aimés, et que, précédé par la gloire que lui vaut son génie, il a été reçu à la Maison-Blanche et dans les divers groupes qui l'ont accueilli comme un envoyé très spécial de la culture française et comme le plus proche confident du chef de l'Etat. Kennedy savait, en particulier, qu'il ne pouvait trouver meilleur interlocuteur pour parler des problèmes de l'Asie et Nixon à son tour s'en est souvenu, lorsqu'à la veille de son premier voyage en Chine, il a sollicité l'avis d'un seul conseiller étranger, André Malraux.

Discours prononcé le 9 janvier 1963
par M. André Malraux à Washington

Monsieur le Président,

Voici donc le plus célèbre tableau du monde. Gloire mystérieuse, qui ne tient pas seulement au génie.

D'autres portraits illustres peuvent être comparés à celui-là. Mais chaque année, quelques pauvres folles se croient Mona Lisa, alors qu'aucune ne se croit une figure de Raphaël, de Titien ou de Rembrandt. Quand le *France* a quitté le Havre, aux bouquets apportés pour les passagères vivantes, était joint un bouquet porteur d'une carte sans nom, avec l'adresse : « Pour Mona Lisa »...

La liste de ceux que troubla ce tableau est longue et commence à son auteur. Léonard, qui parle de sa propre peinture avec tant de modération, a écrit une fois : « Il m'advint de peindre une œuvre réellement divine »...

On peut en donner maintes explications. Je suggérerai seulement celle-ci.

L'antiquité que ressuscitait l'Italie proposait une

idéalisation des formes, mais le peuple des statues antiques étant un peuple sans regard, était aussi un peuple
sans âme. Le regard, l'âme, la spiritualité, c'était l'art
chrétien, et Léonard avait trouvé cet illustre sourire
pour le visage de la Vierge. En transfigurant par lui
un visage profane, Léonard apportait à l'âme de la
femme l'idéalisation que la Grèce avait apportée à ses
traits. La mortelle au regard divin triomphe des déesses sans regard. C'est la première expression de ce que
Goethe appellera l'éternel féminin.

La possession des chefs-d'œuvre impose aujour-
d'hui de grands devoirs, chacun le sait. Vous avez bien
voulu, Monsieur le Président, parler d'un « prêt historique », pensant peut-être aux sentiments dont il témoigne. Il est historique aussi en un autre sens, qui vous
fait grand honneur. Lorsque, à mon retour, quelques
esprits chagrins me demanderont à la tribune : « Pourquoi avoir prêté Mona Lisa aux Etats-Unis ? » je
répondrai : « Parce qu'aucune autre nation ne l'aurait
reçue comme eux. »

Par vous, Monsieur le Président — et par Mme
Kennedy, toujours présente lorsqu'il s'agit d'unir l'art,
les Etats-Unis et mon pays — la plus puissante nation
du monde rend aujourd'hui le plus éclatant hommage
qu'une œuvre d'art ait jamais reçu. Soyez-en loués tous
deux — au nom de tous les artistes sans nom qui vous
en remercient peut-être du fond de la grande nuit
funèbre.

Un dernier mot.

On a parlé des risques que prenait ce tableau en
quittant le Louvre. Ils sont réels, bien qu'exagérés.
Mais ceux qu'ont pris les gars qui débarquèrent un
jour à Arromanches — sans parler de ceux qui les
avaient précédés vingt-trois ans plus tôt — étaient
beaucoup plus certains. Au plus humble d'entre eux,
qui m'écoute peut-être, je tiens à dire, sans élever la
voix, que le chef-d'œuvre auquel vous rendez ce soir,
Monsieur le Président, un hommage historique, est un
tableau qu'il a sauvé.

DEUXIÈME PARTIE

LES TENTATIONS DE L'ORIENT

Chang Mei-yuan

« DES FLOTS DANS LES FLEUVES SANS AGE », MALRAUX ET LA PENSEE CHINOISE

> 1925 : Une Chine nouvelle se crée qui nous échappe à nous-mêmes. Sera-t-elle secouée par l'une de ces grandes émotions collectives, qui l'ont à plusieurs reprises bouleversée ? Plus puissante que le chant des prophètes, la voix basse de la destruction, s'étend déjà aux plus lointains échos d'Asie. (La Tentation de l'Occident, p. 203.)

L'intérêt que Malraux porte à la Chine date de son adolescence. Comme beaucoup de jeunes Français de la période d'entre-deux-guerres, il n'a pas échappé au nouveau « mal du siècle ». Il a cherché à s'en délivrer en se jetant dans l'action. La Chine semblait lui offrir non seulement l'occasion d'une activité révolutionnaire, mais aussi la possibilité « d'une rupture avec le passé européen » et un remède éventuel à la maladie de cette civilisation qui était la sienne. L'orientalisme de Malraux provient essentiellement de ses lectures d'œuvres philosophiques chinoises (traduites par le révérend Léon Wieger) et de ses contacts avec l'Ecole des Langues Orientales et des études et recherches qu'il effectua au musée Guimet, à titre personnel. Puis, Malraux a approfondi ses connaissances livresques par des contacts personnels avec la nation chinoise. Ses réflexions sur la Chine sont exprimées dans les termes d'une confrontation Orient-Occident. L'œuvre de Malraux a provoqué beaucoup d'études de la part des critiques, mais jusqu'à maintenant personne n'a examiné l'influence de la pensée chinoise que l'on peut voir dans certains de ses écrits de jeunesse.

On ne peut certes pas reprocher à Malraux de n'avoir pas assimilé toutes les écoles de la philosophie chinoise, car il y en a beaucoup. Il a été influencé surtout par le confucianisme et par le taoïsme, les deux courants les plus connus en Occident. Le confucianisme fut jadis considéré, même en

Chine, tantôt comme une religion, tantôt comme une philosophie. Conformément à l'opinion occidentale d'alors, Malraux semble se rallier à la dernière notion. Il dissocie le confucianisme de la religion en faisant dire à Ling que le confucianisme ne s'est « point développé en s'appuyant sur une religion, ni en la suivant [1] ». En séparant le confucianisme de la religion, Malraux ne tient pas compte du fait que le Chinois est un homme religieux. Le confucianisme — bien que d'apparence laïque et positiviste — se réfère très souvent au Ciel, où se trouve une espèce de dieu, la Providence. Confucius juge que le plus haut degré d'intelligence qu'il ait acquis à soixante-dix ans est de ne plus transgresser les lois de cette Providence [2].

Si Malraux a passé sous silence l'aspect religieux du confucianisme, il a, par contre, mis en évidence le rôle foncièrement humain et social de cette philosophie. Il montre que le confucianisme a déterminé le code de conduite de chaque individu vis-à-vis de lui-même et envers son prochain. Grâce à ses maximes, le Chinois est imprégné d'une sorte de quiétude « sans possibilité de conflits [3] », ce qui correspond, dans une certaine mesure, à l'attitude du « grand homme » mentionné par Confucius dans ses *Entretiens* : « Le grand homme est exempt de chagrin et de crainte [4]. » Dans *La Tentation de l'Occident,* A. D. apprend par Ling que « l'Oriental irresponsable s'efforce de s'élever au-dessus d'un conflit dont il n'est pas l'enjeu » (T., pp. 70-71). Le Chinois se sent irresponsable surtout en ce qui concerne les questions de la vie et de la mort, mais il est toujours responsable de sa conduite pendant son existence terrestre, on retrouvera cette idée dans l'attitude de beaucoup de héros malruciens à l'égard de l'action.

Tout au long de sa vie, le Chinois s'efforce d'atteindre la perfection. Par son importance, cette perfection apparaît comme le but premier de la *Grande Etude* de Confucius. D'après Ling, elle naît de « l'intensité de l'émotion qu'un sentiment éveille en nous » (T., p. 39). Par conséquent, le maître ou le grand homme n'est ni le peintre ni l'écrivain, mais celui qui saura

---

1. André Malraux, *la Tentation de l'Occident* (Paris : Grasset, 1926 re-éd., 1956), p. 198.
2. Confucius, *les Entretiens,* livre I, chapitre II, section 7.
3. *Tentation,* p. 112. (Dorénavant nous indiquerons la page de nos citations dans notre texte même.)
4. *Entretiens,* livre VI, chapitre XII, section 4.

porter l'intensité de l'émotion à son plus haut degré (T., pp. 38 39). La perfection étant identique au Confucianisme, le vieux mandarin Wang-Loh déplorait avec la disparition de celui-ci la perte « des possibilités de perfection qui étaient en lui » (T., pp. 197-198).

L'enseignement de Confucius, d'une part, rend l'individu conscient de lui-même par l'exigence de perfection qu'il impose à chacun ; d'autre part, il dispose l'homme à une « attentive inculture du moi » (T., p. 112). Toute particularité individuelle est tenue pour une tache chez la femme, et n'est pas souhaitable chez l'homme. La personnalité même est inconcevable en Chine (T., p. 151). A la différence des occidentaux, les Chinois ne désirent pas prendre conscience d'eux-mêmes en tant qu'individus, mais ils s'appliquent à n'être ni séduits ni arrêtés par cette illusion d'eux-mêmes. (T., p. 110). Une telle conception est si enracinée dans la pensée chinoise que Mao Tsé-toung disait encore à Malraux : « L'individualisme à l'occidentale n'a pas de racine dans les masses chinoises [5]. » L'absence de la notion d'individualisme a beaucoup frappé et séduit les Occidentaux, car les jeunes intellectuels européens — y compris Malraux — y voyaient un antidote éventuel contre l'individualisme excessif de leur civilisation : l'engagement de Malraux dans l'action révolutionnaire est peut-être lié à cet espoir.

A la place de l'individualisme le confucianisme exalte l'altruisme qui se manifeste dans les rapports humains. Malraux a vite compris que le confucianisme était « le plus grand des systèmes *humains* » (T., p. 182 — c'est nous qui soulignons). Il a compris aussi que le devoir filial était un des éléments principaux de ce système. Dans son article sur la « Jeune Chine », il a souligné son importance ainsi : « Je crus m'approcher de la Chine lorsque je discernai qu'aucun acte n'était séparable du devoir filial [6]. »

Le Chinois semble posséder un sens inné de la famille. Grâce à la doctrine du devoir filial, le lien entre parents et enfants a toujours été très étroit. La correspondance de Ling révèle au Français, A. D., que « jusqu'à la Révolution les parents étaient punis avec leurs enfants pour les fautes que ceux-ci avaient commises à leur insu » (T., p. 151). En plus,

---

5. André Malraux, *Antimémoires* (Paris : Gallimard, 1967), p. 517.
6. André Malraux, « Jeune Chine : Présentation de documents », *Nouvelle Revue française*, XXVIII, janv. 1932, p. 6.

les enfants doivent à leurs parents une obéissance bien plus exigeante que celle que l'on a connue en Occident. Par exemple, les parents intervenaient directement dans le mariage de leurs enfants ; ils pouvaient les fiancer dès l'âge le plus tendre à une personne qu'ils verraient seulement le jour de leurs noces. Evidemment un tel mariage ne fait pas grand cas de l'amour qu'il peut y avoir entre un homme et une femme. Ling, influencé par la culture occidentale, ose exprimer ses doutes sur la valeur de l'ancienne culture à cet égard (T., p. 81). Malraux n'ignore pas que pour le Chinois imprégné de la culture traditionnelle, le but du mariage est en premier lieu la procréation. Car il nous donne le triste exemple d'un homme sans enfants dans le personnage de Tcheng-Daï, obsédé par la solitude dans la vie comme dans la mort [7]. Le confucianisme enseigne à chaque Chinois que l'absence d'enfants dans un ménage constitue la plus grande faute envers la piété filiale [8]. En mettant l'amour entre les époux au second plan, le confucianisme ne l'exclut pas du mariage, comme certains passages de *la Tentation de l'Occident* semblent suggérer Malraux n'a pas nommé Mencius, le confucianiste le plus connu après Confucius — et justement celui qui faisait beaucoup d'allusions à l'amour conjugal dans ses écrits. Malraux a-t-il soupçonné que si la naissance de l'amour précède le mariage en Occident, elle le *suit* dans la Chine traditionnelle ?

La piété filiale dans le confucianisme s'étend aussi aux rapports de l'homme avec ses maîtres et avec ses aînés. Malraux illustre cette maxime par les cas des deux terroristes chinois, Hong et Tchen. Le sentiment que Hong éprouve pour Rebecci, le « lien féodal » qui existe entre Hong et Garine, le respect de Tchen pour le vieux Gisors, son affection malgré lui pour le pasteur Smithson, tous trouvent leur source commune dans la piété filiale.

La doctrine du confucianisme sur la relation entre l'homme et son semblable est aussi fondée sur l'altruisme. Or Malraux l'a appliquée à un cas bien ironique. Lors d'une dispute entre Hong et Borodine, le premier défend son rôle de terroriste en demandant : Croyez-vous que je n'éprouve pas de la répulsion ? Moi, c'est parce que cela m'est pénible que je ne le fais pas toujours faire aux autres, vous entendez ? [9] » Il est fort

---

7. André Malraux, *les Conquérants* (Paris : Livre de poche), p. 91.
8. Mencius, *Meng-tseu-Chou,* Livre IV, section 26.
9. *Les Conquérants,* p. 148.

douteux que Borodine ait vraiment compris que la justification de Hong est fondée sur la doctrine de Confucius, qui dit de « ne pas faire aux autres ce qu'on n'aime pas que les autres nous fassent, à nous ! [10] ».

Malraux s'est beaucoup intéressé au confucianisme, mais il nous semble qu'il découvre plus de défauts que de mérites dans ce système. En effet, ses œuvres ne nous révèlent que deux éloges de la pensée de Confucius. Dans un style poétique et par la bouche de Wang-Loh, Malraux nous décrit l'influence du confucianisme sur l'homme chinois : « Il a fait leur sensibilité, leur pensée et leur volonté. Il leur a donné le sens de leur race. Il a fait le visage de leur bonheur. » (T., pp. 182-183). L'auteur souligne aussi le rayonnement de cette philosophie sur la Chine tout entière : « Le confucianisme en miettes, tout ce pays sera détruit. » (T., p. 182), ce qui n'empêche pas Malraux de considérer la morale sociale du confucianisme comme étant à la base des qualités et des défauts de la race chinoise (T., p. 198).

En critiquant le confucianisme, Malraux a visé essentiellement le contexte social de cette philosophie, l'attitude des Chinois « à avoir conscience de leur état social plus que de leur individualité » (T., p. 198). Si Malraux n'est pas explicite sur ce point dans *la Tentation de l'Occident,* il l'est dans son article sur la Jeune Chine. Là, il montre comment l'amour paternel a pu être sacrifié au nom de la tradition. A cause d'une considération excessive qu'il portait aux rites familiaux, un certain Wang a laissé mourir de faim sa fille adolescente après la mort de son fiancé. La critique que Malraux adresse au Confucianisme dans *la Tentation de l'Occident* — et dans son article — est précise : elle vise surtout des doctrines particulières, comme celles des rites. Or cette critique se généralise et devient plus prononcée dans *les Voix du silence.* Dans ce livre, on trouve ce jugement : « Les Tahitiens étaient moins cruels que les sages confucianistes par qui furent promulguées tant de lois atroces [11].

L'œuvre de Malraux nous suggère donc qu'il voit la philosophie de Confucius sous une lumière peu favorable : la doctrine du devoir filial et les rites confucianistes semblent avoir apporté aux Chinois plus de maux que de bienfaits. Malraux ne mentionne nulle part les exhortations de Confucius à la

---

10. *Entretiens,* chapitre XV, section 25.
11. André Malraux, *les Voix du silence* (Paris : Gallimard 1951), p. 556.

bienveillance, et il nous présente l'altruisme de l'homme confucianiste envers ses semblables par la bouche d'un terroriste qui cherche à justifier un acte violent.

Si Malraux fait des réserves envers le confucianisme, est-ce parce qu'il est influencé par les opinions de son époque ? Pendant la première moitié du XXe siècle, la Chine a vu la naissance d'une nouvelle jeune élite qui a subi l'influence de la culture occidentale, et qui désire à tout prix transformer l'ancienne civilisation. Cette nouvelle élite attaque le confucianisme pour avoir corrompu la société chinoise et affaibli le pays tout entier [12]. Par ses contacts avec des intellectuels chinois, Malraux ne pouvait pas ignorer leurs sentiments à l'égard de Confucius. Notre analyse a déjà démontré que Malraux a fondé ses opinions sur une morale sociale qui est surtout la réflexion des doctrines extrémistes de certains confucianistes [13]. Il nous semble que si Malraux avait eu une information plus complète et que s'il n'y avait pas eu au XXe siècle cette période de contestation, il éprouverait plus de sympathie pour la pensée de Confucius, qui encourage — comme il l'a toujours fait lui-même — une foi dans l'altruisme dont les hommes sont capables.

A la différence du confucianisme, le taoïsme est une philosophie très intellectuelle ; il traite davantage des problèmes métaphysiques de l'homme dans ce monde. En fait, au début de notre siècle, Malraux était un des nombreux jeunes intellectuels français qui se sentaient attirés par la philosophie de Lao-tseu. Dans son esprit, la Chine était inconcevable sans le taoïsme, car cette philosophie représentait — selon lui — ce que ce pays avait de plus particulier [14].

La préférence de Malraux pour Lao-tseu plutôt que pour Confucius est très marquée dans son œuvre. C'est ainsi qu'il signale le livre ésotérique de Lao-tseu, le *Tao-te-king*, parmi les écrits philosophiques chinois importants, alors qu'il passe sous silence la plupart des ouvrages confucianistes. Il explique les maximes taoïstes avec plus de détails qu'il ne le fait pour

---

12. Par un ardent désir de relever la Chine en ruine, les jeunes intellectuels chinois s'acharnaient à acquérir la culture occidentale (surtout la science et la pratique du régime démocratique). Ils criaient « A bas le confucianisme ! » lors de la révolution culturelle du « Mouvement du 4 mai » en 1919.

13. Les lois prétendues inhumaines et atroces furent promulguées par des confucianistes de la Dynastie des Soung (960-1280).

14. « Jeune Chine », p. 6.

le confucianisme. Lorsqu'il s'agit de critiquer le taoïsme, il le fait avec plus d'impartialité. On peut d'ailleurs se demander si Malraux connaissait bien les différents aspects du taoïsme. La lecture de ses œuvres suggère qu'il était surtout familiarisé avec la pensée de Lao-tseu, le fondateur de ce mouvement au sixième siècle avant le Christ.

Par la bouche du vieux mandarin Wang-Loh, Malraux nous informe que « l'incertitude des esprits dans le monde entier » (T., p. 187) a suscité un renouvellement d'intérêt pour le taoïsme en Chine. Les jeunes Chinois éprouvent un besoin d'acquérir la culture occidentale, mais ils n'arrivent pas à se libérer de la vieille pensée chinoise. Ils se tournent vers le taoïsme qui leur paraît « justifier leurs désirs... leur donner une force plus grande » (T., p. 187). Mais ce renouvellement d'intérêt dans l'école taoïste, est-il aussi significatif qu'il le semble d'après *la Tentation de l'Occident* ? Le taoïsme parvient-il à répondre aux aspirations des jeunes intellectuels chinois ? Propose-t-il un remède pour délivrer l'homme moderne de son angoisse métaphysique ? La réponse, à notre avis, est plutôt négative, car la préoccupation essentielle des taoïstes est de préserver la vie, d'éviter le mal et les dangers de ce monde [15]. De plus, dans la première moitié du XXe siècle, les jeunes intellectuels de la Chine sont préoccupés par le problème de la reconstruction de leur pays. L'angoisse métaphysique, si elle existe, a cédé la place au patriotisme. Il est difficile de voir quelles doctrines taoïstes peuvent aider au redressement du pays. Quoi qu'il en soit, le taoïsme présente un attrait spécial pour Malraux, et certaines de ses théories l'ont beaucoup intéressé.

La Chine a mis Malraux en présence d'une vision de l'univers différente de celle qu'il avait connue dans l'Occident. Selon la notion orientale indiquée par Ling à son ami, A. D., l'univers — loin d'être une force écrasante et hostile — n'est que « le résultat de l'opposition de deux rythmes qui pénètrent toutes les choses existantes » (T., p. 160). Ling continue en expliquant que ces deux rythmes proposés par les taoïstes servent à interpréter « humainement l'opposition... du masculin et du féminin » (T., p. 160). Le Chinois, en saisissant le monde par ses rythmes, le dépouille de son mystère et le rend humain et naturel. En plus des rythmes féminin et mascu-

---

15. Feng, Yu-lan, *A short History of Chinese Philosophy,* ed. by Derk Bodd (New York : Macmillan, 1961), p. 99.

lin, le taoïste reconnaît ceux de la vie et de la mort — qui transforment sans cesse l'univers. Ce sage ne s'attache pas aux choses temporelles, car elles sont des phénomènes « négligeables, nés d'hier et déjà presque morts » (T., p. 161). En parlant des rythmes de ses successions, Malraux emploie une expression poétique — « des flots dans les fleuves sans âge » (T., p. 161) : or l'image de la rivière et du fleuve est très chère aux taoïstes.

La notion d'univers est très importante dans l'œuvre de Malraux : il voit l'homme engagé avec lui dans une lutte de longue durée, car il éprouve le besoin continuel de créer et de « soumettre le monde » à sa volonté. Ainsi trouve-t-il « dans son action une fierté d'autant plus grande qu'il croit le (le monde) posséder davantage » (T., p. 155). Or, rien n'éloigne plus l'Occidental de l'Oriental que leurs conceptions respectives du rapport de l'homme avec l'univers. Contrairement à la notion grecque où l'homme est distinct du monde, le Chinois se sent lié au monde (T., p. 67). De plus, provenant d'une même origine, l'univers et l'homme sont égaux et non rivaux, comme dans le christianisme. Il faut noter que l'idée de l'homme uni à l'univers est le résultat d'une évolution tardive du taoïsme, issue de l'école de Lao-chung ; on la voit notamment chez le philosophe Hsiang-kuo. A cause de l'intime rapport entre l'homme et l'univers selon le taoïsme, l'homme peut être vraiment transformé par ce dernier (appelé le « Grand Transformateur »). Ling fait allusion à cette idée tout au début de sa correspondance avec A. D., quand il dit que « le monde vous transforme bien plus que vous ne le transformez » (T., p. 183).

La conception orientale des rapports entre l'homme et l'univers a-t-elle eu une influence sur Malraux ? On pourrait supposer qu'en créant quelques-uns de ses héros — surtout dans ses deux premiers romans — il a adopté en partie la vision taoïste du monde transformateur de l'homme. Mais en général Malraux paraît pencher vers une conception un peu différente. Puisque la lutte entre l'homme et l'univers ressort comme un des leitmotivs les plus frappants de son œuvre.

En parlant de l'origine de l'univers, Malraux fait allusion — bien qu'indirectement — au Tao, se rapportant à la définition donnée au premier chapitre du *Tao-te-king* [16]. Mais

----

16. Lao-tseu, *Tao-te-king*, trad. du chinois par Liou Kia-hway. (Paris : Gallimard, 1967), p. 33.

pour parler du Tao, Malraux préfère des termes courants plutôt que des mots chinois ; il appelle les deux rythmes opposés de l'univers le « masculin » et le « féminin », et non pas Yin et Yang. De même, il désigne le Tao par le terme « principe », ce qui n'est qu'une seule de ses nombreuses définitions. Pour ces raisons, le vrai Tao des Chinois est assez peu reconnaissable dans *la Tentation de l'Occident*. En vérité, Malraux nous donne l'impression d'avoir omis la doctrine la plus essentielle de cette philosophie.

Malraux fait bien allusion à la notion taoïste de la connaissance, mais d'une manière un peu imprécise. Le taoïste, lui, distingue deux sortes de connaissances bien différentes : celle du Tao, et celle des affaires humaines. Pour Malraux, l'univers semble être la seule connaissance digne d'être acquise (T., p. 159). Mais les taoïstes, eux, considèrent l'origine ou le principe de l'univers — le tao — et non pas l'univers lui-même comme la connaissance suprême. Car le Tao, par sa nature abstraite, est désintéressé, ce qui n'est pas le cas pour la connaissance des choses du monde dont parle Ling : « Rien n'est moins désintéressé que le désir de connaître. » (T., p. 96). Pour atteindre à la connaissance supérieure, Ling dit que l'on doit « perdre conscience du monde extérieur » (T., p. 161). Ceci correspond à la recommandation de Chuang-tseu de faire un « jeûne de l'esprit » et de « demeurer en état d'oubli »[17]. Or, Ling associe cette méthode à une « façon particulière de respirer » (T., p. 161). Pourtant à vrai dire, chez les taoïstes cet exercice avait pour but la prolongation de la vie, et non pas la découverte des rythmes de l'univers ou « la communion avec le principe », le Tao (T., p. 162).

Les vrais taoïstes semblent passifs et même négatifs à l'égard de la connaissance des choses humaines, car ils prêchent « peu d'étude et peu de désir »[18]. Ils ont la même attitude envers la culture et envers l'action. Malraux fait allusion à l'attitude « anticulturelle » des taoïstes dans la conversation entre Wang-Loh et A. D. Le sage chinois dit que « le taoïsme a aidé (les jeunes Chinois) à se détacher d'une culture puissante » (T., p. 187), celle qui a ajouté « aux constantes créations de l'homme la possibilité du plaisir » (T., p. 187). Les taoïstes sont anticulturels parce qu'ils considèrent la culture comme la source de tous les maux du monde ; elle éveille

17. Feng, p. 241.
18. *Tao-te-king,* chapitre III.

des *désirs* chez l'homme. Cette doctrine d'anticulture avait une certaine attraction pour de jeunes intellectuels français comme Malraux qui supportaient mal la civilisation européenne et voulaient s'en délivrer [19].

Si Malraux partage d'une certaine manière l'attitude anti-culturelle des taoïstes, il n'en est pas de même pour le non-agir. A la différence de Paul Claudel qui a trouvé du mérite dans le principe de non-action, Malraux le considère — sinon comme un vice — du moins comme un obstacle qui entrave le développement de la Chine moderne. Sous l'influence de la doctrine du non-agir, le Chinois méprise la force, qu'il considère comme un « auxiliaire vulgaire » (T., p. 108). On peut se demander si le dilemme « être » ou « faire » si cher à Malraux ne trouve pas un écho dans la confrontation Est-Ouest. Autant l'Oriental est porté vers l' « être », autant l'Occidental, lui, penche vers le « faire ». Par conséquent, l'Occident se montre souvent incompréhensif envers l'attitude passive de l'Orient.

Malraux nous en donne plusieurs exemples dans ses deux romans sur la Chine, où les conseillers occidentaux maintes fois critiquent les tendances velléitaires des Chinois. Gérard, dans *les Conquérants,* va même plus loin ; il conclut que « la Chine ne connaît pas les idées qui tendent à l'action » [20]. Or, contrairement à ce que l'on croit comprendre en Occident, le non-agir — d'après le *Tao-te-king* — ne signifie guère une absence totale d'action ; il implique plutôt une action raisonnable et nécessaire pour atteindre un but précis. De plus, les taoïstes ne condamnent que l'action impulsive et violente ; ils apprécient tout particulièrement celle qui exige la maîtrise de soi, incarnée dans le personnage de Tchen-Daï. Le lecteur est informé par Garine que Tchen-Daï « n'est capable que d'une sorte d'action, de celle qui exige la victoire de l'homme sur lui-même » [21]. Les critiques de Malraux — tels que D. Wilkinson — y voient la preuve d'une influence nietzschéenne [22]. Personne n'a suggéré la possibilité d'une influence

‘

---

19. André Malraux, « D'une jeunesse européenne », dans *Ecrits,* coll. « Les Cahiers verts », n° 70 (Paris : Grasset, 1927), pp. 129-153. Notre citation se trouve à la page 133.

20. *Les Conquérants,* p. 19.

21. *Ibid.,* p. 92.

22. David Wilkinson, *Malraux : An Essay in Political Criticism* (Cambridge, Mass. : Harvard Univ. Press, 1967), p. 171.

taoïste [23]. Pour créer le chef spirituel de la partie droite du Kuomintang, il est logique que Malraux se soit inspiré de près des notions taoïstes. De plus, Tchen-Daï personnifie également l'idée de la non-violence — qui est liée directement au non-agir — par son désir de garder une attitude passive à l'égard des Anglais. Il voudrait vaincre l'Angleterre « sans mesures violentes, sans combats » [24]. Sa foi inébranlable dans la victoire finale de la Chine paraît être fondée sur la conception taoïste de la victoire finale des faibles sur les forts [25]. Tchen-Daï dit avec confiance que « la Chine a toujours pris possession de ses vainqueurs. Lentement, il est vrai, mais toujours » [26].

Les doctrines taoïstes mentionnées ici sont extraites du Tao-te-king. Elles ont intéressé et influencé Malraux, en premier lieu sans doute parce qu'elle posaient différemment le problème des rapports de l'homme avec l'Univers, ensuite parce qu'elles lui permettaient de mieux comprendre ce qu'il avait entrevu pendant ses séjours en Extrême-Orient, (entre autres les problèmes liés à l'attitude de non-violence et de non-agir des Chinois), et enfin peut-être simplement à cause de ses propres conceptions de la connaissance et de la culture.

Quoi qu'il en soit, la philosophie chinoise, et surtout comme nous venons de le voir, les idées de Confucius et de Lao-tseu, ont eu une influence certaine sur la pensée de Malraux. Influence sensible dans toute son œuvre, mais qui apparaît avec naturellement plus d'évidence dans *la Tentation de l'Occident* : le jeune intellectuel européen veut se délivrer de son « nouveau mal du siècle » à l'aide de certains concepts de la pensée chinoise, comme le jeune Chinois veut se débarrasser de sa culture périmée avec l'assistance de certaines idées empruntées à l'Occident. Malheureusement, ni l'un ni l'autre n'étaient prêts à un échange harmonieux entre les deux cultures.

Malraux croit-il encore aujourd'hui que la civilisation européenne devrait éventuellement agréer un élément chinois ? Peut-être l'a-t-elle déjà fait ?

---

23. *Tao-te-king*, chapitre XXXIII : « Qui vainc autrui est fort ; qui se vainc soi-même a la force de l'âme. »
24. *Les Conquérants*, p. 110.
25. *Tao-te-king*, chapitre XXXVI : « Le souple vainc le dur. Le faible vainc le fort. »
26. *Les Conquérants*, p. 111.

Girija Mookerjee

« DANS LES JARDINS NOCTURNES
DES GRANDS REVES DE L'INDE »

Je tourne les pages d'un vieux journal intime et une journée dont le souvenir m'est cher comme celui d'un des grands moments de ma vie ressuscite sous mes yeux. Il y avait du printemps dans l'air, l'initiative qu'avait prise le ministre Malraux de faire nettoyer tous les monuments historiques de Paris avait ravivé les couleurs de la ville et fait redécouvrir des beautés jusqu'alors dissimulées sous la crasse et la fumée.

En mars 1960, la visite officielle du Premier ministre soviétique Nikita Khrouchtchev avait illustré le dégel entre l'Est et l'Ouest et mis en évidence la superbe habileté politique du président Charles de Gaulle.

Le 8 mai, toute la communauté indienne de France se pressait à l'aérodrome d'Orly pour apercevoir le pandit Jawarhalal Nehru qui n'avait jamais encore rencontré le général de Gaulle et avait quitté pour une journée la Conférence du Commonwealth qui se tenait alors à Londres pour venir à Paris dans l'avion privé, d'un blanc de neige, de la reine.

Il y avait là l'ambassadeur Raghavan, le conseiller Sait, des femmes en onduleux saris de soie et des enfants indiens qui agitaient des bouquets de fleurs et de petits drapeaux safran, blanc et vert.

Le long du tapis rouge se tenaient le Premier ministre Michel Debré, le ministre des Affaires étrangères, Maurice Couve de Murville, Geoffroy de Courcel qui représentait en cette occasion le général de Gaulle, et André Malraux, ministre des Affaires Culturelles, qui connaissait personnellement le Pandit Nehru depuis près de trente ans.

Au déjeuner de quatorze couverts, à l'Elysée, le général et le réformateur étaient assis face à face. Les problèmes du tiers monde devinrent rapidement le thème principal des discussions. Le président de Gaulle parla avec l'autorité que lui conférait son rôle de chef de la Communauté française. Jawarhalal Nehru exposa le point de vue des nouvelles nations qui soutenaient l'Algérie aux Nations-Unies. La conversation

porta tour à tour sur les affaires soviétiques et sur l'accession
de la Chine au rôle de grande puissance, et les deux chefs
d'Etat examinèrent les possibilités de coopération mutuelle
dans les domaines de l'économie et de la culture.

Je regardais André Malraux qui écoutait attentivement
Nehru en train d'évoquer des souvenirs de Gandhi et quelques lignes des *Conquérants,* publié en 1928, me revinrent en
mémoire : « Si Gandhi n'était pas intervenu, l'Inde, qui donne
au monde la plus haute leçon que nous puissions entendre,
ne serait qu'une contrée en révolte. »

Ce jugement sur Gandhi avait été une révélation pour
moi et pour toute ma génération de révolutionnaires depuis
que Malraux l'avait formulé, avant même que le Mahatma ne
lançât ses campagnes de désobéissance civile qui firent époque
en Inde avec l'historique Marche du Sel sur Dandi en avril
1930.

Assis en face de moi à la table du banquet, sur laquelle
avaient été disposés un service de délicate porcelaine et des
couverts en vermeil, Malraux m'apparut comme une sorte
de *trimûrti*, de triade : le ministre influent, l'écrivain accompli
et le combattant audacieux d'Extrême-Orient et des champs
de bataille d'Espagne et de France. Depuis qu'il était allé en
Chine en 1927 et avait assisté au soulèvement de Canton, pour
ensuite prendre part à la guerre civile espagnole puis combattre dans les rangs de l'armée française au cours de la Seconde
Guerre mondiale et finalement comme colonel dans la Résistance, André Malraux s'était toujours voué à la défense des
causes justes, que ce fût dans des pays lointains ou chez lui,
en France. Jamais il n'avait craint de risquer sa vie pour une
cause qu'il pensait être juste. Et il m'apparut clairement ceci :
cet homme ne s'était jamais engagé volontairement pour défendre une cause limitée ni par intérêt personnel, ni pour des
motifs de pure idéologie. Autrefois, Malraux avait été président de la Ligue Internationale Antifasciste avec Romain
Rolland, l'écrivain qui est connu dans toute l'Inde pour ses
magnifiques monographies sur Ramakrishna et sur Gandhi.
Et c'était à ce titre que Malraux s'était rendu à Berlin en
compagnie d'André Gide pour protester auprès de Hitler contre l'accusation portée contre Dimitrov d'avoir participé à
l'incendie du Reichstag. Peu après, Malraux avait fait la
connaissance de Nehru à Bruxelles au cours d'une session de
la Ligue. Quand les deux hommes se rencontrèrent à nouveau,
après un quart de siècle, l'ancien sujet d'une colonie britan-

nique était devenu Premier ministre de l'Inde et l'ancien maquisard était ministre des Affaires Culturelles dans le gouvernement du général de Gaulle.

*
**

En réfléchissant aujourd'hui au banquet à l'Elysée et à la visite de Malraux à Delhi en 1959 qui fut un préliminaire à la venue de Nehru en France, je comprends que l'Inde ne pouvait manquer de produire sur Malraux une impression durable pour la simple raison qu'il se trouvait en harmonie avec l'idéal hindou de l'Homme Parfait. La pensée indienne rejette les efforts purement intellectuels. L'un des points sur lesquels se concentre notre culture est l'engagement sincère dans une action désintéressée ayant en vue l'amélioration morale et sociale. Malraux considérait les *Upanishads,* textes philosophiques antérieurs de huit siècles à la naissance du Christ, comme la Bible indienne ; il a dit de la *Bhagavad-Gîta* qu'elle était un Nouveau Testament et du *Râmayana* qu'il combinait *l'Iliade* et *l'Odyssée.* L'étendue de ses connaissances lui permettait de suivre aisément les voies du raisonnement indien, et son authentique quête de la vérité sur la vie et la mort l'amena à trouver là des réponses que l'Europe n'était pas capable de lui donner. Malraux découvrit en Inde une « culture de l'âme » qui ne lui était en aucune façon étrangère. A Madurai, il retrouva des aspects de Chartres, et même Bombay, qui lui apparut comme « un bazar appelé une ville », avait les traits de l'Inde éternelle lorsqu'il atterrit à la Porte de l'Inde après avoir visité les temples rupestres d'Elephantâ.

Le voyage en Inde de Malraux a sa place dans les *Antimémoires,* qui est un classique moderne reconnu depuis sa publication en 1967. Il est arrivé à écrire ce livre sans faire état de ses propres exploits, simplement en extrayant des profondeurs de sa mémoire les pensées les plus intimes et les réflexions d'une vie qui l'a conduit sur plusieurs continents et s'est déroulée en des circonstances souvent peu communes. Certes, dans *l'Espoir* et *la Voie royale,* il a longuement décrit les étonnements et les errances de sa pensée sur la vie et la mort, et sur l'énigmatique destin de l'homme. Mais dans les *Antimémoires,* il a résumé les vues les plus profondes que lui ont inspirées ces thèmes et, en bon cartésien, il est parvenu à les organiser en une forme littéraire. Il parle dans ce livre de la grandeur humaine et du cruel destin de l'homme dans un univers qui, à travers des siècles de vicissitudes, n'a pas encore livré ses secrets. Et, bien qu'il soit difficile, voire impossible, de classer les *Antimémoires* en tant que livre et de lui donner une étiquette acceptable pour les juges professionnels qui font autorité dans le domaine littéraire, c'est pourtant un ouvrage d'une valeur inépuisable et, pour nous Indiens, c'est presque un testament de foi dans la grandeur de notre pays et dans sa vocation éternelle qui est de mettre la recherche des objectifs nobles de la vie en harmonie avec le dévouement au progrès du bien social.

Dans ce livre remarquable, Malraux a réussi à faire un tableau où se reflète l'éclat de la spiritualité et de la noblesse qui habitaient trois hommes éminents de ce siècle, parmi lesquels Jawarhalal Nehru et le général de Gaulle.

La grandeur humaine n'est pas donnée à tous les êtres humains, elle est l'attribut de ceux, très rares, qui par leur intégrité, leur intelligence et leur héroïsme se sont élevés au-dessus des autres. Malraux pense que l'héroïsme rend supportable ce monde à la destinée incertaine et indéterminable, et oriente les hommes vers un but qui n'est pas visible mais qui est tout de même un but et que l'on peut appeler la justice sociale.

Dans le remarquable portrait qu'il fait du pandit Nehru, Malraux le dépeint comme la personnification de l'idéalisme politique le plus efficace que le monde ait jamais connu et comme le pandit agnostique qui voulait créer « un état juste par des moyens justes ». La justice, le combat pour la justice, les justes causes et la reconnaissance de la primauté de la justice sont les idées auxquelles Malraux est le plus sensible et dont il a fait le thème central de ses actes et de ses écrits.

Plus je médite sur Nehru et sur Malraux, plus je suis convaincu que ces deux hommes sont étrangement proches. Tous deux sont des promoteurs de la justice sociale : ils ont été marxistes avec des réserves et furent les défenseurs de l'individu. En dépit de sa foi dans le socialisme, Nehru ne fut jamais un socialiste orthodoxe et il ne pensait certainement pas qu'un monde où l'uniformité serait la règle était un monde désirable. Il était fortement attiré par l'inhabituel et avait conscience que des différences existent entre les hommes. Il voulait maintenir le droit souverain de l'individu dans une société modelée sur le socialisme et il fut hanté jusqu'à la fin de sa vie par le problème qui consiste à harmoniser les rapports de l'individu et du groupe.

Le marxisme tempéré de Malraux est en complète harmonie avec l'interprétation de Nehru. Au cours de sa première rencontre avec le général de Gaulle, rue Saint-Dominique, rapportée dans les *Antimémoires,* Malraux fit remarquer que sa conception de la justice sociale était plus jacobine que marxiste parce qu'elle n'excluait pas la plus entière liberté personnelle de l'homme dans un monde industrialisé. Ce fut aussi au cours de cette conversation que Malraux exposa la théorie selon laquelle le communisme est dans son essence un réflexe de pur nationalisme, et que ce qui est connu sous le nom de libéralisme n'est pas une réalité politique mais un sentiment politique partagé par différents partis, quelle que soit leur idéologie nationale.

Au cours de cette rencontre, le général de Gaulle expliqua à Malraux sa propre conception. Il déclara carrément que le nationalisme et le « fait national », la substance nationale, sont deux choses différentes et que c'était en les traitant séparément qu'un homme d'Etat pouvait avoir des chances d'obtenir les meilleurs résultats pour le plus grand nombre de gens.

Cette déclaration impressionna beaucoup Nehru qui n'avait que mépris pour le nationalisme étroit mais était en même temps tout dévoué au fait national indien.

Il était naturel que le nationalisme et le marxisme occupassent une grande place dans la discussion entre Nehru et Malraux lorsqu'ils se rencontrèrent finalement à New Delhi en 1959. Les deux hommes politiques se montrèrent préoccupés des menaces contre la liberté de l'individu que présentait l'évolution technologique. Tous deux s'inquiétaient de percevoir une centralisation croissante dans les Etats fondés sur l'idéologie marxiste et d'observer l'asservissement de l'individu à la prospérité et aux agréments de la vie civilisée. Tous deux se montrèrent conscients du fait que l'humanité semblait manquer, pour une raison ou une autre, de quelque sorte d'élément spirituel capable de freiner l'immense pouvoir donné par la science à l'homme moderne.

*
**

A la table du banquet, à l'Elysée, l'impérieuse nécessité qu'il y a, pour le sens intime des valeurs, de maîtriser le mauvais usage de la technologie fut évoquée dans la discussion... « Il est maintenant clair que la science est incapable d'ordonner

la vie. Une vie est ordonnée par ses valeurs. » Le président
et le Pandit approuvèrent silencieusement. Ces deux hommes,
tous deux remarquablement courtois dans leur comportement
et tous deux analystes de l'histoire contemporaine, se rendirent
mutuellement hommage en des discours d'une rare distinction
de style. Avec une extrême urbanité, le général de Gaulle
loua en Nehru l'incarnation du mystère et de la poésie de
l'Inde. Puis, la conversation s'orienta vers l'art.

— Voici donc au Petit-Palais la plus saisissante exposition d'art indien qu'ait connue l'Europe.

Malraux attira ainsi l'attention des convives sur les trésors
d'art de l'Inde et sur l'exposition d'art indien, organisée sous
le double patronage des gouvernements indien et français,
dont j'étais le commissaire général, en collaboration avec l'élite
de la muséologie française. Depuis son ouverture le 6 avril,
tout Paris était accouru à l'exposition et avait simultanément
suivi les programmes de danse du « Bharat Natyam » et
assisté aux représentations de la petite « troupe de ballets »
de Bombay au théâtre des Nations. Nehru était désireux de
faire une rapide visite de l'exposition avant d'aborder les
entretiens de l'après-midi avec le Général. La présence de Malraux fut sollicitée d'un sourire. Un clin d'œil de l'ambassadeur m'engagea à les suivre.

« La fête de la sculpture indienne » mise en place dans
un cadre français — résultat de la rencontre entre Nehru
et Malraux — était une superbe exposition et fut une éblouissante expérience personnelle pour tous les amoureux de l'art
et de la beauté. Nos musées avaient envoyé des antiquités
d'une valeur inestimable qui n'avaient jamais auparavant quitté
le sol de l'Inde. Parmi les torses gracieux et les statues des
dieux, Malraux se retrouvait dans son domaine de prédilection.
Tout à coup, renonçant à l'aimable réserve du ministre, il
déploya une connaissance de l'esthétique et de l'art indiens
qui stupéfia complètement Nehru. Malraux traitait les problèmes et les questions complexes avec aisance et agilité en
recourant à des comparaisons inattendues et d'une grande
portée ; son imagination hardie transgressait les limites du
temps et de l'espace.

Plus tard, quand de mesquines critiques du grandiose
Musée Imaginaire de Malraux me tombèrent sous les yeux,
je me souvins de lui évoluant parmi les sculptures indiennes
exposées à Paris. Son incroyable intuition devait sans aucun
doute être incompréhensible pour un rat de bibliothèque des-

séché, et ceci me rappelle l'hostilité à laquelle se heurta un autre génie de la même espèce : Leo Frobenius, dont Malraux a fait une des figures centrales des *Noyers de l'Altenburg*, qui fut renié par ses pairs pour avoir eu la clairvoyance d'introduire l'Afrique sur la carte du monde en un temps où les philologues confinaient encore leurs perspectives aux réalisations de la Grèce et de la Rome classiques.

Tout en visitant une salle où étaient exposés des spécimens appartenant à la protohistoire, nous discutions sur quelques points particuliers de l'art indien : des sceaux de terre cuite avec des dessins d'animaux et des inscriptions non déchiffrées...

— La civilisation de l'Indus est encore une énigme, mais nous savons qu'elle avait atteint un niveau esthétique très élevé et possédait des aménagements sanitaires publics qui préfiguraient l'organisation des cités modernes, déjà trois mille ans avant l'ère chrétienne.

Ce fut parmi des objets datant de l'époque de l'incursion d'Alexandre le Grand en Inde, que nous parlâmes de l'empereur Asoka (273-232 avant J.-C.) qui connut une conversion morale sur le sanglant champ de bataille de Kalinga, renonça dès lors à la guerre et aux conquêtes et adopta le « dharmavijaya », principe politique qui consistait à gagner les cœurs de ses adversaires par la persuasion et la douceur.

Malraux, préoccupé comme il l'est par le problème de l'éternel changement, contempla avec une attention particulière un Avalokitêsvara serein, qui est une émanation de la contemplation de Bouddha. Ce bodhisattva s'est confondu en Chine avec la Mère du paradis occidental.

— Dans cette forme composite, le Kuan Yin chinois est déjà passablement allégé. Dans la version japonaise, les contours du corps du Kwannon disparaissent complètement dans une élongation stylisée. Il est important de noter que dans la conception grecque, tout est vie et mouvement, tout est terrestre. A mesure que l'on s'éloigne de Taxila, avec le passage du temps, l'art bouddhique devient de plus en plus immobile.

Puis nous poursuivîmes en discutant des origines controversées du culte des images du Bouddha et de l'influence apollinienne sur l'art indien. Je rappelai une dernière conversation que j'avais eue avec le vénérable Walter F. Otto, qui corroborait les observations de Malraux. Il insistait sur le fait que le monde d'Homère esquivait la mort en tant qu'alié-

nation absolue et considérait le divin comme la plénitude
de la vie terrestre.

— Les Hindous accordent une valeur rituelle même aux
actes quotidiens et ne redoutent pas les lendemains. L'être
de l'homme est son éternel devenir... Les Hindous ne font
pas de différence entre le créateur et le créé et ne voient pas
en Dieu l' « absolument Autre ». Les Hindous ne sont pas
dualistes, ils voient Dieu en l'homme. L'hindouisme me semble
être un humanisme, une sorte d'humanisme « intérieur » puisqu'il se consacre à la poursuite de la perfection de l'homme...

— La *Gîta* prescrit le « nivrtti mârga », la voie de la
renonciation et de l'introspection, à l'étudiant et à celui qui
vit dans la retraite. Mais, durant ses meilleures années,
l'homme doit choisir le « pravrtti mârga », la voie de l'action
désintéressée. Vivekananda, le brillant réformateur du XIXᵉ siècle, Gandhi, l'homme de vérité, et le poète Rabindranath
Tagore sont d'accord sur le devoir de participation sociale
sans engagement dans la société.

Nous concentrâmes à nouveau notre attention sur l'art
indien et Malraux tenta d'analyser et de résumer les changements dans les modes de pensée exprimés par les différents
styles.

— L'art védique et l'art bouddhique à ses débuts étaient
anicôniques et symboliques. Cet art n'était accessible qu'à une
minorité hautement sophistiquée de prêtres et de saints. Mais,
plus tard, le bouddhisme s'ouvrit aux masses et l'expression
artistique devint de plus en plus concrète. La représentation
imagée qui figure sur les portiques des stûpas servit de premier
livre d'initiation aux gens qui ne savaient pas lire.

Nehru enchaîna :

— Aujourd'hui encore, nos bhaktas (nos croyants) sont
incapables de concevoir des notions abstraites. Ils ont besoin
d'une exégèse théiste. Un paysan veut une divinité personnelle
qui ait forme humaine et une maison de dieu où il puisse
apporter ses offrandes de friandises et de fleurs.

— Le bouddhisme populaire encouragea en même temps
des changements dans le brahmanisme. Le temple structural
et les divinités shivaïtes et vishnouites ont fait leur apparition
au début de notre ère et atteint leur apogée à l'ère Gupta.

Malraux était fasciné par un Shiva à quatre bras, un Nata-
raja dansant la danse cosmique.

— L'artisan hindou avait recours à la distorsion artistique comme moyen d'expression pour faire ressortir la nature

divine de ses créations. Pareillement, l'artiste bouddhiste dote l'image du maître des signes de sainteté (laks anas) : l'auréole, l'élongation des lobes des oreilles et la protubérance crânienne... Et avec les dieux sont représentées leurs montures.

Regardant en souriant une procession d'éléphants faiseurs de pluie sur une sculpture historiée, une frise illustrant un conte bouddhique, Malraux évoqua ceux qu'il avait vus taillés dans la roche vive, à Mahâbalipuram, et les éléphants-caryatides d'Ellora sur lesquels repose le fameux temple Kailâsa dédié à Shiva.

— L'architecture rupestre, en Inde, est une sculpture aux proportions gigantesques.

Il réfléchit un petit moment en silence puis, se tournant vers Nehru, cita un dicton bouddhique qu'il choisit plus tard pour le mettre en exergue à ses *Antimémoires :* « L'éléphant est le plus sage de tous les animaux, le seul qui se souvienne de ses vies antérieures. »

Nous étions devant une petite vitrine contenant quelques objets d'art rustique contemporain, des terres cuites comme on peut en voir par centaines dans les bazars et les temples. Nehru en fit le commentaire suivant :

— Nos villageois continuent à fabriquer leurs divinités en argile cuite et croient en leur pouvoir une fois qu'elles ont été consacrées. Quand la fête est finie, des prières spéciales, les mantras, libèrent la bénédiction céleste contenue dans l'effigie. Ensuite, l'image redevient un objet de poterie sans âme, que l'on brise ou que l'on jette dans l'étang du village.

— L'art n'est pas un ornement de la civilisation. Il est l'expression de ses qualités les plus hautes. Les rêveuses figures sculptées des temples hindous semblent contenir des valeurs célestes, répondit Malraux et il ajouta : — Les bodhisattvas souriants invitent à des comparaisons avec l'Ange de l'Annonciation de Reims.

Malraux, qui voit toujours au-delà de l'apparence des choses et découvre derrière elles des impressions qu'il a ressenties ailleurs et à d'autres moments, compara les bodhisattvas du style Gandhara aux messagers divins qui ornent le porche central de la cathédrale de Reims. C'était par ce portail que le dauphin entrait dans la cathédrale pour être oint et par là aussi qu'il en sortait, devenu roi de France.

Il fallait être Malraux pour résoudre l'énigme si controversée de la surprenante luminosité des statues gothiques de Reims. Il en fit remonter l'origine au point de rencontre des pensées indienne et hellénique : au monde de Plotin (203-269 de notre ère), lequel fréquenta des philosophes indiens lors de son séjour à Alexandrie. Plotin, dont les enseignements sont contenus dans les *Ennéades,* affirme que l'âme et l'être sont liés en une vaste réalité cohérente. Comme cette conception était étrangère à la philosophie grecque, on en a déduit que Plotin avait été influencé par la révélation indienne de l'identité de l'atmane et du brahmane telle qu'elle est exposée dans les textes des Upanishads. Ces idées furent diffusées un millier d'années plus tard par les frères dominicains qui prêchaient *l'unio mystica* dans les universités de Paris et de Strasbourg, et c'est au cours de cette période que la cathédrale de Reims fut reconstruite et enrichie de ces sculptures.

Sa profonde connaissance de la culture française et latine donnait à André Malraux accès au monde indien dont à son tour l'art l'aidait à réévaluer la pensée occidentale et à découvrir en elle de nouvelles dimensions. Lorsqu'il avait visité les temples entre Kasi et Conjeevram, après ses conversations avec Nehru dans la capitale indienne, il avait été fasciné par l'art sacré des Hindous qui communique à ceux qui le contemplent le sentiment qu'il renferme un monde secret, monde qu'il exprime sans le dévoiler. Malraux participa, en une communion silencieuse, aux « jeux » de brahmane, gracieuses apparitions des dieux indiens sur la terre, et il avoue dans les *Antimémoires* qu'il se sentit parfaitement chez lui « dans le jardin nocturne du grand rêve de l'Inde ».

Ce fut en Inde que je rencontrai pour la dernière fois Malraux. Il passait par Delhi pour se rendre au Bangladesh. Son expression de tristesse était due à la disparition récente des êtres qui lui avaient été le plus chers. Mais quand j'évoquai notre rencontre à l'Elysée, son visage s'éclaira immédiatement et il me confia :

— J'étais tellement heureux d'être assis près des deux hommes que j'estime le plus : le général de Gaulle et Nehru. Quand j'étais venu ici comme représentant du général de Gaulle pour voir Nehru à la Maison du Gouvernement, nos conversations avaient préparé la visite à Paris et j'avais réussi à le convaincre qu'une exposition d'art indien serait très bien accueillie en France.

Les combats au Bengale avaient cessé et je ne pus m'empêcher de le remercier encore et encore pour tout ce qu'il avait fait pour l'Inde et pour le Bengale à l'heure de l'affliction. L'auteur des *Conquérants* fut le premier à l'étranger à saisir

les implications éthiques du combat de l'Inde pour la liberté
et il a donné à cette idée une nouvelle prééminence dans ses
Antimémoires : « Chacun savait que le but dernier de Ghandi
était la purification de l'Inde dont l'indépendance n'était que
la conséquence principale. »

Avec la même conviction de soutenir une juste cause, il
prit parti pour les Mukti Bahinis, les guérilleros du Bengale
oriental et ceci à un moment où le monde entier ignorait
encore l'affreux massacre du Meghna, qui devait être révélé
dans toute son horreur par les rapports Anderson. Je peux
affirmer qu'il n'y eut ni simulation ni pose dans les raisons
qui amenèrent Malraux, à l'âge de soixante-dix ans, à proposer
de se joindre comme volontaire aux forces combattantes du
Bengale. La vie de millions d'hommes et de femmes était en
jeu, ainsi que l'héritage culturel d'écrivains aussi éminents
que Nazrul Islam et Rabindranath Tagore.

André Malraux, avec son amour de la justice et sa profonde perception de la beauté, qui sont les notes dominantes
de ses écrits et de sa vie, correspond pleinement à l'idéal
hindou de l'homme en quête de perfection et à la recherche
de la vérité éternelle. Et il est en complet accord avec Nehru
qui lui disait que tout en restant solidement plantés sur la
terre, nous devons quand même lever la tête, et aussi avec
le général de Gaulle qu'il cite dans *les Chênes qu'on abat* :
« Quand tout va mal et que vous cherchez votre décision,
regardez vers les sommets : il n'y a pas d'encombrements. »
Ce magnifique et touchant conseil du Général aurait pu être
formulé par un Indien.

Traduction de Georges Magnane.

Tadao Takémoto

MALRAUX ET LE JAPON
RENCONTRE SOUS UNE CASCADE

On ne peut pas dire que le Japon seul a eu « l'honorable droit » à ce génie français qui a tant contribué à la résurrection des voix des civilisations passées puisque, de 1923 à 1932, ses multiples voyages l'ont conduit non seulement au Japon mais au Cambodge, en Perse, en Afghanistan, au Pakistan, en Inde, en Mongolie, en Chine et même dans l'ancien royaume de la reine de Saba, au Yémen. A première vue, le bagage culturel et spirituel qu'il a ramené de tous ces voyages semble être cristallisé surtout dans *les Voix du silence,* œuvre qui peut nous donner l'impression d'être une variation spenglerienne sur la pluralité des cultures. Dans l'éventail que forment toutes ces cultures, pourquoi le Japon a-t-il un relief particulier ?

N'est-il pas significatif que de toutes les images de Bodhi-sattvas, ce soit celle du mur peint de la Pagode Dorée du temple d'Horyuji qui a été choisie pour le frontispice de la *Métamorphose des Dieux,* et aussi que, plus tard, la seule peinture orientale qui figura dans l'exposition Malraux à la fondation Maeght fût l'un des portraits peints par Takanobu ? Et après tout, *la Condition humaine* s'achève non pas sur les événements sanglants de Shangai, mais sur une scène pleine de sérénité, au flanc d'une colline à Kobé. Il est évidemment impossible de parler de la rencontre de Malraux avec le Japon sans employer le mot « sérénité », bien que pour lui la sérénité ne soit peut-être pas le monopole du Japon puisqu'il avait déjà découvert sa signification en Chine dès 1925 : « Cette pureté, cette désagrégation de l'âme au sein de la lumière éternelle... » (*la Tentation de l'Occident*). Mais ce que l'on peut affirmer, c'est que sa rencontre avec la civilisation japonaise a, plus que n'importe quelle autre, élargi sa compréhension du concept de sérénité.

Le mot « sérénité » a d'abord été employé par Malraux dans *la Tentation de l'Occident,* à un moment où il n'avait pas encore visité le Japon. Et, en dépit du fait qu'il ne s'agit dans cet ouvrage que de la Chine, la spiritualité japonaise est si magnifiquement suggérée qu'un Japonais peut avoir en le lisant l'impression qu'il s'agit du Japon. Cependant, en ce temps-là, son évocation de la spiritualité japonaise n'était pas absolument parfaite : ce fut seulement dans *la Condition humaine* (1933), après la première visite qu'il fit au Japon en revenant de Chine et de Mongolie, qu'il fit allusion à la ligne ténue qui sépare les attitudes spirituelles chinoise et japonaise. Malraux devait écrire au printemps de l'année suivante :

> Mon aspiration est de repousser le tragique. Alors, dans cette voie, la sérénité deviendra plus pénétrante que la tragédie.

Quarante ans plus tard, dans *La tête d'obsidienne,* Malraux a écrit à propos du portrait de Shigemori par Takanobu :

> Son expression suprême n'est pas la relation de superbes plans noirs et du signe d'un visage, c'est la mort rituelle, le hara-kiri.

Ces mots prennent tout leur sens quand on se souvient de la scène de *la Condition humaine* dans laquelle Kama, le peintre de lavis japonais, dit au baron Clappique, juste avant la révolution :

> ... L'approche de la mort permettrait peut-être [à l'artiste] de mettre en toutes choses assez de ferveur, de tristesse, pour que toutes les formes qu'il peindrait devinssent des signes compréhensibles, pour que ce qu'elles signifient — ce qu'elles cachent aussi — se révélât.

                              *
                             **

Ce n'est en aucune manière seulement un artiste japonais qui pourrait dire ces mots, car après tout le but de toutes les grandes religions est d'élucider la signification de la vie à travers l'approche de la mort. Alors, quelle est ici la signification de Kama, pourquoi faut-il que ce soit un Japonais et un peintre de lavis qui prononce cette phrase ?

La raison est peut-être le Bushido parce que, à travers Kama, s'exprime la croyance que la forme suprême de la vie est l'acte de se sacrifier — qui est le fondement du code de l'honneur samouraï. Nous avons ici un exemple de spiritualité sans foi, mais non pas sans quelque penchant pour l'ascension verticale.

Quels mots clefs autres que le Bushido Malraux a-t-il découverts pour parler du Japon ? A chacune de ses quatre visites, il a proclamé que la « voie du samouraï » était le secret de l'âme japonaise. Mais cependant que l'admirateur ne changeait guère, l'objet de son admiration changeait. Sans aucun doute, le « Japon converti à l'Occident », selon les propres mots de Malraux, était touché de voir Malraux admirer le « Japon éternel », mais d'autre part, ce n'est pas sans quelque consternation que mon pays écoutait cet éloge. Dans le Japon « démocratisé » de l'après-guerre, où les intellectuels dits progressistes sont les chefs de l'opinion publique, les Japonais dont on pouvait dire qu'ils comprenaient vraiment Malraux se comptaient parmi ceux qui devaient garder le silence. Parmi eux était le plus grand génie littéraire de ce siècle, Yukio Mishima.

Au moment de la dernière visite de Malraux au Japon, Mishima s'était déjà donné la mort ; bien que les deux grands écrivains ne se soient jamais réellement rencontrés, le choc produit par Mishima sur Malraux marqua le début d'une phase nouvelle des rapports de ce dernier avec le Japon : la phase du mystère. Il existe sans aucun doute certaines similitudes entre la Mer de la Fertilité, le dernier roman-fleuve du romancier japonais qui mit fin à ses jours par l'épée en novembre 1970, et quelques-uns des premiers romans de Malraux qui traitent le thème de la pureté de l'action. Mais, de plus, le leitmotiv du roman de Mishima est le problème métaphysique du temps pour l'agnostique, problème qui est au centre des préoccupations de Malraux lorsqu'il s'interroge sur la signification de la vie.

Les traductions anglaise et française de la Mer de la Fertilité de Mishima n'étant pas encore complètement terminées, cela ne rimerait pas à grand-chose d'en discuter longuement, mais il semble néanmoins important de souligner un point que la postérité ne peut manquer de remarquer : lorsqu'ils parlent de leurs expériences respectives en Inde, André Malraux dans ses Antimémoires et Mishima dans la Mer de la Fertilité donnent la mesure du sérieux de leurs tentatives d'élucider la signification de la transmigration. Puisque, du point de vue agnostique, le concept d'une vie au-delà n'est pas rejeté et que d'autre part le moi a cessé d'être la fin et les moyens de toutes choses, il n'y a plus aucune nécessité pour l'âme de se restreindre à « ici » (c'est-à-dire à la chair).

Les quatre volumes de la Mer de la Fertilité sont une

extraordinaire histoire de « samsara » (de transmigration). On peut se demander si pour Malraux la seconde vie est purement épisodique. Il ne faut pas oublier que la légende de l'ascète Narada, qui est contée au début de *la Métamorphose des Dieux*, est inséparable du fondement de l'esthétique de Malraux — qui est en fait une anti-esthétique —, c'est-à-dire du point de vue selon lequel tout est Maya, donc apparence et illusion. En lisant *Lazare,* l'un des derniers livres de Malraux, nous pouvons nous demander si la question soulignée par le père de l'écrivain dans le livre trouvé à son chevet, après son suicide, n'est pas une question encore plus écrasante pour son fils : « Et qui sait ce que nous trouverons après la mort ? »

En ce qui concerne la transmigration, c'est l'Inde et non le Japon qui est le trait d'union entre Malraux et Mishima. Tous deux soulèvent la même question au sujet de l'existence de l'âme en transmigration. Mais tandis que Malraux en induit l'idée du destin de l'homme, il semble que le mot « destin » soit étrangement absent de l'œuvre de Mishima. Peut-être cette différence est-elle due au fait que Malraux appartient à une civilisation qui considère les Limbes comme faisant partie de la Révélation (nous ne devons pas oublier que les *Antimémoires* ne sont que le premier chapitre d'un ouvrage intitulé *le Miroir des Limbes*), tandis que Mishima appartient à une civilisation pour laquelle les Limbes sont l'Illumination. « Car, écrit Mishima, c'est seulement à travers l'existence des Limbes que la chance d'atteindre le Satori viendra. » C'est précisément à partir de là qu'en prêchant les moyens de se délivrer de la transmigration, le Mahâyâna — une branche du bouddhisme qui vise à transcender ses règles ordinaires de discipline en ouvrant les voies du sentiment et de la spéculation intellectuelle —, et particulièrement le zen, commence. Mais, encore une fois, ce cheminement de la pensée appartient à l'Inde, non au Japon.

Ce qui, en revanche, appartient au Japon, c'est la disposition d'âme de l'homme qui essaie d'atteindre, en s'ouvrant le ventre avec un poignard, une illumination aussi éblouissante que celle que connut Cakya-Mouni sous le tilleul, par la méditation (« dhyana »). C'est après le suicide de Mishima, qui bouleversa le monde entier, que Malraux ajouta à l'édition revue et corrigée des *Antimémoires* un chapitre sur le Japon. Il y décrit une visite au célèbre Jardin Sec, le jardin des « Sept Pierres » à Kyoto, où il eut une très importante conver-

sation avec un professeur japonais d'esthétique qu'il appelle
« le Bonze ». « Souvenez-vous, dit le Bonze, hara-kiri n'est
pas le suicide : hara-kiri est le sacrifice devant l'autel des
ancêtres. » Puis il tire de sa poche un petit paquet oblong
noué d'une ficelle blanche et rouge, ce qui signifie qu'il s'agit
d'un présent, mais, au lieu de le tendre à Malraux, il défait l'em-
ballage et en dégage une délicate statuette bouddhique qu'il
ne lui remet pas mais, dès que Malraux s'est détourné pour
partir, brûle en la tenant par les pieds. Cette scène et les
paroles du « Bonze » semblent avoir eu sur Malraux l'effet
d'une soudaine et éblouissante clarté, faisant renaître dans sa
mémoire des images d'actes sacrificiels tels qu'en comporte
toute l'histoire de la chevalerie en Occident et dont le symbole
le plus frappant est Jeanne d'Arc mourant sur le bûcher. Le
passage s'achève par ces mots qui semblent être un hommage
au Japon :

> La flamme bleue de la statuette, qui symbolisait
> l'invincible permanence du Japon, s'élevait comme une
> flamme de briquet devant ce jardin solitaire et, depuis
> tant de siècles, libéré même des plantes.

Et quand, par la bouche du « Bonze », Malraux dit :

> Il faut entrer en communion avec ce qui est au-delà
> du Nirvâna. Le Nirvâna est la plus haute tentation.
> L'absolu est ce qui est au-delà

ces mots trouvent un écho dans cette phrase du livre de
Mishima où le héros, qui se donne la mort par l'épée à l'âge
de vingt ans, est plongé dans le ravissement par la vue du
grandiose soleil se levant au-dessus du Gange : « Ce que Isao
avait toujours imaginé au-delà de son autodestruction par l'épée
n'était rien d'autre que ce soleil. »

« Si nous essayons de mener une vie pure, nous attein-
drons au pressentiment d'une autre vie, n'est-ce pas ? » Telle
est la question que pose Mishima à la mort de son héros. Mener
une vie pure et accomplir le suicide sont probablement inséparables — du moins au Japon. L'expression « hâte-toi vers
la mort » ne peut se trouver qu'au Japon. Mishima écrit aussi,
dans le même roman : « Si l'on meurt tôt, il sera impossible
de mourir tard, et si l'on meurt tard, il sera impossible de
mourir tôt. » Et plus loin : « ... Ce qui est important, c'est
seulement ceci : prévoir l'action par la mort. » Ici, enfin, ce
n'est plus l'Inde qu'on évoque, qu'il s'agisse d'hindouisme

ou de bouddhisme indien : l'inséparabilité du concept d'une vie pure et de l'acte d'autodestruction comme moyen d'atteindre le Soleil est une idée totalement japonaise.

« Nous nous rencontrerons encore... En vérité, nous nous rencontrerons... Sous une cascade. » Ces mots sont prononcés dans les dernières pages du premier volume de *la Mer de la Fertilité* par Kiyoshi Matsugae, le premier jeune homme à accomplir la transmigration. Après avoir délivré ce mystérieux message, il meurt d'amour et de désespoir et Honda, qui est témoin de sa mort et du miracle de la transmigration, qui se produit quatre fois dans l'ouvrage de Mishima, rencontrera en effet plus tard son ami sous la cascade et se souviendra des mots de Seson, l'auteur des *Trente Odes à Vijnâpti-matrâtâ* : « Etre indéfiniment transmué exactement comme un torrent fougueux. »

Je suis loin de vouloir dire que cette façon de mourir purement japonaise correspond à la conception personnelle de la mort chez Malraux. Il ne faut pas oublier qu'il a souligné à maintes reprises que ce qui est important dans le problème métaphysique de la signification de la vie, c'est la « mort », non le « trépas ». Et nous devons en même temps reconnaître que le Japon traditionnel, même dans sa forme propre de bouddhisme (en mettant à part la secte de l'ésotérisme Shingon), n'a jamais réussi à épuiser cette question métaphysique, alors qu'aucun pays ne l'a explorée avec plus d'acharnement que l'Inde. Mais se livrer à la contemplation de l'idée de la mort et décider de mourir ne sont pas la même chose. La spiritualité japonaise découvre l'intensité de la vie au moment où est prise la décision de mourir et ne connaît pas d'autre couleur que le blanc, pas d'autre son que celui d'un unicorde, pas d'autre accessoire qu'une seule fleur, une unique pierre. Comment l'homme peut entrer en relation avec sa propre condition à travers ce murmure monosyllabique qu'on peut entendre au Japon, provenant d'un « jardin de pierres », lors d'une cérémonie du thé, cela représente une attitude à laquelle Malraux est particulièrement apte à s'identifier.

De ce point de vue, il est très significatif que Malraux, au cours de sa dernière visite au Japon, soit allé jusqu'à Kumano et Ise, les deux sanctuaires du shintoïsme. J'eus la chance d'accompagner cet ambassadeur de la Joconde pendant trois semaines, durant son voyage de Tokyo à Hakone, Kyoto, Nara, Uji et la péninsule de Kii pour visiter ces sanctuaires situés au cœur des montagnes. Ce voyage fut un modeste mais extraordinaire pèlerinage au cours duquel Malraux fit des découvertes inattendues. J'ai le sentiment que l'émotion qu'il avait éprouvée à la galerie Nezu en contemplant le tableau de la cascade de Nachi lui avait donné un avant-goût de ce que seraient pour lui ces nouvelles découvertes. Dans plusieurs de nos musées, Malraux avait évidemment pris plaisir à regarder certaines œuvres d'artistes zen tels que Mu-Ch'i, Liang K'ai et Sengai (il va écrire sur la peinture zen, pour la première fois, dans le dernier volume de *la Métamorphose des Dieux*) ; il compara le portait de Yoritomo à celui de Shige-mori (c'était la troisième fois qu'il voyait le premier et la cinquième fois qu'il voyait le second) ; il visita à Kyoto le Jardin de Pierres du temple Ryoanji et le Jardin de Sable du monastère Honenin et, à Nara, d'anciens temples comme le monastère Horuji et le temple Todaiji ; et finalement il arriva un jour à Kumano, dans les profondeurs d'une forêt de cèdres noirs japonais, où il put enfin voir la cascade de Nachi qu'il n'avait vue jusque-là qu'en tableau. Pour atteindre la gigantesque cascade, Malraux dut descendre le long escalier de pierre, traînant les jambes et s'appuyant sur Mme Sophie de Vilmorin ; il arriva finalement devant le Torii, le portique sacré du shintoïsme qui donne à la cascade son caractère sacré. Je n'oublierai jamais l'image d'André Malraux contemplant dans une totale sérénité la chute des eaux qui se frayaient un chemin dans la masse des vieux cèdres, ni les mots qu'il murmura : « J'ai rarement été ému par la nature... »

Mais ce fut plus tard, lorsqu'il visita le sanctuaire d'Ise, que je l'entendis exprimer la profonde émotion que la cascade avait éveillée en lui. Notre visite eut lieu juste comme venait d'être achevée la reconstruction du sanctuaire (ce sanctuaire doit être reconstruit tous les vingt ans, suivant une tradition qui est observée depuis deux mille ans). Nous visitâmes avec le respect qui s'imposait l'Autel intérieur qui est « le centre même de la spiritualité japonaise », selon l'expression de Bruno Tauto, et nous étions revenus sur la voie d'accès à la façade, qui est recouverte de gravier blanc, lorsque soudain Malraux, posant sa main sur mon épaule gauche, me tira en arrière et m'obligea à me retourner : « Regardez », dit-il. Je regardai et vis une unique branche de pin qui dépassait, solitaire, de la lisière de la forêt, à notre gauche, en travers du chemin et, sous cette branche, comme un rideau blanc, paisible, le sanctuaire de l'Autel intérieur et, au-delà, le dominant, la forêt de cèdres.

— Vous voyez, ces cèdres coupent verticalement la ligne horizontale de cette branche de pin, sa « *brisure* ». Les arbres s'élèvent tout droits de la terre : c'est là le véritable axe vertical de la civilisation japonaise tel qu'il est révélé dans le Bushido !

— Mais, demandai-je avec embarras, n'avez-vous pas déjà remarqué un tel axe vertical dans la célèbre *Scène de la Montagne en Hiver* de Sesshu et n'y avez-vous pas découvert une force qui brise l'arabesque des gravures d'Ukiyoe ?

— Ce qui est si impressionnant ici, cependant, répliqua-t-il, c'est la force qui brise la brisure elle-même. Je l'ai découverte pour la première fois dans la peinture de la *Cascade de Nachi,* et puis je la découvre dans la véritable cascade. En Europe, le peintre qui, le premier, rompit avec la convention de l'arabesque fut le Titien, et Rembrandt le suivit dans cette voie. Au Japon, ce fut Sesshu. Mais maintenant que j'ai vu la cascade de Nachi, je comprends qu'il existe ici une direction — l'ascension verticale qui s'oppose à la fois à l'arabesque et à la *brisure.*

Et il ajouta gravement :

— La cascade et les arbres d'Ise ont la même importance : leur combinaison constitue le terrain de rencontre sur lequel le Japon découvre le sacré sans la grotte. Ne pourrions-nous dire que la cascade est d'une certaine manière le « sacré » du Soleil On dirait que la cascade de Nachi tombe vers la terre mais, en tant qu'image, elle est en même temps ascendante.

Le « sacré sans la grotte », c'est-à-dire la lumière sans l'ombre. Je pensai que Malraux devait avoir en l'esprit la signification de la « Porte de pierre du Ciel » dans le mythe japonais.

Juste à ce moment apparut un magnifique papillon noir venu on ne savait d'où, qui se posa aux pieds de Malraux immobile. Sans savoir pourquoi, je frémis. Mais il dit en souriant : « L'aile gauche est un peu abîmée », et continua à parler, obsédé par son sujet.

Sans aucun doute, ce papillon noir symbolise la rencontre de Malraux avec le Japon — je me demande à partir de quelle chrysalide s'est opérée la transmigration du papillon — et il est aussi l'image inversée de ces vieux cèdres, en même temps que la voix mystérieuse qui semblait surgir de derrière les arbres : « Ce n'était qu'un rêve. Nous nous rencontrerons encore. En vérité, nous nous rencontrerons. Sous une cascade. »

TROISIÈME PARTIE

LA RECHERCHE DU SENS

Françoise-E. Dorenlot

L'UNITE DE PENSEE A TRAVERS L'ART ET L'ACTION

> « Il s'appelait *la Lutte avec l'Ange,* et
> qu'entreprends-je d'autre [1] ? »

L'Histoire et l'existence enseignent la fragilité de toute logique spéculative. Néanmoins, la pente de l'esprit humain le porte, une fois un jugement établi, à ne plus le remettre en cause. Il faut un courage certain pour accepter de modeler sa vie d'après les donnés de l'expérience. Surtout si l'on est un homme public et que des passions politiques sont en jeu. L'opinion crie alors au reniement, voire à la trahison. Fonder un journal d'opposition, puis devenir, vingt ans plus tard, ministre, peut faire croire à une contradiction des engagements. Passer de la Révolution au « Musée imaginaire », à une rupture dans la philosophie de la vie.

Cependant, à n'examiner même que l'apparence, un élément commun à ces quatre options apparaît immédiatement : aucune n'a pu être un quiétisme. Toutes ont mobilisé André Malraux sans réserves. Une deuxième constatation s'impose. Avec l'ascendant moral et intellectuel dont il jouissait, il fallait à l'auteur de *la Condition humaine,* pour s'exposer aux feux de la critique, une puissante conviction.

De *la Tentation de l'Occident* à *Lazare,* il n'est pas un livre de Malraux qui ne témoigne d'une vive méfiance à l'égard des jeux de l'esprit.

> Vaine pensée, vergers aux inépuisables renaissances, que toujours la même angoisse éclaire comme un même soleil [2] !

s'écrie, seul dans la campagne alsacienne, Vincent Berger après avoir assisté aux débats contradictoires des intellectuels

---

1. *Antimémoires,* Gallimard, 1967, p. 18.
« Il » désigne l'ensemble romanesque que Malraux aurait publié si la Gestapo n'en avait détruit trop de pages. Le premier tome de cette série, *les Noyers de l'Altenburg,* avait paru en Suisse en 1943.
2. *Les Noyers de l'Altenburg,* Gallimard, 1948, p. 151.

de l'Altenburg. La phrase ne peut laisser de doute sur l'inefficacité de la pensée à résoudre les problèmes de l'existence.

Dans cet univers romanesque, les personnages, comme leur auteur, fondent leur action sur un sentiment né d'une expérience vécue, jamais sur une idéologie, ni un concept posé à priori. Dans le contexte de fait qui nous échoit, « la condition humaine », Malraux poursuit inlassablement les réponses possibles à une question d'ordre pratique : « Comment peut-on essayer de vivre[3] ? » Une formule célèbre, empruntée à *l'Espoir,* définit les rapports de la vie et de la réflexion. A la question posée par l'esthéticien Scali : « Dites donc, Commandant, qu'est-ce qu'un homme peut faire de mieux de sa vie, selon vous ? », l'ethnologue Garcia, subtil analyste des comportements humains, rétorque sans hésiter : « Transformer en conscience une expérience aussi large que possible, mon bon ami[4]. »

Une pensée empirique est nécessairement mouvante, autant que sa force de persuasion est indéniable.

Sur le plan de la création, il est clair que nous devons aux deux phases de *l'Aventure indochinoise*[5], non seulement *la Tentation de l'Occident* et *la Voie royale,* mais aussi *les Conquérants* et *la Condition humaine.* A la lutte révolutionnaire, *le Temps du Mépris* et *l'Espoir.* A l'engagement dans les chars en 1939, *les Noyers de l'Altenburg*[6]. Dans leur ensemble, les *Antimémoires, les Chênes qu'on abat...,* les *Oraisons funèbres* et *La tête d'obsidienne* sont nés des rencontres de Malraux avec les grandes figures de l'Histoire. Le tournage de *Sierra de Teruel* provoqua *l'Esquisse d'une Psychologie du Cinéma.* Une familiarité de près de vingt ans avec les œuvres d'art explique l'article de 1937 intitulé... « La Psychologie de l'Art »[7]. On sait combien d'œuvres se nourriront, dans les années suivantes, de cette constante inspiration.

3. Lettre de Malraux à Gaëtan Picon, reproduite dans le livre de celui-ci : *Malraux par lui-même.* Edition du Seuil, 1953, p. 2.

4. *L'Espoir,* in *Romans.* « Bibliothèque de la Pléiade », Gallimard, 1947, p. 764.

5. D'après le titre du livre de Walter G. Langlois qui traita de cette question à fond : *André Malraux — The Indochina Adventure.* N.Y., Washington, Frederick A. Praeger Publishers, 1966. London, Pall Mall Press, 1966. *André Malraux — l'Aventure indochinoise.* Mercure de France, 1967.

6. Que ce livre soit, par ailleurs, tributaire de beaucoup d'autres éléments, il suffit de lire les *Antimémoires* pour s'en rendre compte.

7. In *Verve,* n° 1 (décembre 1937), 41-43.

Or, cette transposition de « l'expérience » dans l'œuvre littéraire (entendant par là essais sur l'art aussi bien que romans) s'est souvent accompagnée, au plan de l'action, d'un engagement concomittant. Encourager le mouvement « Jeune Annam », écrire *les Conquérants, la Condition humaine* expriment une même prise de conscience. Assumer la présidence des ligues contre le fascisme et de la lutte contre l'antisémitisme, et écrire *le Temps du Mépris*. Composer *l'Espoir* et défendre la République espagnole. Renoncer à l'idéal révolutionnaire, incarné dans le contexte contemporain par le seul marxisme, à cause sans doute du stalinisme, mais peut-être plus encore pour avoir personnellement éprouvé en Espagne et en France que le communisme n'était ni la « confiance » ni la « fraternité » tant escomptées, explique, d'une part, le ralliement à de Gaulle, de l'autre, le transfert des espoirs déçus dans l'art — communion dont la pérennité garantit l'invulnérabilité.

S'il n'y a pas chez lui de solution de continuité entre l'art et l'action, c'est que, dans sa pensée, ils sont fondamentalement analogues. Dans l'un comme dans l'autre, par le simple fait qu'il s'exprime, l'homme transforme un destin « subi » en destin « dominé », c'est-à-dire qu'il transforme ce destin en « conscience ».

« Il est très rare qu'un homme puisse supporter, comment dirais-je ? sa condition d'homme [8]... » observe Gisors. De fait, il n'est pas de personnage malrucien que ne hante sa condition. Cette condition, un seul mot pourrait la résumer : aliénation, ou humiliation, selon que l'on se place sur le terrain des idées ou de la sensibilité. La vie étant éprouvée avant d'être conceptualisée, c'est le sentiment d'humiliation qui se trouve le plus souvent décrit dans les romans de Malraux. C'est lui qui, déclenchant la prise de conscience, est à la source de toute réaction.

Procès pour Garine (*Conquérants*), impuissance chez Perken (*Voie royale*), métissage chez Kyo, dépendance familiale pour Hemmelrich (*Condition humaine*), pauvreté pour le peuple espagnol (véritable héros de *l'Espoir*), chamanisme de Vincent Berger (*Noyers de l'Altenburg*), etc. Citer tous les personnages « humiliés » reviendrait, pratiquement, à les mentionner tous, des plus intellectuels aux plus frustes.

En premier lieu, l'humiliation est inhérente à la nature

---

8. *La Condition humaine.* In *Romans*, p. 348.

humaine. Avant d'élucider dans *les Voix du Silence* la signification du titre « la Condition humaine », Malraux en portait
déjà l'idée en 1929. Dans une conférence sur « la question des
Conquérants », l'antinomie subjectivité — objectivité était
relevée et illustrée par ce qui deviendra l'expérience de Kyo
écoutant les disques, enregistrés par lui, et qu'il ne reconnaît
pas :

> Nous entendons notre voix avec la gorge et la voix
> des autres avec les oreilles ; sur un plan plus grave,
> nous prenons conscience des autres hommes par des
> moyens qui ne sont pas ceux par lesquels nous prenons
> conscience de nous-mêmes [9].

A mainte occasion, revient chez Malraux ce constat d'in-
communicabilité, tenant moins à la diversité des caractères
qu'à celle des souvenirs et des formes de l'imaginaire.

De même, sur le plan social, le « pauvre » se trouve exclu
d'une vie à laquelle participent les nantis. Du Hong des
Conquérants au Barca de *l'Espoir,* l'humiliation du prolétariat
importe moins que l'humiliation de l'être dont « le regard ne
se pose plus », tel le prisonnier.

Il ne faut pas oublier que le roman qui suit *la Condition
humaine* s'intitule *le Temps du Mépris.* Plus circonscrit dans
sa portée, toujours sous cet angle, il fustige les crimes particuliers à notre époque. Comme les camps de concentration
qui frappent Malraux d'horreur, et auxquels il consacre les
dernières pages des *Antimémoires.* Remarquons ce jugement :

> (...) Tenter de contraindre l'être humain à se mépri-
> ser lui-même. C'est cela que j'appelle l'enfer [10].

Quelque horrible que soit la souffrance physique, elle
atteint moins l'individu, selon Malraux, que la solitude qui
l'accompagne, et l'impuissance où se trouve la victime de ne
pouvoir jamais renverser sa situation.

Cependant, ce n'est pas à la torture, mais à la prison, que
Malraux associe obsessionnellement le sentiment d'humiliation. Tous les romans présentent soit des scènes, soit des récits
d'emprisonnement. Sans doute le motif lui était-il imposé par

---

9. « Révolte et Révolution », *Magazine littéraire,* n° 11 (octobre
1967), p. 28. Obsédé par ce symbole, en 1974, Malraux le reprend
dans *Lazare* (pp. 237-238).

10. *Antimémoires,* p. 594.

la nature de son sujet, néanmoins la fascination est si marquée qu'elle en devient harcelante [11]. Surtout si l'on songe à l'intérêt répété que le romancier porte à *Robinson Crusoé, Don Quichotte et l'Idiot* ; répété, car il mentionne ces trois œuvres, la première fois dans un discours prononcé au Congrès pour la diffusion de la Culture en 1936, puis dans *les Noyers de l'Altenburg* en 1943, et dans les deux versions successives des *Antimémoires* de 1967 à 1972. Il voit dans ces récits de solitaires, de condamnés « (...) la revanche de la solitude, la reconquête du monde par celui qui revient de l'enfer [12]. »

« L'enfer », évoqué à propos de ces œuvres et de la torture, doit se comprendre sur le plan métaphysique, et non éthique.

Dans sa préface au livre de Manès Sperber *Qu'une larme dans l'océan...*, une remarque faite par Malraux sur l'œuvre préfacée est extrêmement instructive quant à l'univers psychique et métaphysique de l'auteur de *la Condition humaine*. On y lit :

> Le sens du monde (et non le Bien), qui est le contraire du Mal, est moins présent ici que poursuivi [13].

Par ses écrits, Malraux n'incite-t-il pas à la révolte contre le Mal (« l'enfer »), par ses engagements, ne le combat-il pas afin de lui substituer le « sens du monde » ? Toute sa pensée repose sur la « mort de Dieu » et l'impossibilté de s'en accommoder. D'où l'importance écrasante du temps et de la mort :

> Ce qui pèse sur moi c'est, — comment dire ? ma condition d'homme : que je vieillisse, que cette chose atroce : le temps, se développe en moi comme un cancer, irrévocablement [14]...

Parallèlement à la déchéance physique s'installe un « ordre intérieur auquel peu d'hommes échappent [15] » — mort dans la vie, renoncement à l'espoir de la jeunesse. Etat que l'écrivain attribue à ses vieillards, Gisors, Alvear, et récemment Méry, troublante figure introduite dans la deuxième édition des *Antimémoires,* réapparue dans *Lazare.*

---

11. Il n'est pas difficile d'établir un lien entre la vie même de Malraux et la récurrence de ce thème dans son œuvre. Peut être aussi une réminiscence de Pascal.

12. « Sur l'Héritage culturel », *Commune* (septembre 1936), p. 1.

13. *Qu'une larme dans l'océan...* Paris, Calmann-Lévy, 1952.

14. *La Voie royale.* Grasset, 1930, p. 158.

15. « D'une Jeunesse européenne » in *Ecrits.* Collection « Les Cahiers Verts », n° 70. Paris, Grasset, 1927, p. 149.

Le temps, c'est bien entendu la mort, autre humiliation. Autant le trépas est indifférent aux personnages, et à leur créateur, autant la mort qui « transforme la vie en destin » les bouleverse. S'il est vrai, comme le pense Gisors que « (...) tout homme rêve d'être Dieu »[16], quelle dérision que cette condamnation sans appel « (...) qui tombe sur vous comme un règlement sur un prisonnier[17] (...) ».

D'autre part, et selon toute apparence, « (...) l'homme est un hasard, et, pour l'essentiel, le monde est fait d'oubli »[18]. A supposer même que l'univers eût une finalité[19], le tragique de l'aliénation n'en serait pas atténué, car l'homme ignore les lois qui le régissent. La supériorité de sa conscience, en ce domaine, est un vain atout. L'humiliation suprême consistant à ne pouvoir modifier une situation imposée, à subir en esclave aveugle : la vulnérabilité de l'homme apparaît de toute manière, que l'univers ait ou non une signification. Pour l'agnostique, le destin ne peut être que contingent, absurde, donc incarnation du « Mal ». Or, le héros des *Conquérants* remarque : « On peut vivre en acceptant l'absurde, on ne peut pas vivre dans l'absurde[20]. » Quelles défenses sont alors concevables ?

Contre l'humiliation sociale : la révolution. Kyo y entre pour « conquérir la dignité des siens » et Barca, de *l'Espoir*, parce que « le contraire d'être vexé, c'est la fraternité[21] ». Laissant à deux de ses personnages, par ailleurs opposés par leurs options politiques, Klein des *Conquérants* et Alvear de *l'Espoir*, le soin d'expliquer l'élan révolutionnaire, c'est sa valeur mystique qui ressort :

> Celui qui a été injustement condamné (...) il faut bien qu'il reporte sa mise... La révolution joue, entre autres rôles, celui que joua jadis la vie éternelle (...)[22].

---

16. *La Condition humaine*, p. 349.
17. *La Voie royale*, p. 85.
18. *Les Noyers de l'Altenburg*, p. 142.
19. Hypothèse impliquée par certains passages du *Musée Imaginaire de la Sculpture mondiale*, tome I. Paris, Gallimard, 1952.
On y lit : « (...) *la clef du cosmos n'est pas celle de l'homme.* » (P. 57) — souligné dans le texte. Voir aussi les *Antimémoires*, édition de 1972, Gallimard, « folio », pp. 471-478, et toute la très curieuse conversation Malraux-Méry.
20. *Les Conquérants*. In Romans, p. 153.
21. Cette idée est reprise dans *Lazare* (p. 198).
22. *L'Espoir*, p. 704.

Il en va de même dans l'analyse de l'ancien professeur de sociologie, Gisors :

> Une civilisation se transforme lorsque son élément le plus douloureux — l'humiliation chez l'esclave, le travail chez l'ouvrier moderne — devient tout à coup une valeur, lorsqu'il ne s'agit plus d'échapper à cette humiliation, mais d'y trouver sa raison d'être [23].

L'attitude personnelle de Malraux envers la question révolutionnaire, comme devant tout grand problème, est complexe. En même temps qu'il célébrait « l'illusion lyrique », il se méfiait de la doctrine et de ses applications pratiques. Idéologiquement, le marxisme ne l'a jamais retenu. Certes pas à l'époque du R.P.F. où la dialectique capitalisme-prolétariat lui paraît dépassée [24], alors que, selon lui, l'évolution historique aurait donné tort à Marx au profit de Nietzsche : « Ce n'est pas Marx, avec la pensée de l'Internationale, qui a triomphé aujourd'hui ; c'est Nietzsche qui disait : « *Le XXᵉ siècle sera le siècle des guerres nationales* [25]. » Mais pas davantage pendant la période d'avant-guerre, il n'est que de lire les discours prononcés en 1934, 1935, 1936, comme de lire attentivement *les Conquérants, la Condition humaine* et *le Temps du Mépris* pour saisir le divorce entre sa pensée et le matérialisme historique. Lorsque, par des impératifs de fait, Malraux a été associé aux communistes, il a rendu hommage à leur discipline, à leur énergie « au service de la justice sociale », mais il lui arrive de contester leurs moyens d'action, si contraires à la nature de l'objectif. « Si ceux avec qui je dois combattre, ceux avec qui j'aime à combattre ne me font pas confiance, pourquoi combattre, mon petit ? Autant crever [26]... » déclare Magnin dans *l'Espoir*. Personnage en qui la similitude des tâches fait voir l'incarnation de Malraux. Or, la « confiance » était précisément ce qu'en 1934 Malraux saluait dans la révolution soviétique [27]. Aussi, dès que les nécessités du combat ne l'obligèrent plus à faire cause commune avec le parti

---

23. *La Condition humaine*, p. 426.
24. Voir, en particulier, le discours du 2 juillet 1947 in *Espoir*, revue de l'Institut Charles de Gaulle, nº 2 (janvier 1973), p. 5.
25. Discours du 24 novembre 1963, in *Espoir*, p. 53, Souligné dans le texte. Remarque qui revient dans les discours R.P.F. et les *Antimémoires*, éd. 1972, pp. 437-438.
26. *L'Espoir*, p. 567.
27. « L'Art est une conquête », *Commune* (sept.-oct. 1934), p. 68.

communiste, le colonel Berger redevenu Malraux s'en éloigna. « Le flot s'était retiré »[28].

Le paradoxe est que, en rompant avec les communistes, Malraux restait intimement fidèle à lui-même, il n'a pas manqué de le souligner :

> (...) il est arrivé à André Gide et à moi-même d'être sollicités de porter à Hitler les pétitions de protestation contre la condamnation de Dimitrov, innocent de l'incendie du Reichstag. (...) Lorsque maintenant Dimitrov au pouvoir fait pendre Petkov innocent qui est-ce qui a changé ? Gide et moi, ou Dimitrov[29] ?

L'argument est irréfutable et lui donne entièrement raison lorsque, interrogé sur ses changements politiques, il répond : *It is not I who have changed, but events*[30]. En fait, le fond du problème ayant toujours été pour lui l'aliénation métaphysique, il était douteux qu'une action historique, fît-elle, comme le communisme, appel à la fraternité, réussît à la surmonter. Désabusé, le « second moi » de l'auteur, Garine selon le mot de Trotsky[31], avoue : « La Révolution, on ne peut pas l'envoyer dans le feu : tout ce qui n'est pas elle est pire qu'elle, il faut bien le dire, même quand on est dégoûté... »[32]. Tant d'esprit critique n'empêche cependant pas Garine de mourir au service de la révolution. Ni Malraux de continuer le compagnonnage de route.

La question révolutionnaire dans la vie et la pensée de Malraux est un exemple parmi d'autres, mais cette esquisse (présentée superficiellement puisque plusieurs chapitres de ce livre sont consacrés aux diverses formes de l'action) aura montré un aspect essentiel de la réflexion de l'auteur de *la Condition humaine,* la co-existence du réalisme le plus lucide avec l'exaltation la plus romantique. Contraint d'opérer dans le relatif, cet idéaliste ne s'en contente jamais tout à fait et transforme la nécessité en conviction aussi longtemps qu'il peut faire coïncider la fin recherchée avec les moyens utilisés. L'examen de ses autres prises de position aboutirait aux mêmes conclusions.

---

28. *Antimémoires,* éd. 1972, p. 427.
29. « Appel aux Intellectuels » du 5 mars 1948. Publié en postface aux *Conquérants,* pp. 173-174.
30. « Man's Quest », *Time* (July 18, 1955).
31. « La Révolution étranglée », *N.R.F.* (avril 1931), 488-500.
32. *Les Conquérants,* p. 115.

Disons très rapidement qu'il en va ainsi de son attachement à de Gaulle, né de son désenchantement du communisme. Il fit, en 1945, à Roger Stéphane cette déclaration presque cynique : « Puisqu'il ne peut être question d'adapter le socialisme russe, on tentera d'adapter le socialisme anglo-saxon [33] ». En évoquant dans les *Antimémoires* la situation politique des années d'après-guerre et son intervention au congrès du MLN, il affirme qu'il n'y avait d'autre alternative pour un mouvement issu de la Résistance que l'obédience à Moscou ou la volonté d'indépendance du général de Gaulle. D'où son choix. Investie de qualités « légendaires », la figure du Général ne pouvait que séduire Malraux, plus sensible à la « qualité de l'homme » qu'aux étiquettes politiques. La conférence du 4 novembre 1946 est très révélatrice :

> Il est profondément indifférent pour qui que ce soit d'entre vous, étudiants, d'être communiste, anticommuniste, libéral ou quoi que ce soit, parce que le seul problème véritable est de savoir, au-dessus de ces structures, sur quelle forme nous pouvons recréer l'homme [34].

Si, comme le prétend Malraux dans les *Antimémoires,* l'imagination souvent pressent l'événement, on est en droit de se demander si son gaullisme n'était pas préfiguré par le touranisme de Vincent Berger : « On ne voit pas plus un pays où s'incarne un mythe auquel on croit qu'on ne voit une femme qu'on aime [35]. » A moins que ce ne soit un jugement *a posteriori* sur son attitude pro-soviétique...

Un chapitre ayant traité du gaullisme, un autre du mythe, nous n'entrerons pas dans le détail de ces questions. Il convient, néanmoins, de souligner cette singulière puissance de l'imaginaire qui tend à magnifier ses sujets d'élection. Représenter une « réalité romantique » [36], c'est naturellement faire preuve de génie créateur : c'est aussi trahir les ressorts de sa pensée.

---

33. Dans *Fin d'une jeunesse,* Paris, La Table Ronde, 1954, p. 41.
34. « L'Homme et la culture artistique », conférence prononcée dans le cadre de l'U.N.E.S.C.O. in *Les Conférences de l'U.N.E.S.C.O.,* Paris, Editions Fontaine, p. 77.
35. *Les Noyers de l'Altenburg,* p. 71.
36. L'expression est de Malraux, appliquée au communisme, in « L'attitude de l'artiste », *Commune,* (novembre 1934), p. 173.

Cette insistance à s'identifier avec une volonté collective, cet acharnement à animer l'idéal choisi d'une présence concrète, dérivent de l'impuissance de l'esprit à s'accorder à quelque vérité que ce soit. Le jeune Européen de *la Tentation de l'Occident,* après avoir diagnostiqué le mal qui s'emparait de la conscience européenne au début du xxe siècle, parvenait à cette conclusion : « Pour quiconque veut vivre hors de sa recherche immédiate, une conviction seule peut ordonner le monde [37]. » Dans les pages liminaires des *Noyers de l'Altenburg,* Malraux distingue deux catégories d'individus : « Ceux qui (...) vivent au jour le jour depuis des millénaires... » et les intellectuels « dont une idée, si élémentaire soit-elle, engage et ordonne la vie [38] ». On se souvient de Tchen assoiffé de certitude : « Quand on vit comme nous (...), il faut que quelque chose soit sûr. Il faut [39]. » Sans cette certitude dont il fait une religion, et qu'il charge ses « disciples » de transmettre, il sombrerait dans la folie. Or, à l'origine de son désespoir est la nostalgie d'une foi : « (...) que faire d'une âme, s'il n'y a ni Dieu ni Christ [40] ? »

Bien plus profondément que les situations historiques, l'incroyance sur le plan personnel, l'absence de spiritualité sur le plan collectif hantent Malraux. De la « mort de Dieu », prémisses de *la Tentation de l'Occident* et de « D'une jeunesse européenne [41] », découlent toutes les questions sur l'homme, l'histoire, le sens de l'aventure humaine que pose Malraux. Dans les essais et discours, il s'adresse en moraliste à son public, et sous des formes diverses relance la question de « D'une Jeunesse européenne » :

> Quelle notion de l'Homme saura tirer de son angoisse la civilisation de la solitude [42] ?

Le thème central du discours de 1946 déjà mentionné est ainsi formulé :

37. *La Tentation de l'Occident.* Grasset, 1926, p. 207.
38. *Les Noyers de l'Altenburg,* pp. 27-28.
39. *La Condition humaine,* p. 288.
40. *Ibid.,* p. 226.
41. « D'une jeunesse européenne », p. 133 : « En face de ses dieux morts, l'Occident tout entier, ayant épuisé la joie de son triomphe, se prépare à vaincre ses propres énigmes... »
42. *Ibid.,* p. 133.

Le problème qui se pose pour nous, aujourd'hui, c'est de savoir si, sur cette vieille terre d'Europe, ou non l'homme est mort [43].

En 1969, l'avant-dernier discours politique, adressé à l'Union des Jeunes pour le Congrès, réitère l'interrogation :

J'ai dit en mai que la crise de la jeunesse était d'abord une crise de la civilisation. C'est dans cette crise que vous êtes appelés à agir, c'est sur elle que vous fonderez votre action [44].

Sur le plan romanesque, la continuité des préoccupations, tout en étant manifeste, ne se situe pas exactement sur un même plan. Les premiers romans tendraient à décrire les efforts de quelques individus à s'accorder au monde extérieur, et à eux-mêmes. A partir de *l'Espoir,* les questions ne se posent plus tellement en termes personnels. L'homme a supplanté l'individu. Notons incidemment qu'à ce moment-là la création romanesque s'épuise d'elle-même. L'action et une connaissance toujours plus intime de l'art ont convaincu Malraux de l'insignifiance des destinées individuelles au regard du destin de l'humanité. Ecrire des romans en face de son insondable et tragique mystère apparaît alors futile : multiplier l'analyse de personnages fictifs, loin de conduire à une certitude, ne fait qu'intensifier une angoisse insupportable. Par contre, on comprend que l'art (première passion du romancier) ait exercé une emprise de plus en plus forte sur son esprit. « Je suis en art comme on est en religion » dit-il en 1945 [45]. Ses longues recherches, jamais abandonnées, l'ont convaincu de certaines évidences, et ce sont ces convictions qui l'ont conduit, d'une part à la composition des essais que l'on connaît de *la Psychologie de l'Art* à *La tête d'obsidienne,* d'autre part, à assurer les fonctions de ministre des Affaires Culturelles. Une fois de plus, éthique et métaphysique se fondent :

Si je peux me dire, en mourant, qu'il y a cinq cent mille jeunes de plus qui ont vu s'ouvrir, grâce à mon action, une fenêtre par où ils échapperont à la dureté de la technique, à l'agressivité de la publicité, au besoin de faire toujours plus d'argent pour leurs loisirs dont

_____

43 Conférence citée, p. 75.
44. In *Espoir,* p. 97.
45. In *Fin d'une jeunesse,* p. 63.

la plupart sont vulgaires ou violents, si je peux me dire cela, je mourrai content, je vous assure [46]...

Les Maisons de la Culture découvrent l'art à ceux qui ne pourraient autrement en prendre conscience et répondent à un besoin certain de notre époque. Les villes d'art reçoivent plus de visiteurs que Rome de pèlerins pour l'Année Sainte. Amputés de toutes valeurs transcendantes, nous attendons des arts du passé une réponse à nos questions. D'où le rôle de « l'invincible dialogue » des « voix du silence » : « A maints égards, le musée imaginaire est la résurrection de l'invisible [47]. » Ne serait-il que cela, l'art serait l'affirmation de la liberté, la domination des « fatalités ». La prédilection de Malraux pour la peinture et la sculpture peut, précisément, s'expliquer par le fait qu'étant objets concrets, elles sont une présence tangible de valeurs idéales.

La condition humaine n'est donc pas seulement « (...) le tonneau sans fond du néant [48] » dont parle Möllberg, ni l'implacable hégémonie de la torture (présente dans *les Conquérants, la Voie royale, la Condition humaine, le Temps du Mépris, les Noyers de l'Altenburg* et les *Antimémoires*, plus discrète dans *l'Espoir*), et que figurent la meule de Grabot, le préau des insurgés, la prison des partisans, la fosse à chars des combattants aveugles dans la nuit. Elle est aussi l'amitié Perken-Vannec, le murmure de sacrifice humain des révolutionnaires, les coups frappés au mur de la cellule de Kassner, le long cortège des paysans espagnols pour les aviateurs tués et blessés, l'élan des soldats allemands envers leurs ennemis russes pour les sauver des gaz. Elle est, autre témoignage authentique, l'héroïsme muet des paysannes de Corrèze [49]. Si l'histoire contemporaine peut lui faire dire : « L'ombre de Satan a reparu sur le monde (...) [50] », elle lui fait aussi prononcer l'oraison funèbre de Jean Moulin. Quant à la création artistique, elle est, de tous les mystères, le plus énigmatique.

Cette autre face de la condition humaine, porteuse d'espoir, Malraux ne se lasse pas de l'interroger. Le mystère des

---

46. « De la Française, de la culture, des hommes » — entrevue accordée à Fanny Deschamps, *Elle* (9 mars 1967), p. 111.

47. *La tête d'obsidienne*, p. 213. Paris, Gallimard, 1974.

48. *Les Noyers de l'Altenburg*, p. 142.

49. Voir en particulier le discours du 12 février 1949 in *Espoir*, p. 22, et les *Antimémoires*.

50. Discours de Brasilia du 25 août 1955.

réactions humaines le touche aussi intensément que le mystère de notre déréliction. Déjà *la Tentation de l'Occident,* première dénonciation des « jeux de l'absurde » dans notre littérature du XXe siècle, reconnaissait une autre tendance en l'homme : « Et cependant, quels sacrifices, quels héroïsmes injustifiés dorment en nous[51]... » Trois courtes lignes dans un texte de 218 pages. Avec les années, les qualités humaines s'imposeront à la réflexion d'André Malraux, et lui poseront les mêmes problèmes que la mort, le Mal : « (...) le mystère de la plus humble grandeur n'est pas moins profond que celui de la mort[52]. » « (...) L'existence de l'amour, de l'art ou de l'héroïsme n'est pas moins mystérieuse que celle du mal[53]. » Le personnage le plus généreux de l'œuvre romanesque, Katow, explique pour quelle raison le dévouement suscite le respect et peut devenir une passion : « Si on ne croit à rien, *surtout* parce qu'on ne croit à rien, on est obligé de croire aux qualités du cœur quand on les rencontre, ça va de soi[54]. » Effectivement, la fascination de Malraux pour tout acte qui transcende les conditions dans lesquelles il est exercé, comme sa révolte devant l'absurde, naît de son incroyance :

> (...) car s'il est vrai que pour un esprit religieux, les camps, comme le supplice d'un enfant innocent par une brute, posent la suprême énigme, il est vrai aussi que pour un esprit agnostique, la même énigme surgit avec le premier acte de pitié, d'héroïsme ou d'amour[55].

Si les expressions privilégiées de la conscience humaine (art, sainteté, héroïsme) captivent Malraux, les réactions les plus simples aux menaces de destruction de l'individu, ou de l'espèce humaine, ne cessent de l'émerveiller. *L'Espoir* se termine sur un magnifique paragraphe qui chante un accord nouveau, presque miraculeux, de l'homme avec le monde extérieur :

> (...) Manuel entendait pour la première fois la voix de ce qui est plus grave que le sang des hommes, plus

---

51. *La Tentation de l'Occident,* pp. 216-217.
52. Préface à *Israël* de Lazar et Izis. Lausanne, La Guilde du Livre, 1955, p. 11.
53. Discours de Brasilia déjà cité.
54. *La Condition humaine,* p. 220. Souligné dans le texte.
55. *Antimémoires,* p. 596.

inquiétant que leur présence sur la terre, — la possibilité infinie de leur destin [56] (...)

L'étonnement de Malraux qui se profile dans tous les essais
sur l'art, constitue le sujet fondamental des *Noyers de l'altenburg* et des *Antimémoires*. Là, de façon lancinante, insidieuse.
En réalité, tout ce livre (y compris l'épisode Clappique-
Mayrena) déroule une suite d'interrogations implicites ou
exprimées sur « l'énigme fondamentale de la vie [57] ». *Lazare*,
à son tour, prolonge la quête.

Athée ou croyant, Malraux ne s'arrêterait pas à ces questions, mais agnostique, il est condamné à rechercher obstinément ce qui le délivrerait de la contingence. Les analyses
passionnées du musée imaginaire tendent bien plus à approfondir la signification métaphysique des œuvres qu'à en évaluer les qualités esthétiques, nous le savons. Mais, en dernier
ressort, l'art, preuve suprême de la « qualité » de l'homme,
« ne résout rien, il transcende seulement [58]. » Par conséquent,
la question du sens de la vie demeure intacte, de quelque
côté qu'on l'envisage. Comme le fait remarquer Malraux à
Nehru : « Pour que l'art joue le rôle que nous lui voyons
aujourd'hui, il faut que la question soit sans réponse [59]. »

La présence constante des « (...) questions que la mort
pose à la signification du monde [60] » marque profondément
jusqu'aux romans. Autant que des récits, ils sont des dialogues et tirent toute leur force affective de cette troisième
dimension. Peut-être y a-t-il une influence de Dostoïevski en
qui Malraux voit le premier romancier moderne de l'interrogation, ayant incarné « en créatures une méditation interrogative dont le cours souterrain est assez discernable [61] ».
Quels termes exprimeraient mieux que ceux-ci le degré de
hantise qui affecte cet univers ? Il est certain que les dialogues
de Perken et Vannec, de Gisors et Ferral, de Gisors et May,
de Tchen et Kyo, de Garcia et Hernandez, Scali et Alvear,
Ximénès et Manuel, etc., semblent d'ores et déjà appartenir à
une littérature éternelle, car ils dépassent, et de loin, le contex-

---

56. *L'Espoir*, p. 858.
57. *Antimémoires*, p. 11.
58. *Fin d'une jeunesse*, p. 63.
59. *Antimémoires*, p. 343.
60. *Ibid.*, p. 17.
61. *Malraux par lui-même*, p. 41, note 10.

te dans lequel ils s'inscrivent. Personnalités et situations changent, la teneur de la question reste insoluble.

Sur le fond, la pensée de Malraux n'a donc pas varié depuis l'époque (1927) où il affirmait « la volonté lucide de montrer ses combats à défauts d'une doctrine[62] ». Cependant, au cours de ses « rencontres avec l'homme », un élément s'est transformé. L'absence de « doctrine » s'est faite valeur. A tel point que, distinguant deux parts contradictoires en l'homme, démoniaque et « divine », Malraux attribue à celle-ci « (...) son aptitude à mettre le monde en question[63] ».

Ainsi, comment pourrait-on souscrire au jugement qu'il porte lui-même sur sa propre vie : « (...) ma vie sanglante et vaine (...)[64]. » Sanglante, oui. Vaine, certainement pas. Et par son œuvre, et par son action, il donne à ces êtres que nous sommes, ses lecteurs « (...) athées de tout, et peut-être d'eux-mêmes[65] » « (...) conscience (...) de la grandeur qu'ils ignorent en eux[66] ». — Fidèle au but qu'il s'assignait dans la préface du Temps du Mépris, plus exactement qu'il assignait à l'art.

A ce propos, notons qu'à l'exception de ses deux expéditions archéologiques (Banteaï-Strey et Reine de Saba), aucune action entreprise ne le fut pour son propre compte. De la création de l'Indochine à celle des Maisons de la Culture, Malraux a toujours agi pour servir : « (...) j'ai tendance à me croire utile[67]... », dit-il dans les Antimémoires. Comme il ne saurait être question de présomption dans son cas, cette attitude dénote un besoin compulsif de se lier aux autres, soit à travers un sentiment commun (justice, liberté), soit par l'entremise d'une figure de ralliement (le général de Gaulle). Besoin quasi vital de rompre « l'enfer » de la solitude, et d'une pensée solipsiste, dans l'action ou la création. La formule frappante : « (...) J'ai épousé la France[68] », traduit cette volonté d'identification à une cause. Le créateur est, sur ce point, comme en beaucoup d'autres, semblable à ses personnages qui, de Garine à Vincent Berger, confondent vie person-

---

62. « D'une Jeunesse européenne », p. 148.
63. Les Noyers de l'Altenburg, p. 147.
64. Antimémoires, p. 12.
65. Ibid., p. 332.
66. Le Temps du Mépris, préface. Gallimard, 1935, p. 9.
67. Antimémoires, p. 124.
68. Ibid., p. 125.

nelle et engagement. Il illustre ainsi parfaitement sa définition de l'humanisme :

> L'humanisme, ce n'est pas dire : « Ce que j'ai fait, aucun animal ne l'aurait fait », c'est dire : « Nous avons refusé ce que voulait en nous la bête, et nous voulons retrouver l'homme partout où nous avons trouvé ce qui l'écrase [69]. »

En outre, l'exacte coïncidence de la vie avec l'œuvre : « *la Condition humaine,* les *Antimémoires, la Métamorphose des dieux,* sont des chapitres d'une même vie [70] », force la conviction du lecteur. Tant il est vrai que « la grande personnalité vivante est précisément dans le lien entre la pensée et l'acte [71] ».

---

69. *Les Voix du Silence.* Gallimard, 1951, p. 639.
70. *La tête d'obsidienne,* p. 212.
71. « N'était-ce donc que cela ? », seul fragment publié du *Démon de l'Absolu,* étude qui aurait été consacrée à T.E. Lawrence. In *Saisons III* (1946-1947), p. 22.

John Lehmann

LE MYTHE ET L'ECRIVAIN

Il n'est pas facile de parler d'un romancier qui est votre contemporain, que vous avez connu personnellement à presque tous les stades de sa carrière et qui possède un pouvoir unique, presque hypnotique, de fascination sur les amis et les admirateurs avec qui il entre en conversation — j'ai failli dire : à qui il adresse ses monologues. Cependant, dès que j'ai commencé à relire ses romans, je me suis trouvé de nouveau aux prises, non seulement avec les problèmes philosophiques qu'ils soulèvent, mais avec le problème (pour moi encore plus intéressant) de la mythomanie de Malraux. Et, dans cet ordre d'idées, il m'a paru instructif de comparer ce que je pensais de ces romans avant le début de la Seconde Guerre mondiale et ce que j'en pense aujourd'hui.

André Malraux, à mon avis, a écrit trois grands romans : *la Condition humaine, l'Espoir* et *les Noyers de l'Altenburg.* Il en a écrit trois autres moins marquants, que j'appellerai des romans bâclés : *la Voie royale, les Conquérants* et *le Temps du Mépris.* Ses autres ouvrages de fiction : *la Tentation de l'Occident* et les essais surréalistes : *le Royaume farfelu,* etc., me semblent d'une importance tout à fait mineure.

La Condition humaine fut publié pour la première fois en 1933, *le Temps du Mépris* en 1935 et *l'Espoir* en 1937. C'est-à-dire que ces trois romans furent écrits et publiés dans les années 1930 alors que la gauche connaissait une ferveur et une ardeur militante rarement égalées, au temps du Front Populaire, en une période où se développait rapidement un mouvement international de solidarité intellectuelle contre la montée du fascisme. *Les Noyers de l'Altenburg,* que Malraux lui-même considéra toujours comme la première partie d'un grand ouvrage qui devait s'appeler *la Lutte avec l'Ange,* fut écrit pendant la guerre et ne vit le jour qu'en 1943 hors de France et en 1948 pour la première fois en France (aux éditions Gallimard). Ce ne fut pas sans quelque difficulté que je persuadai finalement l'auteur de me le laisser publier dans sa traduction anglaise, sous le titre *The Walnut trees of Altenburg,* en 1952. En tout cas, cet ouvrage révèle un Malraux

dont la *Weltanschauung* est très différente de celle des romans
d'avant la guerre.

La Condition humaine me bouleversa quand je le lus pour
la première fois, avant tout par sa puissance descriptive et
imaginative, et ensuite par le profond attachement que ce
livre révélait à la cause de la libération des masses par une
révolution qui permettrait à ceux qui la feraient de trouver
leur dignité humaine en tant qu'individus, ce qui n'allait peut-
être pas sans paradoxe puisque cette dignité individuelle devait
être le fruit d'une violente action de masse. L'étendue et le
danger de ce paradoxe ne furent pas évidents à l'époque —
du moins à ceux qui sympathisaient de tout leur cœur avec
la cause antifasciste.

Le Temps du Mépris, qui n'est guère plus qu'un récit
ou une nouvelle, décevant déjà au moment de sa parution
par l'absence de l'authentique pouvoir créateur de Malraux,
semble encore plus décevant aujourd'hui que l'attrait d'actualité de son engagement total à la cause révolutionnaire communiste a disparu et ne peut plus cacher ses sérieuses déficiences
artistiques.

L'Espoir fut écrit au plus fort de la guerre civile espagnole, longtemps avant la défaite finale des Républicains et
avant la désillusion que le rôle joué par les communistes du
côté des Républicains avaient entraînée. Il parut enivrant à
l'époque à ceux qui, confiants dans les idéaux de la gauche,
furent sensibles à son thème d'« organisation de l'apoca-
lypse », à ses grandes scènes descriptives d'action et à la peinture des souffrances des Républicains. Aujourd'hui, en dépit
des nombreuses discussions, naturelles et du plus haut intérêt,
sur l'arrière-plan philosophique de cette cause, que l'on trouve
dans *l'Espoir,* je ne peux m'empêcher d'être assez fortement
sensible au fait que ce livre représente un engagement résolu
en faveur d'un idéal dont l'histoire nous a montré, non qu'il
était factice, mais qu'il avait dissimulé trop de vérités gênantes.
Il me semble certain qu'il a été écrit trop au contact de l'actualité pour avoir une vue objective ou en perspective des
choses ; on ne saurait d'ailleurs s'en étonner si l'on tient
compte du fait que Malraux aida à organiser l'aviation républicaine et prit une part très active à la collecte des fonds
dans les pays démocratiques. Son livre souffre aussi, en partie
pour la même raison, d'une multiplicité de personnages insuf-
fisamment différenciés, et d'une fragmentation des événements.

Je pense que, seul, *la Condition humaine* a résisté au

temps et demeure, pour le lecteur d'aujourd'hui, une œuvre équilibrée et puissante, d'une éminente originalité. Les sympathies de Malraux vont visiblement aux révolutionnaires chinois ; pourtant, le roman est conçu pour montrer les diverses attitudes envers la situation révolutionnaire de personnages ayant des origines et des convictions différentes, et cela même chez les révolutionnaires. Le jeune Chinois ayant reçu une éducation japonaise, Kyo, a épousé la cause communiste non parce qu'il est un prolétaire cherchant à s'émanciper de son intolérable condition d'esclave, comme Katow, mais parce qu'il est attiré intellectuellement par l'idée de dignité humaine ; et il est significatif que, bien qu'il soit, en un sens, la figure centrale et le personnage le plus fouillé du roman — peut-être parce que c'était celui à qui Malraux, lui-même d'origine bourgeoise, pouvait le plus facilement s'identifier — et bien qu'il accomplisse le geste héroïque de refuser de livrer ses camarades à Konig, le chef de la police, en échange de sa vie, néanmoins l'acte le plus héroïque du livre est attribué à Katow lorsque, dans l'avant-dernière scène, dans la prison, il offre ses tablettes de cyanure à deux de ses camarades plus effrayés que lui par l'horrible mort qui les attend. Katow transcende la condition humaine en vouant sa vie au combat qui doit émanciper *sa* classe ; Kyo la transcende en sacrifiant sa vie à un idéal de fraternité qui est au-delà de ses antécédents sociaux. Tchen, pour sa part, a une motivation subtilement différenciée : assassin et terroriste, il n'est par conséquent pas un membre discipliné du parti communiste ; sa vie, à cause de toute l'amertume et de toute la haine que lui inspire la classe ennemie, trouve un sens dans la violence ; et Malraux suggère d'une façon qui ne laisse aucune place au doute que cette violence est de toute façon nécessaire à son tempérament, bien que dans la situation précise où il se trouve, il la mette au service du combat révolutionnaire.

Face à ces révolutionnaires peints d'une manière qui approfondit efficacement la perspective dans laquelle nous les voyons, Malraux place plusieurs autres personnages importants. D'abord, le père de Kyo, Gisors, le professeur d'un naturel contemplatif dont Tchen a été autrefois l'élève. Gisors éprouve une sympathie évidente pour la cause révolutionnaire mais croit à l'amour plutôt qu'à la violence ; en outre, il est éloigné de l'action par son vice de fumeur d'opium qui est d'ailleurs plus qu'un vice, plutôt le choix délibéré et traditionnellement chinois d'une façon de transcender la condition humaine. Gisors est un lien non seulement entre Kyo et Tchen, mais aussi entre deux autres personnages dominants : Clappique et Ferral. Le baron Clappique est peut-être la création la plus intéressante et la plus inattendue du roman : n'étant à proprement parler ni du côté des révolutionnaires ni du côté des oppresseurs, il vit par l'imagination et grâce au don qu'il a de créer une image mythique de lui-même ; il transcende sa condition, pourrait-on dire, en ne l'admettant jamais. D'un autre côté, le ressort qui fait agir Ferral est simplement la volonté de puissance. Il est le représentant du capitalisme occidental, le financier en apparence omnipotent qui tire les ficelles derrière la scène et qui est responsable de la trahison de Chang Kai-chek à l'égard des communistes. Sans la volonté de puissance qui se révèle comme l'élément dominant de sa vie sexuelle aussi bien que de son comportement d'homme d'affaires, Ferral n'est rien ; et Malraux, par un superbe trait d'ironie, nous le montre à la fin frustré de son pouvoir par les banquiers parisiens qui étaient derrière le consortium pour lequel il agissait.

Nous pouvons donc constater que *la Condition humaine* est très éloigné du drame simplifié et incomplet des *Conquérants,* et qu'il est beaucoup plus riche intellectuellement que *l'Espoir* où, par exemple, rien n'est tenté pour nous faire pénétrer dans les états d'esprit des antirépublicains rassemblés sous la bannière de Franco.

Il est un élément, dans les romans de Malraux antérieurs à la Seconde Guerre mondiale, qui a toujours suscité en moi un malaise : c'est son insistance continuelle sur les concepts d' « inévitable » et de « destin » auxquels est toujours réfractaire, je crois, un esprit anglo-saxon, à cause de la note rhétorique et sentencieuse qu'ils impliquent. Il ne faudrait pas, cependant, pour cette raison, refuser de les examiner de plus près, car ils sont au centre de la pensée de Malraux. L'exposé le plus explicite du concept de « destin » n'apparaît en fait dans son œuvre qu'avec *les Noyers de l'Altenburg* où, dans la partie consacrée au colloque de l'Altenburg, Vincent Berger (qui est à coup sûr le personnage auquel Malraux s'identifie le plus) dit :

> Nous savons que nous n'avons pas choisi de naître, que nous ne choisirons pas de mourir. Que nous n'avons pas choisi nos parents. Que nous ne pouvons rien contre le temps. Qu'il y a entre chacun de nous

et la vie universelle une sorte de... crevasse. Quand je dis que chaque homme ressent avec force la présence du destin, j'entends qu'il ressent — et presque toujours tragiquement, du moins à certains instants — l'indépendance du monde à son égard.

Presque tous les personnages importants de ses romans sont conscients de cette cruelle situation existentielle (et je pense qu'il est intéressant de remarquer en passant que Malraux est sans aucun doute le précurseur de l'existentialisme qui, dans les années 1940, devait s'exprimer de façon si nette dans les ouvrages de Sartre et de Camus). Le destin, considéré dans l'existence humaine comme une absurdité qui doit, d'une manière ou d'une autre, être maîtrisée si l'on veut que l'existence ait un sens, est une chose contre laquelle tous les héros de Malraux ont à combattre.

En plus du concept de destin, nous trouvons d'autre part dans ces romans le concept de « fraternité virile » et d' « amour viril ». Il me semble que ce concept, qui apparaît si souvent dans les ouvrages de Malraux, a beaucoup trop rarement reçu l'attention qu'il mérite, peut-être parce que l'auteur a donné l'impression qu'il hésitait lui-même à l'élucider.

Chez un autre écrivain, le lecteur enclin à tirer des conclusions hâtives pourrait déduire d'une telle obsession de la « fraternité virile » l'existence d'une déviation pas seulement intellectuelle vers son propre sexe. Dans le cas de Malraux, naturellement, nous pouvons écarter immédiatement toute conclusion de ce genre ; mais il n'est certainement pas injuste d'observer que les actes héroïques ou aventureux sont toujours entrepris par des hommes, parfois seuls mais ayant pour objectif d'aider leurs camarades, parfois à plusieurs, mais jamais avec la collaboration de femmes. En fait, les femmes, à part deux ou trois exceptions pas très convaincantes (par exemple, la femme de Kassner) ne jouent à peu près aucun rôle dans ses romans. Le concept d' « amour viril » a, pourrait-on dire, une résonance homérique. Et, lorsqu'il est pour la première fois ébauché dans *la Voie royale*, il apparaît lié à l'idée de mort ; c'est donc une tendance qui se manifeste avec une force particulière chez les hommes obsédés d'une manière ou d'une autre par la mort. Il est intéressant aussi, à cet égard, de noter la fréquence avec laquelle apparaît ce que l'on pourrait appeler le rapport socratique : l'association d'un jeune homme avec un homme plus âgé aux pieds de qui il s'assoit dans une intimité qui dépasse celle du pur et simple disciple ; Gisors et Tchen en sont un exemple.

La volonté nietzschéenne de puissance, les concepts d' « inévitable » et de « destin » dans leur contexte existentialiste et la nécessité, dans l'action, de la « fraternité virile », tels me semblent avoir été les principaux thèmes philosophiques qui dominaient la pensée de Malraux dans les années 30, thèmes qui m'apparaissent aujourd'hui comme beaucoup plus importants que le cadre d'idéologie marxiste qu'il adopta un certain temps. Mais l'influence immense qu'il a exercée sur sa génération (et, semble-t-il, aussi sur les générations suivantes) est certainement due, non au seul fait qu'il ait traité ces thèmes, mais à ce que les romans dans lesquels il les a traités sont la cristallisation d'un mythe qu'il a mis en œuvre, du moins en partie, dans sa propre vie.

Trois autres noms d'écrivains éminents dont les carrières ont suivi une courbe assez semblable viennent à l'esprit : Byron, Rimbaud et Lawrence d'Arabie. Et je trouve significatif que les deux derniers du moins soient particulièrement chers à Malraux. Ce qui mérite aussi d'être noté, c'est que tous trois avaient un fort penchant pour leur propre sexe. Si les cas de Rimbaud et de Lawrence sont les plus indubitables, Byron, célèbre pour avoir été, au cours de sa vie, un grand amoureux des femmes, apparaît à la lumière des recherches modernes comme ayant été attiré aussi fortement par les garçons et les jeunes gens que par le sexe faible. En fait, on a des témoignages établissant qu'il a déclaré lui-même que les sentiments qu'il avait éprouvés pour certains êtres de son propre sexe, du moins sous forme d'amitié passionnée, avaient eu pour lui plus d'importance que n'importe quel autre rapport humain dans sa courte vie. Pour chacun de ces trois hommes en réalité, l'amour viril, sous une forme ou une autre, était une nécessité.

Byron s'est projeté lui-même dans le personnage ultra-romantique de Childe Harold, rebelle qui s'oppose à la société corrompue et réactionnaire de son temps, grande voix qui appelle les Grecs à revivre les pages glorieuses de leur passé. Finalement, Byron a été forcé par la puissance de sa propre légende de devenir Childe Harold : il a pris les armes en faveur des Grecs et il est mort pour leur cause (même si ce ne fut pas réellement sur le champ de bataille). Mais que serait-il advenu de Byron s'il avait survécu ? Un grand poème inachevé, très différent de *Childe Harold,* nous permet de l'entrevoir : c'est *Don Juan,* où l'affectation héroïque a déjà disparu et même est en fait légèrement tournée en dérision. Il aurait bien fallu à Byron trouver un compromis avec un monde plus routinier ; peut-être serait-il devenu un membre de la Chambre des Lords aux idées avancées et un auteur satirique s'attaquant aux vanités de son temps ; car paradoxalement, pour survivre, la légende doit disparaître par la volonté même de son créateur.

Quant à Rimbaud, le jeune poète visionnaire sait qu'il ne peut prolonger l'image du génie précoce, rebelle à la littérature établie de son temps et à toutes les confortables valeurs bourgeoises, une fois atteint l'âge adulte ; il disparaît en Afrique pour gagner sa vie et devient un négociant colonial dur en affaires.

T.E. Lawrence, pour sa part, projette de lui-même l'image légendaire du chef des Arabes dans leur insurrection contre l'Empire ottoman et, quand la guerre est finie, se trouve confronté au même problème que Rimbaud. La solution qu'il choisit est de disparaître dans l'anonymat comme soldat de la Royal Air Force.

Dans le cas de Malraux, l'enchevêtrement des fils est complexe, mais le processus général est fondamentalement le même. Dès le début, il a voulu donner de lui l'image d'un homme d'action : pour commencer, celle d'un explorateur. *La Voie royale* est l'histoire d'un Français, Claude Vannec, qui part pour le Cambodge afin d'y découvrir des temples khmers tombés dans l'oubli et en ruine, d'en rapporter en Europe des sculptures par n'importe quel moyen et de s'enrichir en les revendant à des marchands. Au cours de son voyage, il rencontre un autre aventurier, Perken, un Danois qui possède un immense domaine dans une région écartée du Siam et qui a besoin d'argent pour acheter des mitrailleuses destinées à protéger son pouvoir local. Ils joignent leurs forces et, en fait, je crois que, du point de vue du romancier, il faut les considérer comme deux aspects d'un même personnage. Le thème essentiel est le combat de la volonté contre le destin : dans leur aventure, Perken est frustré du succès — après qu'ils ont ensemble découvert quelques sculptures d'une valeur inestimable — par un simple accident qui entraîne sa mort ; c'est donc finalement l'absurde qui triomphe. Ce qui rend difficile de considérer cette aventure comme véritablement héroïque, c'est naturellement le fait qu'elle était une pure et simple entreprise de pillage ayant pour but un bénéfice commercial. Et c'est précisément cette même difficulté qui vient à l'esprit à propos de l'aventure vécue par l'auteur et d'où il a tiré son roman. Ayant à peine plus de vingt ans, Malraux partit pour le Cambodge afin de découvrir et d'enlever des sculptures sur d'anciens temples ; il fut en fin de compte arrêté pour pillage de monuments historiques. Avec un instinct de mythomane déjà très développé, il réussit à jeter un nuage d'obscurité sur cet épisode ; mais, pour l'essentiel, les faits semblent peu douteux, quelle que soit la façon dont on les juge. Il n'était pas, après tout, le premier à considérer qu'en tant qu'archéologue il avait des droits sur les découvertes qu'il avait faites.

La Voie royale * est intéressant à plusieurs titres : pas seulement parce que ce livre est pour Malraux la première tentative de quelque importance de donner corps, dans un ouvrage de fiction, à son thème obsessionnel du combat de la volonté humaine contre le destin à l'absurde, mais aussi pour deux autres raisons. La première est que s'y dévoile l'intérêt que devait montrer Malraux tout au long de sa vie pour les arts anciens et leur signification dans la vie contemporaine, intérêt qui, bien des années plus tard, allait devenir sa préoccupation dominante. La seconde est que, à un certain moment de sa vie, il caressa l'idée de faire de ce roman le premier d'une série qui serait parue sous le titre général des *Puissances du Désert* et qu'il y a sûrement là une indication de la fascination déjà profonde qu'exerça sur lui Lawrence d'Arabie.

L'explorateur affrontant la nature hostile et des êtres non civilisés — qui semblent avoir à peine plus de signification individuelle que les insectes de la jungle —, telle est donc la conception de lui-même sur laquelle Malraux voulut d'abord bâtir sa légende. Mais, avant que *la Voie royale* fût achevé d'écrire, ses préoccupations avaient changé, il s'était tourné vers l'action révolutionnaire. Il semble qu'il soit retourné en Indochine en 1925-1926, et qu'il ait pris part aux luttes politiques qui s'y déroulaient. La nouvelle incarnation de sa légende se fait jour dans *les Conquérants,* roman à mon avis encore moins satisfaisant que *la Voie royale.* Le mieux est de voir

---

 * Bien que publié seulement en 1930, il semble néanmoins certain que ce livre avait été commencé, puis temporairement abandonné, avant que l'auteur n'écrivît *les Conquérants,* publié en 1928.

dans *les Conquérants* la première tentative encore inexpéri-
mentée de se représenter dans la mêlée des événements révolutionnaires et vivant dans le combat communiste le drame
intime de ses préoccupations existentialistes. Comme j'ai essayé
de le montrer, dans *la Condition humaine,* le chef-d'œuvre qui
suivit, le romancier l'emporte sur le créateur de mythe. C'est
seulement ensuite, dans *l'Espoir,* que le romancier et le mythomane convergent à nouveau. Bien que l'importance réelle du
rôle militaire actif joué par Malraux dans la guerre civile
espagnole, alors qu'il organisait l'aviation républicaine, reste,
dans le détail, imprécise (là-dessus aussi un voile de brume
est tombé), sa présence et son engagement en tant que chef
dans le drame d'où est tiré son roman sont incontestables.
Il se peut que l'incertitude même ait agrandi l'ombre de sa
légende. Bien que la pensée nous vienne qu'il a peut-être
éprouvé un certain sentiment de frustration de n'avoir pu
jouer un rôle important dans la guerre civile espagnole,
comme celui que joua Lawrence — ou qu'il dit lui-même avoir
joué — dans la révolte arabe.

Il est maintenant parfaitement clair qu'après avoir écrit
l'Espoir et dirigé lui-même la mise en scène du film tiré du
livre, juste avant la défaite finale des républicains, Malraux,
comme tant d'autres intellectuels qui avaient été inspirés par
les idéaux du Front populaire, connut un profond revirement
dans ses sentiments à l'égard de l'Internationale communiste
et des attitudes politiques qu'elle exigeait du mouvement antifasciste. Cela ressort avec assez d'évidence, au moins de
façon implicite, de la lecture des *Noyers de l'Altenburg* et
a été confirmé par les propres aveux de Malraux. La guerre
de 1939-1945 ne fit que remettre à plus tard la solution du
problème face auquel cette désillusion plaçait le mythomane.
Il est vrai que l'activité de Malraux pendant la guerre garde
une certaine qualité légendaire : il est fait prisonnier par les
Allemands dans une bataille de tanks, il s'évade en zone libre,
il s'évade une seconde fois en entrant dans la Résistance, il
perd ses notes pour *la Lutte avec l'Ange,* qui restent entre les
mains de la Gestapo (ce qui évoque une fois encore Lawrence
et l'épisode de la gare de Reading), il devient ensuite le colonel Berger (pseudonyme emprunté au héros des *Noyers*) et
combat avec l'armée française ressuscitée dans les dernières
batailles de la guerre. Mais, quand l'armistice fut signé, il se
retrouva en face du problème non résolu de l'avenir de sa
légende, du problème que, *mutadis mutandis,* avaient dû affron-

ter Rimbaud et Lawrence et qu'aurait eu à résoudre, lui aussi, je crois, Byron s'il avait vécu. Même les soldats les plus héroïques et les chefs de la Résistance doivent déposer les armes et remettre des vêtements civils une fois la paix revenue.

Le choix de Malraux fut bientôt fait. Choix aussi surprenant en ce temps-là qu'il apparut caractéristique par la suite. Il n'y avait qu'un seul homme du destin dans la période qui suivit la guerre, un seul homme en qui la mystique de la volonté héroïque semblait s'être incarnée. Malraux fit sans réserve acte d'allégeance à de Gaulle et lui demeura fidèle jusqu'à la fin. Ainsi mourut l'homme d'action pour renaître politicien et serviteur de l'Etat ; mais cette résurrection, contrairement à celle de Lawrence qui consista en une totale auto-humiliation, eut lieu dans des circonstances qui, jusqu'à un certain point et dans un registre différent, rattachèrent sa nouvelle vie à l'ancienne légende. Si de Gaulle fut, d'une certaine manière, l'Abyssinie de Malraux, cette Abyssinie, contrairement à celle de Rimbaud, brilla de tout l'éclat de la renommée. Aucun ouvrage de fiction ne suivit cette métamorphose. Mais dans les livres sur l'art qu'il se mit à écrire, il put poursuivre, en la détaillant et en la ramifiant à l'infini, l'idée qui était déjà apparue plus d'une fois dans ses ouvrages de fiction : que la création artistique est pour l'homme la plus sûre réponse à sa fâcheuse situation existentielle.

La première chose qui frappe le lecteur dans *les Noyers de l'Altenburg* est, comme je l'ai déjà suggéré, la totale absence d'engagement politique. Tout au contraire, le thème récurrent est la permanence de l'homme en tant qu'être humain, avec ses besoins, ses occupations et ses réactions humaines séculaires et constantes, à travers tous les changements historiques, les guerres et les révolutions, et aussi à travers les idéologies et les controverses d'intellectuels assez vains pour se croire capables d'influencer la condition humaine fondamentale. Nous sommes loin du rêve héroïque d'une révolution qui rendrait à chaque homme sa dignité humaine quand nous voyons Malraux conclure, par la bouche de Vincent Berger, que si, aux yeux de quiconque s'est livré à une investigation intelligente des métamorphoses des civilisations, les états psychiques successifs de l'humanité sont irréductiblement différents, il y a néanmoins chez l'homme, au-dessous du niveau de l'esprit et des diverses formules d'état et de religion, quelque chose de fondamental et d'immuable. Vincent Berger en a, en un éclair aveuglant, l'intuition, à la fin du colloque, lorsqu'il se trouve face à face avec les noyers centenaires, sur les terres du prieuré (les noyers du titre) :

> La plénitude des arbres séculaires émanait de leur masse mais l'effort par quoi sortaient de leurs énormes troncs les branches tordues, l'épanouissement en feuilles sombres de ce bois, si vieux et si lourd qu'il semblait s'enfoncer dans la terre et non s'en arracher, imposaient à la fois l'idée d'une volonté et d'une métamorphose sans fin.

Malraux a toujours affirmé que *les Noyers* n'étaient qu'un fragment ou une ébauche et que ce livre serait probablement modifié quand *la Lutte avec l'Ange* (image qui est apparue pour la première fois dans son essai sur Lawrence) serait repris et complété. Cependant, le livre se présente comme très soigneusement conçu et se suffisant à lui-même. Il débute, et s'achève, par la description d'un épisode de la guerre de 1939-1940, présenté comme une expérience personnelle du narrateur : alors qu'il commandait un tank, il fut fait prisonnier par les Allemands et parqué avec d'autres prisonniers français dans la cathédrale de Chartres. Entre ces deux passages qui forment la charpente du roman, se situent trois longs épisodes dont chacun décrit une expérience du père du narrateur, Vincent Berger. Le premier rappelle ses aventures comme délégué officieux de l'ambassade d'Allemagne auprès des Jeunes Turcs dans leur révolte contre Abd-ul Hamid. Dans ce passage, on est tenté de voir en Vincent Berger une image transposée de Malraux lui-même : Vincent porte un intérêt passionné à Nietzsche, il est attiré par des régions du monde spirituellement éloignées de l'Europe, il trouve un moyen de s'accomplir dans la conspiration propre à l'action révolutionnaire, ainsi que dans la camaraderie de combat et l'amitié. Et il revient en Europe auréolé d'une légende. Il semble d'abord que ces aventures n'ont pas grand-chose à voir avec ce qui suit ; mais il importe de ne pas oublier que Vincent est finalement déçu par son activité de conspirateur et que, quand nous le retrouvons, il va vivre la deuxième étape de son éducation spirituelle. Ce second épisode se déroule dans l'ancien prieuré de l'Altenburg, en Alsace, où le frère de Vincent, Walter, a organisé une rencontre d'intellectuels européens. Evidemment conçue d'après les célèbres « Décades de Pontigny » où le jeune Malraux avait produit une très forte impression entre les deux guerres, cette partie du livre est

7

un feu d'artifice d'idées sur le thème choisi pour le colloque :
« Peut-on isoler une donnée permanente sur quoi puisse se
fonder la notion d'homme ? » Ces idées sont maniées par
Malraux avec une étincelante habileté dialectique. Et pourtant, la tonalité générale est indubitablement, quoique jamais
crûment, ironique ; ce qui est d'autant plus remarquable qu'il
est difficile de ne pas voir les divers aspects de la pensée
de Malraux incarnés chez les divers participants. D'un bout
à l'autre, il souligne, par touches légères, l'aliénation des
intellectuels par rapport à la vie telle qu'elle est : tandis que
dans la bibliothèque la discussion est le plus animée, il note,
par exemple, qu'au-dehors des hommes du village sont en
train de transporter des troncs d'arbres, exactement comme
ils le faisaient au Moyen Age.

Après la fervente méditation de Vincent devant les vieux
noyers, le passage s'achève sur ces mots menaçants : « Il y
avait quarante ans que l'Europe n'avait pas connu la guerre. »
C'est le prélude à la troisième partie où Vincent, mobilisé
en tant qu'Alsacien dans l'armée allemande, se retrouve sur
le front oriental, face aux Russes. Cette partie est célèbre par
la description qu'elle contient de l'attaque par les gaz (si
étrangement reprise dans *Lazare,* alors que Malraux n'a
jamais connu une telle expérience), l'un des plus beaux
morceaux de bravoure de son œuvre, dans l'ordre de la
description dramatique. Mais selon moi, tout aussi remarquable que la description de l'attaque par les gaz est la conversation des soldats avant que l'attaque se produise : mélange
absolument authentique d'idées incongrues, de folklore, de
faits déformés ramassés dans les cafés et les journaux, et de
gros bon sens. Ni idéologie ni patriotisme chauvin là-dedans.
L'essentiel se dégage, clair comme le cristal : les sentiments
de l'homme pour l'homme, comme dans le poème de Wilfred
Owen, par-delà les fauteurs de guerre et les idéologies guer-
rières, se révèlent, dans l'horreur suprême de la guerre vécue,
comme le plus puissant élément de la nature humaine.

Malraux ne fut, naturellement, pas le seul romancier à
mettre en valeur cette leçon de la guerre. Ce qui est remarquable, c'est que ce fut précisément Malraux, lui auparavant
si persuadé des nécessités de l'action révolutionnaire et
convaincu que la fin justifie les moyens, qui finalement allait
affirmer, dans un roman et avec une irrésistible force dramatique, que jamais la fin ne justifie les moyens.

Les Noyers de l'Altenburg fut donc, comme je l'ai déjà

suggéré, une renonciation aux anciens fondements de la légende, avant même que Malraux s'engageât dans une activité de chef de la lutte secrète antinazie. Il est difficile d'écarter la pensée qu'il avait peut-être rêvé que *la Lutte avec l'Ange* terminé serait pour lui l'équivalent des *Sept Piliers de la Sagesse* pour Lawrence ; mais, Gestapo ou non, on peut voir aussi, comme il le vit clairement lui-même, que sous la forme qu'il lui avait donnée, *les Noyers* ne serait jamais un premier volume d'une série. S'il n'y avait pas eu de Gaulle, peut-être aurait-il fait retraite et récrit ce roman qui aurait pu devenir un plus grand chef-d'œuvre que *la Condition humaine.* Ou bien le désir de se consacrer à l'étude de la signification de l'art aurait-il été trop fort pour qu'il pût y résister, même avant de Gaulle. Nulle part, auparavant, il n'avait exprimé sa conviction au sujet de l'art avec plus de force que dans le « colloque », aussitôt après la définition du « destin » que j'ai déjà citée :

> Notre art me paraît une rectification du monde, un moyen d'échapper à la condition d'homme. La confusion capitale me paraît venir de ce qu'on a cru — dans l'idée que nous nous faisons de la tragédie grecque, c'est éclatant ! — que représenter une fatalité était la subir. Mais non ! c'est presque la posséder. Le seul fait de pouvoir la représenter, de la concevoir, la fait échapper au vrai destin, à l'implacable échelle divine : la réduit à l'échelle humaine. Dans ce qu'il y a d'essentiel, notre art est une humanisation du monde.

Il peut sembler, à la lecture de cet article surtout consacré à l'étude des rapports entre les œuvres de fiction et la mythomanie de Malraux, que non seulement je n'ai traité en lui que le romancier à idées, mais que je n'ai vu en lui rien d'autre qu'un romancier à idées. Ce n'est certainement pas l'impression que je désire laisser, ni la conclusion à laquelle je veux aboutir. J'ai dit que, aux yeux du lecteur anglo-saxon, son obsession des concepts d' « inévitable » et de « destin » et les développements rhétoriques que cette obsession lui inspire si souvent dans ses romans, tout cet élément essentiel, est déplaisant et même parfois gênant. Nous sommes passablement tentés de l'accuser d'être sentencieux et de trouver qu'il manque d'humour. J'ai essayé de montrer que chez lui cette obsession va plus loin que le discours rhétorique par lequel elle s'exprime souvent, et que nous devrions reconnaître

la valeur d'une tradition étrangère à la nôtre. Mais Malraux
n'aurait pas conquis sa réputation incontestablement internationale s'il n'avait été capable de captiver l'imagination de
ses contemporains par d'autres moyens plus fondamentalement littéraires. Par-dessus tout, par sa maîtrise de la langue
française. Il est impossible à quiconque lit quelques chapitres
de l'un de ses grands romans de n'être pas frappé par la
richesse, la couleur et la précision intellectuelle de son vocabulaire. Et, conjointement à tout cela, par son étonnante aptitude à créer une atmosphère dramatique. Je pense en particulier à l'attaque par les gaz que j'ai mentionnée plus haut ;
à la scène dans la prison, à la fin de *la Condition humaine,*
où les révolutionnaires captifs attendent une mort qui doit
consister à être jetés vivants dans la chaudière d'une locomotive ; à l'épisode de *l'Espoir* où Manuel visite un hôpital
où un jeune aviateur blessé pousse un cri rauque continuellement répété. Mais ce n'est pas seulement dans ces scènes
effroyables qu'il excelle ; son talent se manifeste avec tout
autant de vigueur dans les descriptions d'atmosphère et dans
ces pages extraordinaires qui préludent à la découverte des
temples en ruine dans *la Voie royale,* pages dans lesquelles
il fait du pittoresque de la jungle un vaste symbole des forces
de destruction et de mort. Il ne faudrait pas non plus oublier
ces autres scènes d'action où il donne au lecteur le sentiment
d'être présent, avec tous ses sens et ses nerfs en alerte. De
tout ce qu'il a écrit, on ne peut manquer de remarquer que
ce sont les scènes d'action qui se passent en avion qui lui
plaisent le plus et dont il est le plus fier. L'épisode de l'attaque du champ d'aviation camouflé dans *l'Espoir,* par exemple,
s'impose à la mémoire de façon obsédante et on a peine à
croire qu'il n'est pas fondé sur une expérience personnelle ;
il a, selon moi, beaucoup plus de portée, il est beaucoup plus
dramatique que la description souvent citée de la fuite en
avion vers Prague dans *le Temps du Mépris.* Kassner est un
personnage assez ennuyeux et, une fois qu'il a été relâché de
sa prison nazie (si étrangement dirigée non par la Gestapo
ou les S.S., mais par les S.A.), on ne se soucie pas beaucoup
de savoir s'il va atteindre l'aéroport tchèque ou atterrir la
tête la première dans un champ de navets, à des kilomètres ;
alors que dans le vol de Magnin avec le paysan pour trouver
les avions fascistes cachés, la tension est superbement créée
et maintenue, le lecteur est dans l'avion et en totale sympathie avec les deux hommes. Et rappelons pour finir la puis-

sance évocatrice que Malraux déploie dans *la Condition humaine*, puissance qui rappelle Dickens et Dostoievski et lui permet de créer l'atmosphère envoûtante qui pèse sur tout le roman. Chaque fois que je relis ce roman, je suis encore plus frappé par la façon dont Malraux suggère que l'action se déroule dans une obscurité sinistre et pesante, à travers laquelle la ville luit vaguement comme un tison, sinistre à cause de l'imminence de terribles événements, pesante du poids de la perpétuelle méditation des principaux personnages sur leur destin tragique : une obscurité traversée par les « bruits extérieurs » qui se répètent comme un motif sonore : vibrations qui semblent venir des profondeurs de la terre, sirènes des navires et mugissements des remorqueurs, soudaines rafales provenant de l'invisible train blindé et bruit sourd des presses d'imprimerie clandestines.

Traduction de Georges Magnane.

Manès Sperber

ANDRE MALRAUX ET LA POLITIQUE

Gloire et Dénigrement.

Pendant les années d'entre les deux guerres, certains auteurs mirent ouvertement leur talent et leur réputation au service de mouvements esthétiques, sociaux ou politiques. De cette période date l'influence durable qu'exercèrent André Breton, Georges Bernanos, Louis-Ferdinand Céline, Louis Aragon, Drieu la Rochelle et André Malraux (le plus jeune de tous) non seulement sur leurs contemporains immédiats, mais aussi sur les générations suivantes. Chacun de ces écrivains présente un cas typique, bien que et parce que unique. Malraux plus que tout autre : il devint célèbre très jeune et, dès ses débuts, sa renommée littéraire fut liée à sa réputation de militant politique et de maître à penser pour la jeune gauche.

Néanmoins, peu d'écrivains ont été attaqués aussi souvent et avec autant de malveillance que lui. Les attaques contre Malraux s'exacerbèrent lorsqu'il donna son soutien au gaullisme d'après-guerre mais, bien avant cette époque, il avait été la cible d'une campagne de dénigrement systématique menée contre lui par le parti communiste parce que vers la fin de 1944, Malraux avait réussi à l'empêcher de récupérer certains des Mouvements de Résistance les plus importants. Cette campagne finit même par rallier des non-communistes qui l'accusèrent de trahir la cause de la Gauche. Le stalinisme était alors au sommet de sa puissance. Beaucoup d'intellectuels de gauche, ainsi que des opportunistes de tout poil, profitèrent de l'occasion pour s'insinuer dans les bonnes grâces des communistes. Le moindre prétexte leur était bon pour mêler leur voix à celles du chœur des calomniateurs et diffamateurs qui dénonçaient Malraux, (et pour un temps Sartre aussi et quelques autres), comme « une hyène-à-machine-à-écrire au service de Wall Street ». Je ne citerai qu'une seule de leurs allégation diffamatoires, très caractéristique et particulièrement stupide : on osait affirmer que Malraux avait déserté l'escadrille España, qu'il avait lui-même fondée et commandée en Espagne, et cela dès que le gouvernement républicain avait cessé de le payer en dollars...

Au début des années 50, Malraux abandonna toute activité politique pour se consacrer uniquement à ses très importants travaux dans le domaine de la Philosophie de l'Art. Cela ne mit pas fin aux polémiques, mais en diminua la virulence. En 1958, de Gaulle, revenu au pouvoir, lui confia à nouveau un ministère. Immédiatement, les attaques contre Malraux reprirent de plus belle. Il fut particulièrement vilipendé à cause de son gaullisme — bien qu'en fait il n'ait jamais adhéré à des partis gaullistes créés après la dissolution du Rassemblement du Peuple français, de même qu'il n'avait jamais non plus été membre du parti communiste. Presque toutes les initiatives et mesures qu'il prit comme ministre des Affaires Culturelles furent, tout au moins au début, impitoyablement critiquées et tournées en dérision. Même à l'étranger, des journaux plutôt conservateurs publièrent de longs articles tendant à prouver que le ministre des Affaires culturelles, le ci-devant écrivain André Malraux, était devenu un bureaucrate aussi inefficace que réactionnaire. Cette campagne de haine exprimait, entre autres choses, l'opposition presque totale des intellectuels d'extrême gauche, aussi bien que d'extrême droite, à la personne du général de Gaulle, à sa politique et à Malraux, son compagnon inconditionnellement fidèle.

En 1967, de manière tout à fait inattendue — bien que la chose eût été annoncée à plusieurs reprises — parut les *Antimémoires*. Ce livre eut un retentissement exceptionnel et surprenant à l'extrême : les critiques jusque-là les plus archarnés mirent fin à leurs attaques, presque aucun d'entre eux ne s'en prenait à l'auteur sur le plan politique. Malraux fut porté aux nues, comme s'il avait soudainement subi une complète transformation et était redevenu l'ancien Malraux, c'est-à-dire l'auteur de la *Condition humaine*. Ceux qui s'étaient inlassablement demandé comment on pouvait expliquer sa trahison, voulant par là dire sa loyauté à de Gaulle et à sa politique ambiguë, se conduisirent tout à coup comme si cela n'avait jamais eu, ou avait perdu, toute importance.

Cette étonnante réaction donne à penser qu'il existait une confusion à plusieurs niveaux. Il se peut en effet que beaucoup de ceux qui furent des admirateurs de Malraux dans sa jeunesse, ne se soient pas moins trompés sur ses véritables opinions politiques que ne le firent ses détracteurs d'après-guerre qui ne voulaient voir en lui que le gaulliste fanatique. En d'autres termes, partant du fait que Malraux n'a jamais été communiste, nous pouvons dire qu'il n'a donc pu devenir un renégat. Peut-être nous apercevrons-nous aussi que le gaullisme de Malraux, bien que riche de significations multiples, n'en a finalement que peu sur le plan de son œuvre. Cependant certains faits demeurent : Malraux est resté fidèle au général de Gaulle, même à des moments où sa loyauté le forçait à soutenir (ou à accepter en silence) toutes sortes de manœuvres politiques, qu'il aurait normalement critiquées ou auxquelles il se serait même opposé. Cela l'obligea parfois à modifier ses positions politiques d'un jour à l'autre. Car de Gaulle, bien que fidèle à son dessein ultime, le poursuivait avec des stratagèmes souvent changeants, d'où n'étaient exclus ni l'habile recours à la séduction, ni les soudaines volte-face qui sont la marque de l'opportunisme machiavélique.

Où donc situer Malraux politiquement ? Je reviendrai à cette question après un détour, car on ne peut y répondre qu'à la lumière de tout ce que Malraux a fait ou représenté au cours de sa longue vie de créateur et d'activiste politique.

D'abord et pour commencer, deux faits : contrairement à la plupart des écrivains français, y compris certains écrivains antifascistes ou communistes, Malraux a refusé de publier quoi que ce soit en France, pendant l'occupation allemande. *Les Noyers de l'Altenburg,* qu'il écrivit à cette époque, furent d'abord édités en Suisse et ne parurent en France qu'après la guerre.

D'autre part, Malraux n'a jamais changé ou supprimé, ne serait-ce qu'une seule page, à aucun de ses livres ayant fait l'objet d'une réédition. Il a toujours assumé tout ce qu'il avait publié. Cela ne surprendra pas ceux qui comprennent son œuvre et la logique interne de son développement. Mais c'est un point sur lequel il est bon d'insister, simplement parce que , au cours des dernières décennies, il y eut de nombreux exemples d'auteurs qui renièrent ce qu'ils avaient été et se firent ainsi leurs propres censeurs. Il suffit de rappeler l'interdiction que fit Sartre de rejouer sa pièce politique *les Mains sales,* ou les nombreux changements qu'Aragon a récemment apportés à sa trilogie *les Communistes.*

La coïncidence.

André Malraux est né le 3 novembre 1901, au cœur de Paris, au pied de Montmartre. Son père chercha fortune avec plus ou moins de bonheur, subit de graves échecs et finit par se donner la mort. On sait que de nombreux écrivains sont issus de familles qui, à un moment ou un autre, ont connu des déchéances économiques et subirent en conséquence une dégradation sociale. Dans le cas de Malraux cette expérience cruelle semble avoir favorisé le développement d'une extrême susceptibilité sociale et le besoin d'une surcompensation par la création.

Au début de la Première Guerre mondiale, Malraux n'avait pas encore treize ans, il était devenu un jeune homme précoce lorsqu'elle se termina. Les pays vaincus furent ébranlés par des révolutions qui détruisant des empires puissants, semblaient devoir enfin permettre la réalisation des rêves les plus audacieux. C'est alors que la France victorieuse connut « les Années Folles ». Les survivants désiraient effacer de leur mémoire les dix millions de victimes morts inutilement et à s'oublier eux-mêmes et leurs années tragiquement gâchées et perdues. A cette époque, tout ce qui était exotique acquit une sorte de fascination, ce fut le cas par exemple pour l'art d'Exprême-Orient, qui fut redécouvert à ce moment-là et auquel on tenta de donner une signification qui l'actualisait.

Malade comme elle l'était d'une folie suicidaire, l'Europe perdit sa certitude que d'autres civilisations ne pouvaient ni lui donner de leçons ni lui servir d'exemple. La Révolution russe, les soulèvements dans les pays vaincus et, dans les pays victorieux, des crises continuelles firent naître un obsédant doute : leur victoire n'avait-elle pas été acquise à un trop grand prix et n'était-elle pas finalement tout à fait vaine ? Tout cela, et pas seulement cela, conduisit une nouvelle génération à essayer de se voir et de voir son propre univers avec d'autres yeux et à considérer sa propre civilisation simplement comme une parmi beaucoup d'autres, comme un simple épisode passager qui aurait très bien pu ne jamais être.

> Europe... tu ne laisses autour de moi qu'un horizon nu et le miroir qu'apporte le désespoir, vieux maître de la solitude. Peut-être mourra-t-il, lui aussi, de sa propre vie. Au loin, dans le port, une sirène hurle comme un chien sans guide. Voix des lâchetés vaincues... je contemple mon image. Je ne l'oublierai plus.

Ces lignes sont extraites du premier ouvrage réellement important que Malraux publia à l'âge de vingt-quatre ans, *la Tentation de l'Occident* : le titre *la Tentation de l'Orient*, eût d'ailleurs été, à bien des égards, plus approprié.

Au cours de son adolescence, Malraux s'était adonné à l'étude de l'Art avec une passion dévorante : il fut un visiteur infatigable des musées, des expositions et des collections privées, de sorte qu'avant d'avoir atteint l'âge de vingt ans, il avait acquis en particulier une remarquable connaissance des palais et des temples indochinois qui avaient survécu au temps où ils venaient d'être exhumés.

Convaincu qu'il saurait découvrir des trésors inconnus ou négligés, il décida sans hésiter d'entreprendre des fouilles à titre personnel. En prenant cette décision, il était surtout animé par la curiosité intellectuelle et l'ambition, mais il avait aussi l'intention de rapporter à Paris, dans le but de les vendre, un certain nombre de sculptures qu'il aurait découvertes, afin de devenir rapidement riche, d'acquérir son indépendance matérielle.

En décembre 1923, un très jeune Malraux réussit à arracher à la jungle cambodgienne des dieux et des rois qui y étaient cachés et oubliés. Après de multiples difficultés, il parvient à les acheminer jusqu'à un port. Le jeune rêveur, l'histoire le prouve, avait organisé toute l'affaire avec intelligence et sérieux. Les fonctionnaires subalternes d'Indochine consternés et leurs collègues parisiens plus haut placés ne trouvèrent qu'un moyen de se laver les mains de toute l'affaire : ils désavouèrent leur jeune compatriote et l'abandonnèrent à la Justice locale.

*
**

C'était l'époque de la révolution nationale et anti-impérialiste en Chine. Les armées de Chang Kaï-chek soutenues par l'Union soviétique et assistées d'experts russes volaient de victoire en victoire. Leur avance irrésistible stimulait notre imagination et nourrissait l'espoir que la révolution mondiale avortée reviendrait au cœur de l'Europe par le détour de la Chine.

Dans ce bref intervalle plein d'illusions, entre l'après-guerre et l'avant-guerre, la relative stabilité de l'économie capitaliste, liée à sa rationalisation et au frénétique développement de la technologie industrielle, entraîna une formidable amélioration du niveau de vie. Personne dans le monde occidental ne pensait que les mouvements révolutionnaires pourraient renaître dans un avenir immédiat. Même en Union soviétique, l'accent était mis sur la « reconstruction » : l'économie mixte que Lénine avait lancée sous le nom de N.E.P. (Nouvelle Economie Politique), n'était pas faite pour soulever l'enthousiasme des nouvelles générations.

Ce fut le moment dans la vie de Malraux où la *coïncidence* joua un rôle d'une importance majeure, coïncidence fortuite s'il en fut et due à des circonstances purement personnelles : Malraux fut retenu en Indochine. Après son procès, il avait fait appel de sa condamnation à deux ans de prison et était resté à Hanoi pour préparer sa défense. La presse coloniale d'abord, par pur goût du sensationnel et ensuite pour des raisons d'ordre politique, fit de Malraux la cible d'une venimeuse campagne de dénigrement. C'est pour lutter contre ces attaques, et aussi pour des raisons qui lui étaient propres, qu'il se jeta avec une résolution toujours croissante dans le combat contre les conditions de vie dans la colonie française. Le jeune Parisien, dont la pensée jusque-là avait été dominée par des préoccupations esthétiques, se plongea dans le combat contre les exploiteurs de la misère, contre les insatiables profiteurs, contre l'administration coloniale et contre les écrivassiers parasites qui essayaient de dissimuler et d'embellir ces conditions au nom de la civilisation française. Il trouva des âmes sœurs, non seulement dans l'intelligentsia indigène, mais aussi parmi les Français. L'un d'eux était Paul Monin, jeune avocat et homme politique, qui avait souvent et courageusement plaidé en faveur des droits et pour la cause des opprimés. Monin avait en outre des liens étroits avec les Chinois de Saigon et, par eux, avec le Kuomintang. C'est avec lui que Malraux publia, en 1924-25, le journal *Indochine,* pour lequel il écrivit une quarantaine d'éditoriaux et d'articles, qui méritent encore d'être lus aujourd'hui.

C'était avec l'intention d'exhumer les bas-reliefs du temple de Banteay Srei au Cambodge que Malraux était parti pour l'Indochine. Il ne devint pas révolutionnaire du jour au lendemain, mais plus il voyait les terribles conditions dans lesquelles les indigènes, et surtout les membres de l'intelligentsia et les paysans, étaient condamnés à végéter, plus il était persuadé qu'il lui serait désormais impossible de vivre et d'agir comme si ces injustices et ces malheurs n'existaient pas.

Malraux était resté un partisan enthousiaste de la révolution esthétique permanente, à laquelle, incidemment, il devait sa maturité précoce. Mais pendant son séjour forcé en Indochine, il devint aussi un rebelle acharné au colonialisme. En cela comme en bien d'autres domaines, il fut un pionnier :

son conflit de plus en plus aigu avec la classe dirigeante n'était pas inspiré par l'intérêt à court ou à long terme du prolétariat français ou européen, mais par ce qui n'était alors que le combat naissant pour la liberté et l'identité du tiers monde.

Pascal et la Chine.

Ceci peut expliquer pourquoi Malraux construisit son premier roman, *les Conquérants,* autour d'un épisode important de la révolution chinoise qui se déroula pendant qu'il était encore en Indochine. La forme du livre conduisit beaucoup de lecteurs et de critiques à le prendre pour un reportage autobiographique ; erreur qui, à son tour, contribua à créer la légende selon laquelle Malraux aurait participé à la révolution chinoise : légende que l'auteur n'a jamais réussi à désavouer résolument. Même un homme à l'esprit aussi pénétrant que Trotsky croyait que Garine, le révolutionnaire européen, héros du roman, était Malraux lui-même. Ainsi se répandit l'idée que Malraux avait joué un rôle politique important à Canton et dans d'autres villes chinoises, qu'il avait étroitement collaboré avec Chang Kai-chek, et que ce dernier lui avait finalement confié la propagande du Kuomintang.

Un simple regard jeté sur les données de sa biographie permet à n'importe qui de constater que Malraux n'a joué aucun rôle dans les événements militaires ou politiques de la révolution chinoise. Cela ressort avec évidence de l'étude des dates, facilement vérifiables, de ses différents voyages et de ses séjours prolongés en Indochine et à Paris, entre 1923 et 1926 : en outre, il ne faut pas oublier que Malraux était à cette époque extrêmement jeune et presque inconnu. Tout ceci aurait dû suffire à détruire la légende : mais le penchant à préférer la légende à la vérité n'est pas le privilège exclusif des simples d'esprit et des jeunes gens exaltés.

Une autre raison explique pourquoi, même un homme comme Trotsky ne réussit pas à percer à jour les transparentes constructions du premier roman de Malraux. En effet, l'une des principales qualités de ce roman réside dans sa forme très particulière d'imagination réaliste : ce réalisme crée une impression tellement parfaite de présence immédiate que le lecteur est amené à identifier le héros extraordinairement vivant à l'auteur —, et à considérer les événements en partie fictifs et en partie réels comme des aventures vécues par le romancier lui-même.

Le troisième roman de Malraux, *la Condition humaine,* ramène le lecteur en Chine. Nous sommes en 1927, année pendant laquelle le chef victorieux du Kuomintang réussit une double conquête de Shangai : ayant mis les troupes ennemies en déroute, il démantela les organisations communistes, syndicales et politiques de la ville ; ensuite il entreprit d'en liquider les chefs, au moment où ils allaient s'emparer du pouvoir.

Presque tous les critiques accueillirent *la Condition humaine* comme un chef-d'œuvre et, en décembre 1933, ce roman valut à son auteur le prix Goncourt. Trotsky consacra un article au roman, et une fois de plus il se trompa sur la part que Malraux avait prise à ces événements cruciaux de l'époque : « En 1926, Malraux était en Chine, il travaillait pour le Kuomintang-Komintern ; il est un de ceux qui doivent être tenus pour responsables de l'étranglement de la révolution chinoise. »

En outre, Trotsky reprocha à Malraux d'avoir mal appliqué le marxisme dans son interprétation des problèmes et événements de la révolution chinoise, non seulement insuffisante mais erronée. Le vieux révolutionnaire porta cette accusation principalement parce que *la Condition humaine,* moins cependant que *les Conquérants,* semblait justifier la politique de Staline en Chine, politique que Trotsky avait, à bon droit, attaquée dès ses débuts.

Les Conquérants décrit la rébellion des coolies chinois qui combattaient à la fois pour leur dignité de travailleurs, pour leur avenir de révolutionnaires et pour l'indépendance nationale de la Chine. Garine, un de leurs chefs est le héros typique de Malraux, mais un héros typique aussi du roman philosophique dans la lignée de Dostoïevski. Garine sait clairement contre qui et contre quoi il se bat, mais il sait rarement pour qui et pour quoi il risque sa vie, et quels sont ceux qu'il peut considérer comme ses véritables frères d'armes. Il choisit vers l'action impersonnelle, comme moyen d'affirmation de soi, comme moyen d'attester la signification de son être dans le combat quotidien et sans fin qu'il mène contre la menace du néant. Même à l'heure de la victoire, il doute encore de pouvoir jamais dépasser ses propres limites et transcender les confins de la *conditio humana,* l'esclavage dans lequel l'homme est maintenu par les conditions de sa vie. Peut-être aussi Garine n'était-il pas certain que la victoire était inévitable, à coup sûr il avait des doutes sur la signification de cette victoire. Le premier roman de Malraux ne fait que suggérer tout cela, mais Trotsky était particulièrement sensible aux allusions de ce genre et en a fait le noyau central de sa démonstration tendant à prouver la « faiblesse politique » de l'auteur et de son roman.

Gravement malade, Garine reprend finalement le chemin de l'Europe. Il pense : « Nous prendrons Shangai avant un an », et cependant l'auteur et ses lecteurs savent que si, en effet, Shanghai sera bien conquise, ce ne sera que pour devenir, presque immédiatement, la fosse commune des révolutionnaires ; de sorte que cette victoire aboutira à la plus sanglante défaite de la révolution chinoise. Le roman est donc imprégné des prémonitions du désastre à venir, et c'est pourquoi, bien que le critiquant vivement sur le plan politique, Trotsky le porta aux nues.

Comme tragédie, *la Condition humaine* est à la prose ce qu'*Antigone* est au théâtre. A la fin, presque tous les héros meurent, victimes d'insupportables tortures. Voyant la terreur qu'éprouve un de ses jeunes camarades à l'idée de l'horrible sort commun qui les attend (tortures et mort par le feu), un des héros du roman lui donne le poison salvateur par lequel il aurait pu lui-même échapper à ces tourments sans nom. Le geste suprêmement humain est bien sûr aussi l'expression ultime de la dignité humaine. Ce roman met, plus encore que *les Conquérants,* l'accent sur la fraternité virile et la dignité de l'homme.

Parmi les survivants se trouvent May, la femme de Kyo, (un des chefs révolutionnaires), qui lui a été infidèle au cœur du drame et essaye ensuite de prendre sa place dans le combat apparemment sans espoir ; Gisors, le père de Kyo, un professeur de philosophie qui trouve un refuge contre sa propre lucidité et son chagrin en fumant de l'opium dosé avec soin ; et un aventurier vaguement escroc qui, ayant péché par faiblesse, finit par trahir les révolutionnaires. Que reste-t-il d'autre dans la ville de Shanghai après la destruction des forces révolutionnaires ? Que retient le lecteur de tout cela ? Rien, semble-t-il, si ce n'est la certitude que l'ultime condition de notre existence est bien immuablement celle que Pascal a décrite dans son allégorie :

> Qu'on s'imagine un nombre d'hommes dans les chaînes et tous condamnés à la mort, dont les uns étant chaque jour égorgés à la vue des autres, ceux qui restent voient leur propre condition dans celle de leurs

semblables, et, se regardant les uns les autres avec douleur et sans espérance, attendent à leur tour. C'est l'image de la condition des hommes.

Un retour, en d'autres termes, au point de départ, à l'éternel commencement qui est une fin. Les desseins audacieux et les risques encore plus audacieux aboutissent à la torture et à la mort. Tout ce qui a été mis en jeu et gaspillé, tout ce qui a été gagné et cependant perdu, était destiné à ramener les survivants face à une seule et simple vérité : il est permis à l'homme de s'attaquer de temps en temps aux murs, mais cela ne lui servira jamais qu'à prendre conscience du fait que les murs, et seuls les murs, sont inattaquables et imprenables.

Etait-ce là le message que l'auteur de trente-deux ans voulait apporter à ses lecteurs, quelques mois après l'accession de Hitler au pouvoir ? Peut-être. Mais, sans aucun doute, il voulait aussi affirmer le contraire. Il commençait à proclamer sa conviction que ce qu'il y a de meilleur en l'homme est indestructible : sa capacité de faire preuve de sa dignité, même lorsqu'il est exposé aux pires humiliations, et de sauver ainsi la signification de son existence.

La Condition humaine abonde en actions d'éclat, où l'on trouve des allégories à de multiples niveaux et des allusions inattendues que chaque lecteur peut interpréter à sa manière. Le roman traite d'événements qui sont arrivés il y a plus de cinquante ans, dans une ville étrangère, dans un pays lointain, et cependant comme tous les chefs-d'œuvre, la Condition humaine conserve une actualité qui jamais ne s'efface et qui, en un certain sens, est recréée par chaque génération : le roman possède cette sorte d'actualité dans laquelle l'intemporalité trouve les diverses formes de son expression.

Le sujet de la Condition humaine est-il uniquement celui d'une révolution qui fut noyée dans son propre sang ? Apparemment oui. Il semble que dans ce roman la politique domine tout et détermine les raisons d'agir de chaque personnage, jusqu'à ce que le destin tragique s'accomplisse. Pourtant, en réalité, la politique, dans ce roman, n'est rien de plus que le « dialecte de concrétisation » : j'emploie ici ce terme à l'instar d'Alfred Adler qui a créé l'expression « dialecte des organes », dans sa Psychologie individuelle, pour caractériser la manière par laquelle des désordres mentaux s'expriment parfois en symptômes somatiques. Pour le romancier-philosophe de notre temps, la politique est, de la même façon, la matière première qu'il manipule et façonne en événements et en expériences vécues. La politique, ce « dialecte de concrétisation », lui permet de dépeindre ses personnages à la fois dans leur solitude et leur incertitude métaphysique et dans leur existence sociale qui les pousse à accomplir des actes enthousiastes et souvent destructeurs, ces actes de contestation collective que sont les insurrections.

Ce que Trotsky voulait découvrir, c'était dans quelle mesure *la Condition humaine* traitait et interprétait la révolution chinoise en termes de marxisme orthodoxe ou non. Malraux, au contraire, concevait ses romans comme une recherche de la signification d'une forme d'engagement politique extrême, signification qui ne peut probablement se révéler qu'à celui qui l'a d'abord créée. Malraux ne cherchait pas à résoudre, mais à éclairer la contradiction entre l'isolement sans espoir de l'individu et notre indéfectible appartenance à la collectivité ; entre la vie à l'intérieur de conditions limitées par le temps et l'inévitable mort qui nous bannit dans l'intemporalité en nous rejetant vers le néant. C'est le problème de Dostoïevski aussi bien que de Malraux et des romanciers philosophes de notre temps, qu'ils l'expriment soit par le langage de la réalité politique, soit par des allégories métaphysiques, comme l'a fait Camus dans le roman paradigmatique qu'il publia sous le titre de *l'Etranger*.

« Pourquoi la Chine, et non la lutte des classes en Europe, en France, ici à Paris, par exemple ? » Ce fut la question que posèrent au romancier des ouvriers des usines Renault en 1935. Dans sa réponse, Malraux s'abstint de mettre l'accent sur les avantages de la distanciation par transposition, il répondit que la situation en Chine, où la révolution fut d'abord victorieuse et ensuite cruellement réprimée, avait précisément répandu la plus vive lumière sur des phénomènes qui étaient pour lui le vrai sujet de ses livres pour autant qu'il voulait demeurer fidèle à sa vocation.

Pourquoi ? Certainement parce qu'il avait vu de ses yeux comment les héritiers d'une culture ancienne étaient devenus les victimes de maîtres colonisateurs qui les exploitaient, les opprimaient et les humiliaient au point de nier leur existence même.

Le jeune Malraux choisit la Chine pour scène de ses deux premiers romans révolutionnaires parce qu'il avait compris très tôt les problèmes sociaux, psychologiques et métaphysiques du tiers monde, que Frantz Fanon devait formuler en

termes excessifs beaucoup plus tard. Il serait intéressant d'étu-
dier le lien entre l'extrême sensibilité avec laquelle Malraux,
il y a cinquante ans, a perçu les malheurs du tiers monde et
l'excessive susceptibilité, systématique et arbitraire, avec
laquelle certains jeunes Occidentaux d'aujourd'hui réagissent
à tout ce qui pourrait remettre en question les revendications
et les espoirs de ce tiers monde.

Le Pèlerinage au Néant.

En 1930, entre son premier roman, *les Conquérants* et le
troisième, qui en est d'une certaine façon la suite, *la Condition
humaine,* Malraux publia un livre nettement apolitique, *la
Voie royale,* récit de l'expédition archéologique d'un jeune
Français en Indochine, lequel ressemble à l'auteur de plus
d'une façon. Dans *la Voie royale,* Malraux formule pour la
première fois son concept d'Art comme Anti-Destin : il décrit
dans un style épique l'interaction de la nature et de la civilisation, de la mort destructrice et de l'indestructible création
artistique. Il n'avait pas encore trente ans et il est assez remarquable que les idées qu'il exprimait alors sur ce thème très
important contenaient déjà l'essentiel de tout ce qu'il devait
écrire par la suite sur sa philosophie de l'art, entre 1947 et
1958, dans *la Psychologie de l'Art, les Voix du Silence* et *la
Métamorphose des Dieux.* Si les choses s'étaient passées selon
la logique biographique ou littéraire, *la Voie royale* aurait dû
être le premier roman de Malraux, et c'est précisément parce
qu'il est intercalé entre deux romans « politiques », et ne
semble pas en quelque sorte être à sa place, que ce livre est
d'autant plus révélateur et significatif pour le développement
de l'écrivain.

Ce décalage prend tout son sens lorsqu'on se souvient de
ce que j'ai dit précédemment à propos du « processus de
concrétisation ». En écrivant *la Voie royale,* ou son dernier
roman, *les Noyers de l'Altenburg,* et même ses livres sur l'Art,
Malraux n'a fait qu'employer un autre « langage de concrétisation » pour traiter le même problème fondamental, qui avait
atteint sa « concrétisation » politique dans ses romans.

Malraux était-il marxiste lorsqu'il écrivit *les Conquérants* ?
Ne l'était-il plus lorsqu'il écrivit *la Voie royale* ? Et le rede-
vint-il lorsqu'il écrivit *la Condition humaine* et à nouveau, en
1935, lorsqu'il écrivit *le Temps du Mépris* ? Puis, deux ans
après, lorsqu'il publia le grand roman sur la Guerre civile

espagnole qu'est *l'Espoir* ? Cessa-t-il encore une fois de l'être lorsqu'il écrivit *les Noyers de l'Altenburg*, entre 1940 et 1942 et plus tard ses ouvrages si importants sur l'Art ?

Le problème du marxisme de Malraux s'imbrique dans une série de questions qui risquent de reléguer sa biographie politique dans une lumière crépusculaire. Malraux était-il communiste dans les années 30 ? Ne l'était-il plus pendant l'occupation allemande lorsqu'il devint chef d'un groupe de résistance non communiste et ultérieurement le commandant de la brigade Alsace-Lorraine ? Etait-il nationaliste ou peut-être même réactionnaire, lorsqu'il devint ministre dans le premier gouvernement du général de Gaulle et ensuite l'un des leaders du R.P.F. (Rassemblement du Peuple Français), mouvement créé pour ramener de Gaulle au pouvoir. A partir de 1958, Malraux fut pendant onze ans le ministre du général de Gaulle et lui demeura inconditionnellement fidèle en fait comme en apparence. Devint-il pour autant un renégat, de droite, ou peut-être un fasciste ?

Ces deux séries de questions sont évidemment liées : l'étrange dichotomie de la production littéraire de Malraux et l'hétérogénéité du rôle qu'il a joué dans le combat politique de notre époque sont deux problèmes intimement mêlés. Il faut rappeler à ce propos que Malraux n'a jamais apporté que de minimes corrections de style aux nouvelles éditions de ses livres, qui ont été réédités après la guerre dans la forme où ils l'avaient été pendant sa période révolutionnaire. Cette manière d'agir n'est pas celle d'un renégat. Mais comment peut-on alors expliquer la carrière politique de Malraux ?

La première réponse qui vient à l'esprit est inhérente à l'histoire de sa vie et de son œuvre, telle qu'elle vient d'être esquissée. Malraux ne s'est jamais délivré de la fameuse question de Pascal : bien au contraire, il l'a plusieurs fois transposée dans le domaine de l'action politique et dans ceux de ses livres qui peuvent être considérés comme communistes. Il le dit dans ses *Antimémoires* :

> Je ne parle pas du fait d'être tué, qui ne pose guère de question à quiconque a la chance banale d'être courageux, mais de la mort qui affleure dans tout ce qui est plus fort que l'homme, dans le vieillissement et même dans la métamorphose de la terre (la terre suggère la mort par sa torpeur millénaire, comme par sa métamorphose, même si sa métamorphose est l'œuvre de

l'homme) et surtout l'irrémédiable, le : tu ne sauras jamais ce que tout cela voulait dire (p. 10).

Lorsque Malraux écrivit ses lignes, il était âgé de soixante-cinq ans, mais à vingt-cinq ans il pensait déjà la même chose et l'exprimait d'une manière similaire. A cet égard aussi, il était et demeure un héros typique de notre temps. A travers cette existence en perpétuel changement, il a fait preuve d'une étonnante constance, toujours menacée et cependant toujours préservée. Il a maintenu la continuité de sa pensée et de sa sensibilité, face aux défis mortels : elle a la permanence d'une obsession qui reste la même, quel que soit le dialecte de concrétisation qu'elle emploie pour s'exprimer. En cherchant à découvrir la valeur de la création artistique ou la signification d'une œuvre d'art et la raison de sa permanence, Malraux pose exactement la même question que celle qui l'avait conduit à l'action révolutionnaire et avait fait de lui l'auteur de romans exemplaires : l'homme, objet de son destin peut-il en devenir le maître ? L'argile, dans la main du potier, peut-elle se faire potier, avec le pouvoir de choisir sa forme ?

La question fondamentale qu'André Malraux pose dans le passage de ses *Antimémoires* cité plus haut et qui, de son propre aveu, est au centre de toute son œuvre d'écrivain est la suivante : comment vivre, en sachant que l'on doit mourir ? Puisque l'avenir est en tout état de cause hypothéqué par la mort, quel sens ont des actes qui ne peuvent atteindre leur but que demain ou après-demain ? Pourquoi se battre pour améliorer les conditions dans lesquelles l'homme vit lorsque l'on sait que, quel que soit le vainqueur, la défaite finale est inévitable puisque la mort reste toujours l'unique gagnante ? D'autre part, comment supporter la vie en tant qu'individu, qu'être éphémère conscient de ce que l'immortalité lui est refusée, sans rechercher une évasion dans des actes qui, peut-être, nous aideront à oublier que nous ne sommes que des morts en sursis ?

Lorsque le jeune Malraux, qui jouait au dandy, mais était en réalité un homme de lettres obsédé par l'art, se transforma en un révolutionnaire défenseur des humiliés et des offensés, c'était peut-être dans l'espoir d'échapper au dilemme pascalien. Pascal, lui, nous le savons, ne recherche pas l'évasion dans l'action. Son fameux « pari » repose sur la conviction qu'il est toujours plus sage pour l'homme de tout jouer sur la possibilité de l'existence de Dieu, que de tout miser, sans

Dieu, sur cet instrument de destruction appelé vie, qui n'a pas de permanence et n'apporte pas de consolation. L'illumination de Pascal a éclairé la route, non pas vers la poussière et la mort, mais vers la vraie foi. Malraux et quelques autres, surtout parmi ceux qui vinrent après lui et commencèrent à écrire sous son influence, comme Sartre et Camus, étaient différents : ils n'oublièrent jamais qu'ils étaient prisonniers du filet de l'omniprésente absurdité qui, tel un clown géant dénué à la fois de conscience psychologique et de conscience morale, prétend exercer un pouvoir universel. En dernière analyse, la vie menace de demeurer une absurdité qui parodie la raison et porte atteinte à la confiance en soi, à moins que l'homme, créateur ou destructeur, ne lui impose une signification qui puisse triompher de sa condition éphémère.

Ici apparaît le mouvement pendulaire qui détermine le cheminement de Malraux : il l'entraîne de l'intolérable prise de conscience métaphysique vers des actions qui, en tout cas pendant qu'elles se déroulent, peuvent sauver l'individu de son esseulement, jusqu'à ce qu'il reconnaisse la tragique vanité de l'action, et retourne, chaque fois, à la métaphysique. Dans le cas de Malraux, la métaphysique assume le caractère d'une mise en question de tout, d'une interrogation globale. De temps en temps, il échappe à ce mouvement de pendule, à ce pèlerinage sans Mecque, par le moyen de son interprétation philosophique de l'art comme antidestin, de l'art, seule force capable de vaincre le destin.

Entre l'Action et la Création.

Cependant, l'action est demeurée une irrésistible tentation pour Malraux. Les intellectuels ont tendance à être attirés par l'activisme, en particulier à cause de l'immense prestige que l'action a acquis parmi eux depuis la Révolution Française et plus encore depuis la Révolution d'Octobre. La plupart d'entre nous connaissent bien le dégoût qu'inspirent les mots parce que, dans la mesure même où ils sont sans pouvoir réel sur les choses, ils nous rendent encore plus cruellement conscients de notre impuissance que ne le ferait à elle seule l'inaction. Dans cette situation, les rêves d'action, avec l'illusion d'efficacité illimitée qu'ils apportent, nous séduisent irrésistiblement : appelons ce genre de rêve, que nous rêvons les yeux ouverts, le mythe de l'efficacité. Aussi bien dans le communisme que dans le fascisme et, en vérité, dans tout mouvement extrémiste, les intellectuels ont cherché l'occasion de donner un pouvoir réel à leurs mots et à assurer leur efficacité. C'est pourquoi ils ne se contentent pas d'accuser ou d'encourager, de blâmer ou de louer, ils interviennent effectivement et ainsi empoignent enfin la réalité.

Même chez un homme qui a atteint sa maturité, s'il l'atteint jamais, et s'est libéré pratiquement de toutes ses illusions, subsistent encore certaines enclaves dans lesquelles il caresse des espoirs qui ne seront jamais satisfaits, mais auxquels il peut s'abandonner de temps en temps. Jusqu'au dernier instant de sa vie, chacun peut connaître cette tentation. Malraux est, sans l'ombre d'un doute, exceptionnellement intelligent, lucide et perspicace. Cependant, malgré sa puissance de création verbale et la passion qu'il éprouve pour les mots, il n'a jamais cessé de croire à l'efficacité. Il continue à y croire aveuglément, comme une femme laide continue à croire malgré elle à la possibilité et à la réalité de la beauté parfaite. Malraux a succombé maintes fois à cette illusion. Dans les années 20, lorsqu'il fonda un journal en Indochine, il espérait réaliser par ce moyen beaucoup plus qu'il n'était possible. La campagne victorieuse de Chang Kai-chek, comme le triomphe de Staline, l'ont certainement impressionné à l'extrême, en dépit de sa perspicacité et de son scepticisme. De la même manière, il a souscrit aux légendes qui, avec une inlassable habileté, avaient été tissées et entretenues autour de T. E. Lawrence. En fait, il considérait le légendaire Lawrence d'Arabie comme un exemple digne d'être imité : Lawrence semblait avoir fait la démonstration qu'un intellectuel peut, en certaines circonstances, devenir exceptionnellement efficace en se montrant impitoyable envers lui-même et vraiment résolu à faire preuve de ce courage illimité qui est le propre de certains individus auxquels manque totalement le don d'imagination réaliste.

Malraux était décidé à vivre selon ce concept d'efficacité. Il devint le leader représentatif de l'intelligentsia française dans la lutte contre le fascisme. Il était sur place lorsque vint le moment d'aider la République espagnole. C'est lui qui trouva des avions pour les escadrilles internationales qui, sous son commandement, prirent part aux batailles de Badajoz, de Teruel, et à beaucoup d'autres. Il n'écrivit pas de poèmes de circonstance, il signa rarement des protestations ou des manifestes, mais il se lança au cœur de la lutte, d'abord en Espagne, puis comme volontaire dans les forces blindées françaises en 1939, après cela dans le Maquis, et, finalement, à nouveau en première ligne à la tête de la brigade Alsace-Lorraine jusqu'à la fin des combats.

Les intellectuels fascistes, eux aussi, s'étaient enthousiasmés pour l'action, il suffit de penser à Gabriele D'Annunzio vieillissant. L'interprétation que Malraux donne du sens de l'action, de l'amour du combat et de la fraternité virile, est exposée dans *l'Espoir*. Dans ce roman, Malraux décrit les débuts de la guerre civile espagnole et les opérations sur terre et dans les airs. En même temps, il étudie le processus mental complexe par lequel les volontaires antifascistes venus du monde entier prirent conscience d'eux-mêmes, à la fois comme groupe et comme individus. Il dépeint aussi les paysans espagnols qui, malgré leur peu de conscience politique, agissaient cependant en révolutionnaires. Une chose est certaine, c'est que *l'Espoir* est encore moins « héroïste » que les romans chinois de Malraux, mais cela n'empêche pas que lui-même le soit demeuré jusqu'à aujourd'hui.

En apparente contradiction avec son profond scepticisme et son humanisme tragique, cette conception héroïste devient compréhensible dès que l'on découvre que le culte du héros, chez Malraux, ressemble extraordinairement au culte du génie qui fut la caractéristique des premiers romantiques allemands. Pour lui, l'Histoire de l'Art est, jusqu'à un certain point, la chronique des coups de génie sublimes. Seul un génie réussit à assimiler tout ce qui l'a précédé dans l'unique fin de s'en détacher pour devenir à son tour, lui-même, un créateur. A partir de ce qui a été sauvé de la tradition et en y ajoutant les nouveautés qui correspondent à son propre tempérament, l'homme de génie crée des œuvres d'art qui inaugurent une ère nouvelle et un style radicalement autre. Dans la lumière et souvent dans l'ombre de ce génie, des dizaines et même des centaines d'artistes de talent continuent à travailler jusqu'à ce qu'un nouveau génie, à son tour, renverse tout et conduise l'art dans des chemins jamais foulés. En regardant une ville de très loin ou de très haut, nous ne voyons que ses plus hautes tours et ses gratte-ciel, nous pourrions être tentés de dire qu'ils sont les seuls à compter. Il est inutile de faire la contre-démonstration de cette vue trompeuse.

Quels que soient l'art et les méthodes originales que Malraux utilise dans les *Antimémoires* il ne réussit pas, en rapportant leurs propres paroles, à prouver que Nehru, Staline, Mao Tsé-toung ou de Gaulle sont des « individus de l'Histoire mondiale », dans le sens où l'entendait Hegel. Il n'arrive pas à persuader le lecteur critique que la Longue Marche doit tout à la conception de Mao Tsé-toung, qu'elle est sa réussite et sa victoire personnelle, parce que dans le même souffle, pour ainsi dire, il décrit les efforts, les souffrances, les initiatives hardies et les innombrables sacrifices des simples soldats qui pavent le chemin de gloire de Mao.

Dans leur structure, comme dans leur contenu, les *Antimémoires* sont une œuvre d'une étonnante et presque trop abondante richesse de plans superposés et juxtaposés. Dans ce livre apparaît l'infranchissable barrière qui existe entre les deux aspects de la personnalité de Malraux. D'un côté, il y a les expériences de Malraux soldat, partisan, captif blessé et, finalement prisonnier, c'est-à-dire les expériences d'un homme parmi les autres. Et de l'autre, il y a les expériences et les réflexions de Malraux, ministre du général de Gaulle, à l'occasion de ses voyages, de ses conversations et de ses discours plus ou moins officiels.

**
*

En 1969, après le départ du général de Gaulle et l'élection de Georges Pompidou, Malraux quitta la vie publique et retourna à sa table de travail. En 1971, il publia *les Chênes qu'on abat...*, son dernier dialogue avec le président disparu, son adieu à l'ami vénéré et, en même temps, son adieu à la politique. Ensuite vint *La tête d'obsidienne,* un livre sur la philosophie de l'art, en partie centré sur Picasso ; puis *l'Irréel*, second volume de la *Métamorphose des Dieux* (qui sera suivi par *l'Intemporel*) et finalement *Lazare,* un dialogue avec et sur la Mort.

Malraux trouva ainsi le chemin du retour vers la création artistique, révolte permanente contre la mort, c'est-à-dire contre le non-être.

C'est pendant cette période qu'il prit son initiative en faveur du Bengladesh : à soixante-dix ans, Malraux s'est porté volontaire pour combattre sur le front de la guerre civile. N'était-ce pas là un acte politique ? Sans aucun doute, c'en était un. Mais, plus encore, c'était perpétuer son engagement envers cet humanisme tragique qu'il avait formulé dans sa jeunesse et auquel il est demeuré fidèle toute sa vie, dans son œuvre et dans ses actes.

Traduction de Martine de Courcel,
sous le contrôle de l'auteur.

Ernst Gombrich

LA PHILOSOPHIE DE L'ART DE MALRAUX
DANS UNE PERSPECTIVE HISTORIQUE

La conclusion qui se dégage de la troisième partie des *Voix du silence,* pour moi la plus convaincante et la plus importante du livre est que :

> L'artiste conquiert les formes sur d'autres formes, la matière première d'un art qui va naître n'est pas la vie, c'est l'art antérieur [1].

Ce que Malraux dit ici de l'art s'applique aussi aux autres manifestations de la vie humaine. La civilisation est faite d'une trame de traditions qui ont leurs sources dans le plus lointain passé. Un des paradoxes de la position de Malraux est qu'il ne semble pas avoir tiré cette conclusion de ses travaux sur l'art. Imprégné comme il l'est des philosophies extrémistes de Nietzsche et de Spengler, il aime dramatiser les discontinuités de la culture humaine, les ruptures révolutionnaires avec le passé qui séparent une culture d'une autre et ne nous laissent pas d'alternative, mais nous forcent à contempler l'altérité radicale sous le masque d'un mythe que nous avons, en réalité, créé nous-mêmes.

Il est difficile à un historien professionnel de suivre Malraux dans cette voix, car on est en droit de se demander pourquoi cette continuité des formes, que Malraux aime célébrer, ne s'étendrait pas aussi bien à la création intellectuelle qu'à la création artistique. Il est vraiment tentant de le prouver par une « démonstration *ad hominem* ».

En essayant de situer la philosophie de l'art de Malraux dans sa perspective historique, je ne cherche pas à en diminuer l'importance. Au contraire j'espère que son « Musée de l'Esprit », (car c'est ainsi que j'aime traduire en anglais *le Musée Imaginaire*), deviendra plus compréhensible et plus accessible, lorsque son arrière-plan historique aura été précisé.

---

1. *Les Voix du Silence,* Gallimard 1953, p. 647, Synopsis, p. 309.

*

Méditant sur la bibliothèque de l'esprit, l'héritage littéraire de Rome, le grand humaniste maître de l'art oratoire
latin, Quintilien, qui écrivait au premier siècle de notre ère,
parle d'Ennius, le premier des grands poètes nationaux du
monde romain, qui vécut quelque trois cents ans avant lui,
en ces termes :

> Nous vénérons Ennius, comme nous vénérons ces
> forêts qui sont devenues sacrées par leur âge même,
> où les vieux chênes ne sont pas moins beaux que véné-
> rables [2].

La réaction du critique romain appartenant à une période
raffinée envers la fruste grandeur de ce qu'était devenu le
style archaïque d'Ennius illustre un genre de comportement
à l'égard de l'art des périodes antérieures qui s'est souvent
répété dans la tradition occidentale. Vu dans cette perspective
Malraux apparaît comme le dernier en date d'une lignée de
critiques qui ont été subjugués par ce caractère sacré dont
notre civilisation revêt si souvent les œuvres du passé.

Quintilien, comme Malraux, aurait pu admettre qu'il n'y
avait rien de sacré dans un vieux chêne noueux, en d'autres
termes, et là encore comme Malraux, il aurait pu dire que ce
respect inspiré par la nature l'était en réalité par un mythe,
tout comme il se rendait compte que sa réaction à l'égard
d'Ennius tenait à l'éloignement de ce dernier dans le temps.
Mais ni lui ni André Malraux, nous le savons, n'auraient voulu
pour autant renoncer aux sensations que la poésie archaïque
ou la contemplation de la nature peuvent faire naître.

Comment ne pas citer ici les pages des *Noyers de l'Altenburg,* qui décrivent le père du narrateur pénétrant dans une
forêt de ce genre à l'issue du grand « colloque » sur le concept
de l'homme [3] :

> La plénitude des arbres séculaires émanait de leur
> masse, mais l'effort par quoi sortaient de leurs énormes
> troncs, les branches tordues, l'épanouissement en feuil-
> les sombres de ce bois si vieux et si lourd qu'il sem-
> blait s'enfoncer dans la terre et non s'en arracher, im-

---

2. *Quintilien,* Institutio Oratoris, X 1, 28.
3. *Les Noyers de l'Altenburg,* Paris, Gallimard, 1948, pp. 151-155.

posaient à la fois l'idée d'une volonté et d'une métamorphose sans fin...

... le bois convulsé de ces noyers au lieu de supporter le fardeau du monde s'épanouissait dans une
vie éternelle en leurs feuilles vernies sur le ciel et leurs
noix presque mûres, en toute leur masse solennelle
au-dessus du large anneau des jeunes pousses et des
noix mortes de l'hiver.

A un autre endroit, Malraux nous dit explicitement à quel
point il est sensible à cette impression de « divinité » qui
émane des vieux arbres. Dans les *Antimémoires,* il parle d'un
arbre sacré qu'il a visité en compagnie d'une reine africaine [4].

Le Fétiche de la Reine était un arbre, semblable
à un platane géant ; autour de lui on avait dégagé une
place qui permettait de deviner qu'il dominait la forêt.
D'un enchevêtrement ganglionnaire de racines, mon-
taient des pans d'arbres droits comme des murs, rassemblés en un fût colossal, qui, trente mètres plus haut,
s'épanouissait souverainement.

Comme pour confirmer cette fusion qui se fait entre les
arbres vénérable et l'art du passé, dans la pensée de Malraux
et dans celle de l'érudit romain, nous rencontrons une référence au même lien dans *La tête d'obsidienne* [5] : l'auteur
médite sur un fétiche de forme allongée « qui ressemble à une
branche, comme les anges du Tympan d'Autun ».

Ces subtiles critiques du langage que furent les maîtres de
l'Art Oratoire avaient un mot pour cette gamme de sentiments, mot que nous traduisons par « le sublime ». Il est
significatif que l'auteur grec inconnu d'un traité sur le sublime,
qui écrivait sous le nom de Longin, ait découvert cette qualité
précieuse et insaisissable dans les formules de commandement
prononcées par le Créateur dans les textes hébreux : « que la
lumière soit et la lumière fut ». Mais cette qualité sacrée, ainsi
attribuée aux textes religieux d'une religion étrangère, ne peut
s'obtenir à volonté. Si vous essayez de parler d'une manière
sublime, vous ne réussissez qu'à être ampoulé. Car le sublime
est moins une catégorie esthétique que psychologique. C'est,
selon la fameuse formule de Longin, « l'écho d'une âme
noble ». Nous nous délectons du sublime, précisément pour

---

4. *Antimémoires,* Gallimard 1967, p. 78.
5. *La tête d'obsidienne,* Gallimard 1974, p. 158.

cette raison. Il nous confronte aux grands esprits. Il comblera ceux qui ne cherchent pas tant la découverte de la beauté et des procédés pour l'obtenir, qu'une rencontre avec la grandeur. Longin insiste sur le fait que la perfection et l'élégance du style vont à l'encontre du sublime. Il sema ainsi la graine qui devait porter de nombreux fruits dans la critique, particulièrement après la redécouverte de Longin et des diverses traductions de son traité, à la fin du XVIIe et au début du XVIIIe siècle. Une certaine suspicion commença à s'attacher à l'idée de beauté dans l'art. N'existait-il pas une valeur plus haute et plus accessible, la valeur du sublime ? Malraux semble n'éprouver aucun doute à ce sujet. Il considère que l'Art Moderne commence avec Goya [6] par le refus de ce qui est beau et de ce qui plaît et il attribue cette réévaluation de valeurs anciennes à la redécouverte de styles exotiques antérieurs.

Je pense que nous pouvons en apprendre davantage sur cette importante théorie en nous attachant aux indices que nous offre le sublime. C'est peut-être dans *la recherche philosophique sur l'origine de notre idée du sublime et du Beau,* d'Edmund Burke, ouvrage paru en 1756, que l'on trouve l'analyse psychologique la plus pénétrante des réactions esthétiques de l'homme. La hardiesse des conceptions de Burke est digne de respect, même si nous les trouvons par trop ambitieuses. Ce qu'il tente de faire, c'est ni plus ni moins qu'élaborer une théorie esthétique fondée entièrement sur des prémisses naturalistes. En résumé, il avance l'hypothèse selon laquelle le sentiment du beau a ses racines dans l'instinct de reproduction de l'espèce, c'est-à-dire dans l'activité sexuelle, tandis que le sentiment du sublime aurait les siennes dans l'instinct de conservation, autrement dit dans l'angoisse. On pourrait d'ailleurs démontrer que cette identification du plaisir à la réaction érotique, attitude naturelle chez un critique qui écrit vers la fin de la période baroque, a contribué à cette dévaluation consciente ou inconsciente du beau, dont nous avons parlé. Le XVIIIe siècle était un siècle de culpabilité, dont le porte-parole fut Jean-Jacques Rousseau. L'accusation de corruption, de décadence, d'influence dégradante d'un art qui flattait bassement le plaisir superficiel d'un public dépravé ne pouvait que servir à la valorisation du sublime, car il n'y avait pas de culpabilité à éprouver crainte et tremblement.

---

6. *Saturne,* Gallimard, 1950, p. 31.

Il est vrai que Burke a plutôt cherché ses arguments dans la nature que dans l'art ; malgré cela, son analyse offre des parallèles suffisants, aussi bien avec la pensée de Quintilien qu'avec celle de Malraux. Parlant des effets sublimes de l'obscurité, dans la seconde partie de son traité (section III), il écrit : « Presque tous les temples païens étaient obscurs. Même dans les temples barbares des Américains d'aujourd'hui, les idoles sont placées dans une partie sombre de la hutte, qui est consacrée à leur adoration. C'est pour la même raison que les druides célébraient leur culte au sein des bois les plus épais et à l'ombre des chênes les plus vénérables et les plus touffus. »

Là encore ce texte nous ramène à un passage significatif des *Antimémoires,* dans lequel Malraux fait remonter ses idées sur l'art à la première fois où il vit « le grand Sphinx de Gizeh », avant que le site n'ait été nettoyé et aseptisé par les archéologues, quand le sphinx parlait encore « le langage solennel des ruines ». Il s'était demandé ce qu'il y avait de commun [7]

> Entre la communion dont la pénombre médiévale emplit les nefs, et le sceau dont les ensembles égyptiens ont marqué l'immensité : entre toutes les formes qui captèrent leur part d'insaisissable ?

Nous connaissons la réponse de Burke à cette question. L'obscurité fait naître la peur, elle est donc sublime. L'intuition de Malraux était moins psychologique. Il eut la révélation soudaine de deux langages opposés : celui des apparences quotidiennes et de celui de la Vérité, de l'Eternel et du Sacré. Le sphinx, comme incarnation du mystère, symbolise aussi cette vérité inaccessible, qui est révélée par sa métamorphose. C'est cette suggestion du surnaturel que le XVIIIe siècle cherchait dans la nature.

Dans la nature, mais aussi dans les manifestations de l'esprit humain. Malraux écrit, dans *le Musée Imaginaire* [8], que l'idée d'interpréter un style comme expression d'une civilisation appartient entièrement au XXe siècle. Il a raison, car en ce qui concerne les arts visuels, ce n'est que récemment que cette idée est devenue un lieu commun. Mais, après tout, c'est le grand proto-romantique Johann Gottfried Herder qui, en 1773, publia un recueil de chants populaires intitulé : *les*

---

7. *Antimémoires, op. cit.,* p. 52.
8. *Le Musée Imaginaire,* Gallimard, 1965, p. 161 (idées-arts).

Voix des peuples à travers leurs chants (*Stimmen der Völker in Liedern*).

Pourquoi les chants populaires ? Parce que, à travers les créations des « peuples » ignorants de la science musicale, nous entendons la voix de l'homme naturel, qui n'a pas encore été corrompu par la raison et les artifices. La langue allemande identifie le primitif ou le non-civilisé avec le *sauvage*, et Herder s'est appuyé sur cet usage pour bâtir sa théorie de la poésie ; c'est ainsi qu'il écrit : « plus sauvage, c'est-à-dire plus vigoureuse, plus spontanée est une nation, plus ses chants, si elle en a, sont vigoureux, spontanés, sensuels, vifs et lyriques. Plus leur mode de pensée, leur langage et leur littérature sont demeurés éloignés de l'artifice et de la logique, moins leurs chants ont été composés pour être écrits et se transformer en exercices littéraires sans vie... plus un chant est appelé à durer, plus forts, plus sensuels doivent être ces stimulants de l'âme, pour défier le pouvoir du temps et les changements des siècles [9]. »

Le pamphlet dans lequel Herder exprime ces idées subversives contenait aussi le texte d'un jeune étudiant en droit, dont il était devenu l'ami à Strasbourg, « l'Hymne en prose à la cathédrale de Strasbourg » de Gœthe. C'est dans cet essai que nous trouvons les premières dénonciations violentes de ces « fabricants de beauté » efféminés qui avaient rendu les gens aveugles à la grandeur de l'architecture médiévale, et aussi les premiers signes de ce culte pour l'art primitif que Malraux et d'autres considèrent comme une nouveauté du XXᵉ siècle : « Le sauvage peut utiliser des paroles bizarres, des formes étranges, peindre des couleurs criardes sur un cocotier, ou orner son propre corps de plumes. Quelque arbitraires que soient ces formes, elles créeront une harmonie sans que leur auteur ait rien su des lois des proportions, parce que c'est une émotion unique qui les aura fusionnées en un seul tout significatif. Cet art significatif est le seul art véritable [10]. »

Bien que Gœthe ait probablement écrit ce passage sans avoir vu les œuvres des Indiens d'Amérique, la connaissance des arts du globe se développait au XVIIIᵉ et les amateurs commençaient à méditer sur ces horizons élargis, dont Malraux veut situer la découverte à notre propre époque.

9. *Ueber Ossian und die Lieder alter Völker*, Sämtliche Werke, Stuttgart, 1828, vol. 13.
10. *J.W. Gœthe, Von Deutscher Baukunst*, Sämtliche Werke, 1872, vol. 13.

Avant la fin du xviiie siècle, parut un recueil d'études sur l'art, sous le titre curieux et quelque peu excessif de *Débordements du cœur d'un moine amateur d'art,* dû à la plume de W.H. Wackenroder. Esprit de moindre envergure que Gœthe et Herder, Wackenroder était, en fait, malgré sa sentimentalité, plus radical qu'eux. Dans son essai, « Sur deux langages miraculeux et leur pouvoir mystérieux », il repousse « le bienfait » de la parole humaine, pour célébrer « le message de l'invisible qui rôde autour de nous », transmis par les deux langages de la nature et de l'art. Inévitablement nous entendons à nouveau le bruissement des arbres dans les bois et d'autres phénomènes naturels qui éveillent en nous de sombres prémonitions dont les mots maladroits ne sauraient rendre compte.

Dans une autre étude, Wackenroder arrive à une conclusion qui annonce ce que *le Musée Imaginaire* prétend découvrir : « Nous, les enfants de ce siècle, avons reçu le privilège de contempler, comme si nous étions juchés sur le sommet d'une haute montagne, de nombreux pays et de nombreuses époques. Faisons donc bon usage de cette chance, et que nos yeux parcourent avec sérénité ces siècles et ces nations, et que ce soit toujours en nous efforçant de percevoir dans ces œuvres et ces émotions variées, ce qui est humain [11]. »

Il n'y a guère dans ce passage qu'un seul mot qui puisse révéler que Malraux ne saurait en être l'auteur, c'est le mot « sérénité ». Les tendances pieuses de Wackenroder le conduisent à se réfugier dans des notions religieuses, alors que le désespoir héroïque de Malraux ne laisse pas de place à la sérénité dans la vision qu'il a du destin changeant de l'homme.

Quoi qu'il en soit, il est important de remarquer que la constatation, faite par Wackenroder, du caractère global de l'art ne doit pas être considérée comme une lubie isolée. Pendant tout le xixe siècle, les horizons artistiques sont allés s'élargissant, mais ce processus a d'abord affecté deux arts qui en fait n'intéressent que peu Malraux et n'ont pas été admis dans son Musée de l'Esprit, je veux dire l'architecture et la décoration. Quiconque se souvient de la variété de styles qu'offrent nos villes du xixe siècle ne saurait mettre en doute l'éclectisme qui prévalait alors dans le monde entier. Mais la véritable « percée » vers un point de vue global s'est d'abord produite dans l'art de l'ornementation et de la décoration, et,

11. *W.H. Wackenroder, Werke und Briefe,* Jena, 1910, pp. 47-50.

comme c'est si souvent le cas, elle a été déclenchée par une profonde insatisfaction à l'égard de l'art décoratif européen. La révolution industrielle avait bouleversé l'échelle des valeurs du travail manuel et créé une grave maladie qui trouva sa première expression en Angleterre. La grande exposition de 1851 fut à la fois le résultat et la cause de recherches qui remirent tout en question, car il apparut que l'instinct décoratif des nations non civilisées était de loin supérieur au goût des fabricants du monde occidental [12]. En fait si *le Musée Imaginaire* a eu un véritable prédécesseur, ce fut le *Crystal Palace* de Caxton, à Londres, avec son éblouissant étalage d'objets en provenance des Indes, d'Afrique et d'Amérique, qui frappa vivement ses nombreux visiteurs. Ils furent impressionnés parce que, précisément, ces objets renforçaient l'idée que le talent artistique n'avait rien à voir avec l'habileté à représenter les choses. Au contraire, c'était la dextérité même des Européens à imiter la nature, les fleurs ou les animaux qui semblait nuire à l'efficacité de leur art ; comme on le soulignait de plus en plus, l'art devait se détacher de tout effet d'imitation et mettre l'accent sur la surface plane. Nous sommes ici en présence d'une des sources majeures, que Malraux a négligée, de cette réévaluation de l'art non strictement représentatif. Une citation devrait suffire. Elle est extraite d'une étude sur *le Critique et les Artistes,* faite par un important porte-parole de la « fin du siècle », Oscar Wilde : « Par son refus délibéré de la nature comme idéal de beauté, aussi bien que de la méthode imitative du peintre moyen, l'art décoratif, non seulement prépare l'âme pour la vraie œuvre d'imagination, mais y développe ce sens de la forme qui est la base de tout accomplissement aussi bien créateur que critique. »

C'est de cette façon, je crois, que le terrain a été préparé pour ce renversement des valeurs que Malraux célèbre dans ses écrits : le refus non seulement du beau, mais aussi de la conformité au modèle. De toute évidence, la décoration ne l'intéresse pas, « l'art abstrait » non plus. Ce qui l'intéresse c'est l'acceptation de la représentation non imitative, plus particulièrement celle de la forme humaine.

Il est assez naturel que, dans l'analyse qu'il fait de cette révolution, Malraux insiste sur ses origines françaises et particulièrement sur le rôle que jouèrent des peintres comme Cézanne qui accoutumèrent le public à un nouveau système

---

12. *Alf Bø, From Gothic Revival to Functionalism,* Oslo, 1957.

de valeurs [13]. Il peut donc être utile de rétablir l'équilibre et d'attirer l'attention sur d'autres sources.

C'est d'ailleurs un expert en art décoratif, l'Autrichien Alois Riegl, qui a été le premier à rejeter l'idée que les changements de style pouvaient être décrits en termes de progrès et de déclin. Certes, il écrivait pour les spécialistes, mais sa doctrine a été diffusée parmi les artistes et les critiques par Wilhelm Worringer, dont *Abstraction et Empathie* fut publié en 1908. Dans la mesure où cette doctrine a laissé quelques traces, elle survit chez Berenson, dans sa glorification de la vie que rehaussent « les sensations intellectualisées des valeurs tactiles » que l'observateur sensible est supposé éprouver devant un tableau de la Renaissance. Worringer ne niait pas la possibilité d'un plaisir esthétique de ce genre, mais il rejetait toute tentative de juger n'importe quelle œuvre selon ces critères. Une relation positive envers la nature, telle qu'elle est exprimée dans l'art de la Renaissance, ne peut s'épanouir que dans des sociétés qui ne se sentaient pas menacées dans leur existence. La plupart des peuples n'éprouvaient pas ce sentiment de sécurité. Pour eux, la nature, la réalité, l'espace lui-même étaient lourds de menaces. Leur art ne pouvait donc être une expression d'amour et de confiance, mais plutôt celle d'un repliement angoissé. C'est cette fuite devant la réalité qui se manifeste, selon Worringer, dans la création des formes abstraites. Se référant à l'aphorisme latin selon lequel « la crainte créa les dieux », il voudrait ajouter que la crainte créa aussi l'art. Nous revenons, mais à un niveau différent, à l'identification que Burke faisait du sublime et du menaçant. C'est cette peur que Worringer voit exprimée dans tous les styles non classiques : dans la mesure où notre époque est supposée être « l'âge de l'anxiété », son message fut rapidement adopté par ses contemporains, parmi les artistes allemands. L'expression avait trouvé ses sources dans les diverses formes d'art, qui étaient fondées sur « l'abstraction », et provenaient du monde entier.

C'est dans un autre ouvrage de Worringer, publié avant la Première Guerre mondiale, *Formprobleme der Gotik* (*Problèmes de forme du gothique*) (1911), que les amateurs d'art découvrirent pour la première fois ces photographies, à la fois impressionnantes et expressives, de détails d'œuvres d'art du Moyen Age qui dramatisaient le pouvoir de séduction de ces

---

13. *La tête d'obsidienne, op. cit.,* p. 159.

LA RÉSISTANCE

Maquis 1943-1944 (*Photo Charles Courrière / Paris-Match*).

Le « colonel Berger » pendant la campagne d'Alsace. *Collection André Malraux.*

Plaque commémorative *(Photo « Dernières Nouvelles d'Alsace »).*

Malraux, Camus et Jacques Baumel au journal « Combat » *(Photo Roger-Viollet).*

Le maréchal de Lattre de Tassigny remet la légion d'Honneur à Malraux. *Collection André Malraux.*

Malraux à son retour d'Alsace, 1945 *(Photo Remi Saint-Paul).*

Rue Saint-Dominique, premier gouvernement de Gaulle, 1945. Malraux, ministre de l'Information. « A ma droite, j'ai et j'aurai toujours André Malraux », écrit le général de Gaulle dans les « Mémoires d'Espoir » *(Photo Paris-Match)*.

MALRAUX ET DE GAULLE

A l'Opéra, ministre des Affaires culturelles du général de Gaulle, 1960 *(Photo Roger Picherie / Paris-Match)*.

LES TENTATIONS DE L'ORIENT

En Inde, à Eléphanta, 1958 *(Photo Jacques de Potier / Paris-Match).*

Avec Nehru, à New Delhi, 1958. *Collection André Malraux.*

Visite du temple de Madura *(Photo Jacques de Potier / Paris-Match).*

Sur le Gange, à Bénarès, 1974 *(Photo Paris-Match).*

Japon, 1974. A l'hôtel Yunominé, presqu'île de Kumano *(Photo Caution)*.

Devant Taita no Shigemori, Takanou *(Photo Caution)*.

Le jardin sec du temple Ryuan-ji, Kyoto.

Malraux contemplant la cascade de Nachi, presqu'île de Kumano *(Photo Caution)*.

Descente de l'escalier vers la cascade *(Photo Caution)*.

Malraux dans son bureau au Palais-Royal (*Photo Philippe Halsman*).

Malraux travaillant au Musée Imaginaire *(Photo Maurice Jarnoux / Paris-Match)*.

Le Musée Réel de Malraux. Malraux dans les années 30 avec son Bodhisattva (statue gréco-boud-dhique de l'Afghanistan, III° siècle après Jésus-Christ) *(Photo Roger-Viollet).*

Pastel de Picasso *(Photo Mounicq / Fotogram).*

Taureau, art populaire mexicain *(Photo Jean Mou-nicq / Fotogram).*

Chez Malraux : dans l'entrée, table de Hiquizy et masque Dogon *(Photo Jean Mounicq / Fotogram).*

Avec Le Corbusier qui vient de recevoir la plaque de grand officier de la légion d'Honneur *(Photo Lucien Hervé).*

Malraux avec Chagall, regardant le plafond de l'Opéra *(Photo Isis).*

Aux obsèques de Braque *(Photo Marc Riboud / Magnum).*

Washington, janvier 1963 *(Photo Mc Combe)*.

A Pékin avec Chou En-lai, 1965. *Collection André Malraux.*

Au collège de All Souls à Oxford avec Sir Isaiah Berlin, 1967. *Collection André Malraux.*

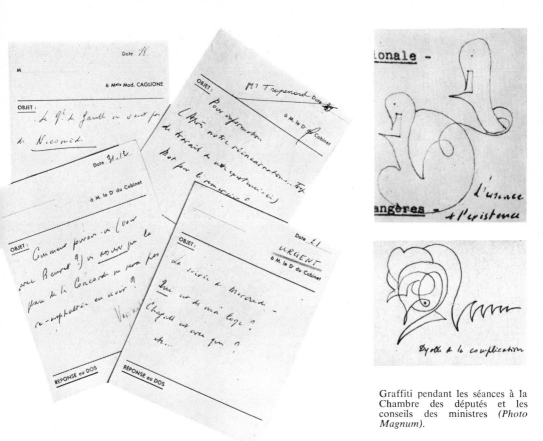

Fiches de travail à divers membres de son cabinet. *Collection Holleaux.*

Graffiti pendant les séances à la Chambre des députés et les conseils des ministres *(Photo Magnum).*

Chez Lasserre *(Photo Tesseyere) Paris-Match).*

Tel qu'en lui-même *(Photos ORTL et collection André Malraux)*.

œuvres sur nos contemporains. La technique se propagea, comme les idées de Worringer et après « la période de latence » de la guerre, de nombreux livres, de qualité intellectuelle inégale, commencèrent à inonder le marché ; ils exploitaient cette impression de relation directe et immédiate que peuvent donner des photographies, bien éclairées et judicieusement mises en page, de sculptures médiévales, exotiques ou primitives, particulièrement lorsqu'il s'agit de tête et de visages.

Quand, vers 1950, j'eus pour la première fois entre les mains *la Psychologie de l'Art* de Malraux, j'éprouvai une impression de « déjà vu » en feuilletant les pages. Lorsque j'étais encore écolier, dans les années 20, j'avait été très impressionné par des ouvrages de ce genre, et ils ont peut-être contribué à m'orienter vers l'histoire de l'Art. Mes recherches m'ont totalement guéri de cette approche, qui me semble aujourd'hui un tant soit peu hystérique et sensationnaliste. C'est avec une considérable surprise que j'ai découvert, en lisant Malraux, qu'il partageait la conviction à laquelle j'étais arrivé — la conviction que ces techniques protographiques faussent les œuvres qu'elles sont sensées reproduire et qu'elles leur confèrent « une modernité injustifiée et agressive [14] ». Cependant une autre surprise m'attendait, lorsque je m'aperçus que, d'une certaine manière, Malraux acceptait et même avait un certain goût pour ces falsifications dans la mesure où elles jouaient un rôle dans cette métamorphose de l'art du passé en un mythe indispensable [15]. A une époque où l'homme a commencé à prendre conscience — si je peux ainsi résumer la pensée de Malraux — que Dieu est mort, c'est l'art du passé qui, par cette transformation, lui conserve ce sens du sacré, auquel, de naissance, il a droit [16]. En revenant aux premières pages de cet essai, nous pourrions dire que les œuvres d'art mystérieuses et inintelligibles du passé se sont alliées aux sublimités de la nature pour nous offrir un écran sur lequel projeter nos peurs et nos désirs les plus profonds. La communion avec l'art comme la communion avec la nature est en réalité une forme de la communion avec soi-même.

---

14. *Le Musée imaginaire, op. cit.,* p. 110.

15. Voir mon article sur l'édition anglaise des *Voix du Silence,* publié dans mon livre, *Meditations on a Hobby-Horse,* Londres, 1963, pp. 78-95 (Phaidon Paperback).

16. *Musée imaginaire,* p. 33 ; *Saturne,* p. 113 ; *la Métamorphose des Dieux,* Paris 1957, spécialement la conclusion de la première partie ; et *La tête d'obsidienne,* p. 185.

Je ne mets pas en doute que nous ayons beaucoup à apprendre du diagnostic de Malraux, mais je pense que nous pouvons aller plus loin. L'historien qui s'intéresse à la psychologie de l'art a le droit de se demander pourquoi l'art a assumé cette fonction à une période donnée. Plus exactement peut-être devrions-nous nous demander qui a fait l'expérience de cette métamorphose avec une telle intensité. Une chose est certaine, c'est que lorsque Malraux dit « nous » pour caractériser « notre » réaction à l'art du passé, il parle en réalité d'un petit cercle de gens. Il est à craindre que la majorité écrasante de nos contemporains ne regarde jamais une œuvre d'art dans un musée, ni dans un livre d'art. La plupart de ceux qui le font ne sont pas du tout concernés par les attitudes que décrit Malraux. Ce refus de la beauté et du plaisir des sens, ce mépris pour une fidèle représentation des apparences naturelles, ce culte de la différence créatrice que Malraux « nous » attribue est ou devrais-je dire était — la chasse gardée d'une poignée de gens. Mais quels étaient les mobiles de ce comportement ?

Dans un article intitulé « Psychanalyse et Histoire de l'Art »[17], j'ai tenté de dégager une composante cachée de ces attitudes, que Malraux n'a pas mentionnée — je veux dire cette tendance des gens cultivés à être rebutés par ce qui a fini par leur apparaître banal, facile et de mauvaise qualité émotionnelle. Nous avons vu avec quelle rapidité la sensualité érotique du baroque une fois identifiée a été confondue avec la corruption de la société et a ainsi jeté l'amateur d'art dans les bras du sublime. Un important élément social entre ici en jeu. La crainte de partager avec le bourgeois méprisé un goût dégradé a conduit à valoriser ce qui est troublant, choquant ou difficile. Il est vrai qu'en poursuivant ce genre d'analyse nous devons veiller à ne pas tomber dans le piège qui consisterait à considérer la révolution moderne comme un simple snobisme. Le kitsch, la bimbeloterie des grands magasins, représente en fait un abaissement de l'art sans précédent, précisément à cause de la combinaison qu'il offre d'habileté manuelle et de clinquant. En fait, le jugement des générations actuelles sur l'art apprécié des milieux bourgeois et petits-bourgeois est beaucoup moins sévère qu'il ne l'était dans ma jeunesse et dans celle de Malraux. Malgré cela, un historien de l'art du XXe siècle ne peut se permettre de négliger

---

17. Inclus dans *Meditations on a Hobby-Horse*, pp. 30-44.

les forces de répulsion qui conduisirent les pionniers du nouveau mouvement vers des explorations artistiques originales. Malraux a raison quand il lie l'émergence de son Musée de l'Esprit à cette révolution, quoique, d'une certaine manière, il soit enclin à en surestimer la nouveauté.

Ce n'est peut-être que dans l'un de ses tout derniers ouvrages qu'il révèle pleinement ce qu'il entend et entendait par « nous ». *La tête d'obsidienne,* parue en 1974, est, en même temps qu'un hommage profondément senti rendu à Picasso, une réitération des idées de Malraux sur l'art, faite à l'occasion de la grande exposition organisée en son honneur autour de l'idée du *Musée imaginaire,* par la fondation Maeght à Saint-Paul-de-Vence. Son interprétation de l'art comme un triomphe sur la mort trouve à se déployer dans ces réminiscences et ces méditations qui commencent avec le récit de sa visite à la maison de Picasso, peu de temps après la mort de ce dernier. Il faut laisser aux futurs historiens le soin de démêler, dans ces *flashbacks* de conversations avec Picasso, ce qui est de Malraux et ce qui a été authentiquement dit, mais ce que ces dialogues platoniciens révèlent, c'est le degré auquel Malraux s'est fait lui-même le porte-parole de ce qu'il pense être la philosophie de l'art de Picasso — une philosophie fondée sur le mépris qu'inspirent les pourvoyeurs de plaisir et sur une quête insatiable de transformations nouvelles, considérées comme l'essence même de l'art.

Il est possible que cette fusion entre l'interprétation que Malraux donne de l'art et l'œuvre du maître de la métamorphose puisse aider l'historien à définir la source du « mythe Malraux ». Il n'y a pas un seul artiste, dans toute l'histoire, qui ait fait montre d'une variété de manières et de techniques comparable à celle qui marque l'œuvre fabuleuse de Picasso. Pour lui chaque nouvelle étape était aussi, en vérité, le refus d'une manière antérieure dont il s'était lassé. Virtuose exceptionnel, il pouvait créer des images d'une grande beauté classique, tout comme il pouvait en créer d'une mystérieuse et terrifiante laideur. Ni la représentation de l'apparence des choses, ni la création de structures abstraites ne posait de problèmes pour lui. Si, dans l'ensemble, il ne cultive pas un style totalement non-figuratif, ce fut, on peut le supposer, parce que ce qui l'intéressait dans les images qu'il créait, c'était précisément cette intensité expressive que nous éprouvons si naturellement devant un organisme vivant, quelque déformé qu'il soit. Malraux rapporte que Picasso lui a dit que ce qu'il cherchait c'était « le masque » [18], c'était peut-être une expression de ce désir d'un mystérieux visage sacré que sa génération avait découvert dans les masques rituels des tribus africaines.

Il y a des têtes et des visages de ce genre dans l'œuvre de Picasso, réalisés quelquefois avec les moyens les plus simples, comme c'est le cas des *Papiers déchirés* qui nous regardent avec une espèce de magie obsédante. Mais il y a un vieux proverbe latin qui dit *si duo faciunt idem, non est idem*. C'est une chose pour Picasso de répudier sa propre technique et d'explorer les possibilités d'expression de forces nées du hasard, mais c'en est tout à fait une autre, pour l'artiste d'une tribu, de sculpter un masque en se conformant à une stricte tradition.

Le mythe que Malraux distille dans son Musée de l'Esprit, c'est qu'en vérité on pourrait imaginer l'humanité tout entière comme une sorte de super-Picasso, créant sans fin de nouvelles formes et en rejetant d'autres, chaque création impliquant la négation de ce qui l'a précédée. C'est cette conception qui permet à Malraux d'apprécier à la fois les formes simplifiées des idoles primitives et la prodigieuse virtuosité de maîtres tels que Titien, Chardin et, par-dessus tout, Goya et Manet. Mais cette approche présuppose justement que toute création artistique du passé soit considérée comme le produit résultant d'un choix du même ordre que celui inhérent aux fantaisies créatrices de Picasso.

Malraux raconte que Picasso lui dit un jour : « C'est une bonne chose que la nature existe, pour qu'on puisse la violer [19] », et bien que je n'arrive pas à trouver cette formule très attrayante, il est certain qu'elle éclaire son œuvre. Cependant, rechercher cette même sorte de défi agressif dans les œuvres non réalistes du passé, c'est violer non pas la nature mais l'histoire. Malgré tout, Malraux ne peut pas abandonner cette interprétation, parce qu'il en a fait la pierre angulaire de sa philosophie. Pour lui, « l'art est l'éternelle revanche de l'homme [20] ». Nous reconnaissons l'écho des idées de Worringer, mais elles ont été absorbées dans une plus large vision de l'homme, qui s'affirme avec arrogance face au « destin » aveugle.

---

18. *La tête d'obsidienne, op cit.*, p. 91.
19. *La tête d'obsidienne, op. cit.*, p. 56.
20. *Les Voix du Silence,* Gallimard 1951, p. 635.

Les mots « refus » et « négation » ponctuent la glorification à laquelle se livre Malraux des styles hiératiques du passé, et il est persuadé que nous partageons tous ce goût pour les vertus négatives. « Le refus de l'illusion nous laisse rarement indifférent [21] », écrit-il. S'il avait raison de nous prêter cette tendance, ce serait faire peu de cas de notre pouvoir de discrimination. Les critères purement négatifs sont de piètres critères en art. C'est le droit de tout un chacun d'aimer l'usage de la rime en poésie, ou de la considérer comme un tintement sans intérêt, mais ce que l'on ne peut pas faire, c'est louer toute la poésie non-rimée du monde sous prétexte qu'elle s'est héroïquement refusée à utiliser un artifice qui n'était pas connu.

Nous arrivons ici au point où l'interprétation que Malraux donne du « message » de l'art se heurte à la psychologie de la formation des images. Il y a une étrange contradiction dans le fait que Malraux, qui sait que les images viennent des images, soit cependant d'accord avec Riegel et Worringer lorsqu'ils repoussent l'idée que l'éloignement des apparences naturelles, que nous rencontrons dans presque tous les différents arts du monde, ait quelque chose à voir avec l'incapacité pratique à représenter le monde visible. Il a raison d'insister sur le fait que, s'il peut y avoir des œuvres d'art maladroites, il n'y a pas de style maladroit. Mais le problème de l'habileté, du métier, ne saurait être résolu par une simple formule. Sans aucun doute, le maître des enluminures de Lindisfarne n'éprouvait pas le violent désir de sortir de son atelier pour aller faire un croquis ou peindre le mouvement des nuages qui fascinait Constable. Sans aucun doute non plus Constable n'aurait pas été capable de peindre la page de garde du Missel de Lindisfarne. Mais tout cela est futile, ce qui ne l'est pas, c'est ce qui contribue à créer une image qui frappe celui qui la regarde comme étant une juste représentation des choses telles qu'elles apparaissent. Prétendre que n'importe qui aurait pu le faire, mais s'en est abstenu, comme Picasso s'en est abstenu parce qu'il voulait « violer » la réalité, c'est fuir l'évidence. Après tout, les apprentis de tradition

---

21. *Le Musée Imaginaire, op. cit.,* p. 136.

classique passaient des années dans les salles de moulage et à peindre d'après nature, pour acquérir la maîtrise du corps humain et des lois de la perspective. Ni la technique du paysage, ni celle de la nature morte, n'ont jamais été maîtrisées du jour au lendemain. Ce long et pénible travail d'apprentissage en valait-il la peine ? C'est une question que l'on peut discuter. Ce que l'on ne peut pas discuter, c'est que c'était une technique et que, s'il n'y a pas de styles maladroits, il en est cependant des styles comme des instruments de musique : certains demandent un plus petit répertoire technique que d'autres. La raison principale pour laquelle la représentation de la nature a commencé à paraître sans intérêt et même facile peut être formulée dans les propres termes de Malraux : nous sommes constamment entourés d'images, qu'elles soient photographiques, peintes ou imprimées, dans lesquelles la réalité à trois dimensions a déjà été ramenée à deux et ceux qui ont le tour de main peuvent attraper ces « formules » et les reproduire sans trop de difficultés. Il ne découle pas de cela que tous les créateurs d'images, dans le monde entier, qui ont utilisé des méthodes différentes, l'aient fait parce qu'ils refusaient l'apparence au profit d'une réalité invisible plus importante.

Je pense qu'une fois encore Malraux a saisi un aspect important du rôle que l'art a joué dans notre civilisation : il a raison sans aucun doute de dire que beaucoup plus de gens sont venus à la religion par l'art que par aucune autre voie. Les temples et les cathédrales, les objets de culte, les illustrations de missels et les tableaux religieux, maintiennent vivante une tradition qui, sans eux, serait en voie de disparaître. Il a raison aussi d'insister sur la part prépondérante que les religions ont jouée dans les sociétés anciennes mais, une fois encore, il transforme un fait historique en un mythe s'il veut nous faire croire que les hommes et les femmes du passé étaient constamment saisis de crainte et de tremblement devant le mystère de leur existence. Les anthropologues qui ont observé certaines des tribus qui sculptent des masques terrifiants disent qu'ils ont rencontré chez ces gens beaucoup de gaieté et d'exubérance. Nous n'avons pas non plus à conclure que l'art de ces civilisations ou d'autres se préoccupe vraiment « du sacré » simplement parce qu'il produit des œuvres non réalistes. On a émis l'hypothèse que certaines, au moins, des figurines que l'on a appelées « déesses de la fertilité » étaient en réalité des poupées, des jouets pour les enfants[22]. Les voix que nous avons prêtées à leur silence auraient certainement paru étranges à leurs propriétaires. Si ces voix nous semblent « sublimes », si elles nous font entendre ce que Longin a nommé « l'écho d'une âme noble » — une âme collective, sans doute — nous sommes certainement, comme le postule Malraux, les victimes d'un mythe.

Mais si nous succombons à cette tentation, c'est justement parce que nous interrogeons l'œuvre non pour ce qu'elle est, mais pour ce qui se cache en elle, pour l'âme que nous cherchons à atteindre plutôt que pour la forme que nous voyons. L'histoire du sublime peut, dans ce cas, nous apprendre beaucoup. Car ceux qui communiaient avec les sublimes beautés de la nature au XVIIIe siècle le faisaient certainement dans l'espoir et la croyance qu'ils pourraient trouver dans la nature l'écho du créateur. Et même lorsque cet espoir alla en diminuant, le culte de la nature offrait encore le substitut le plus proche de la religion. C'est à la lumière de ce développement que nous pouvons évaluer l'attitude de Malraux à l'égard de l'art. Pour lui, les œuvres lointaines et exotiques parlent maintenant avec les voix de la forêt ou celles de l'orage. L'homme épris d'art est comme l'enfant qui porte le coquillage à son oreille pour entendre le bruit de la mer. Ce qu'il entend, c'est le flux de son propre sang, mais le mythe n'est-il pas plus poétique, plus consolant que la certitude que le coquillage vide n'est rien d'autre qu'une coquille vide ?

On peut être intéressé par ce dilemme et penser cependant que c'est un faux problème. Il découle de l'hypothèse que ce que nous devons découvrir dans la nature ou dans l'art est une sorte de message et qu'il nous incombe de chercher à jamais un sens à un univers qui en est dénué. J'imagine que cette attitude prolonge dans la vie adulte une attitude naturelle chez l'enfant, pour lequel chaque objet, chaque jouet et chaque image a vraiment une forte valeur sentimentale et une physionomie personnelle[23]. Le psychologue G.E. Osgood et ses élèves ont montré que nous pouvions retrouver cet état d'esprit à volonté et que nous sommes prêts à répondre à toute question

22. Peter J. Ucko, The interpretation of Prehistoric Anthropomorphic Figurines, *Journal of the Royal Anthropological Institute,* 1962, pp. 38-54.

23. Voir mon essai, On Physiognomonic Perception, dans *Meditations on a Hobby-Horse,* p. 45 ; et la bibliographie.

relative à la valeur émotionnelle de n'importe quel objet ou qualité. Cette disposition d'esprit ne nous portera pas à mettre en doute que non seulement les vieux chênes sont plus forts que les bouleaux, mais aussi qu'ils sont plus sages, plus sacrés et peut-être plus paternels. Nous serons aussi prêts à réagir de la même manière aux idoles de l'île de Pâques ou à des ours en pain d'épice. Mais n'existe-t-il pas d'autres façons d'aborder l'art et la nature [24] ? Ne pouvons-nous apprécier la beauté et la complexité d'un coquillage, plutôt que de le porter à notre oreille ? Si l'on accepte que l'univers donné et les objets créés par l'homme sont mystérieux, ne peut-on aussi admettre qu'ils sont miraculeux dans la mesure où ils nous conduisent à transcender nos petites personnes ? Et ne provoquent-ils pas davantage notre soif de connaissance que notre soif de communion ?

Un des interlocuteurs du « colloque » qui est au centre des *Noyers de l'Altenburg* parle de ce désir de comprendre, mais Malraux a pris soin que les dés soient pipés à son détriment :

> Nous autres, historiens de l'art, historiens de l'art allemand en particulier, nous nous plaçons en face de l'homme gothique ou de l'homme égyptien avec l'intention désintéressée de le tirer au clair ! La volonté honnête de savoir ce dont il s'agit ! nous l'interrogeons et nous nous interrogeons [25].

Il n'est pas difficile de reconnaître dans cet historien de l'art un disciple de quelqu'un comme Worringer qui s'était en effet vanté d'avoir déchiffré la psychologie de « l'homme gothique » et de « l'homme égyptien ». On ne peut que partager l'avis de Malraux, à savoir que cette prétention est ridicule, car de telles créatures n'ont jamais existé.

Mais cette vérité ne doit pas jeter une ombre sur la seconde partie de la citation : l'existence d'un sincère désir de connaître. Après tout, c'est bien ce désir qui a apporté des connaissances sur la fin du Moyen Age et l'ancienne Egypte, que Malraux utilise aussi. Sans ce désir les hiéroglyphes n'auraient jamais été déchiffrés et seraient encore considérés, selon la légende, comme porteurs d'une funeste sagesse universelle.

---

24. Voir mon article, Art and Self Transcendance, dans *The Place of Value in a World of Facts.* Nobel Symposium 14. Stockholm 1970, pp. 125-133.5A. Tiselius and S. Nilson ed.
25. *Les Noyers de l'Altenburg, op. cit.*, p. 122.

Malraux a peut-être raison lorsqu'il dit que ce n'est pas le plus érudit des égyptologues qui nous fera le plus aimer l'art égyptien [26] mais, en ce qui me concerne, c'est cependant à lui que je ferai confiance comme guide, plutôt qu'à qui que ce soit qui voudrait provoquer chez moi une réaction émotive. Malraux attache une grande importance à l'homme abstrait, mais rappelons-nous la première phrase de la *Métaphysique* d'Aristote : « Tout homme a le désir naturel de connaître. » Il est vrai que ce qu'Aristote appelait connaissance a été en partie relégué dans la catégorie des mythes par la science, cette science qui semble jouer un si petit rôle dans l'image que Malraux se fait de l'homme. Si elle y jouait un rôle, il aurait reconnu que nous en savons aujourd'hui davantage qu'Aristote sur l'univers, et que la recherche rationnelle a aussi étendu la connaissance que nous avons de notre passé.

Non que Malraux ait tort de nous rappeler que l'interprétation que l'historien donne des faits change la perception que nous en avons [27]. L'historien qui considère le maniérisme comme décadent fera une autre sélection des données que l'historien qui voit dans cette école le précurseur de l'art moderne.

Mais ce serait une erreur de conclure que tout est relatif et qu'il n'existe pas de découvertes qui pourraient être à la fois utiles aux deux historiens. Nous avons détruit un bon nombre de mythes concernant le passé grâce à « notre honnête désir de connaissance ». Quoi qu'il en soit, quelle est l'alternative ? Devons-nous renoncer à découvrir la vérité ? Devons-nous fermer nos instituts de recherche et nous contenter de ces stéréotypes de seconde main sur les « esprits » du passé, de ces fantômes fatigués des philosophies hégéliennes qui se sont infiltrés dans nos livres d'art y compris — malheureusement — dans la représentation que Malraux lui-même donne des cultures du passé ? Il est certain que, comme défenseur du changement, de la recherche et de l'exploration, il devrait être le dernier à se faire l'avocat d'une telle soumission à l'inertie mentale.

Il est possible, toutefois, que Malraux n'ait pas prévu jusqu'où sa glorification paradoxale du mythe pourrait conduire : non à une initiation du sacré, mais au cynisme de la mystification. Il y a deux ans, Cornell University, dans

---

26. *Le Musée Imaginaire, op. cit.*, p. 234.
27. *Le Musée Imaginaire, op. cit.*, p. 222.

l'Etat de New York, a organisé une exposition intitulée « La civilisation des Llhuros ». Son *spiritus rector* était l'artiste américain Norman Daly qui avait ramassé de vieilles machines et autres détritus industriels dans des décharges publiques et avait astucieusement transformé ces morceaux de métal en objets vaguement inquiétants, suggérant des objets rituels et mystérieux destinés à la célébration d'un étrange culte. Le catalogue et les étiquettes exposaient en détail une interprétation compliquée selon laquelle cette civilisation avait bien existé et avait été détruite par une explosion atomique et expliquaient que des archéologues et des ethnologues avaient réussi à en déchiffrer l'écriture et à reconstituer une grande partie de ses croyances et de ses mœurs, qui comprenaient de nombreuses pratiques sexuelles de l'espèce la plus choquante. Inutile de dire que toute l'affaire était une mystification évidente, évidente en ce sens que le visiteur n'était pas supposé la prendre une seconde au sérieux. Ce qu'il devait faire, c'était regarder ces tournevis montés sur des socles ou ces antennes de télévision tordues « comme si » ils étaient les vestiges tragiques d'un monde de croyances disparues. En franchissant le pas qui sépare le sublime du ridicule et en le refranchissant dans l'autre sens, le visiteur était d'abord effrayé et ensuite amusé, jouant le jeu et se regardant lui-même réagir à ces formes douées d'un pouvoir de suggestion.

Je ne suis pas certain qu'un tel jeu vaille la chandelle et je ne l'ai mentionné que pour faire voir le danger inhérent à la position intellectuelle de Malraux.

Il a lui-même donné un ample témoignage de son authentique amour pour l'art. En fait, la valeur de ses écrits sur l'art me paraît transcender ses théories, précisément parce que son œuvre révèle un homme pour lequel les problèmes posés par l'art sont des problèmes d'une ultime gravité. A une époque où la plupart des recherches universitaires dans le domaine de l'Histoire de l'Art se sont éparpillées dans des « spécialismes », Malraux nous a mis au défi de réfléchir sur l'ensemble de la production artistique humaine et de l'intégrer dans notre image de l'homme.

Lorsque les livres des professionnels de l'Histoire de l'Art se couvriront de poussière sur les rayons des bibliothèques, on lira encore Malraux, comme on lit Ruskin, en tant que témoin d'une civilisation pour laquelle l'art avait encore de l'importance.

Traduction de Martine de Courcel.

Jean Leymarie

MALRAUX ET LA CREATION ARTISTIQUE

Malraux naît à l'aube du siècle dont il sera le témoin frémissant, vingt ans exactement après Picasso, sous le même signe plutonien ; et comme lui porteur d'une *aura* de légende où se tiennent engagés, plus que les dons du génie et le pouvoir de fascination, les forces de combat et de générosité. Nietszche et Vincent Van Gogh, qui se brûlent aux feux qu'ils allument, sont pour eux les soleils humains.

> Mon père — déclare le narrateur des *Noyers de l'Altenburg* en dévoilant un peu de son secret — aimait Nietzsche plus que tout autre écrivain. Non pour sa prédication, mais pour l'incomparable générosité de l'intelligence qu'il trouvait en lui [1].

La profession de foi de Vincent, sur laquelle est centré le dialogue avec Picasso dans *La tête d'obsidienne,* forme exergue au volume premier de la trilogie sur *la Métamorphose des Dieux,* dont elle éclaire le sens :

> Je puis bien, dans la vie et dans la peinture, me passer du Bon Dieu. Mais je ne puis pas, moi souffrant, me passer de quelque chose qui est plus grand que moi, qui est ma vie : la puissance de créer.

Très tôt, sa vive et libre curiosité d'autodidacte entraîne Malraux vers la littérature, avec un flair de sourcier pour le rare et l'inédit, et non moins intensément vers le domaine plastique, abordé sous tous ses aspects, dans un élan d'emblée universel. A l'âge des plus fortes impressions, il hante le musée Guimet, pénètre, après l'armistice, dans la salle du Louvre irremplacée où se pressaient les chefs-d'œuvre autour de la *Pieta d'Avignon,* « le souffle coupé, dit-il, par le bondissement de ces cloches profondes qui s'accordaient dans mon cœur [2] », découvre, « en s'accroupissant et en allumant un

---

1. *Antimémoires,* Paris, 1972, p. 41.
2. *L'Intemporel* (inédit).

briquet[3] », les fétiches hallucinés du vieux Trocadéro. Ses premiers amis, parmi les écrivains et les poètes, Max Jacob, Marcel Arland, Pascal Pia, se passionnent aussi pour l'art et lui prédisent une destinée d'orientaliste et d'historien des formes. Il n'a pas encore vingt ans quand un de ses contes étranges, empreints de ses hantises, *Lunes en papier* (1921), orné des bois gravés de Léger, est publié par D. H. Kahnweiler, le fameux éditeur et marchand chez lequel il rencontre quelques peintres de sa génération : Beaudin, Masson, futur illustrateur de *l'Espoir,* et tous les pionniers du cubisme, tous ceux qui, dans leurs années héroïques, « patiemment ou rageusement penchés sur leurs tableaux insultés, ressuscitaient pour nous tout le passé du monde[4] ». Dès les débuts, et selon le mouvement juste qu'il poursuivra, Malraux se porte des ateliers aux musées. La fin de la guerre suscite la frénésie des voyages. Il s'élance en Italie, pays de sa grand-mère, sur les traces exaltées de Suarès, parcourt l'Allemagne, où la famille de sa femme a des racines, en pleine houle expressionniste, dont il subit le ressac, atteint Vienne et Prague, cités ensorcelées, gagne la Grèce, et, à l'appel de Flaubert, de Gide, la Tunisie ; rejoint, en Belgique, son ascendance flamande. Son goût oscille entre le pôle fantastique, incarné par Ensor, auquel il rend, dans la maison aux coquillages d'Ostende, une visite inoubliable et le pôle classique, représenté par Derain qui, masquant l'importance de Matisse, apparaissait alors le rival de Picasso. En mars 1922, préfaçant l'exposition de son ami Galanis, héritier de la tradition méditerranéenne, il énonce avec force le principe animateur de sa démarche :

> Nous ne pouvons sentir que par comparaison... Le génie grec sera mieux compris par l'opposition d'une statue grecque à une statue égyptienne ou asiatique que par la connaissance de cent statues grecques[5].

Avant de se déployer dans les livres, cette confrontation révélatrice entre les œuvres de siècles et de continents séparés s'opère, pour lui, directement sur le terrain. D'octobre 1923 à février 1926, deux séjours consécutifs en Indochine, secoués de rudes épreuves, l'un de nature archéologique, l'au-

---

3. *Antimémoires,* p. 65.
4. *Oraisons funèbres,* Paris, 1971, p. 81.
5. La peinture de Galanis, in *Dictionnaire biographique des artistes contemporains,* t. II, Paris, 1931, p. 90.

tre de nature politique, avec mission aux confins chinois, trempent son énergie et confèrent à son besoin d'*aventure* un élargissement imprévu, sur les voies désormais liées de l'art et de l'action. « Pourquoi l'Asie ? », demandera, dès le premier abord, Valéry, son interlocuteur le plus aigu, celui dont la pensée, si proche et si distincte de la sienne, est souvent invoquée. « C'est l'obsession d'autres civilisations, qui donne à la mienne, et peut-être à ma vie, leur accent particulier[6]. » Presque tous les ancêtres de Malraux ont été marins, ou tributaires de la mer. Durant ses longues traversées, que tant d'autres suivront, se déroule à ses yeux éblouis, sur fond d'astres et d'océans, la coulée ardente des siècles, avec ses traînes de comètes et ses passages d'Argonautes. « Les forces cosmiques ébranlent en nous tout le passé de l'humanité[7]. » Et sa voix, qui se cherche et se forgera sur les estrades du tribun, lutte d'abord avec les vents de l'espace et la rumeur des flots. Giacometti, terrien obstiné, n'a pris la mer qu'une seule fois, peu de temps avant sa mort, pour mieux éprouver, devant l'immensité sans âge, la gloire et la précarité des œuvres d'art. Sur le bateau du retour, dans une langue encore inégale à l'élan de sa pensée, Malraux compose *la Tentation de l'Occident* (1926), bilan de son odyssée, méditation sur l'Europe et sur la Chine, sur les bases respectives de leurs civilisations rongées par la crise universelle des valeurs. L'un des symptômes les plus insidieux est notre approche actuelle de l'art, qui substitue à l'harmonie de la sensibilité la connaissance insatiable et sans âme :

> Le plaisir spécial que l'on trouve à découvrir des arts inconnus cesse avec leur découverte et ne se transforme pas en amour[8].

Le Musée Imaginaire est en marche, avec ses sortilèges et ses dangers, et « ce grand spectacle troublé qui commence[9] » appelle, à l'échelle planétaire, son magistral ordonnateur. Le livre où se révèle, dans la lignée de Victor Segalen, une pénétration subtile de la mentalité chinoise — jardins, érotisme, transmigration, rythme universel — s'achève sur un refus altier de toute soumission religieuse, sur une clairvoyance inflexible et amère, digne de Vigny :

---

6. G. Picon, *Malraux par lui-même*, Paris, 1953, p. 18.
7. *Antimémoires*, p. 100.
8. *La Tentation de l'Occident*, Paris, 1926, p. 141.
9. *Ibid.*, p. 143.

Lucidité avide, je brûle encore devant toi, flamme solitaire et droite, dans cette lourde nuit où le vent jaune crie, comme dans toutes ces nuits étrangères où le vent du large répétait autour de moi l'orgueilleuse clameur de la mer stérile [10].

Malraux rentre à Paris dans les remous surréalistes, dont il se tient à l'écart. Il s'impose aux brillantes soirées chez Daniel Halévy, féru comme lui de Nietzsche et de Michelet, révèle sa magie d'orateur aux entretiens de Pontigny. Sa contribution à l'un des *Cahiers Verts* de Grasset, *D'une jeunesse européenne* (1927), soulève la question lancinante : « Quelle notion de l'homme saura tirer de son angoisse la civilisation de la solitude [11] ? » Dans un mode privé d'absolu, sans idéal à quoi se sacrifier, que la foi ne peut justifier ni la science déchiffrer, trois romans issus de son expérience asiatique tentent de répondre à l'absurdité de la mort par l'intensité de l'action ou la sérénité de l'art. Le premier des romans de Malraux est le seul d'où les considérations esthétiques soient exclues, mais le type nouveau de héros, lucide et résolu, proposé par *les Conquérants* (1928), qui « ne se défend qu'en créant [12] » et voudrait, sa vie et ses actes, « tailler tout ça comme du bois [13] », est de la même espèce que le héros-artiste célébré dans cette épopée de conquérants que sont *les Voix du Silence*. « Ce héros, précise Drieu la Rochelle à propos du roman suivant, ce n'est pas Malraux, c'est la figuration mythique de son moi, plus sublime et plus concret que lui [14]. » Le jeune archéologue amateur parti retrouver, par ses propres moyens, *la Voie royale* (1930) des temples reliant Angkor et les lacs au bassin de la Menam est tenaillé dans sa chair, malgré son nihilisme intrépide, par « l'exigence de choses éternelles [15] ». Il expose au directeur de l'Institut français de Saigon, qui se déclare « attiré plus que convaincu [16] » — le malentendu ne se dissipera jamais entre Malraux et les savants officiels — ses vues personnelles sur l'art, où se livrent déjà

---

10. *Ibid.*, p. 218.
11. D'une jeunesse européenne, in *Ecrits*, Paris, 1927.
12. *Les Conquérants,* in Romans, Paris, 1947, (Pléiade), p. 153.
13. *Ibid.*, p. 138.
14. Drieu la Rochelle, *Malraux, l'homme nouveau.* N.R.F., déc. 1930.
15. *La Voie royale,* Paris, 1930, p. 36.
16. *Ibid.*, p. 41.

les intuitions fécondes de la métamorphose, de l'intemporalité, de la transmutation mythique :

> On dirait qu'en art le temps n'existe pas. Ce qui m'intéresse, comprenez-vous, c'est la décomposition, la transformation de ces œuvres, leur vie la plus profonde, qui est faite de la mort des hommes. Toute œuvre d'art, en somme, tend à devenir mythe [17].

Et, lorsqu'après de terribles efforts il arrache à l'horreur de la jungle, à « sa puissance de prison [18] », les vestiges d'un des plus purs temples khmers, sur l'une des têtes souriantes et réapparues, « une mousse très fine s'étendait, d'un gris-bleu, semblable au duvet des pêches d'Europe [19] ». Ainsi, sur la pierre des Dieux extatiques et délivrés, la poussière des siècles dépose le velouté des fruits. L'un des sens du livre est dans cette victoire de l'art, immortel et savoureux, sur la forêt putride du destin.

Avec *la Condition humaine* (1933) dont le titre indique suffisamment la résonance pascalienne, l'angoisse existentielle — « tout au fond, l'esprit ne pense l'homme que dans l'éternel, et la conscience de la vie ne peut être qu'angoisse [20] », — ne s'apaise que dans la communauté de la lutte révolutionnaire, laquelle est aussi le lieu d'accomplissement de l'amour, ou dans le refuge de l'art oriental, musique qui surmonte la mort, peinture qui s'ouvre, comme chez nous, la charité. Une des pages ultimes des *Voix du Silence* dégage, au-delà de son contexte essentiel — « le retour de l'Asie dans l'Histoire [21] » — la signification même du livre et sa relation profonde avec les essais sur l'art.

> J'ai conté, jadis, l'aventure d'un homme qui ne reconnaît pas sa voix qu'on vient d'enregistrer, parce qu'il l'entend pour la première fois à travers ses oreilles et non plus à travers sa gorge ; et, parce que notre gorge seule nous transmet notre voix intérieure, j'ai appelé ce livre *la Condition humaine*. Les autres voix, en art, ne font qu'assurer la transmission de cette voix intérieure... La voix de l'artiste tire sa force de ce qu'elle

17. *Ibid.*, p. 42.
18. *Ibid.*, p. 53.
19. *Ibid.*, p. 85.
20. *La Condition humaine,* in Romans, p. 430.
21. *Antimémoires,* p. 12.

naît d'une solitude qui appelle l'univers pour lui imposer l'accent humain ; et dans les grands arts du passé,
survit pour nous l'invincible voix intérieure des civilisations disparues[22].

Directeur artistique aux éditions Gallimard, Malraux effectue à ce titre, de 1928 à 1931, plusieurs voyages d'études au
Proche et au Moyen-Orient, surtout en Perse et en Afghanistan, carrefours des civilisations, ainsi qu'un périple complet
à travers toute l'Asie, Mongolie, Inde, Chine, Japon, sur la
route fabuleuse de la soie, avec retour par les Etats-Unis
d'Amérique et leurs moissons de musées. Son but est la préparation d'une exposition *indo-hellénistique* (1931), domaine
à double versant dont le parcours recoupe le sillage étincelant
d'Alexandre et, sur les fouilles récentes du Pamir, d'une exposition dite *gothico-bouddhique* (1932), parce que le prince des
steppes s'apparie à l'ange de Reims, dans la douceur pacifiée.
Il consacre deux notices à deux artistes contemporains, l'une
à *Rouault* (1929), l'autre à *Fautrier* (1933), coloristes d'instinct et représentants caractérisés, l'un chrétien, l'autre profane, de « l'expression tragique en peinture[23] ». Sous le Dieu
de Rouault, comme sous celui de Bernanos, se profile Satan.
La Condition humaine commence à paraître au moment même
où Hitler s'empare du pouvoir. *Le Temps du Mépris* (1935)
dénonce les techniques d'incarcération et d'humiliation nazies,
la cellule au secret où le détenu, musicien, ne résiste à la folie
qu'en se livrant aux harmonies dont sa mémoire est pleine.
L'admirable préface a pris valeur de manifeste :

> On peut aimer que l'un des sens du mot art soit :
> tenter de donner conscience à des hommes de la gran
> deur qu'ils ignorent en eux[24].

Grandeur qui, devant la montée des périls, se découvre
et s'affirme mieux dans la solidarité que dans le culte du moi.
Entre l'ambassade à Berlin pour protester contre la détention
de Dimitrov et le discours courageux à Moscou sur la liberté
de l'art, devant Gorki stupéfait, intervient l'équipée téméraire au Yémen (1934) pour retrouver, dans le désert hostile,
la capitale perdue de la reine de Saba. Dernier sursaut roma

---

22. *Les Voix du Silence,* Paris, 1951, p. 628.
23. *Notes sur l'expression tragique en peinture* (Rouault) in *Formes,*
décembre 1929.
24. *Le Temps du Mépris,* Paris, 1935, p. 12.

nesque, fascination de l'archéologie et de ses lieux interdits, expérimentation de l'avion comme outil et coursier modernes.

Sur la route de l'Arabie, où se croisent les ombres de Lawrence et de Rimbaud, Malraux fait escale en Egypte, visite, « dans sa poussière dormante [25] », le musée somnambulique du Caire et découvre, les pattes encore enfouies dans le sable, le Sphinx en faction d'éternité, berger des tombeaux et vigie des constellations. Sa réflexion sur l'art comme *présence* et *autre monde* est en train de prendre corps. Durant sa phase militante au sein des comités antifascistes, presque toutes ses interventions, à Paris, Moscou, Londres ou Madrid, reproduites dans *Commune,* se concentrent sur la valeur de la culture et la spécificité de l'art. « L'art obéit à sa logique particulière, d'autant plus imprévisible que la découvrir est précisément la fonction du génie. » (21 juin 1936.)

Lorsque la guerre d'Espagne éclate, où sont en jeu des valeurs universelles, Malraux s'engage aussitôt, cherchant dans la révolution « cette communion souterraine » [26] que fût jadis la chrétienté. Conçu comme une tragédie antique et mis en scène cinématographiquement par un artiste inspiré dont les références seraient à la fois Tolstoï et Goya, *l'Espoir* (1937) reste un des témoignages les plus denses et poignants du siècle. Sa vibration exceptionnelle tient à la coïncidence absolue entre les mouvements intérieurs de l'univers romanesque et la tension dramatique de l'Histoire. Le héros véritable est le peuple espagnol, dont le destin engage celui du monde entier, mais ses protagonistes internationaux, musiciens, ingénieurs, sculpteurs, historiens d'art, ethnologues, sont des êtres de culture et de pratique capables d'assumer le meilleur de l'homme, c'est-à-dire, selon le mot de l'un d'eux, de « transformer en conscience une expérience aussi large que possible [27] ». Dans le *feu* d'une action à laquelle ils se vouent entièrement, sous le regard de l'Histoire, qui les « contemple et les juge [28] », ils ne peuvent pas, chacun selon sa nature et ses convictions, ne pas s'interroger sur les fins humaines, sur le conflit inexorable et peut-être insoluble entre l'être et le faire, entre les individus et les groupes, entre les nécessités et les libertés. Les combats les plus serrés se déroulent à

---

25. *Antimémoires,* p. 63.
26. *L'Espoir, in Romans,* p. 472.
27. *Ibid.,* p. 764.
28. *Ibid.,* p. 572.

Tolède, pays du Greco, citadelle-musée, où leur souci préoc-
cupant est aussi de sauver les œuvres d'art, dont l'essence
durable fonde la demeure mortelle. Mais le rôle de l'art est
au-delà de ses œuvres et que pèsent celles-ci devant la famine
ou la douleur ? La question esthétique recouvre inévitablement la question politique. « Y a-t-il un style des révolutions [29] ?
est-il demandé, vers le milieu du livre, et si celle-ci triomphe,
quel art en naîtra-t-il, pour chacun et pour tous ? A la séquence
finale, Manuel, organiste, entre dans la ville déserte de Bri-
huega où il n'y a d'autre bruit que celui des fontaines et des
petits ruisseaux sur les pavés pointus. Il se retire dans sa
chambre et, sur un phonographe d'emprunt, met un disque de
Beethoven, son chien-loup à ses côtés, « allongé comme ceux
des bas-reliefs ». Transformé par la cause qu'il vient de servir,
repris par sa passion, la musique, qui s'accorde au flux passager de la mémoire et au murmure éternel de l'eau,

> Manuel entendait pour la première fois la voix de
> ce qui est plus grave que le sang des hommes, plus
> inquiétant que leur présence sur la terre — la possibi-
> lité infinie de leur destin [30].

Pour la première fois. Toute mutation est naissance et
l'art n'exite qu'en manifestant l'instant unique et la grâce du
commencement.

Patrie indomptable de l'âme et terre forcenée des contras-
tes, l'Espagne exerce sur notre époque une emprise comparable
à celle de l'Antiquité sur la Renaissance ou du Moyen Age
sur le Romantisme. La connaissance unique du pays acquise
dans les risques et la ferveur, permet alors à l'auteur de *l'Espoir* les échanges les plus intenses et une vraie connivence
avec le peintre de *Guernica,* dont certains des dessins devaient
illustrer le roman, auquel conviendraient mieux toutefois les
gravures des *Désastres.* Quel artiste a le mieux exprimé les
souffrances d'un peuple, son âme millénaire et son destin cru-
cifié ? Malraux et Picasso se tournent ensemble vers Goya,
vers les bras écartés et dressés dans la nuit du 3 *mai,* face
à la sinistre lanterne jaune et à la mécanique infernale de
la tuerie. « A cause de la guerre d'Espagne, Picasso m'a parlé
de Goya plus que d'aucun autre peintre [31]. » Et l'on comprend

---

29. *Ibid.,* p. 500.
30. *Ibid.,* p. 858.
31. *La tête d'obsidienne,* Paris, 1974, p. 147.

aussi pourquoi Malraux a réservé jusqu'ici, dans l'ordre plastique, ses deux essais séparés les plus importants aux deux créateurs saturniens qui ouvrent et ferment sur les cris de la mort ce qu'il a nommé *le Musée Imaginaire* et vont désormais se rejoindre « dans l'imprévisible Prado où l'Espagne attend *Guernica* et où le plus grand Goya attendait le jeune Picasso[32] ».

Les années qui précèdent la Seconde Guerre mondiale voient paraître de luxueuses revues montrant avec le même soin les formes nouvelles de l'art moderne et les formes ressuscitées des arts anciens. Elles bénéficient des progrès techniques de la reproduction dont Walter Benjamin examine alors l'influence sur la compréhension des œuvres et sur le processus créateur. C'est à la plus récente et parfaite d'entre elles, *Verve,* que Malraux confie les chapitres naissants de sa *Psychologie de l'art* (1937-1938) — interrompue à nouveau par les événements.

En septembre 1939, il est surpris par la guerre devant l'église de Beaulieu, qui « porte l'un des plus beaux tympans romans, le seul où le sculpteur ait figuré, derrière les bras du Christ ouverts sur le monde, ceux du crucifix comme une ombre prophétique[33] ». Celle où s'inscrit, dans son geste éperdu, le fusillé du *3 Mai*. Le colonel prestigieux de l'escadrille d'intellectuels cosmopolites en Espagne s'enrôle alors comme simple soldat dans une unité française de chars d'assaut, sur son terroir ancestral, et se retrouve parmi d'obscurs compagnons, parmi ceux que leurs officiers appellent « les hommes ». Cette révélation de *l'humanité fondamentale* ressentie comme énigme et vécue, dans le danger, comme fraternité, transparaît, sur l'horizon sanglant des deux guerres mondiales faites, l'une par Vincent Berger et l'autre par son fils, narrateur, dans le beau roman tournant de la maturité, *les Noyers de l'Altenburg* (1943), où passent les souvenirs d'Asie et l'évocation bouleversante de Nietzsche. Walter Berger, oncle de Vincent, rapporte en témoin que, dans le train qui ramenait Nietzsche, devenu fou, de Turin à Bâle, le philosophe se mit soudain à chanter distinctement son sublime et dernier poème, *Venise,* alors que le convoi, lumières éteintes, franchissait le long tunnel du Saint-Gothard. Dans son livre écrit au moment le plus sombre du siècle, sous un des tunnels

32. *Ibid.,* p. 270.
33. *Antimémoires,* p. 302.

de l'Histoire, Malraux, par la voix de Walter, ami de Nietzsche, affirme ses vues résolument antispenglériennes sur la transmission métamorphique des cultures et sa confiance inébranlable en l'unité de ce par quoi l'homme se dépasse et se survit :

> Le plus grand mystère n'est pas que nous soyons jetés au hasard entre la profusion de la matière et celle des astres ; c'est que, dans cette prison, nous tirions de nous-mêmes des images assez puissantes pour nier notre néant [34].

Telle est la conclusion du grand colloque humaniste tenu sous les voûtes du prieuré de l'Altenburg, en Alsace, à l'entrée duquel se détachent deux noyers centenaires. Les cultes les plus anciens, et peut-être les plus universels s'adressent aux pierres levées et aux arbres. Ces noyers vénérables, où monte inépuisablement la sève de la terre, dont le bois est le même que celui des bûches que l'on décharge pour les feux de l'hiver et des statues gothiques de la bibliothèque, dont les ramures magnifiques encadrent au loin, dans le calme du soir, les flèches de Strasbourg, deviennent les symboles émouvants de la continuité créatrice et de la métamorphose sans fin.

Après avoir combattu, sous le pseudonyme même de Berger, dans les maquis clandestins de Dordogne et visité de la sorte la grotte de Lascaux à peine découverte, le commandant de la brigade Alsace-Lorraine pénètre en libérateur dans la région qu'il avait prémonitoirement évoquée, entre le premier dans la cathédrale de Strasbourg rouverte au culte sur son ordre et a mission de récupérer, dans sa mine de sel, l'un des chefs-d'œuvre de l'Occident, le rétable de Grünewald, gloire du musée de Colmar. A Roger Stéphane, venu l'interviewer, le 2 février 1945, à Illkirch, près de Strasbourg, Malraux, encore en tenue militaire, déclare : « Ce qui compte essentiellement pour moi, c'est l'art. Je suis en art comme on est en religion [35]. » Comment ne pas rapprocher son aveu de celui du prêtre de la *modernité*, de Baudelaire, à qui, sur bien des points, il s'apparente : « Glorifier le culte des images (ma grande, mon unique, ma primitive passion) [36] » et ne pas admettre dans leur envoûtement commun une revendication

---

34. *Ibid.*, p. 44.
35. R. Stephane, *Fin d'une jeunesse*, Paris, 1954, p. 69.
36. Baudelaire, *Œuvres*, Paris, 1952 (Pléiade), p. 1219.

plus haute que celle de l'esthétique ? « Il y a, dit encore Baudelaire, une religion universelle faite pour les alchimistes de la pensée, une religion qui se dégage de l'homme, considéré comme *memento divin* [37]. »

En novembre 1946, à la conférence inaugurale de l'Unesco :

> Le vrai problème, précise Malraux, en poussant plus avant sa méditation de l'Altenburg, n'est pas celui de la transmission des cultures dans leurs spécificité, mais de savoir comment la qualité d'humanisme que portait chaque culture est arrivée jusqu'à nous et ce qu'elle est devenue pour nous [38].

Après la torture, les camps de la mort et la bombe atomique, un humanisme universel, non syncrétiste, est-il concevable ou bien, l'histoire retombant au *point zéro,* l'art n'est-il plus possible, ou s'est-il anéanti ?

De 1947 à 1949 se succèdent, brillamment édités, avec les ressources de la mise en page et l'orchestration des planches en couleurs, les trois tomes de *la Psychologie de l'Art,* qui font aussitôt sensation. Ils déchaînent la fureur médusée de Georges Duthuit, officiant de Byzance, et suscitent le commentaire attentif et pénétrant de Maurice Blanchot, *le Musée, l'Art et le Temps* [39], que l'on regrette de voir omis dans la plupart des bibliographies malruciennes. Si, selon Malraux, « notre relation la plus profonde avec l'art est d'ordre métaphysique [40] », le titre embrasse moins son contenu qu'il ne désigne l'orientation de la recherche, psychologie non des artistes mais de la création artistique, sans détermination théorique. La réflexion mouvante de l'auteur sur un domaine instable et complexe, entraîne le remaniement du texte et les trois volumes élargis et unifiés se fondent en un seul et gros volume à division quadripartite, *les Voix du Silence* (1951), dont le chapitre préliminaire et le plus célèbre, *le Musée Imaginaire,* n'aura son édition définitive qu'en 1965 [41]. Parallèlement, l'étude initiale sur les dessins de Goya, *Goya en noir et blanc* (1947), incluse dans *le Triangle noir* entre l'étude sur *Laclos* (1939) et celle sur *Saint-Just* (1954) s'amplifie et devient *Saturne* (1950),

---

37. *Ibid.,* p. 1215.
38. L'homme et la culture artistique, in *Carrefour,* 7, XI, 1946.
39. M. Blanchot, repris in *l'Amitié,* Paris, 1971, pp. 21-51.
40. *Sumer,* introduction, Paris, 1960, p. XLVIII.
41. *Le Musée Imaginaire,* Paris, 1965 (Idées-Arts).

essai monumental sur les gouffres humains et sur « le prophète de l'irrémédiable [42] ». Quand la maladie le retranche du
siècle et l'accule à son génie, Goya récuse la société, sonde
les instincts, et met l'homme en question. Par ses accents brisés, sa couleur de soufre et de cendre, il inaugure la peinture moderne. Et au-delà du musée Napoléon où la plus haute
Espagne est absente et le dernier Rembrandt méconnu, s'établit entre Rembrandt et Goya un des dialogues essentiels qui
commandent *le Musée Imaginaire.* Si *les Voix du Silence,* au
registre le plus ouvert, ont eu le même retentissement qu'en
leur temps les bibles fanatiquement orientées de Winckelmann
et de Ruskin, qui marquèrent si fort, l'une Gœthe et l'autre
Proust, c'est qu'elles sont animées, outre leur splendeur intrin-
sèque, du même souffle visionnaire.

Le Musée Imaginaire, dont Malraux ne fait pas la découverte, mais impose le nom et consacre, pour notre époque,
la valeur de *catégorie* active, ne se ramène pas à la somme
physique des musées réels et des monuments préservés, devenus aussi des musées. Non pas réceptacle des œuvres mais
foyer de leur transmutation, il instaure l'espace mental et
flexible où, *pour la première fois* dans l'aventure humaine,
grâce à la facilité des transports et aux progrès de la photographie — « les arts plastiques ont inventé leur imprimerie [43] »
— se livrent à notre fascination les merveilles de la planète
entière et « l'héritage de toute l'histoire [44] », où se réalisent,
par la *métamorphose,* l'autonomie et l'universalité de la création artistique, c'est-à-dire la conscience de l'art comme tel,
étrange absolu sans objet que lui-même.

Le second chapitre, *les métamorphoses d'Apollon,* non tout
à fait inédit dans son contenu, mais nouveau dans son appel-
lation, par rapport aux versions de *la Psychologie de l'Art,*
montre en effet comment les anciens arts religieux renoncent
à la transcendance qu'ils servaient et dans laquelle ils s'absor-
baient pour accéder à la seule transparence de l'art, comment
les Dieux, désaffectés du sacré, passent de l'éternel au *présent,*
se font statues et tableaux.

Les liens étroits du musée imaginaire avec l'évolution radicale de l'art moderne et avec le prodigieux essor concomitant
de l'archéologie ont été ressentis intensément par Malraux sur

---

42. *Saturne,* essai sur Goya, Paris, 1950.
43. *Les Voix du Silence,* Paris, 1951, p. 14.
44. *Ibid.,* p. 44.

les terrains de fouilles et dans les ateliers. Sa vaste expérience
de l'art a la même authenticité que sa rencontre de l'Asie ou sa
lutte en Espagne et il réussit à la communiquer avec une force
obsédante de nature évidemment passionnelle et non pas démonstrative. « Nos écrits sur l'art appellent une adhésion, per-
suadent parfois, et ne prouvent point [45] ». Leur tumultueux
désordre apparent, dont on a pu se plaindre, est le résultat d'une
approche concrète, véritable, d'envergure simultanée plus que
chronologique, qui procède par éclairs sur des pulsions de
marée. Les idées, qui suggèrent des émotions et des rythmes,
vont ici plus loin que leur sens et s'il existe, dit Malraux lui-
même, « une intelligence des formes supérieure à celle des
idées [46] », tendent à s'éclairer de la lumière des œuvres qu'elles
évoquent et font surgir. La réitération insistante d'assertions qui
semblent admises mais en réalité ne cessent de heurter les pré-
jugés communs et les doctrines établies, obéit à la fois au
besoin de convaincre et aux nécessités du lyrisme incanta-
toire. *Les Voix du Silence* forment aussi, doit-on le rappeler,
un extraordinaire poème en prose et tous les essais sur l'art
de l'illustre écrivain, « constituent, assure le critique Henri
Peyre, la suprême œuvre romantique française en prose [47] ».

Malraux accueille la conception romantique du *génie,* mais,
sous la pression de l'art actuel réduit à son essence plastique,
« nous exigeons du génie, dit-il, qu'il soit un créateur de
formes [48] ». La création n'est pas la vision, les formes s'oppo-
sent aux images, ne s'expliquent pas par les rêves, diffèrent
des signes et, lorsqu'elles aboutissent à la tache — Kandinsky,
Klee, Miró — « nous touchons à l'action provisoirement
extrême de la peinture moderne [49] ». Le chapitre troisième et
capital analyse le processus de la *création artistique,* la syntaxe selon laquelle les formes, à travers les états successifs
et les *schèmes* orientateurs, deviennent *style.* Les deux exemples les mieux articulés et les plus caractéristiques du goût
moderne sont le Greco, dont le luminisme fiévreux inscrit le
dessin baroque en mouvement sur l'espace byzantin sans profondeur, et Georges de la Tour, qui nous fait voir certains
volumes comme s'ils étaient des surfaces, par cristallisation

----

45. *Ibid.,* p. 446.
46. *L'Intemporel* (inédit).
47. H. Peyre, *Malraux le romantique,* in Revue des Lettres modernes,
1973, p. 18.
48. *Les Voix du Silence,* p. 371.
49. *Ibid.,* p. 604.

géométrique de l'univers caravagesque. Les érudits qui pros-
pectent les sources de Malraux et citent volontiers la conférence de Max Dvorak, en 1920, sur *le Greco et le maniérisme* [50], omettent de rappeler qu'au début du siècle Picasso
et ses amis de jeunesse portèrent en procession, selon les
anciens rites des peintres toscans, des tableaux du Greco de
Barcelone à Sitgès ; et ceux pour qui « La Tour est le triomphe de l'art et sa justification [51] » et qui dévident à son propos
la liste des experts, oublient que nous devons également à
Juan Gris notre compréhension du maître lorrain, dont plusieurs tableaux passèrent longtemps pour être de main espagnole. Peut-être la génération prochaine des historiens de l'art
tiendra-t-elle La Tour et le Greco pour des surestimations
d'époque et le Caravage lui-même, ressuscité par le cubisme,
comme un accident héroïque sur la route solaire de la peinture où veille, contemporain de Cézanne et de Seurat, un astre
immarcescible, Piero della Francesca. (Scali, dans *l'Espoir,* est
spécialiste de Piero). On a parfois relevé, sans marquer assez
sa valeur plastique et sa signification spirituelle, le rôle du
clair-obscur dans les romans de Malraux. La création artistique, que l'usure du temps et la métamorphose du regard transforment en fiction artistique, est soumise à la même flexion
haletante, au même battement impérieux que la fiction romanesque. *Les Voix du Silence* participent aussi de la drama-
turgie caravagesque par projection de faisceaux lumineux sur
le théâtre nocturne où tour à tour brillent et s'éclipsent les
génies et ces « sur-artistes imaginaires qui s'appellent des
styles [52] » et sécrètent les chefs-d'œuvre :

> Toute grande œuvre est éclairée par les traînées
> de phares qui balaient l'histoire de l'art et l'histoire
> tout court — et s'obscurcit lorsqu'elles l'abandon-
> nent [53].

Malraux appartient à l'époque où s'élaborent à la fois les
théories des cultures et les systèmes des formes. Le quatrième
et dernier chapitre, *La monnaie de l'absolu,* est un débat diffi-

---

50. M. Dvorak, *Kunstgeschichte als Geistesgeschichte,* Munich, 1924,
p. 270.
51. J. Thuillier, *La Tour, Engimes et Hypothèses,* in cat. exposition
Orangerie, Paris, 1972, p. 27.
52. *Les Voix du Silence,* p. 44.
53. *Ibid.,* pp. 50-51.

cile et parfois pathétique entre les deux exigences — préserver la voix profonde des cultures, et le timbre autonome de l'art — que ne résoud pas entièrement la notion complexe de style. L'artiste ou l'amateur qui ne retiendrait des œuvres du passé que leurs qualités spécifiquement plastiques serait « le type supérieur du barbare moderne [54] », puisque le primat de l'art nous a permis de découvrir que longtemps et partout l'art était autre chose que l'art. Au stade de sa recherche, Malraux, encore prisonnier du mythe hégélien, achoppe sur le problème du *temps,* du temps en art et de sa polarité pressentie, qu'élucideront mieux ses ouvrages suivants, et s'efforce à démêler les rapports ambigus entre l'art et l'histoire :

> La précision qu'apporte l'histoire aux conquêtes de l'art approfondit leur sens, mais n'en rend jamais complètement compte, parce que le temps de l'art n'est pas la durée de l'histoire... L'histoire tente de transformer le destin en conscience, et l'art de le transformer en liberté [55].

Du passé le plus trouble l'art filtre et ne transmet que l'or du temps, si bien que « le musée imaginaire est le chant de l'histoire, il n'en est pas l'illustration [56] » et que, mieux que toute autre création humaine, « l'art est un anti-destin [57] ».

En mai 1952, au *Congrès de l'œuvre du* XXe *siècle,* à Paris, « il y a quelque chose de plus important que l'histoire, proclame Malraux, et c'est la constance du génie [58] ». Les arts des sociétés primitives et des sociétés non historiques entrés désormais au musée attestent l'étendue et le pouvoir de la création artistique — « l'artiste crée moins pour s'exprimer qu'il ne s'exprime pour créer [59] » — et la permanence du génie au sein de l'espèce humaine. Après avoir édité, comme en hommage indirect à Valéry, *Tout l'œuvre peint de Léonard de Vinci* (1950) et, détachant du florilège critique accompagnant le somptueux album les pages inimitées de Proust, *Tout Vermeer de Delft* (1952), Malraux entreprend la publication,

---

54. *Ibid.,* p. 605.
55. *Ibid.,* p. 621.
56. *Ibid.,* p. 622.
57. *Ibid.,* p. 637.
58. Ce que nous avons à défendre, in *Arts,* 5-11 juin 1952.
59. *Le Musée imaginaire de la Sculpture mondiale,* I, Paris, 1952, p. 11.

en trois volumes, du *Musée Imaginaire de la sculpture mondiale* (1952-1954) : « La peinture est notre art et la sculpture
celui que nous avons ressuscité [60]. »

Des dizaines de milliers de photographies réunies, quinze
cents sont retenues, qui composent le *Trésor* sur le choix
duquel Malraux est sûr, en gros, de s'entendre avec les artistes contemporains, parce que son choix est moins voulu qu'il
n'est dicté par l'appel interne des œuvres. Le collationnement
et l'identification des documents, la vérification, sur place,
des données, entraînent de nouveaux et nombreux voyages.
Lors de sa seconde et décisive confrontation, en Egypte, avec
le Sphynx, maintenant dégagé des sables, Malraux est saisi
par l'intuition illuminatrice sur laquelle se relance et s'ordonne sa réflexion :

> C'est alors que je distinguai deux langages que
> j'entendais ensemble depuis trente ans. Celui de l'ap-
> parence, celui d'une foule qui avait sans doute res-
> semblé à ce que je voyais au Caire : langage de
> l'éphémère. Et celui de la Vérité, langage de l'éternel
> et du sacré... Et je découvrais... que l'art n'est pas une
> dépendance des peuples de l'éphémère, de leurs mai-
> sons et de leurs meubles, mais de la Vérité qu'ils
> ont créée tour à tour [61].

Ainsi Mallarmé séparait-il la parole courante et la parole
essentielle et Hölderlin, témoin du moment où les Dieux
s'absentent, où l'Etre se déchire, assignait-il pour tâche à la
pensée la distinction des sphères : « l'homme, comme puissance connaissante, doit distinguer des mondes différents, parce
que seule l'opposition des contraires rend possible la connaissance [62] ».

Les *métamorphoses d'Apollon*, le chapitre des *Voix du
Silence* repris et élargi selon cette conception bipartite du temps,
devient le tome inaugural de *la métamorphose des Dieux*
(1957), dont le titre prévu sera : *l'Inaccessible*. C'est le monde
où les formes du Sacré, du Divin, de la Foi, soumettent l'apparence à l'invisible Vérité. L'éternité règne sur les civilisations
immobiles d'Egypte et de Sumer, sur leurs têtes d'hypnose et
leurs doubles hiératiques. Quand la Grèce se lève dans un

---

60. *Ibid.*, p. 9.
61. *Antimémoires*, pp. 56-57.
62. M. Blanchot, *l'espace littéraire*, Paris, 1955, p. 374.

« envol de voiles [63] » et dissipe les puissances de la Nuit, le Divin succède au Sacré, l'admiration à la prosternation. La tragédie est le poème cathartique où la Cité s'unit au Destin maîtrisé. Réfractaire à l'Infini, Rome s'asservit au réel, pratique l'industrie du portrait. Le brasier de la Foi se rallume sous les voûtes de Byzance aux mosaïques d'or, et dans les églises romanes veillées par les statues fidèles. Dans l'intervalle, l'enluminure a préservé le sacré sur son registre confidentiel. L'art roman accomplit l'union plénière entre l'humain et le sacré. L'art gothique transpose le symbole en spectacle, la liturgie en piété, découvre à la peinture dès lors privilégiée un pouvoir inédit de fiction. La prédication franciscaine et le mystère chrétien de l'Incarnation, de l'Homme-Dieu, trouvent en Giotto, sur les fresques d'Assise, de Florence et de Padoue, leur suprême interprète. Avec Jean van Eyck, en Flandre, la peinture se détache du mur, invente sa technique de chevalet ; la scène religieuse descend sur la terre des hommes, où la vibration de la lumière inscrit le passage de l'heure. Le cours du temps a vaincu l'éternité.

Le rythme du livre devient ample et solennel, avec ses raccourcis et ses déploiements, sans les saccades anciennes, atteint sa maîtrise et sa cadence souveraines. Les illustrations, à point nommé, sanctionnent la justesse du commentaire. On accuse parfois Malraux de vouloir ramener l'art à l'emprise du photographiable. Nul mieux que lui, qui ne cesse d'aller partout à la rencontre directe des œuvres et d'en compulser ensuite les images, n'a mesuré les limites de la reproduction. Ses pages les plus inspirées concernent précisément les sites et les monuments impossibles à photographier, Gizeh ou Sainte-Sophie, qui divinisent l'espace extérieur ou transmuent l'espace intérieur. Tous les arts sacrés ont leurs franges profanes et leurs marges naturalistes. Il reconnaît la tendance sélective de sa recherche et son orientation délibérément métaphysique :

> Ce livre n'a pour objet ni une histoire de l'art ni une esthétique ; mais bien la signification que prend la présence d'une éternelle réponse à l'interrogation que pose à l'homme sa part d'éternité — lorsqu'elle surgit dans la première civilisation consciente d'ignorer la signification de l'homme [64].

---

63. *La Métamorphose des Dieux,* Paris, 1957, p. 56.
64. *Ibid.,* p. 127.

L'apparition du *Musée Imaginaire* et de son pluralisme artistique coïncide avec la faillite des esthétiques normatives à visée unitaire. « Kant et Hegel, constate le théoricien critique T. W. Adorno, furent les derniers qui, dit de manière abrupte, purent écrire une grande esthétique sans rien comprendre à l'art [65] ». C'est-à-dire sans se référer à la qualité particulière des œuvres. Par contre l'archéologie et l'histoire de l'art ont eu depuis une extension croissante, mais leurs méthodes traditionnelles sont surtout d'inventaire et de philologie. Les tentatives d'interprétation systématique par la sociologie ou la psychanalyse n'ont pas donné les résultats escomptés et tournent aux conditionnements. Les approches par l'iconologie ou la sémiologie sont encore indirectes ou bien embryonnaires. La voie la plus féconde reste la notion de *forme,* de volonté de la forme, introduite par Riegl, à laquelle Malraux souscrit au niveau de la syntaxe, mais qui s'avère insuffisante au niveau des références et des mutations spirituelles, quand « le mystère est âme avant d'être style [66] ». Ainsi la mosaïque de Saint-Laurent, à Milan, qui figure le Christ parmi les apôtres en toge, « nous fait clairement saisir les limites d'une histoire de l'art limitée à l'histoire des formes : tous les apôtres appartiennent à l'héritage de l'Antique, mais la mosaïque romaine représentait les dieux, et la chrétienne manifeste le Christ [67] ». Lorsque le jeune amateur de *la Voie royale* invite le directeur de l'Institut français de Saigon à choisir entre les statues khmères et les statues chames : « Que voulez-vous que je préfère ? répond le maître chevronné, je fais de l'archéologie [68]. » Les choix de Malraux s'opèrent au nom des artistes et non des érudits :

> Je doute qu'un seul sculpteur chrétien admire le JUGEMENT de Chartres à l'égal de celui d'Autun ; qu'un sculpteur quelconque admire le premier sans réserves, et même sans malaise [69].

Ministre durant onze ans (1958-1969), Malraux tente de faire appliquer, malgré la routine administrative, sa politique

---

65. T.W. Adorno, Introduction première à la théorie esthétique, in *Revue d'Esthétique,* Paris, 1975, I, p. 15.
66. *La Métamorphose des Dieux,* p. 136.
67. *Ibid.,* p. 127.
68. *La Voie royale,* p. 44.
69. *La Métamorphose des Dieux,* p. 219.

artistique et culturelle : « rendre accessibles les œuvres capitales de l'humanité, et d'abord de la France, au plus grand nombre possible de Français [70]. » Dans Paris, aux monuments blanchis par ses soins, il organise d'impressionnantes expositions, arts anciens ou créations modernes, conduit au Louvre les dirigeants du monde entier. En mission lui-même sur tous les continents, il prononce à Mexico, Brasilia, Tokyo, New York, Dakar ou Delhi, les discours exigés par les circonstances et les lieux.

Le 28 mai 1959, du haut de l'Acropole, à Athènes, « le seul lieu du monde hanté à la fois par l'esprit et le courage », il salue « la première civilisation sans livre sacré », pour laquelle « le mot intelligence a voulu dire interrogation [71] ».

En 1960, il fonde et anime, avec le concours de Georges Salles d'abord, d'André Parrot ensuite, la collection encyclopédique : *l'Univers des Formes,* palais de la mnémotechnie et sanctuaire du regard, où l'illustration, dont il est le maître d'œuvre, joue un rôle essentiel. Les textes savants sont confiés aux meilleurs spécialistes, que déconcertent parfois ses hypothèses, mais qui s'inclinent devant la sûreté de son œil, devant sa culture et sa mémoire plastiques vraiment universelles.

En 1965, une longue croisière en mer prescrite pour raisons de santé se transforme en voyage officiel à Pékin. Après l'entrevue avec Mao, dont s'éloigne « la silhouette massive d'empereur de bronze [72] », Malraux demande à revoir, après plus de vingt ans, les tombeaux des empereurs Ming. « Comment auront-ils changé ? [73] » s'inquiète-t-il, sur cette planète où tout en un siècle a davantage changé que jamais auparavant. Œuvre d'un de ces rares hommes « qui sont hantés à la fois, dit le poète Jean Grosjean, par les grands événements de leur époque et par l'invisible racine de tout événement [74] ». les *Antimémoires* (1967) nous font assister au bouleversement actuel des empires et à la métamorphose du singulier témoin qui reparcourt le monde en retrouvant ses traces, à l'âge où il sent « sa jeunesse se perdre au fond des siècles [75] ». La charnière du livre au clavier multiple est l'Inde, foyer de

---

70. *Journal Officiel,* Paris, 9/1/1959.
71. *Oraisons funèbres,* pp. 37 et 38.
72. *Antimémoires,* p. 562.
73. *Ibid.,* p. 563.
74. J. Grosjean, les Antimémoires d'André Malraux, *N.R.F.* Octobre 1967, p. 659.
75. *Antimémoires,* p. 437.

transcendance où s'éclairent et se consument les vicissitudes de l'Histoire. Les dialogues d'ampleur platonicienne menés à des dates différentes avec Nehru nous font éprouver le passage historique du temps et la permanence de l'Absolu, le retour cyclique. Nehru parle en interlocuteur de profonde culture et en responsable de l'immense pays dont il connaît les difficultés matérielles et le génie spirituel.

> Le ton de sa voix écartait le jeu : il voulait dire ce qu'il disait, comme les quelques hommes de l'Histoire que j'ai rencontrés, et comme la plupart des peintres [76].

Rapprochement significatif, qui confirme en profondeur l'entreprise unitaire de Malraux.

Mao lui est apparu comme l'héritier des grands Fondateurs, d'où son pèlerinage, après l'entretien, par les chemins de saules et de roses trémières, sur les tombeaux des Empereurs, dressés dans les champs de toujours. Nehru se relie aux grottes sacrées, à leurs forces immémoriales, qui tiennent de la crypte et de la montagne, et vers lesquelles Malraux se rend, du même mouvement, après ses conversations avec le pandit. Le voici sous les galeries d'Ellora, qu'emplissent les fleurs des offrandes et la psalmodie des hymnes védiques :

> La danse de Çiva que je regarde, passe pour être celle de l'Essence au moment où la mort la délivre du corps, de l'esprit et de l'âme. Et cette danse, même au musée, n'appartiendrait pas au seul monde de l'art ; sa perfection, ici, n'est pas d'ordre artistique, mais de l'ordre énigmatiquement convaincant du mythe, du fauve, de l'orchidée. Œuvre des dieux. Nulle part je n'avais éprouvé à ce point combien tout art sacré suppose que ceux auxquels il s'adresse tiennent pour assurée l'existence d'un secret du monde, que l'art transmet sans le dévoiler, et auquel il les fait participer. J'étais dans le jardin nocturne des grands rêves de l'Inde [77].

Au printemps 1971, Malraux, à jamais remué par l'Inde, par « le pays le plus religieux et sans doute le plus affectueux du monde [78] », offre chevaleresquement de combattre pour le

---

76. *Ibid.*, p. 212.
77. *Ibid.*, p. 287.
78. *Ibid.*, p. 300.

Bengladesh. Il a soixante-dix ans. Combien de fois, depuis l'adolescence, a-t-il relu le chant de Krishna dans la *Bhagavad Gîta* : « Et je suis la Mort de tout, et je suis la Naissance de tout. La parole et la mémoire, la constance et la miséricorde. Et le silence des choses secrètes [79] ?... »

Ses fonctions officielles, liées à la personnalité du général de Gaulle, ont pris fin avec le gouvernement de celui-ci. Le peintre Balthus lui a fait remarquer que le général ressemblait, de face, au portrait de Poussin par lui-même. Dans l'évocation qu'il en trace, *les Chênes qu'on abat* (1971), après le dernier entretien, à Colombey, devant les forêts enneigées,

> Je ne me suis pas soucié, dit-il, d'une photographie, j'ai rêvé d'un Greco ; mais non d'un Greco dont le modèle serait imaginaire [80].

L'Espagne est exclue des *Antimémoires,* parce que c'est un pays que Malraux n'a pu revoir. Dans le sublime *Lazare* (1974), voyage dostoïevskien aux frontières de la mort, les souvenirs de la lutte en Espagne affluent au chevet du malade, avec toutes les images de la fraternité. « La fraternité, que le destin n'efface pas [81]. » La création artistique moderne est aussi un combat révolutionnaire et le musée imaginaire, le royaume fraternel où Braque rejoint Chardin, Cézanne les sculpteurs romans, et Picasso Goya.

En été 1973, Malraux assiste à l'inauguration du Musée Biblique de son ami Chagall, à Nice et, la semaine suivante, à la Fondation Maeght, à Saint-Paul-de-Vence, à celle de sa propre exposition sur son Musée imaginaire, réalisée avec des prêts exceptionnels. Le dîner, où il prend la parole, a lieu dans une auberge de Mougins, au pied de la colline où Picasso vient de mourir. Quelques jours après, Jacqueline, la veuve du peintre, l'appelle, et lui montre la demeure de Mougins et ses trésors, le château de Vauvenargues et son tombeau. Le plus fameux des crânes de mort précolombiens est présenté seul, dans une vitrine, au musée de Mexico, devant un miroir qui reflète le mouvement des nuages et celui, renouvelé, des visiteurs. *La tête d'obsidienne* (1974) est le défi de l'art à la mort, l'affrontement entre le musée imaginaire, dont le principe est la métamorphose, et Picasso, « Saturne de la méta-

---

79. *Id.,* p. 278.
80. *Les Chênes qu'on abat,* Paris, 1971, p. 11.
81. *Lazare,* Paris, 1974, p. 196.

morphose[82] », qui fut à la fois son implacable rival et son inexhaustible pourvoyeur.

> C'était avec lui, que la création artistique se retrouvait jusqu'aux cavernes, parce que cette aventure se poursuivait parallèlement à la sienne[83].

Parmi ses fétiches et ses masques, il avait une idole-violon crétoise, à laquelle il tenait beaucoup. Il évoquait familièrement son auteur, « le petit bonhomme des Cyclades[84] », comme le symbole millénaire et fraternel du pouvoir créateur dont il était, à son tour, investi...

Le tome deuxième de *la Métamorphose des Dieux* montre, de Florence à Rembrandt, l'aventure de l'art au service de *l'Irréel* (1974), par l'idéalisation à l'Antique et le recours, non moins qu'à la Bible, à la Fable profane, avec les figures complémentaires de Vénus et du héros.

> Le monde de Dieu est réalité suprême ; l'Irréel, de même que les dieux grecs, prend forme par l'art comme la lumière par ce qu'elle éclaire[85].

La Toscane du Quattrocento crée *le style sévère* à schématisation volumétrique où nous reconnaissons *notre classicisme secret,* où l'impassible Piero della Francesca s'unit aux sculpteurs d'Olympie. Au début du siècle suivant, l'exultation créatrice se transfère à Rome et puise son ardeur dans une émulation rebelle avec les formes antiques redécouvertes vivantes.

> Le mot Renaissance, entré dans le vocabulaire de l'histoire pour exprimer une métamorphose complexe, est entré dans celui de l'art pour exprimer la découverte progressive du pouvoir par lequel l'artiste, en faisant du rêve profane le rival du rêve religieux, et du héros le rival du saint, crée l'irréel exaltant où disparaissent ensemble la dépendance de la créature et la transcendance du Créateur[86]...

L'art accède à son domaine, et le génie à son empire. Léonard dévoile le mystère, Raphaël atteint la perfection, Michel-Ange prolonge, solitaire, la *démiurgie du grand style*

---

82. *La tête d'obsidienne,* p. 279.
83. *Ibid.,* p. 102.
84. *Ibid.,* p. 118.
85. *L'Irréel,* Paris, 1974, p. 131.
86. *Ibid.,* p. 168.

que le maniérisme transforme en stylisation. Avec lui s'achève
la primauté de la sculpture. La peinture triomphe à Venise,
où la *magie* de la couleur fonde une poétique nouvelle... Le
chromatisme de Venise et la gloire de l'Irréel sont mis en
question par Rembrandt et sa quête nocturne. L'Incarnation
religieuse à laquelle il aspire n'est plus possible.

> Il n'y a pas d'Incarnation dans l'art de l'Irréel ;
> il n'y a d'Incarnation que dans l'art qui ne se conçoit
> pas lui-même comme tel [87].

Et son œuvre d'ébranlement et de pitié poursuit dans les
ténèbres « une communion *avec l'inconnu* [88] ». Le grand connais-
seur de l'art nordique M. J. Friedländer, dont la formation
doit plus au peintre Max Liebermann qu'aux universités, a
écrit que la compréhension de Rembrandt est un des accomplis-
sements spirituels du siècle dernier. Sans doute y fallait-il
Delacroix et Van Gogh, et les romanciers russes...

La signification complète de *l'Irréel* n'apparaîtra, prévient
Malraux, qu'après la publication du troisième et dernier tome,
l'Intemporel, dont certaines conclusions sont annoncées par le
discours de Mougins inclus dans *La tête d'obsidienne.* « L'intemporel est en nous », dit Bergson, parce que notre conscience
intérieure du temps n'est pas chronologique. Le temps de l'art
n'est pas celui de l'histoire. L'art obéit au sentiment d'éternité
quand le sacré gouverne ses formes, au sentiment d'immortalité quand l'Irréel les suscite. Lorsque nous découvrons l'art
du monde entier et le découvrons comme énigme, lorsque la
peinture, après Manet, s'identifie à ce que Braque a nommé le
fait pictural, « l'Intemporel est notre forme précaire et toujours renaissante de l'immortalité [89] ». Pourquoi le Musée Imaginaire a-t-il un sens et quelle est sa problématique ? En
Extrême-Orient, la métamorphose du Musée Imaginaire commence et ce sera bientôt le dialogue capital entre les deux
civilisations artistiques. En Occident, après l'irruption des
arts sauvages et la plongée vers les arts aléatoires, le Musée
Imaginaire a-t-il rempli son rôle Est-il déjà supplanté par
l'audio-visuel, par l'écran fluide où l'art échappe à l'histoire,
au cadrage spatial, et déroule en libres séquences son processus créateur ?

---

87. *Ibid.,* p. 278.
88. *Ibid.,* p. 283.
89. *L'intemporel* (inédit).

« Il faut être mort plusieurs fois pour peindre ainsi[90] », note Van Gogh devant *la Fiancée Juive* de Rembrandt. Arlequin, symbole de l'art moderne, est aussi, dans l'Antiquité, le passeur mystérieux de la barque des Ombres. Malraux a connu plusieurs fois et transcrit dans ses livres le sentiment orphique de ce qu'il appelle *le retour sur la terre,* après un voyage lointain et surtout après la confrontation avec la mort. Le monde s'offre alors au rescapé dans sa fraîcheur originelle, comme s'il le voyait *pour la première fois.*

> Etre l'objet d'un simulacre d'exécution n'apporte pas une expérience négligeable. Mais je dois *d'abord* ce sentiment, avoue-t-il, à l'action singulière, parfois physique, qu'exerce sur moi l'envoûtante conscience des siècles. Conscience rendue plus insidieuse par mes travaux sur l'art, car tout Musée Imaginaire apporte à la fois la mort des civilisations, et la résurrection de leurs œuvres... J'ai été fasciné par les siècles, par l'état tremblant et changeant du soleil sur le cours du fleuve[91]...

Restituée *au présent* par la métamorphose, la Création artistique — l'énigmatique et familier petit bonhomme des Cyclades — traverse les siècles avec la force biologique des instincts et la constance des rêves. Elle est la plus haute garante de l'unité humaine. Grâce à sa connivence avec la mort, à son sens inouï, qui s'ajoute à tous ses dons, de la coulée des siècles, et sans rompre son humanisme tragique — d'autres conceptions de l'art sont possibles, où une place plus large serait faite au *jeu* selon Schiller, à la *fête* selon Bataille — Malraux éprouve en lui, comme une interrogation sans réponse, le flux obsédant de la Création artistique et dévoile chacune de ses mutations comme une *épiphanie.* Moraliste classique, poète romantique, penseur moderne, musicien sans pareil de l'orchestre plastique, sa faculté supérieure, que notre époque réductrice juge parfois mélo-dramatique et parfois mystificatrice, et que l'Antiquité mettait plus haut que tout, est sans doute l'éloquence. Elle suppose *l'exaltation,* engage la foi civique et l'élan prophétique.

---

90. *Correspondance complète de Vincent Van Gogh,* Paris, 1960, t. II, p. 845.
91. *Antimémoires,* pp. 16-17.

Maurice Schumann
de l'Académie Française

ANDRE MALRAUX,
LA BIOLOGIE ET L'ANTI-DESTIN *

Lorsqu'il a prononcé sa leçon inaugurale dans une chaire du Collège de France après avoir été conduit — comme Jacques Monod — à exprimer par un vocabulaire souvent métaphysique les découvertes de la biologie moléculaire, François Jacob a-t-il ressenti le choc d'une secrète connivence entre sa pensée et celle qu'André Malraux, le 4 novembre 1946, dans le grand amphithéâtre de la Sorbonne où naissait l'U.N.E.S. C.O., confiait à cet aveu en forme d'antithèse : « Nous ne pourrions fonder une attitude humaine que sur le tragique parce que l'homme ne sait pas où il va et sur l'humanisme parce qu'il sait d'où il part » ? Pour que la question mérite d'être posée, il suffit qu'un lecteur, vingt ans après avoir entendu et appris par cœur la formule de Malraux, l'ait spontanément exhumée parce qu'il venait de découvrir, avec des centaines de milliers d'autres, *le hasard et la nécessité* puis *la logique du vivant*. Mais d'autres que moi ont sans doute accueilli la biologie moléculaire comme un humanisme tragique. Quelle doctrine, quelle science, fut jamais plus sûre de savoir d'où l'homme part et d'ignorer où il va ? Quelle autre s'est jamais flattée d'englober ces deux certitudes dans la même démonstration ?

Quand il ajoutera à sa biographie d'André Malraux ce qu'André Malraux a ajouté lui-même à sa vie, Jean Lacouture ne découvrira rien de plus inattendu, donc de plus important, qu'une tentative de renouvellement du mythe de la science. Deux fois au moins — en remettant au professeur Jean Hamburger son épée d'académicien et en recevant le prix Nehru à La Nouvelle-Delhi — l'auteur de *Lazare*, à peine revenu de la frontière qui sépare la pensée et la personnalisation de la mort, a tiré d'une méditation sur la *puissance et la fragilité* une

---

* L'étude d'où ce texte est extrait est publiée intégralement par la *Revue des Deux Mondes,* dans ses numéros d'avril et mai 1976, sous le titre « De la *Condition Humaine* à la *Logique du vivant* : Malraux, la biologie et l'anti-destin ».

vue neuve et profonde : la biologie est en train de prendre la relève de l'histoire. Si Michelet ou Toynbee, voire Hegel ou Marx, ont conquis une immense audience, c'est parce qu'ils ont entrepris « de rendre intelligible l'aventure de l'humanité ». A travers eux, l'histoire avait cessé d'être une révélation du passé pour dessiner plus ou moins confusément l'avenir.

Si les biologistes s'attaquent à la nature de la vie « avec la prudence du chasseur et la délicatesse du chirurgien », c'est parce qu'ils nourrissent, à leur tour, l'ambition de « se substituer au destin ». Il y a, en somme, entre la nouvelle biologie et l'ancienne la même différence qu'entre l'histoire annaliste ou anecdotique et l'histoire prophétique d'un Spengler. Une biologie dont l'espèce humaine attend qu'elle lui rende compte de son aventure est un « anti-destin ». Le critique marxiste Georges Mounin écrivit en 1946, après avoir lu *Les noyers de l'Altenburg* : « Pascal a repris nommément possession de Malraux tout entier. » Faut-il croire, trente ans après, qu'un nouveau mythe de la science a rendu, une fois encore, Malraux à Pascal ?

I

La physique codifie le fatal, la biologie codifie le possible, la biologie moléculaire s'exprime et s'analyse comme un dialogue du fatal et du possible. Dialogue toujours inachevé, donc incertain, qui peut conduire à l'une ou l'autre des conceptions suivantes de l'hérédité :

— ou bien, comme l'admet et semble même incliner à le croire François Jacob, il y a deux systèmes d'hérédité ; le premier est déterminé par un message chimique inscrit le long des chromosomes ; le second échappe à toute programmation, son sens même peut être modifié par les effets de l'expérience, par l'action du milieu, de la parole, de l'écriture ;

— ou bien, comme le veut désespérément Jacques Monod, l'unité du « monde vivant » exige que soit déniée toute spécificité au système nerveux central de l'homme, donc au royaume des idées et de la connaissance, qu'une pensée ou un sentiment transmissible soit un être autonome doué de la même émergence et de la même téléonomie que la cellule bactérienne.

Monod n'a-t-il pas explicitement souhaité qu'un nouveau Darwin pût écrire un jour une « histoire naturelle de la sélection des idées » ?

La portée de ce schisme virtuel est immense. Car il a pour

résultat de faire reparaître, à l'intérieur de la biologie contemporaine, la querelle du monisme et du dualisme dont le rebondissement n'a cessé, depuis beaucoup plus d'un millénaire, de nourrir l'avidité métaphysique de l'Occident. Jacques Monod irait-il jusqu'à reprendre, à l'intention de François Jacob, le mot par lequel s'exprime, selon Simone Petrement, la « mauvaise humeur » d'Aristote à l'égard de Platon : « Il sépare » ? Ce n'est pas l'ensemble des choses qu'il veut considérer comme réductible à l'unité, mais l'ensemble du monde vivant ; il n'est pas sûr qu'on doive jamais y parvenir ; mais, s'il emprunte le langage de la foi pour confier toute son espérance aux interactions allostériques (dont le rôle n'est, de son propre aveu, expérimentalement prouvé qu'au niveau cellulaire), c'est parce qu'il brûle du désir de tout ramener, jusqu'à la perfection d'un poème ou d'un mythe, dans l'obéissance d'une loi universelle. Cette ardeur désespérément unifiante est-elle inscrite elle-même dans « les déformations géométriques de quelques milliards de petits cristaux moléculaires » ? Inversement François Jacob se garde d'afficher ce refus volontaire de l'unité, cette distinction irréductible de deux natures et de deux ordres qui rejette le mystère hors de la science. Mais c'est précisément comme homme de science qu'il interdit d'écarter une hypothèse que l'expérimentation n'a pas réfutée. Car Jacques Monod et François Jacob constatent l'un et l'autre — le premier pour s'en désoler sans s'y résigner, le second pour s'en accommoder — que le langage de la physique et de la chimie n'exprime pas, *hic et nunc,* le jaillissement de la pensée. Unité du genre humain ; différenciation profonde de l'âme et du monde : quelle branche de l'alternative donne son sens à l'aventure humaine ? A laquelle s'accorde l'espoir, à laquelle l'angoisse ?

II

Dans sa thèse sur *Platon, les gnostiques et les manichéens* — aussi probe et limpide que sa biographie de Simone Weil — Simone Petrement s'interroge sur la continuité d'un règne littéraire : celui qu'exerce, depuis le romantisme, « une sorte de dualisme pessimiste et sentimental ». Qu'il soit « le dieu tombé » de Lamartine, l'ange déchu de Vigny, le ténébreux au soleil noir de Nerval, le voyageur de Baudelaire et de Mallarmé, l'homme se trouve à l'étroit dans sa propre condition et sent que sa vraie nature n'est pas « sur la terre d'exil ». L'expression est empruntée à un poème de Lamartine :

> *Sur la terre d'exil, pourquoi resté-je encore ?*
> *Il n'est rien de commun entre la terre et moi.*

Mais, après la publication de l'ouvrage de Simone Petrement, Albert Camus la redécouvrira. Celui de ses livres dont la forme est selon moi la plus achevée est un recueil de nouvelles intitulé *L'Exil et le Royaume*. Le premier des récits qu'il contient s'appelle *La femme adultère*. Il décrit l'épouse d'un voyageur de commerce en tournée dans le sud de l'Algérie qui n'est nullement infidèle, même par la pensée, mais qui s'évade pendant quelques heures du petit hôtel où elle passe la nuit avec son mari pour fuir « l'exil » et se rapprocher du « royaume » par une promenade apparemment sans objet. Cette évasion vers ailleurs, c'est-à-dire vers nulle part, pourrait s'exprimer par deux vers de Stéphane Mallarmé :

> *Je fuis et je m'accroche à toutes les croisées*
> *D'où l'on tourne l'épaule à la vie.*

Cette horreur de l'être se transforme, à la limite, en un amour de ce qui n'existe pas. Dans le chapitre de *La mort née de leur propre vie* que j'ai consacré à Simone Weil, j'ai mis l'accent sur cette hantise de la « décréation » qui n'est, en définitive, qu'une rage d'aimer Dieu pour lui-même. Quant au Serpent de Paul Valéry, il ne va pas au-delà de la négation quand il adresse un hymne étrange au « soleil, faute éclatante » et reconnaît en lui « le plus fier de ses complices » parce qu'il garde

> *... les cœurs de connaître*
> *Que l'Univers n'est qu'un défaut*
> *Dans la pureté du non-être.*

Ce vocabulaire n'est pas sans parenté avec celui des biologistes que nous avons entendus définir « comme des défauts de fabrication », des « déformations géométriques » ou des « erreurs de copie », les mutations accidentelles, mais irréversibles, qui, provoquées à l'aveugle par des événements extérieurs, ont fait évoluer l'espèce vers des formes de vie supérieures. La monotonie des messages cellulaires que les malfaçons ont bouleversée ressemble, du moins aux yeux du poète, à « la pureté du non-être ».

Or — sur cette longue route jalonnée de penseurs angoissés, d'abord à l'étroit dans la condition humaine, frémissant jusqu'à serrer les poings du désir de briser les sept sphères qui entourent le monde et les séparent de la vraie liberté — André Malraux gravit son itinéraire propre. Je n'en ai clairement vu le tracé que le jour où j'ai eu connaissance de ce bref dialogue entre l'auteur de *l'Espoir* et celui de *la Nausée*. Jean-Paul Sartre avait dit : comme Heidegger, Malraux est « un être-pour-la-mort ». Malraux lui répondit : « Et si, au lieu de dire *pour,* on disait *contre ?* Ce n'est la même chose qu'en apparence. » Comme toujours, le malentendu porte sur l'usage d'un mot : Sartre et Malraux ne parlent pas de la même mort. S'agit-il de la mort physique ? On comprend alors pourquoi la riposte d'André Malraux fut prompte et vivace. Sa « vie sanglante et vaine » — selon sa propre expression qui serait moins forte s'il ne s'était contraint pour la risquer à être injuste envers lui-même — fut d'un bout à l'autre celle d'un « être-contre-la-mort ». S'il s'acharne à déceler la puissance de l'art et son secret, c'est pour couvrir la voix de la mort par les voix du silence. S'il débusque l'héroïsme et recrute des héros, c'est pour lancer un défi à la mort. S'il découvre la fraternité, c'est pour que la mort ne soit pas la plus forte même quand elle l'emporte et qu'on n'entende plus son dernier mot. Mais il est une autre mort : celle des êtres qui ressentent la condition humaine comme une limite, qui — pour naître au « Royaume » — savent qu'ils doivent d'abord mourir à la « terre d'exil » et « tourner l'épaule à la vie ». Cette mort-là est comparable à la « sortie » d'un assiégé hors de la citadelle. Ici Malraux est pleinement un « être-pour-la-mort ». *Lazare* sera le point culminant de son œuvre parce que les deux morts s'y rejoindront. Le voyageur ressuscité ne sait plus s'il revient de la tombe ou du « Royaume ».

Avant *la Condition humaine,* avant *l'Espoir,* tout était déjà dessiné. C'est dans *la Voie royale* qu'il est, pour la première fois, parlé de « l'autre mort ». Perken — à la différence de Garine, de Garcia, de Manuel — se hausse à l'héroïsme par la défaite. Dans la nuit qui « plonge jusqu'aux plus lointaines terres de l'Asie », la pensée de Claude, le compagnon qui l'étreindra dans son agonie, est encore dominée par « la puissance du surnaturel ». Elle monte « de la terre brûlée, comme si tout, jusqu'à la terre, se fût imposé de le convaincre de la misère humaine ». Les fléchettes des Moïs rôdent autour d'eux. C'est alors que Claude dit :

> Et *l'autre mort* (ce n'est pas moi,, mais l'auteur, qui écrit les mots en italiques), celle qui est en nous ?

— Exister contre tout cela (Perken montrait du du regard la menaçante majesté de la nuit), vous comprenez ce que cela veut dire ? Exister contre la mort, c'est la même chose. Il me semble parfois que je me joue moi-même sur cette heure-là. Et peut-être que tout va se régler bientôt, par une flèche plus ou moins dégoûtante...

— On ne choisit pas sa mort...

— Mais d'accepter même de perdre ma mort m'a fait choisir ma vie.

La ligne rouge qui suivait l'épaule bougea : sans doute avait-il avancé la main. Geste infime, comme cette petite tache humaine aux pieds perdus dans l'ombre, avec sa voix saccadée dans l'immensité pleine d'étoiles. Cette voix seule, entre le ciel éblouissant et la mort et les ténèbres, venait d'un homme, mais avec quelque chose de si inhumain que Claude se sentait séparé d'elle comme par une folie commençante.

— Vous voulez mourir avec une conscience intense de la mort, sans... faiblir ?...

— J'ai failli mourir : vous ne connaissez pas l'exaltation qui sort de l'absurdité de la vie, lorsqu'on est en face d'elle comme d'une femme dé...

Il fit le geste d'arracher.

— ... déshabillée. Nue, tout à coup...

Claude ne pouvait plus détacher son regard des étoiles :

— Nous manquons presque tous notre mort...

— Je passe ma vie à la voir. Et ce que vous voulez dire — parce que, vous aussi, vous avez peur — est vrai : il se peut que je sois moins fort que la mienne. Tant pis ! Il y a aussi quelque chose de... satisfaisant dans l'écrasement de la vie...

— Vous n'avez jamais songé réellement à vous tuer ?

— Ce n'est pas pour mourir que je pense à ma mort, c'est pour vivre.

Ce dialogue des deux visages de la mort a été conçu par un homme qui n'avait pas trente ans. A la dernière page de *la Voie Royale*, Claude se souviendra « haineusement » de la phrase de son enfance : « Seigneur, assistez-nous dans notre agonie... ». C'est par les mains et par les yeux qu'il exprimera, devant le regard de Perken mourant, « cette fraternité désespérée qui le jetait hors de lui-même ». Cependant le dualisme de Malraux est si profond qu'il lui a déjà fait découvrir la gratuité du don, de la grâce selon saint Paul ou Luther. C'est dans la première partie de *la Voie Royale* que Claude et Perken devinent ce que Malraux ressentira à chacune des étapes « sanglantes » de sa vie, dans la Sierra de Teruel, dans la prison de Toulouse proche du mur contre lequel il sera peut-être fusillé, près de Strasbourg avec la brigade Alsace-Lorraine : au moment même où sa volonté atteint le point culminant, où il est sûr d'exécuter la décision qui reflète le mieux sa pensée propre, il est envahi par la certitude que le choix vient d'ailleurs ou qu'il n'y a pas de choix et semble prêt à s'écrier avec Luther : « Je ne puis autrement ».

> Parken fixa sur Claude un regard à la fois appuyé et perdu.
> — On ne fait jamais rien de sa vie.
> — Mais elle fait quelque chose de vous.
> — Pas toujours... Qu'attendez-vous de la vôtre ?
> Claude ne répondit pas tout d'abord. Le passé de cet homme s'était si bien transformé en expérience, en pensée à peine suggérée, en regard, que sa biographie en perdait toute importance. Il ne restait entre eux — pour les attacher — que ce que les êtres ont de plus profond.
> — Je pense que je sais surtout ce que je n'en attends pas...
> — Chaque fois que vous avez dû opter, il se...
> — Ce n'est pas moi qui opte : c'est ce qui résiste.
> — Mais à quoi ?
> Il s'était assez souvent posé lui-même cette question pour qu'il pût répondre aussitôt :
> — A la conscience de la mort.

Il s'écoulera près d'un demi-siècle entre cette confrontation et l'introduction dans la pensée d'André Malraux de la biologie qui (croit-il) rendra compte un jour de l'homme à l'homme. Car « la génétique explique bien ce que la Genèse explique mal », selon sa formule qui (soit dit en passant) critique la forme de la Genèse sans en contester le fond.

Mais à peine a-t-il découvert la biologie en tant que nouveau visage de l'anti-destin qu'un duel manqué va l'opposer à Jacques Monod. Cette fois, nous ne verrons pas les fers se croiser. A quoi bon ? Les antagonistes savent qu'aucun des deux n'aura raison de l'autre et qu'ils ne pourront pas se réconcilier après le combat, puisque le combat n'aura pas de fin. Le rapprochement des épées, c'est-à-dire des textes, n'en est que plus saisissant.

« Nombre de savants — s'étonne Malraux — pensent volontiers qu'il y a plus de différence entre un minus et Claude Bernard qu'entre ce minus et un grand singe... Le grand singe devenu ce minus, ne serait-il pas bien étonné d'appartenir à l'espèce qui inventa le tombeau, l'outil et les images ? » Ailleurs il invoquera ces deux autres « gadgets » : le langage et l'écriture. Nous l'avons entendu féliciter le biologiste contemporain d'être aussi prudent qu'un chasseur et aussi délicat qu'un chirurgien, ce qui était une manière de lui donner, en le déguisant à peine, le conseil de ne pas manier sa « pierre philosophale » avec un excès d'orgueil. Mais la crainte de n'être pas entendu lui dictera bientôt ce complément : « Nous aimerions assister au dialogue du mystère et de la rigueur ». En d'autres termes : si le biologiste veut revenir de la prudence à la rigueur, qu'il n'oublie pas que rejeter le mystère hors de la science est encore une façon de le respecter.

Or, quand cet appel est lancé, Jacques Monod a déjà refusé de l'entendre. Huit ans plus tôt, dès 1967, il a — si je puis dire — mis « le grand singe » en garde contre « l'étonnement » que Malraux devait lui prédire : « le système nerveux central de l'homme — écrivait-il — pour être d'un volume supérieur, ne se distingue pas, par ses structures d'ensemble, de celui des autres primates. Et si, depuis Broca, on peut reconnaître à certaines parties de l'encéphale le rôle de centre du langage, on ne peut dire encore si cette faculté est liée à l'existence de certains circuits particuliers, présents chez l'homme mais non chez le singe, ou associée à l'accroissement d'ensemble de la capacité d'enregistrement et de combinaison du système. Je serai tenté de faire l'hypothèse que le langage a pu apparaître à la faveur de l'émergence d'interconnexions nouvelles, pas nécessairement très complexes en elles-mêmes, chez un préhominien doué jusque-là d'un système nerveux central guère plus développé que celui des singes supérieurs actuels. Mais le langage, dès lors qu'il existait, devait conférer une valeur sélective immensément accrue à la capacité de combinaison et d'enregistrement. Dans cette hypothèse, l'apparition du langage aurait pu précéder, peut-être d'assez loin, l'émergence du système nerveux central propre à l'espèce humaine... En d'autres termes, c'est le langage qui aurait créé l'homme, plutôt que l'homme le langage ». Et l'écriture, les images, les outils, le tombeau ?

« Le mythe de la science et le destin de l'homme » : de cette antithèse, Malraux a fait un titre [1]. Comme s'il était voué à rendre prophétique tout ce qu'il remue, il n'entre dans la biologie que pour lui annoncer l'avenir qu'il ne verra pas. Mais tout prophète est pathétique. En récusant l'hypothèse de Monod, André Malraux l'engage à ne pas confondre avec une défaite de la science l'échec fatal de cette « croyance équivoque et profonde, si profonde qu'elle fait du pasteur Darwin le fournisseur privilégié de l'athéisme : croire que l'homme est une espèce comme les autres ». En somme, il adjure la biologie de rester un anti-destin.

III

Le 29 novembre 1967, ministre d'Etat chargé de la Recherche scientifique, je découpe dans *le Monde* ces quelques lignes qui, depuis lors, ne m'ont pas quitté : « M. André Malraux disait il y a quelques jours : « Pour la première fois, une civilisation ne connaît pas sa raison d'être ». C'est, répond M. Jacques Monod, parce qu'elle vit, affirme et enseigne des systèmes de valeurs dont les bases sont ruinées, alors qu'elle doit son émergence à l'adoption d'une éthique de la connaissance dont elle ignore les sources, les règles et la nature. » A cette époque je vois chaque mercredi, à la droite du général de Gaulle, le ministre d'Etat chargé des Affaires culturelles, « cet ami génial, fervent des hautes destinées ». De cette présence naîtra le superbe témoignage qu'on lira dans les *Mémoires d'Espoir* : « Par là, je suis couvert du terre à terre ». Je profite de la première rencontre pour placer, à l'Elysée, sous les yeux d'André Malraux, l'entrefilet du *Monde*. Il le lit ou, probablement, le relit en me donnant l'impression qu'il cherche d'ordinaire à ne pas créer dans l'exercice rituel de sa fonction : le courant passe ; Malraux est présent. Puis il dit sans aucune trace d'impatience : « La réponse de Monod... Mais est-ce bien une réponse ? ». Je n'ai compris le sens de cette repartie qu'en 1975, après la méditation d'André Malraux sur « le mythe de la Science et le destin de l'homme » : le monisme de Jacques Monod l'oppose au dualisme de Malraux comme il le distingue

---

1. Voir *la Revue des Deux Mondes,* février 1975.

de la méfiance affichée par François Jacob à l'égard du « jeu des prévisions » ; mais, dès 1967, le futur auteur de *Lazare* a flairé que deux penseurs obsédés, l'un par l'unité du monde vivant, l'autre par les déchirures de l'homme vivant, donc mortel, pouvaient être conduits l'un vers l'autre par une commune « éthique de la connaissance ». On décèle sans peine, sous le foisonnement des images, le nouvel espoir d'André Malraux. D'une part, notre civilisation est « la première à ne pas reconnaître de valeurs suprêmes » ; nous concevons de moins en moins « l'homme que nous voudrions être ». D'autre part — contrairement au XIXᵉ siècle qui (malgré les avertissements équivoques d'Ernest Renan) croyait que « la science n'a pas de passif » et comptait sur ce « dieu secret » pour établir la paix universelle — nous ne fermons plus les yeux pour ne pas voir que « la publication de Darwin et l'invention de la dynamite sont contemporaines » ou qu'il y a une chaîne certaine entre l'équation d'Einstein et la lueur d'Hiroshima. Dès lors l'alternative est claire. Ou bien il ne nous reste que « l'honneur d'avoir conquis la lune pour aller nous y suicider ». Ou bien — au lieu de maudire la Science en oubliant que, comme dit Spinoza, le regret et le remords (qu'il ne faut pas confondre avec le repentir) ne servent de rien — nous exigeons d'elle qu'elle ajoute à tous ses desseins celui d'une formation méthodique de l'homme. Or Jacques Monod relève ce défi avec une précision et — cette fois — une rigueur qu'il qualifie lui-même de contraignantes. Il ramène la sévérité de son éthique à la nudité d'une maxime : la connaissance n'est pas un moyen ; elle est « le but lui-même ». Dire que « le souverain bien » est, par exemple, le bonheur de l'humanité serait, en fait, colorer la recherche, donc en altérer l'ascèse, par une idée préconçue — c'est-à-dire subjective, passagère et contestable — du bonheur. En revanche, la connaissance objective, définie et acceptée comme la valeur suprême, est d'emblée soustraite à la contingence et protégée contre tout asservissement. Faut-il en conclure qu'elle enferme le savant dans un système clos, copié sur la fausse image du « poële » de Descartes où ne parviennent pas les rumeurs du monde ou sur une sorte de Trappe dont les moines n'auraient jamais entendu parler de la communion des Saints ? S'il en était ainsi, Jacques Monod ne répondrait à Malraux que par un froid silence. Mais c'est le parti contraire qu'il va prendre, avec une sorte de violence qu'il ne s'efforcera pas de contenir : précisément parce qu'elle est le seul but, la valeur suprême, le souverain bien, la connaissance objective est un point de départ, et non pas un point d'arrivée. Car il y a deux manières de la détruire en la vidant de son caractère propre. La première consiste à placer en dehors et au-dessus d'elle une fin à laquelle on la subordonne. La seconde, à nier ou à méconnaître les conditions qu'elle implique et les conséquences qu'elle entraîne. Les conséquences — précise Jacques Monod — sont « morales, sociales et politiques », ce qui revient à dire, sinon que la connaissance objective ne peut pas se déployer sous n'importe quel régime ou dans n'importe quel environnement, du moins que son éthique exige ou postule une certaine Cité ou une certaine République, selon qu'on parle le langage de saint Augustin ou celui de Platon. « Ethique qui enseignera le mépris de la violence et de la domination temporelle. Ethique de la liberté personnelle et politique, car la contestation, la critique, la constante remise en question n'y sont pas seulement un droit, mais un devoir. Ethique sociale, car la connaissance objective ne peut être établie pour telle qu'au sein d'une communauté qui en reconnaît les normes ». Ici le savant qui parle en tant que tel du haut d'une chaire de biologie moléculaire n'est pas moins « engagé » que l'écrivain devenu militant politique ou ministre. L'engagement pourra revêtir des formes différentes, emprunter parfois des expressions contraires. Il reste qu'André Malraux ne récusera aucun des enseignements de l'éthique définie par Jacques Monod. En trouvant « dans sa discipline le prochain mythe de l'homme », le biologiste répond mot pour mot à l'espoir qui lui avait été confié : rendre intelligible à l'humanité sa propre aventure, comme naguère l'avait tenté l'historien. A vrai dire, les itinéraires des deux conquérants (c'est Monod lui-même qui qualifie son éthique de conquérante) avaient depuis longtemps dessiné cette convergence. En 1933, certains critiques marxistes n'attendirent pas que le Prix Goncourt ait été décerné à *la Condition humaine* pour accorder, selon l'expression de Jean Lacouture, « un satisfecit révolutionnaire à ce roman pascalien ». Mais les plus orthodoxes qui ne sont pas toujours les moins lucides n'avaient eu aucune peine à dénicher l'hérésie. « La discordance est indéniable — écrivait un correspondant de *Commune,* revue de l'Association des Ecrivains et Artistes révolutionnaires — entre le fait collectif, la révolution et les volontés individuelles de ceux qui donnent à la révolution leur appui maladroit — Tchen — ou passager — Gisors. Si l'on insinue qu'elle est l'œuvre de quelques individus angoissés, la révolution devient totalement incompréhensible ». De même le correspondant parisien

des *Izvestia* (qui n'était autre qu'Ilya Ehrenbourg), tout en admettant que le succès du livre était mérité, mettait net en accusation « la faiblesse de Malraux » : « Ses personnages vivent
et nous souffrons avec eux, nous souffrons parce qu'ils souffrent, mais rien ne nous fait sentir la nécessité d'une telle vie
et de telles souffrances. Quand la révolution est vaincue, ce
n'est ni la défaite d'une classe, ni même la défaite d'un parti,
c'est un effet de la fatalité qui pèse sur le métis Kyo ou sur le
russe Katow ». En bref, *un* homme n'a pas droit à *un* destin. En
se distinguant pour le revendiquer, l'assumer, l'accomplir ou
même le subir, il lance à la nécessité historique par laquelle
tout est éclairé, expliqué et annoncé, un défi qui est, par essence,
contre-révolutionnaire même s'il croit mourir pour la révolution.

Moins de vingt ans après, la biologie fera — dans un autre
procès qui est en définitive le même — figure d'accusée. Une
controverse opposait le savant soviétique Mitchourine à son
collègue Lyssenko. L'enjeu était grave : les caractères acquis
peuvent-ils être transmis héréditairement ? Staline trancha le
débat. La thèse de la transmission héréditaire offrait à ses yeux
trop d'avantages pour qu'il hésitât à la consacrer, c'est-à-dire
à l'imposer. A cette époque, l'acide désoxyribonucléique,
l'ADN, avait déjà été isolé. Dès lors, aucun de ceux qui
s'appliquaient à élucider sa structure n'avait plus la faculté de
rester ou de devenir stalinien sans se renier : le propre du
message nucléique est précisément — selon eux — de ne pas
recevoir les leçons du milieu. D'un instant à l'autre et au moins
jusqu'à la mort de Staline, les pionniers de la biologie nouvelle
devinrent donc contre-révolutionnaires malgré eux. Au fond,
l'ADN est hérétique en 1950 pour la même raison que Tchen,
Gisors, le métis Kyo ou le russe Katow en 1933 : il promet à
l'homme une genèse intérieure.

Cette analyse n'est pas une exégèse. Elle ne prête à la biologie moléculaire que les richesses revendiquées par ceux qui
nous l'enseignent. Jacques Monod se targue de proposer aux
hommes d'aujourd'hui « un idéal qui soit au-dessus et au-delà
d'eux-mêmes ». Mieux : il exige de son éthique qu'elle définisse
« une valeur supérieure à l'homme ». Pierre Emmanuel, dans
un récent article [1], oppose à l'épuisement de la métaphysique, la
science, et toutes les inductions para-scientifiques qu'elle
hasarde, pour constater qu'elles occupent presque tout le champ

---

1. Voir *la France catholique* du 6 juin 1975.

de la pensée : « Tandis qu'un philosophe, un esprit religieux, un poète, font de moins en moins autorité, même sur la connaissance intime de l'homme, un savant peut, en toute assurance, outrepasser son domaine propre pour donner des raisons d'être ou de désespérer. » Au « désespoir de l'homme convaincu d'être absurde et refusant de l'être », c'est-à-dire au thème destructeur qui — depuis un demi-siècle — s'est imposé à tant de grands esprits avides de création, il croit et veut apporter non pas une diversion, mais un remède : « la reconquête, par la connaissance, du néant qu'il a lui-même découvert ». Mais, en « outrepassant son domaine », la science affiche-t-elle vraiment la prétention d' « occuper tout le terrain » ? Ne reconnaît-elle pas, au contraire, indirectement mais explicitement, que — comme le pense Pierre Emmanuel — « elle n'a pas de légitimité en elle-même » ? Quand Jacques Monod pose l'unité du monde vivant comme un acte de foi, et non comme une découverte, quand il cède de son propre aveu à la tentation de « supposer » [1], quand il tire de la connaissance objective une éthique complète et un idéal téméraire, il n'outrepasse pas son domaine, il le dépasse, ou plutôt il découvre le dépassement, non plus même comme une nécessité, mais comme une exigence. Pierre Emmanuel annonce le déclin du « triomphalisme scientifique ». Il a gagné son pari. Dès maintenant le triomphalisme a cessé d'être scientifique, puisque le savant recherche le triomphe au-dessus et au-delà de l'homme.

On découvre ici pourquoi Malraux attend de la biologie avec laquelle il n'avait aucune affinité initiale ce qu'il n'a jamais demandé à l'existentialisme dont le point de départ était le même que le sien : son univers romanesque est peuplé d'hommes qui ont, eux aussi, « la nausée ». Certes l'existentialisme est un humanisme ; en se créant par ses actes pour justifier son existence dès qu'il en a ressenti l'absurdité, l'homme devient responsable des autres au même instant que de lui-même. Mais, quand Sartre dit que « l'écrivain a *choisi* de dévoiler le monde et singulièrement l'homme aux autres hommes pour que ceux-ci prennent en face de l'objet ainsi mis à nu leur entière responsabilité », il confère à son fameux « engagement » toute la noblesse et toute la faiblesse du choix. Libre par essence, il peut être refusé. Sa valeur est exemplaire ; elle n'est pas démonstrative. Au contraire, le biologiste a « découvert le

1. Voir *La leçon inaugurale du Collège de France*, de Jacques Monod, 3 novembre 1967.

néant » avant d'en proposer la « reconquête ». C'est pourquoi
Malraux peut l'opposer au « scientiste » du XIXe siècle qui avait
fait naître l'illusion que la justice entre les hommes et l'harmonie entre les peuples finiraient par être trouvées au fond
d'une éprouvette. Si même cette croyance avait été fondée,
aurait-elle suffi à sécréter cette acceptation de la mort contre
laquelle Alvear, c'est-à-dire André Malraux, « cabre sa vie » ?
Aurait-elle suffi à transformer le destin en conscience, avant
que la mort ne transforme la vie en destin ? Pour que l'action
ne soit plus seulement un « divertissement », mais une voie
d'accès à l'absolu, encore faut-il qu'il y ait un absolu ou, du
moins (comme l'écrivait Malraux lui-même en 1934 dans la
narration de son entretien avec Léon Trotski, cet éternel affa-
mé) que la pensée soit considérée comme « chose à conquérir,
et non comme chose à répéter ». Car — c'est encore Malraux
qui parle (cette fois dans un court essai, très injustement
inconnu, dont toute la signification est contenue dans le titre :
« N'était-ce donc que cela ? ») — « l'absolu est la dernière instance de l'homme tragique, la seule efficace parce qu'elle seule
peut brûler — fût-ce avec l'homme tout entier — le plus profond sentiment de dépendance, le remords d'être soi-même ».
Il n'y a qu'un André Malraux. Celui qui, toute sa vie, a cité
Dostoïevski : « Chaque homme reflète l'Etre ». Mais cet Etre,
les biologistes et Malraux ont-ils les mêmes raisons de ne pas
l'appeler par son nom ?

IV

C'est parce qu'elle impose cette interrogation, même quand
elle croit la bannir et surtout quand elle espère s'en délivrer,
que la biologie contemporaine aura sans doute été, pour Malraux, le vrai visage de « l'anti-destin ». A l'abbé Pierre Bockel,
l'aumônier de la brigade Alsace-Lorraine que les *Antimémoires*
nous ont rendu familier, il disait en pleine guerre, dans les
rues noires de la vieille ville de Besançon — non parce qu'il
possédait la réponse, mais au contraire parce qu'il ne l'avait
pas : « Quelle signification peut avoir l'histoire de l'homme
s'il n'y a pas de Dieu ? ». Trois ans plus tard, il lui écrivait :
« Nous mettons l'accent sur notre défense de la part éternelle
de l'homme, que nous la concevions ou non comme liée à la
Révélation ». Profession d'un « rôdeur de Dieu » (comme on
l'a dit à propos de Rimbaud) qui a suscité ces paroles d'un

croyant : « Aussi extraordinaire que cela puisse paraître, a dit Pierre Bockel à Jean Lacouture, j'ai toujours eu depuis la nuit de Besançon le sentiment de ressentir ce que pouvait être ma propre foi à travers ce que me disait Malraux » ? Mais les élans de « l'agnostique avide de transcendance » ont aussi fait dire à Emmanuel Berl, un ami de jeunesse : « Ce que nous avons de commun avec Malraux, c'est le refus de Dieu ». En vérité, comme Henri Gouhier le souligne à propos de saint Thomas d'Aquin [1], le mot agnosticisme couvre deux attitudes bien différentes. Il y a un agnosticisme « issu du doute » qui est un aveu d'ignorance. Il y a un autre agnosticisme issu d'une certitude qui introduit dans la pensée « la présence d'un inconnaissable ».

C'est la redécouverte de cette angoisse qui nous attendait au point de rencontre du mythe de la Science et du destin de l'homme. En se heurtant au « refus du refus de Dieu », la « première civilisation qui ne connaît pas sa raison d'être » se délivre — enfin ou déjà ? — de l'attrait du néant.

---

1. Voir *France catholique, Ecclesia,* 1er novembre 1974.

C. L. Sulzberger

L'HUMAINE CONDITION DE MALRAUX

La plus grande œuvre littéraire de Malraux est sa propre vie. Né avec le siècle, en 1901, il en a subi les plus importants remous. Ses ennemis disent qu'il a commencé comme révolutionnaire et fini comme contre-révolutionnaire. La pierre de touche de cette singulière définition étant le marxisme, nous sommes forcés de constater qu'elle est doublement fausse. Malraux n'a, à aucun moment, été marxiste ; peut-être n'est-il pas assez patient. Victor Serge, un léniniste désenchanté, lui a écrit de Mexico, aussitôt après la Seconde Guerre mondiale que, s'il était français, lui aussi serait gaulliste. Mais cela ne prouve rien. En réalité, Malraux ne se prosterna jamais devant l'autel d'aucun dieu — et surtout pas de ceux qui sont déchus.

Les vues politiques de Malraux sont, en fait, totalement antimarxistes. Il croit à l'influence de l'homme sur l'Histoire. Il y a longtemps, en 1958, il me dit : « Le communisme détruit la démocratie, mais peut-être que la démocratie aussi détruit le communisme. Nous battrons les communistes en faisant ce qu'ils ne font pas. Mais si nous ne le faisons pas, nous ne les battrons pas. » L'avons-nous fait ?

Evidemment, Malraux s'intéresse passionnément à la politique. Aucun Européen (les Grecs mis à part) ne surpasse les Français à cet égard. Aucun événement (sinon le Tour de France cycliste) ne suscite autant de discussions animées chez les Français. Et Malraux, par son intelligence, son énergie, sa curiosité encyclopédique et son courage, est la quintessence de l'esprit français.

Il ne put, ni ne souhaita, échapper à la violence, aux changements et aux désenchantements qui ont submergé son époque. Quand il est né, l'Alsace était allemande, et l'Alsace eut toujours une place privilégiée dans son cœur, dans sa vie et dans ses écrits. Quand il est né, la stabilité représentée par l'étalon or, l'empire français et l'empire britannique semblait assurée.

Il y a longtemps, en mars 1957, Jean Cocteau m'a dit : « La grande tragédie de la France, c'est que ses politiciens sont des écrivains ratés et ses écrivains des politiciens ratés. »

Parmi les premiers, il comptait de Gaulle (ce qui était, évidemment, un non-sens absolu) et Herriot. Parmi les derniers, il cita Malraux : « Avez-vous jamais entendu parler d'un humain qui ait lu *la Condition humaine* ? », demanda-t-il, question purement rhétorique (répondre à Cocteau rompait le charme). L'ambition qui consumait Malraux, dit-il, était de jouer un rôle politique ; il m'expliqua que Malraux lui avait affirmé qu'il soutenait de Gaulle parce qu'il pensait qu'il était grand temps qu'un général Boulanger réussît en France. Ce qui est, naturellement, totalement ridicule, un plaisant propos de dîner en ville peut-être, mais parfaitement inexact. Le genre de propos qui arrive avec le café et part avec les cigares. A la vérité, Malraux vénérait de Gaulle et n'avait que mépris pour la mémoire du général Boulanger.

Il est surprenant que le Prix Nobel de Littérature, destiné à être le plus grand hommage rendu à un écrivain, mais trop fréquemment attribué à des non-valeurs au cours de ses soixante-treize ans d'existence, ait laissé échapper l'un des auteurs les plus exceptionnels de ce siècle, André Malraux. A la différence de beaucoup de candidats, sa « nobélisation » eût été justifiée par sa personne autant que par son œuvre.

La honte de cet oubli ne retombe pas sur Malraux, mais sur cette parfois lourdaude Académie suédoise chargée de choisir. La vie de Malraux, qui coïncide exactement avec celle du Prix Nobel (tous deux sont nés en 1901) est en elle-même une œuvre littéraire égale à n'importe lequel de ses livres.

En dépit de son âge, en dépit de ses incessantes activités de tous ordres comprenant la guerre, la politique, son poste de ministre sous de Gaulle, l'embellissement de Paris, ses tentatives fébriles d'ameuter l'opinion publique contre l'injustice, et en dépit aussi de la presque insupportable série de tragédies qui s'abattirent sur ceux qu'il aimait, cet homme admirable a continué d'écrire.

Si l'audacieuse, romantique et parfois funèbre tapisserie que constitue la vie de Malraux, le plus *engagé* des auteurs, a par elle-même une qualité digne d'un Prix Nobel spécial, l'Académie suédoise n'est chargée — tel est son rôle — que de prendre en considération la production littéraire. Et là, elle a été d'une négligence pitoyable.

A un degré remarquable, l'action est le domaine privilégié de Malraux. J'ai parlé en diverses occasions de cet aspect de sa personnalité avec des gens qui l'ont connu pendant la guerre civile espagnole et aussi avec des gens qui l'ont connu pendant la Seconde Guerre mondiale et dans la Résistance française. Le général d'armée Pierre Elie Jacquot, officier de carrière et Saint-Cyrien, avait été désigné comme le Numéro Deux du groupe de maquisards de Malraux. Jacquot était chargé de veiller sur l'amateur qu'il avait déjà, comme le savaient ses chefs du haut état-major militaire français, rencontré en Espagne. Mais Jacquot me confia par la suite que Malraux avait un véritable génie de la guérilla.

Il aurait été « un grand mercenaire médiéval ou un aventurier de la conquête de l'Ouest en Amérique, dit le général. C'était un vrai romantique et il avait une passion extraordinaire pour les tanks. » Un autre jour, il ajouta : « Il avait le génie du condottiere. Il ne connaît rien aux techniques de la science militaire, mais c'est un authentique *chef de guerre*. Il a en lui l'instinct et l'art — pas la science. »

Malraux avait certainement un talent et un instinct particulier pour les choses militaires. Seul un homme doué de courage physique, me confia-t-il un jour, pouvait commander des troupes de volontaires. Malraux remplissait cette condition. (Il dit que le courage personnel n'est pas nécessaire quand on commande à des conscrits : « Vous ne faites qu'introduire vos ordres dans la machine : ils passent du colonel au commandant, au capitaine, au lieutenant, au sergent. »)

Il n'aime pas la guerre (qui l'aime ?) mais, dit-il, « elle a été autour de moi toute ma vie ». Il croit que le combat d'aujourd'hui est une moins pénible épreuve pour l'homme parce que les soldats ne voient ordinairement pas ceux qu'ils tuent. La charge à la baïonnette a pris fin il y a cinquante ans. Lorsqu'il commandait son unité aérienne pendant la guerre civile espagnole, il éprouvait, dit-il,

> un sentiment particulier de camaraderie à voler pour la République parce que nous savions qu'il y avait un camarade dans un autre avion à l'extrémité de chaque aile du nôtre. Je suppose que cette sensation d'appui personnel venant d'un sentiment partagé était quelque chose de comparable à ce qu'on ressentait en combattant dans la cavalerie au temps de Napoléon.

Ce genre de propos d'homme endurci paraît assez étrange venant de Malraux qui n'a pas le moins du monde l'air belliqueux. Il est de taille moyenne (ce qu'on appelait autrefois grand), d'une constitution délicate au départ (il s'est quelque peu épaissi avec l'âge), il a le teint pâle, de longs traits mobiles et un regard qui le fait ressembler à Edgar Allan Poe plus que Poe lui-même. Il parle en gesticulant beaucoup, et il est affligé de toute une série de tics.

Il y a des années que je connais Malraux et je le tiens pour un ami précieux. Ayant souvent parlé avec lui et, dans ces conversations, abordé maints problèmes, je rédigeai un jour (ayant cet article en tête) quatre questions sur des sujets différents ayant pour moi un intérêt particulier et lui demandai d'y répondre. Elles sont consignées ci-dessous avec leurs réponses écrites :

QUESTION. — Vous m'avez dit un jour que presque tous les hommes, à mesure qu'ils vieillissent, se mettent à s'intéresser de plus en plus soit au travail des métaux, soit au travail du bois et que le général de Gaulle, au cours de ses dernières années, observait avec passion les charpentiers et les bûcherons aux alentours de Colombey-les-deux-Eglises. Avez-vous une explication à proposer de ce phénomène, la passion pour le travail du métal ou du bois ? Et, auquel des deux va votre préférence ?

RÉPONSE. — Je n'ai pas d'explication. Mais je sais que la question « bois ou métal » figure dans certains tests en psychiatrie. Pour ma part, c'est le bois — certainement à cause de l'art. Le bois est utilisé en peinture et en sculpture.

C'est un curieux sujet, cette préférence pour le bois ou le métal, tel qu'il le présente. On aurait pu s'attendre à ce que Malraux insistât pour inclure la pierre parmi les éléments fondamentaux. Après tout, non seulement la pierre sculptée tient une place considérable dans le concept artistique universel du *Musée Imaginaire,* mais ce fut sa recherche de pierres dans les ruines des temples khmers cachés dans la jungle le long de la Voie royale, qui le lança tout jeune encore sur le chemin sans fin de l'aventure.

Q. — J'ai toujours été frappé par votre immense sympathie pour les animaux, surtout les chiens et les chats. Je sais que mon pauvre bigle (qui est mort à Noël dernier) semblait trouver en vous un véritable ami quand vous veniez chez nous. Néanmoins, j'ai l'impression qu'entre les chiens et les chats, votre préférence va nettement aux chats. J'ai observé le petit chat de Jessie Woods (la fille de Louise de Vilmorin) en train de s'ébattre autour de vous. Est-ce que je me trompe en disant que les chats sont vos animaux favoris et avez-vous une explication rationnelle pour cette affection particulière ?

R. — En effet, j'aime les animaux. Mais je suis tout spécialement attiré par les chats. Nous allons en parler plus amplement parce que je crois le sujet assez complexe. L'amour des chiens est très compréhensible, notre penchant pour les chats l'est beaucoup moins. Sans aucun doute, il existe chez les artistes une race d'amateurs de chats et une race d'amateurs de chiens.

Malraux raconta beaucoup d'histoires d'animaux. Par exemple, il m'affirma que de Gaulle avait eu, pendant des années, un grand chien-loup à Colombey-les-deux-Eglises et que, presque en cachette, il gâtait le beau chien qui couchait souvent sur son lit. Cela déplaisait énormément à Mme de Gaulle (Tante Yvonne, comme l'avaient affectueusement et respectueusement baptisée les Français), qui s'en plaignait de temps à autre. « Oui, oui », promettait le Général avec calme. Mais le chien-loup ne fut jamais dépossédé de ses privilèges.

D'autre part, Malraux possède un fonds inépuisable et étonnamment varié d'histoires de chats. Selon lui, le premier chat qui fit son apparition dans l'histoire européenne fut celui offert au pape Grégoire le Grand, au VIIe siècle, par la congrégation éthiopienne qui lui était particulièrement chère. Peu après, le concile émit une proclamation disant qu'il vaudrait mieux que le pape consacrât plus de temps à l'accomplissement de ses devoirs pontificaux et moins de temps à caresser son chat.

Malraux prétend également qu'à Azincourt, le contingent français surpassait en nombre le contingent britannique dans la proportion de cinq pour un, mais fut néanmoins battu pour la raison suivante : les Anglais avaient une « capitainerie » de chats qui chassèrent les rats vers le camp français où ils se mirent aussitôt à ronger les cordes des arcs, si bien que les archers furent dans l'impossibilité de riposter le lendemain à l'attaque anglaise.

Q. — Il y a deux jours, à déjeuner, j'ai dit que le cheik Mujibur Rahman, du Bengladesh, était un homme d'un grand courage et, tout en étant parfaitement d'accord sur ce point, vous avez paru considérer que le courage physique n'était en aucune manière un trait de caractère extraordinaire. J'ai entendu parler de votre grand courage personnel par des gens qui ont combattu avec vous, par exemple le général Jacquot. Ce que je voudrais vous demander, c'est si vous êtes l'une de ces rares personnes qui ne connaissent la peur sous aucune forme (il m'avait parlé un jour du « courage géologique » du général de Gaulle) ou si, en fait, vous connaissez la peur mais avez toujours mobilisé votre volonté pour la surmonter intérieurement.

R. — Je suis aidé par un sentiment irrationnel d'invulnérabilité.

J'ai déjà expliqué ce que ceux qui l'ont connu au combat pensent de lui comme homme de guerre. Il a certainement un savoir-faire intuitif, un sens de la vitesse et de l'audace efficaces. Il a aussi le simple don du courage. Personne, peut-être pas même lui, ne saura jamais si ce courage est fondé sur une confiance en soi « irrationnelle », sur une foi en quelque chose qui le transcende lui-même, ou sur une volonté colossale, quoique déguisée, qui dissimule des doutes intérieurs.

Q. — Ma dernière question. Pensez-vous que l'artiste *engagé* (je veux dire n'importe quelle catégorie d'artiste créateur, y compris l'écrivain) devienne un meilleur artiste parce qu'il est *engagé* ? Avez-vous le sentiment que, dans votre propre vie, le fait d'avoir été *engagé* à un très jeune âge vous ait aidé à développer votre grand talent littéraire peut-être plus rapidement et plus complètement que s'il en avait été autrement ? Pouvez-vous me citer un écrivain d'aujourd'hui non engagé et dont l'œuvre en a peut-être souffert ?

R. — Aujourd'hui, le problème se pose d'une façon particulière parce que l'engagement va à l'encontre de l'histoire au sein de laquelle nous vivons. Je ne crois pas que l'engagement ait par lui-même une valeur, mais que certains artistes en ont besoin.

Cette notion d'engagement est l'une des clefs de Malraux et de toute sa vie. Il fut, en fait, *engagé* (dans son aventure indochinoise) avant même d'être reconnu comme artiste créateur ; il a toujours été *engagé*, bien que les causes pour lesquelles il se battait aient à coup sûr varié, passant des révoltes en fermentation de l'Asie à l'Espagne républicaine, à l'antinazisme et — ce qui est presque inséparable — à la Résistance française, à la France en tant qu'idée, et pour finir, à l'humanitarisme.

Quand je lui demandai un jour s'il pensait qu'il y avait

encore aujourd'hui des écrivains engagés au sens qu'avait ce mot lorsqu'il était jeune, et particulièrement au temps de la guerre civile espagnole, il me répondit que de tels engagements, d'une façon ou d'une autre, avaient toujours existé. En tout cas depuis la Révolution de 1789. En fait (et je cite avec précision car, bien qu'invité par lui à déjeuner, j'avais insisté pour prendre des notes), la tradition de l'écrivain français engagé s'était poursuivie de façon assez spectaculaire au cours de l'ère gaulliste. Beaucoup d'artistes récemment engagés sont restés accrochés à un rêve. Pour d'autres, Saint-John Perse par exemple, il est difficile de penser en termes d'engagement. L'engagement ne peut sûrement pas agir comme un ferment, à moins que l'artiste n'en éprouve la nécessité.

Comme Lamartine, Malraux a pour sa part suivi cette tradition. Après tout, Lamartine aussi a fait plus qu'écrire ; il fit partie, pendant une brève période, de la commission exécutive de cinq membres qui gouverna la France en 1848. Mais, pour reprendre une phrase de Cocteau, qui lit Lamartine aujourd'hui ?

Un jour, je réunis à déjeuner Malraux et Régis Debray, le révolutionnaire qui combattit aux côtés de Che Guevara. Malraux dit au jeune guérillero : « Il n'y a pas d'ennemi, pas d'ennemi individuel. Il n'y a que des ennemis collectifs et ceux-là sont symboliques. La droite n'existe plus ; aujourd'hui, tout le monde est de gauche, ce qui veut dire que la gauche n'existe plus. » Régis Debray me confia : « Il est plus humain que les héros de ses romans. »

Régis Debray voulut savoir ce que les Brigades internationales avaient fait en Espagne. Malraux lui dit qu'elles avaient en fait sauvé Madrid mais que — par-dessus tout — elles avaient répondu à l'élément de rêve qui était chez les Républicains : « S'ils sont de notre côté, alors nous savons que nous ne sommes pas si pitoyables », disaient-ils.

Malraux expliqua également que le rôle des Brigades fut rehaussé par leur nature temporaire. Il ne fut pas question de les remplacer après leur dissolution.

La conversation dévia sur d'autres sujets. La Résistance fut évoquée. Malraux reconnut qu'il n'avait pas vraiment aimé le film *le Chagrin et la Pitié*. « La Résistance, dit-il, ce n'était vraiment pas ça. »

« Il se peut qu'un jour j'écrive le livre de la Résistance française. » Puis il raconta une histoire de Résistance. Un groupe des maquis de Corrèze avait reçu l'ordre de capturer un convoi de camions allemands transportant du sucre. Les maquisards ne virent pas les mitrailleuses qui flanquaient le convoi. Ils attaquèrent et furent tous tués. Toutes les femmes de leur petit village de Corrèze, vêtues de noir, se rendirent sur les tombes de leurs familles respectives. Le lendemain, tandis que ces femmes de Corrèze, debout et vêtues de noir, les observaient, les Allemands jetèrent les cadavres dans une fosse commune. Le jour suivant, il y avait une croix sur la fosse. Et, chaque jour, par la suite, dans ce village souffrant des privations de la guerre, un nouveau kilo de sucre était accroché à la croix *.

Lorsque le sujet du capitalisme fut abordé, Malraux dit : « Le problème a cessé d'être important. On se demande aujourd'hui si l'on est bon ou méchant, charitable ou égoïste, courageux ou lâche — mais pas : suis-je un capitaliste ? »

A cause de l'intérêt extrême qu'il porte à la politique, ce sujet est de ceux dont il aime discuter et je me souviens de certaines discussions politiques comme ayant été brillantes quoique un peu embrouillées. Un jour, il affirma avec insistance : « En France, la Cinquième République est *un masque*. Elle ne peut pas tenir. Je suppose que si une majorité communiste gagnait le contrôle de l'Assemblée Nationale, Pompidou (ceci se passait en décembre 1972) dissoudrait l'Assemblée. Alors, il n'y aurait plus de Cinquième République. Il y aurait une union de la gauche qui serait dirigée par les communistes. »

En attendant, les Français continuaient à rêver de Napoléon, comme les Espagnols continuaient à rêver de Charles Quint. Le gaullisme était impossible sans de Gaulle ; et on ne pouvait prévoir exactement ce qui se passerait en France.

Une autre fois, je lui demandai si l'Europe occidentale avait un quelconque avenir en tant qu'organisation politique efficace. Il dit : « Cela n'arrivera pas. Cela signifierait une Europe gouvernée par un parlement. Mais le système parlementaire en tant que tel a cessé d'être efficace. La raison pour laquelle le système politique des Etats-Unis fonctionne est précisément que le parlement *n'est pas* le gouvernement. » (Comme tous les Français, il se trompait complètement. Ceci se passait avant l'affaire du Watergate.)

Il pensait que l' « Europe » ne pouvait être créée que par la crainte d'une menace non-européenne — exactement comme les Etats-Unis furent créés par la crainte de l'Angle-

---

* Cf. *Antimémoires*.

terre. Quand je lui demandai où pouvait exister une telle menace potentielle, il dit que le problème le plus important était la rivalité commerciale avec le Japon. (Une autre fois, il mentionna le danger éminemment théorique de la Chine.) L'une ou l'autre de ces éventualités pourrait galvaniser l'Europe, mais pas la rivalité avec les Etats-Unis.

Un jour, il me dit tristement (songeant à la façon dont sa propre vie avait été liée à celle de son siècle) : « Le fait capital est la mort de l'Europe. Quand j'avais vingt ans, les Etats-Unis étaient à peu près dans la position du Japon actuel pour ce qui est de l'importance mondiale. L'Europe était le cœur du monde et la grande super-puissance était l'Empire Britannique. Mais dans le monde d'aujourd'hui, toutes les forces dominantes sont hors d'Europe. La grande puissance, maintenant, c'est les Etats-Unis et, à côté, il y a l'Union soviétique. L'Europe a virtuellement disparu comme élément constitutif important et il a fallu étonnamment peu de temps pour que ce changement s'accomplisse. Il y a deux siècles, les Etats-Unis n'étaient pas même une nation ; maintenant, ils sont un colosse. »

En politique, Malraux aime à mettre en lumière l'aspect légendaire : « Il ne faut jamais négliger le côté Jeanne d'Arc des choses. » Il est fasciné par le rapport entre l'individu et l'histoire. Lorsque je lui présentai Debray, il se lança dans un long monologue : Alexandre et Napoléon furent grands, le maréchal de Saxe (qui ne perdit jamais une bataille) et Turenne ne le furent pas. Au ciel, le maréchal de Saxe pourrait dire à l'Empereur : « Vous avez perdu une bataille », mais Napoléon répondrait : « Vous n'avez jamais fait rêver les femmes. »

Qui est Malraux, l'homme qui a donné sa ponctuation à ce siècle ? Etant ministre des Affaires culturelles, il me fit un jour cette remarque : « Ce ne serait pas un mauvais monument pour moi si, quand je mourrai, je laissais une centaine de nouveaux musées à la France. » Son testament littéraire a changé : des romans qui s'éloignent dans le passé, des mémoires ? Parlant des *Antimémoires,* il m'affirma, il y a longtemps, qu'une partie ne serait publiée que cinquante ans après sa mort ; cette partie comprenait une conversation avec le président Kennedy sur l'opportunité de lancer des bombes atomiques sur la Chine. C'est une chose qui n'est pas à mentionner maintenant. Mais dans un demi-siècle, personne n'y fera plus attention. » De toute façon, qu'est-ce qu'un testament littéraire ? « Ce n'est pas le moment de faire de la littérature. »

LE TEMPS DE MALRAUX

En 1930, je me rendis avec Waldo Frank au studio de Stieglitz, dans Madison Avenue. « Un lieu très américain », disait-il. Les photos qu'il me montra étaient d'une qualité unique. Moi, en tout cas, je n'en avais jamais vu de semblables. Des arbres, des gens, des ciels, des usines et des quais américains qui n'avaient rien de particulier semblaient transposés en termes poétiques. Les traits décelés par l'appareil photographique révélaient une secrète beauté. Manié par un artiste, l'appareil captait non seulement la réalité mais les rêves et les visions de l'Amérique en suspension au-dessus d'elle. Ces échanges entre la prise de conscience des êtres et des choses par l'œil humain et la précision de l'instrument, docile mais incorruptible, révélaient une fois de plus, pensai-je, qu'en art l'outil mécanique le plus parfait demeure inefficace s'il n'est pas un simple prolongement du talent humain qui l'utilise pour une expression personnelle. Il n'y a pas la moindre possibilité qu'une œuvre d'art naisse d'autre chose que d'un « Je » qui, si transcendant et sublimé qu'il soit, demeure bien un « Je ». Tout le reste est vain bavardage. De plus, vous voyez au premier coup d'œil que si le champ de l'objectif est restreint (volontairement ou non), un fragment de nuage, une main, un arc, une tuile et son aspect particulier (limité et unique) reçoivent leur force expressive de l'ensemble dont ils font partie.

Quand je lus le *Malraux* de Robert Payne (1970), j'y trouvai des observations du même ordre, bien qu'elles aient un but différent qui est de déceler les insuffisances possibles d'un *Musée Imaginaire* : « Une photographie n'est pas une simple reproduction mécanique ; elle dépend de l'œil de l'opérateur, de sorte que chaque photo d'une œuvre d'art est exposée à la trahison qui provient de la présence même du photographe. Elle déforme inévitablement. » Payne pense que les reproductions de cette espèce sont des *transformations* et que l'Histoire de l'Art enseignée dans les écoles est faussée du fait de cette trahison.

Ce qui me paraît intéressant dans le cas de Stieglitz et

d'autres grands photographes modernes, c'est que la transmission de la personnalité du photographe à une chose animée ou inerte est imposée à la machine comme si l'esprit l'avait imprégnée. La machine obéit aux ordres d'une façon presque spirituelle. Peut-être le mot « artistique » conviendrait-il mieux.

Naturellement, s'il y a un photographe, il y a une interférence. Si elle s'applique à un objet déjà modifié (déformé, transformé, comme le sont toutes les créations artistiques), elle risque de devenir une adultération.

Cette digression nous amène à notre sujet, qui est d'examiner les affirmations de Malraux, tout au début des *Antimémoires,* cet ouvrage si riche de pensée et où s'expriment des expériences si diverses. Je butai contre ces lignes, m'en détournai d'abord, mais elles sont d'une telle importance qu'il n'est pas permis de les passer sous silence :

> Que m'importe ce qui n'importe qu'à moi ? Presque tous les écrivains que je connais aiment leur enfance. Je déteste la mienne.

Est-il présomptueux de ma part d'être d'un avis différent ? Je le suis pourtant.

Il n'existe rien qui ne soit important que pour nous, exclusivement. D'une façon ou d'une autre, bonne ou mauvaise, ce qui nous concerne concerne tous les autres. Ce que nous sommes, ce que nous faisons ou refusons de faire est partie d'un tout (d'un projet ?) et pèse sur lui, quelles que soient les apparences. Toutes les pages éparpillées sont finalement liées pour former un volume

> *... legato in un volume*
> *ciò che per l'universo si squaderna.*

Et que l'on aime ou déteste son enfance, cela ne diminue pas d'un iota l'influence qu'elle a sur l'âge adulte. C'est un fait indéniable. Et quand je vois, dans le livre de Payne, le garçon de treize ans photographié avec Mlle Thouvenin et ses élèves, quand je regarde ce petit visage délicat et sensible, avec déjà son expression concentrée, je me sens en désaccord avec le grand écrivain. J'aurais voulu qu'il nous parlât de cet écolier au regard intense qui avait une montre (était-ce bien une montre ?) dans sa poche. J'aurais souhaité qu'il fût lui-même son propre photographe, car je suis certaine qu'il y a, dans le cœur d'un enfant ou d'un homme, bien plus qu' « un misérable petit tas de secrets ». L'écrivain a refusé. Ce n'est qu'à de rares moments que l'émotion réprimée déborde : « De la rue Soufflot s'élevait un bruit bien connu de mon enfance : le claquement des sabots de chevaux que les cavaliers maintenaient à petite allure. »

*
* *

« Jamais le sort humain n'eut mon consentement. » A quel point cette confession tenait-elle à cœur au poète qui l'écrivit, je ne le sais pas. Mais je sais qu'elle peut être vraie de deux hommes : l'auteur des *Sept Piliers de la Sagesse* et celui des *Antimémoires*. Ni l'un ni l'autre ne semble avoir accepté complètement son enfance, c'est-à-dire *la condition humaine*.

Dans une lettre que j'ai lue tout récemment, de Mme Bernard Shaw à T.E. Lawrence, elle insiste sur son « enfance infernale ». Elle a dû connaître des moments pénibles. Mais elle arrive à cette conclusion : « L'erreur fatale est de garder ces choses enfermées en soi. » Elle a raison. Tout d'abord parce que en parler est un moyen de se débarrasser d'un fardeau. Et ensuite parce que nous avons beaucoup à apprendre sur ces problèmes brûlants et que seuls ceux qui sont capables des analyses les plus subtiles peuvent nous éclairer en ce domaine. De telles analyses sont loin d'être inutiles si elles viennent d'un Malraux. Et je ne suis pas d'avis que les confessions d'un mémorialiste paraissent puériles aujourd'hui, comparées aux monstres exhibés par les explorations des psychanalystes. J'ai plus appris de Dostoïevski que de Freud. (Je reconnais cependant son génie, en dépit de ses erreurs.)

Sans m'être livrée à une étude très approfondie de l'incomparable T.E. Lawrence, sans autre information qu'une lecture complète et passionnée de son livre et de sa *Correspondance* (que j'ai traduite et publiée il y a des années), je me suis permis d'écrire sur ce sujet épineux. Au jugé. L'homme était insaisissable et prodigieux. Pourtant, j'avais l'impression que je ne devais pas être très éloignée de l'essentiel. Seize ans après avoir écrit mon essai, je rencontrai A.W. Lawrence, le frère de T.E. Lawrence et le lui donnai à lire. Il m'enleva les quelques craintes que j'avais encore. Mon interprétation n'était pas fausse. Je n'attribue pas le fait que j'étais tombée juste à un don particulier. Je suppose que mon discernement fut le résultat de cette communication presque magique qu'établit l'écriture entre auteur et lecteur — lorsque le talent est là. Et peut-être que jouèrent aussi, en ma faveur, certaines de ces facultés perceptives encore mal étudiées que la science moderne ne peut se décider pour l'instant à accepter ou à écarter. Néanmoins, des hommes qui risquent leur vie pour des recherches ou des explorations scientifiques, et qu'on ne saurait accuser de tenir « l'incertain » pour chose établie, ont été tentés de déchiffrer l'énigme. Edgar Mitchell, m'a-t-on dit, au cours du vol d'Apollo 14 (qui n'était pas un voyage d'agrément) a essayé de transmettre par télépathie des messages à des amis (ou vice-versa). Peut-être y a-t-il quelque chose dans ces ondes au sein desquelles nous sommes immergés qui serait positif et nous mettrait en rapport avec ce qui est connu et ce qui est encore inconnu. Pourquoi pas ? Il a fallu du temps pour détecter certains des microbes et des virus que la médecine combat aujourd'hui.

Nous pourrions gaspiller beaucoup de papier à discuter de ces problèmes. Ce qui m'est arrivé avec Malraux, bien que cela n'ait d'importance que pour moi, selon sa théorie, est ce que je tente d'élucider. Pourquoi suis-je paralysée par lui et non par T.E. Lawrence ? Est-ce vraiment parce qu'il est vivant tandis que T.E. est un des morts qui survivent en moi ? Je n'en suis pas sûre.

Nombreux furent les actes généreux de Malraux à mon égard. Il allait droit à ce qu'on n'attendait pas de lui. Un jour, il me dit : « Il manque quelque chose à votre collection. » Comme je ne collectionne rien, pas même les éditions originales, je lui demandai de quoi il parlait. « De votre collection de grands hommes », répondit-il en souriant. A quelqu'un d'autre, j'aurais répliqué : « Ne dites pas de bêtises », mais qui pourrait employer le mot « bêtises » à propos de Malraux ? Il était exact qu'ayant perdu la foi en les dieux ordinaires, j'avais transféré ma part de crédulité (comme aurait dit l'Orlando de Virginia Woolf) sur les grands écrivains. Et il était vrai aussi que j'avais eu assez de chance pour rencontrer « les plus grands » de mon temps. Ainsi que des musiciens, des architectes. Aucun guerrier et à peu près aucun homme politique n'avait éveillé ma curiosité, sauf Gandhi, Nehru, Indira Gandhi et Golda Meir. Les deux premiers parce qu'ils avaient essayé de greffer le spirituel sur le politique. Les deux femmes parce qu'elles étaient les meilleurs interprètes du féminisme dans le domaine politique.

Le fait est que, quelques jours après cette conversation, je me trouvais à l'Elysée, en train de manger un succulent morceau de Charolais à côté du général de Gaulle (qui s'excusa aimablement : il doutait que son Charolais pût rivaliser avec la viande à laquelle j'étais habituée en Argentine). Naturellement, Malraux était derrière tout cela. Je reconnaissais là son imagination et sa grande générosité. Si je mentionne ici ce déjeuner, c'est parce que je sais ce que de Gaulle signifiait pour Malraux et Malraux pour de Gaulle. Cette invitation n'était pas une banale politesse et j'appréciai le geste.

Mais l'auteur des *Antimémoires* n'était pas seulement populaire auprès des grands de ce monde (je suppose qu'il serait presque impossible d'ajouter un seul nom à sa propre « collection »). Un chauffeur de taxi, à Paris, m'a dit, à propos du gouvernement du général de Gaulle : « Ce qui restera de tout ceci, c'est l'œuvre de Malraux. » Telle était aussi l'opinion de ma concierge (dont le vœu le plus cher était d'avoir un autographe de M. le ministre, vœu qui fut exaucé.) Etrange popularité pour quelqu'un qui ne fit jamais de concession à ce que l'on appelle de nos jours et dans plusieurs pays la *culture populaire*. Prions pour que la vraie culture soit donnée à ceux qui ne l'ont pas et ne soit pas simplement arrachée à ceux qui l'ont. Comme l'a écrit Shelley :

> *Le véritable amour* (la véritable culture aussi) *diffère en cela de l'or et de l'argile*
> *Que de le partager n'est pas diminuer sa part.*

D'autres privilèges me furent accordés par cet ami. Par exemple la possibilité d'avoir des entretiens avec cet homme très occupé. Cela ne devrait-il pas me mettre à l'aise pour accomplir cette modeste tâche : rédiger quelques notes sommaires sur la vaste étendue de l'œuvre de Malraux ? Malheureusement, non, pas du tout.

Des semaines durant, j'ai eu l'intention d'envoyer un télégramme à la baronne de Courcel pour lui demander de me relever de ma promesse. Mais j'ai maintenant changé d'avis. Faire *l'impossible,* c'est justement le genre de chose à quoi Malraux est habitué. Jetons-nous à l'eau.

Je lis dans les *Antimémoires* :

> Je pense à la vieille reine de la Casamance devant son arbre sacré [...] Je pense... aux Indiens des Orties, au mur devant lequel on devait me tuer, à la salle de bain de Toulouse, à Elephantâ et aux chars de 1940, aux arbres de Mao dont les paysans avaient mangé l'écorce, à la flotte américaine en face de Da Nang [...], Je pense à l'aumônier des Glières...

J'imagine qu'il pense à tout cela et que ses réminiscences survivent et conversent entre elles. Je pense à ses romans et à son *Musée imaginaire,* et à son intimité avec l'art du monde entier et de toutes les époques, et à la façon dont il a transformé Paris et décrassé son merveilleux visage, et à cette manière qu'il avait de risquer sa vie pour une cause, ou de jouer avec cette vie pour le seul plaisir de survoler l'invisible cité de la Reine de Saba. Je pense à la déclaration qu'il fit à Pierre Bockel : « Je suis un agnostique : vous comprenez, je dois être quelque chose car, ne l'oubliez pas, je suis intelligent... Mais vous savez mieux que moi que personne ne peut échapper à Dieu. » Cette tension constante de ses facultés intellectuelles est comme un phare qui à la fois nous illumine et nous aveugle. Valéry, expert en la matière, n'a pas caché l'opinion qu'il avait de lui-même : « La bêtise n'est pas mon fort. » Elle n'est pas non plus le fort de notre ami, d'autre part amoureux des chats, comme Baudelaire.

La royauté accordée à l'intellect par Malraux dans le règne humain, comme celle accordée aux chats par Baudelaire dans le règne animal, n'est pas le seul atout de l'écrivain. Elle ne peut l'être. L'intelligence est un élément absolument indispensable mais, tout comme la lumière, elle ne peut luire que sur ce qui préalablement existe. Elle peut révéler, mais non créer. Elle peut même illuminer le vide, le néant, et nous donner conscience de ce que nous ne pouvons cerner. Nous trouvons chez Malraux, en même temps que l'intelligence, une conscience profonde et omniprésente de cet éternel inconnu qu'il définit comme la volonté de se subordonner à ce qui nous dépasse. La certitude que nous ne découvrirons jamais « ce que tout cela signifie ». Nous rejoignons ici Pascal (« le silence de ces espaces infinis ») et la parenté avec T.E. Lawrence. Nous nous rapprochons de l'atmosphère raréfiée des modernes moines anglais sans église.

Lawrence et Malraux sont différents, mais un même sang coule dans leurs veines. Ils appartiennent tous deux à la race de la licorne, mal à l'aise dans les haras où sont élevés les pursang. L'un et l'autre sont convaincus que leur vie ne leur suffira pas pour découvrir « ce que tout cela signifie », ils courent, selon des lignes parallèles mais non identiques, vers un but qu'ils ne peuvent atteindre ni définir.

Les apparences peuvent tromper : le cottage de deux pièces *Cloud's Hill* (la colline du nuage) ne rappelle en rien le luxe raffiné et discret de *La Lanterne* ou de Verrières. Le lieu rustique choisi pour sa retraite par T.E. Lawrence dans le Dorset, sans autre ornement floral que quelques rhododendrons, est le contraire d'un jardin bien entretenu situé à la lisière du parc de Versailles ou du parc des Vilmorin. Mais, partis avec de grandes ambitions, ayant suivi des routes différentes, les deux hommes ont découvert, chacun à sa manière, « les espaces infinis du malheur ». Tous deux ont regardé la mort en face (et souffert des tortures pires que la mort, en des circonstances diverses). De telles expériences, sans aucun doute, entraînent de profonds changements chez ceux qui les vivent. Ce qui signifie (parce que ces hommes avaient de l'imagination) qu'ils étaient prompts à réagir et se précipitaient fougueusement pour fuir ou pour rejoindre le lieu où la peur les guettait. Chez Lawrence, cela devint un vertige, une fuite en avant vers le danger. Malraux aussi dut connaître la peur, car sans elle le courage est vide de sens.

***

Je crois que Malraux a dit sur lui-même tout ce qu'il était résolu à dire (il importe peu qu'il l'ait dit au cours de conversations avec Mao, Nehru, de Gaulle, en contemplant les ruines de Mareb ou en évoquant Napoléon et le gros paquet inattendu de lettres d'amour, reçu à Sainte-Hélène). S'il a passé sous silence quelque chose (et évidemment il l'a fait), ce n'est pas à nous de chercher à savoir pourquoi. Et, bien que dans *les Sept Piliers,* comme dans *la Matrice,* il y ait une auto-censure et que l'auteur se soit fixé des limites et ait donné autant que possible un pur et simple compte rendu des faits (comme il l'a fait par la suite en décrivant les misères d'un simple soldat en temps de paix), je considère les livres de l'écrivain anglais comme une « exposition d'amertume », je veux dire par là comme une confession moins restrictive que celle de Malraux, moins restrictive sauf dans un titre : les *Antimémoires.* Ce qui est une sorte de déclaration d'intention.

De ces deux hommes qui furent, chacun à sa manière, des archanges de l'orgueil, celui qui semble avoir été, à la fin de sa vie, je ne dirai pas accablé, mais profondément affecté par la « condition humaine » est celui qui n'accepta jamais rien du « séjour sur la terre ». A travers ses attitudes contradictoires, à travers les rares et secrets aperçus qu'elles jettent sur sa vie privée, je le trouve plus accessible. Il était déjà mort quand je l'ai rencontré dans son livre. Mais le Français est bien vivant

et, comme le chat qui se promène dans la cervelle de Baudelaire :

> *Il juge, il préside, il inspire*
> *Toute chose dans son empire...*

D'autre part, je le répète avec insistance, il s'est *créé par
l'écriture*. Et ne nous laisse jamais oublier que son intelligence
est une puissante *arme blanche*. L'intelligence ne tolère pas
l'absurde. Cet archange dégaine son épée de lumière dès que
quiconque l'approche de près : cette arme est plus menaçante
que n'était la mitraillette de son garde du corps, quand il était
le ministre du général de Gaulle.

*
**

Je l'ai rencontré une première fois il y a quarante ans,
dans mon appartement de l'avenue Malakoff. Drieu la
Rochelle, un ami commun, m'avait annoncé : « Je vais amener
avec moi, cet après-midi, un type extraordinaire. Vous verrez. » Je vis.
Les rues de Paris ont des noms, pas seulement des numéros
comme à New York. Les numéros sont détachés des souvenirs ; ils ne s'en imprègnent pas. Tandis que les noms sont leurs
complices naturels. Des noms de rues et de places, à Paris, rappellent maintenant Malraux comme d'autres rappellent Valéry,
Drieu, Camus : l'avenue Malakoff, l'avenue de la Bourdonnais,
l'avenue Victor-Hugo à Neuilly, le parc de Versailles, le restaurant Lasserre. Il me semble entendre, si l'on prononce le
nom de la rue de La Trémoille, la voix familière de la concierge
m'informant que la voiture de M. le ministre, avec M. le ministre, attendait (*aussi, je vous en prie, madame, dépêchez-
vous*). Cette personnalité maintenant comblée d'honneurs
(qu'on ne pouvait laisser attendre) n'était ni plus ni moins que
le « type extraordinaire » que Drieu avait amené chez moi.
Drieu qui est mort aujourd'hui, de sa propre volonté.
Un jour à midi, au retour d'une de mes longues absences,
Malraux vint me chercher. Il était descendu de voiture et m'attendait dans le hall quand je sortis de l'ascenseur. Devenir
ministre et avoir « carte blanche » pour faire ce qu'il voulait
de Paris l'avait rendu plus courtois. J'avais rarement vu un
ministre l'être autant et je n'en avais jamais vu un qui eût
un tel pouvoir sur les arts, la culture et l'embellissement de
la plus belle des villes. Que de bouleversements le monde avait

connus depuis le jour où le « type extraordinaire » avait été introduit chez moi. Que de changements.

A peine étais-je assise dans la voiture que, après avoir plaisamment remarqué que c'était probablement la première fois que j'étais suivie par une autre voiture dans laquelle se trouvaient des hommes armés de mitraillettes, il se mit à parler comme si nous nous étions vus la veille : « Où était-ce ?... en Chine ? »

Je souris, me souvenant du début abrupt de *la Condition humaine :* « Tchen tenterait-il de lever la moustiquaire ? Frapperait-il au travers ? » J'avais toujours admiré cette ouverture. Tchen va tuer un homme endormi. Cette idée lui répugne. Il ressent un commencement de nausée. Il tient dans sa main droite un rasoir, dans sa main gauche un poignard. Mais la première chose que nous voyons dans la pièce où un meurtre va être commis est l'innocent rideau de gaze évoquant les insectes, la chaleur, le sommeil. L'atmosphère est donnée par le contraste : près du pâle et fragile voile, la mort est cachée dans une main « séparée du monde des vivants », ou souhaitant l'être.

Bien que j'aie voyagé dans la durée, plus que Malraux, bien que j'aie vaguement aperçu, par une fenêtre, à Londres, la veille reine Victoria entourée de merveilleux soldats, le tsar et la tsarine d'un balcon des Champs-Elysées (elle avait une ombrelle blanche), et d'un balcon sud-américain vu se dérouler plusieurs révolutions sud-américaines ; bien que j'aie contemplé avec horreur les ruines des villes européennes bombardées et me sois assise au procès de Nuremberg à quelques mètres des nazis condamnés à mort ; et que j'aie parlé à Mussolini, dans un palais italien, assez étrangement, de *la Divine Comédie;* bien que j'aie connu San Francisco dans le «black-out», et Gandhi par l'intermédiaire de Tagore, et Stravinsky à travers le « cataclysme apprivoisé » (comme disait Cocteau) de la première représentation du *Sacre ;* bien que je me sois promenée dans mon jardin de Rio de la Plata avec von Braun, écoutant ses explications sur un prochain débarquement sur la lune, en pensant « cet homme est en plein délire » ; bien que je me sois baignée avec délices dans les eaux non polluées de Punta Mogotes en compagnie de Saint-John Perse ; bien que j'aie goûté l'ombre dense des sequoias de Californie avec Waldo Frank et la lumière des vitraux de Notre-Dame avec Valéry, et regardé d'un « œil pensif » les murs d'une prison argentine (nous autres prisonniers avions le privilège de respi-

rer dans le *patio* deux fois par jour) ; bien que j'aie discuté
avec Camus de ma traduction de son *Caligula* pour Broadway,
et senti avec Ortega le parfum des *jaras* de Guadarrama à
l'Escorial (les fenêtres étaient grandes ouvertes) ; bien que j'aie
tenu le bras de Borgès à demi-aveugle pour traverser les carrefours de notre ville ; bien que j'aie vu et entendu, avec Key-
serling, à Darmstadt, les jeunesses hitlériennes défiler en chan-
tant leurs violences à venir, et entendu avec Eisenstein à Har-
lem les negro spirituals d'une congrégation revivaliste ; bien
que je me sois liée d'amitié avec Neruda à Lima, où je le
rencontrai alors qu'il se rendait au Machu Pichu, et que j'aie
contemplé les pyramides de Teotihuacan avec mon inoubliable
Alfonso Reyes ; bien que Gropius m'ait confié ses pressenti-
ments dans un train italien et que Le Corbusier m'ait décrit
quel genre de capitale il aurait conçue pour l'Argentine ; bien
que nous ayons prédit, avec Gabriela Mistral, des temps difficiles pour les pays hispano-américains ; bien que j'aie été
divertie et charmée par l'idée absurde de Virginia Woolf de
capturer des papillons à Buenos Aires pour inonder de leurs
ailes brésiliennes sa maison de Tavistock Square ; bien que
j'aie initié le jeune Caillois aux écrivains latino-américains
qu'il a introduits en Europe ; et que j'aie fait la même chose
pour l'Amérique du Sud et Graham Greene, et tous ceux qui
eurent l'idée de tenir compte de ce pays encore à découvrir ;
bien que mon rêve de rencontrer Ravel se soit réalisé et que
j'aie déjeuné avec lui à Montfort-l'Amaury ; bien que je sois
entrée chez Braque en tenant deux pots de jacinthes incroyablement roses comme des cierges offerts à une divinité, et que
j'aie récité des vers de Mallarmé avec Aldous Huxley tandis
que notre voiture roulait le long de l'Hudson River (« Aboli
bibelot d'inanité sonore ») ; bien que je me sois régalée d'un
délicieux gâteau fait à la maison chez Eliot dans son appartement de Chelsea, tout en parlant d'une « gourmandise » moins
matérielle; bien que Helleu ait fait une pointe-sèche de moi
adolescente en disant : « Tenez-vous tranquille, mon enfant,
je vais faire un croquis de vous telle que vous êtes là, *la main
sur la conscience* » (je crois qu'il m'a, ce jour-là, jeté un sort,
car je n'ai jamais pu me débarrasser de ma *conscience)* ; bien
que, en un mot (après tant de mots), les choses s'entassent
d'une façon effrayante au cours d'une longue vie et vous jouent
des tours, et se bousculent vers le sommet d'une montagne de
souvenirs consumée de nostalgie pour la vallée d'une jeunesse
sans passé ; bien que toutes ces choses, et d'autres encore,

soient mon pain quotidien, dès que j'ouvris les *Antimémoires,*
je constatai à quel point j'avais été peu touchée par les turbu-
lences atmosphériques de mon temps si je comparais mes expériences et leur rythme au stupéfiant palmarès de mon ami français : je le vois passer d'un point névralgique de l'histoire, cime
ou abysse, à un autre sans chanceler ; de la Chine à la Russie,
de la Russie à l'Inde, de la guerre civile espagnole au maquis ;
courir de la Reine de Saba à Mao, envoyant comme ses ambas-
sadrices au nord de notre immense continent et vers les petites îles surpeuplées du Japon deux belles dames, l'une floren-
tine, l'autre grecque. Elles portaient le salut d'un pays dont le
ministre était doué d'une réelle imagination poétique et qui était
capable d'oublier tout le reste quand la France voyait en lui
le colonel Berger, chef de la brigade Alsace-Lorraine. Voyageur à la curiosité omnivore, il n'a, à ma connaissance, laissé
sans y goûter que deux gros morceaux de ce monde : l'Amérique latine (dans sa partie d'extrême sud) et l'Australie (qui
se trouve à la même latitude). Nous ne possédions pas la sorte
de charme qui l'attirait. Pas de ruines qui vaillent la peine,
pas de temples, pas de jardins suspendus, pas de pyramides,
pas de sphynx, pas de statues, pas de fascinante reine morte,
pas de cités fantômes hantant les déserts, pas de mosquées, pas
de bouddhas géants. Rien qui pût enflammer son imagination.
Nous ne pouvions lui offrir que la pampa immense, la brousse,
le désert grandiose, des montagnes, des lacs, des autruches,
des pumas, des tatous, des pingouins, un nombre incalculable
d'oiseaux, un grand choix de serpents et de marsupiaux, des
lapins avec des pattes de derrière plus longues que celles de
devant (mais on peut voir dans les zoos tous ces animaux). Un
folklore ? Mais nous partagions ce moyen d'expression populaire avec tous les peuples de la terre. Une poignée d'artistes
avec un grand A. Mais tout cela ne suffit pas à éveiller un
intérêt particulier chez Malraux, chasseur de grandes civilisations. Nous étions nés au siècle dernier, avec de nombreux
handicaps.

Bien, bien, il nous faudra patienter un certain nombre de
siècles avant de pouvoir soulever l'enthousiasme d'un nouveau
Malraux (si les hommes de son espèce, comme je l'espère, survivent au séisme final vers lequel notre civilisation semble se
diriger). Au stade actuel, sans autre passé que des traditions
de tribus nomades et de rudes conquérants espagnols, nos ancêtres (les miens, du moins), nous ne pouvons prétendre retenir
son attention. Notre culture n'a d'autre héritage légitime que

celui de l'Europe. De l'Europe indifférente à notre destin, bien que nous soyons probablement appelés, à cause de la bénédiction, ou de la malédiction, que représente un territoire immense où se côtoient tous les climats, à vivre une considérable quoique encore indiscernable aventure dans l'histoire de l'humanité. Malraux sait mieux que moi, et Valéry savait aussi, que les civilisations sont mortelles. Que Ninive est un mot magnifique. Des millénaires sont l'éternité pour un insecte, des vétilles pour un homme capable de se poser les problèmes qui hantent Malraux.

« C'est le temps où, dans la campagne, nous interrogeons les aboiements des chiens au fond de la nuit... » Ces aboiements dans la nuit, si inquiétants, dont Malraux se souvient et qu'il évoque dans son discours d'adieu à Jean Moulin, héros de la Résistance, nous aussi les avons entendus, nous demandant de quelle menace ils étaient porteurs. Cela est arrivé sous toutes les latitudes. A beauoup de ceux qui les entendaient, ces aboiements apportaient un nouveau fardeau d'angoisse. Telle est l'époque où nous vivons. *Le temps du mépris.* Le temps de Malraux.

Traduction de Georges Magnane.

QUATRIÈME PARTIE

NÉOCRITIQUE

Postface
par André Malraux

I

L'individu, qui emplit le xixᵉ siècle et une partie du nôtre, va de l'original au singulier, de l'ambitieux à l'irremplaçable : de Rousseau à Napoléon, de Napoléon à Zarathustra, de celui-ci à Barrès et à Gide. Et l'individualisme se dissipe, soufflé par la bombe atomique — en nous léguant la biographie.

Pour la première fois, une civilisation entend assumer l'héritage culturel de la planète. Même si les civilisations successives étaient des organismes, et semblables, la nôtre montrerait deux caractères sans exemple. D'être capable de faire sauter la terre ; et de rassembler l'art depuis la préhistoire. Or, cette civilisation n'est nullement assurée que la biographie rende compte de la création artistique ; ni qu'elle soit le seul moyen d'approche de l'individu ; ni même, le meilleur.

On avait connu les *Vies* exemplaires de l'antiquité, les *Vies* non exemplaires de Vasari, bien d'autres. Ensuite la *Vie* cohabite avec l'autobiographie, depuis les *Confessions* de saint Augustin jusqu'à celles de Rousseau. Puis les grandes biographies du xixᵉ siècle et du nôtre. Apparemment historiques. Néanmoins, semblable au romancier, mais par un procédé plus subtil que la fiction, le biographe change un destin subi en destin dominé. Comme toute la littérature vivante pour nous, celle des vivants et des morts, la biographie appartenait à l'histoire, à l'évolution. Quand la conscience de la métamorphose domine l'évolution et crée sa propre histoire, une nouvelle tentative de saisir l'homme, une autre biographie, va-t-elle se créer face à celle que nous connaissons ? Comment appeler des livres comme celui-ci, de plus en plus nombreux ? On pense au vieux titre *Mélanges,* mais la pluralité de ces mélanges-ci les rend aussi interrogatifs que ceux d'autrefois étaient affirmatifs — même lorsqu'ils ne posent pas de questions. Appelons-les donc *Colloques.*

La naissance d'un genre littéraire fait réfléchir, car il en existe peu. Lire, en 1900, voulait presque toujours dire : lire un roman ; en 1945, à l'enquête : « Quel est le fait lit-

téraire le plus important de l'entre-deux guerres ? », j'ai
répondu : « La substitution de la littérature-Payot à la litté-
rature-Gallimard : de l'Edition, aux Lettres. » La littérature-
littéraire publiée autrefois par la N.R.F., qui continuait celle
du Mercure pour les symbolistes, de Lemerre pour les parnas-
siens, de Renduel pour les romantiques, n'est plus qu'un chapitre de l'énorme catalogue des éditions capitalistes ou communistes — le nouveau domaine, chaque jour plus vaste, des
livres qui ne sont ni des études, ni des poèmes, ni des romans.
Les Colloques ne se rangent dans aucun de ces trois genres.
Mais la machine-à-livres, l'Edition, ne supprime par les Lettres,
elle les annexe — et les Colloques lui appartiennent au premier chef.

Il est instructif de projeter un genre nouveau dans le
passé, d'imaginer le roman du XIXe siècle au XVIIe, quelque *Phèdre* de Balzac rivale de *la Princesse de Clèves,*
ou un ouvrage analogue à celui-ci consacré en son temps à...
Laclos ? Bon sujet : l'auteur des *Liaisons* et des notes vertueu-
ses sur l'éducation des filles, l'agent politique du duc d'Orléans,
l'inventeur de l'obus...

Mieux ! *Racine,* malgré sa gloire.

Chapitres symétriques des nôtres : l'Unité de son art
— Port-Royal — Conversation au sujet de la Fronde — Contacts avec le roi — Ses premières pièces — Sa religion — Son
travail d'historiographe — Sa relation avec la poésie grecque — Avec Constantinople au temps de Bajazet — Dialogue avec un jeune écrivain grec — Symboles et allégories —
Racine et l'histoire de l'antiquité — La condition humaine
d'une personne secrète — Le temps de Racine — enfin, un
chapitre dudit, relatif à ce qui précède. Collaborateurs : des
acteurs de la Fronde, confidents de Port-Royal et du Roi,
auteurs dramatiques, un prêtre, un historiographe, un hellé-
niste, de jeunes étrangers, un poète lyrique — une comédienne
peut-être... En supplément de l'édition posthume : l'Affaire
des Poisons ?

Ce jeu fait rêver. Il montre, mieux qu'une analyse, ce qui
le sépare d'une étude et d'une biographie. Notamment celle de
Racine par son fils. Une biographie moderne serait plus complète ? Mais elle perdrait l'irremplaçable saveur d'époque,
commune à ces gens qui ignorent ce que nous ignorons, mais
aussi ce que nous savons. L'aquarium est offert avec ses pois-
sons. Parviendrions-nous à imaginer chaque contribution, ou
son pastiche ? Il manquerait à l'ensemble l'irrationnel que

sécrète un temps et que les reconstitutions n'atteignent point, même quand les meubles sont d'époque, c'est-à-dire quand les textes rassemblés sont contemporains de l'auteur traité. Avant tout, l'esprit du Colloque n'existait pas ; l'on n'en donnerait l'illusion que par un montage difficile et improbable. Le seul fait d'en rassembler les éléments est moderne. Quel que fût ce montage, n'y prononçât-on pas le mot Dieu sauf au chapitre religieux, nous lirions un recueil chrétien, par sa conception péremptoire de l'homme. Même un esprit beaucoup plus libre que Racine, le Montesquieu des *Lettres Persanes,* en face de notre siècle, devient dogmatique comme un scientiste du XIXᵉ. Comparé à un *Racine* accompli, ce livre-ci proclamerait ce qu'il murmure : qu'il est une interrogation. Et mettrait en pleine lumière l'équivoque fondamentale par laquelle toute biographie établit après coup les incidences de la vie sur l'œuvre. Mais le biographe entreprend la vie d'un personnage mythique. La statue précède le témoignage, parce que c'est elle qui le suscite.

L'opération du sculpteur nous est familière. Que veut faire Rodin, lorsqu'il entreprend son *Balzac ?* Séparer de l'humanité biographique le personnage surhumain digne d'avoir créé *la Comédie humaine,* comme la tradition a séparé d'un Dante inconnu le profil aquilin digne de son *Enfer* — comme tout grand sculpteur grec inventait Aphrodite. La plupart des témoins de Balzac s'adressent à des lecteurs qui ne connaîtraient d'Honoré que la statue de Rodin. Afin de suggérer, tantôt la photo que cette statue transfigure, et tantôt l'homme digne de cette statue.

Honoré ne ressemblait pas plus à son *pouvoir* démiurgique que Michel-Ange à son *David.* Mais depuis les bustes hellénistiques qui inventèrent Homère et Socrate après cinq cents ans, l'humanité appelle l'incarnation du pouvoir créateur : Homère devient son propre buste, comme Aphrodite était devenue sa propre statue. Le pouvoir d'incarner l'imaginaire va rivaliser avec celui d'incarner les dieux. Comme l'Homère d'Alexandrie, le Balzac mythique emplit l'esprit des hommes de sa confuse symphonie, avant de prendre forme.

L'identification du génie et de l'artiste est née avec le romantisme. La Grèce avait connu quelque chose de semblable chez les faiseurs de dieux, mais les dieux y contribuaient ; et la Renaissance, de façon éphémère, car Donatello était encore fier de porter son tablier de cuir. Corneille n'est pour

personne un personnage cornélien ; Louis Racine conçoit le
génie de son père comme « de la belle ouvrage ». Mais les
héros du romantisme : Michel-Ange, Rembrandt, Beethoven,
tous ceux que Victor Hugo appelle les Egaux, depuis Shakespeare l'Ancien qui est Eschyle, jusqu'au vrai Shakespeare, sont
des héros au sens hellénistique, des effigies de leur génie.

Elles doivent beaucoup à la désagrégation de l'âme chrétienne. *Phèdre* est bien éloignée de l'âme pécheresse de Racine
— de Jean, dira son curé devant son cercueil. Pour Victor
Hugo, l'âme d'Eschyle a écrit *l'Orestie,* et participe du même
mystère. L'art devient une dépendance du génie. Même à la
Renaissance, on avait du génie, on n'était pas un génie. Surtout en littérature. Pétrarque, l'Arioste, étaient des poètes ordinaires « en mieux » ; pour le romantisme, le plus mauvais poète
est un Shakespeare en plus mal. L'artiste a cessé d'être un
homme qui « fait » des poèmes, des tableaux, des statues :
le verbe faire, si important en Grèce, ne s'applique plus à lui.
Un dieu de l'art se manifeste à travers ses prophètes, mais
bien qu'Olympio ne soit pas tout à fait Victor Hugo, que Balzac ne soit pas Honoré, l'effigie est née. Car le romantisme
qui refuse Balzac et Honoré, refuse aussi de tenir Honoré pour
un individu interchangeable qui deviendrait Balzac pendant ses
crises médiumniques.

Ainsi que tout romantisme porte en soi son réalisme d'où
naîtra le réalisme futur, le mythe de l'artiste appelle sa biographie. La même force contradictoire pousse le lecteur à créer
son *Balzac* de Rodin, et à l'apprivoiser en lisant *Balzac en Pantoufles.*

Dès les premières lignes, qu'il le sache ou non (pourquoi
ne le saurait-il pas ?), Gozlan écrit en fonction du Balzac que
les créations du vrai ont suscité dans l'imagination de ses lecteurs : effigie que les premières lettres de Mme Hanska, et
maintes correspondances d'alors, nous ont rendue familière —
et que Rodin exprime avec génie. Il n'y a pas de pantoufles
d'Honoré, parce que les pantoufles de M. Dupont n'auraient
aucun intérêt. Les pantoufles, dirait un romantique, n'existent
que si les pieds sont en bronze.

Les *Clefs des Songes* mésopotamiennes nous enseignent
que l'on rêvait couramment de pieuvres à Babylone, où l'on
n'en vit sans doute jamais. Balzac mythique dort dans tout lecteur de Balzac, comme les pieuvres inconnues dans la nuit de
Babylone. Tout livre consacré à un artiste traite en partie de
ce personnage symbolique, mêlé à son temps par son œuvre, sa

biographie, sa mythologie — parce que le bronze de tout artiste dort dans l'irrationnel qui l'unit au lecteur.

Il serait difficile, mais nullement impossible, de remplacer ce livre-ci par sa synthèse. C'est ce qu'on eût fait jadis. Au XVIIIe siècle, on l'eût tenu pour une matière première, dont *un* auteur eût tiré un récit continu. Au XIXe, on eût accepté la multiplicité des études, mais pour aboutir à *un* discours collectif — comme, dans le domaine biographique, à un récit continu. Perspective aussi élaborée que la perspective observée en peinture ; elle impliquait un système de valeurs, comme les biographies. Les Colloques rompent avec ce système, aussi résolument que le cubisme avec la perspective de Léonard.

Aucune biographie n'échappe à l'unité qu'elle doit à son auteur, aucune n'y prétend. Une biographie ne perd sa perspective traditionnelle que lorsqu'elle imite ce cubisme, fait exposer des thèses apparemment fictives par des personnages fictifs. Pourquoi ne pas imaginer ainsi ce livre, supposer que MM. Mukerjee, Takémoto et Chang Mei-yuan n'existent pas plus que MM. John Lehmann et Cyril Sulzberger (et moi-même), que les professeurs Gombrich et Langlois sont des collègues du docteur Goudron et du professeur Plume ? Jeu où l'on verrait les Colloques récuser les moyens qui prétendent saisir un créateur, au nom d'une intelligibilité à laquelle il échappe par sa nature même.

La biographie obéit à la coulée du temps avec une soumission curieusement contemporaine de l'attaque du temps chronologique par le roman. Mais ce roman ne tente plus d'épuiser ses personnages, à la façon du XIXe siècle : Flaubert connaît mieux Mme Bovary que Faulkner ne connaît Popeye. Or, la révolution du roman n'altère pas notre attitude à l'égard de l'homme, notre sentiment de l'homme. Le roman biographique coïncide avec la substitution du personnage au caractère : Anna Karénine est un personnage, le père Goriot un caractère ; la princesse de Clèves, ni l'un ni l'autre. Elle est née d'un genre disparu, auquel le roman s'apparenta : le portrait.

Nos portraits littéraires du XVIIe siècle ignoraient évidemment la corrélation goethéenne de l'individu et de ce qui le modifie, poussée au plus loin par Proust après Meredith. Mais lorsque Faulkner syncope le temps, ce n'est pas le temps qu'il met en question (il ne se réveillera pas enfant, le lendemain), c'est le récit. L'écrivain établit entre lui et son sujet biographique la distance qu'il établit entre lui et les vivants ; il n'existe pas d'intelligibilité du personnage historique, là où il n'en existe pas de personnages fictifs. Aucune civilisation moderne n'a élaboré une notion de l'homme qui rende négligeable sa continuité, comme l'avaient fait jadis l'hindouisme et le bouddhisme. Peu importe où et quand se passe une vie soumise à la réincarnation, parce que la métempsycose ou la délivrance s'impose comme optique fondamentale. Alors que l'enveloppement planétaire que l'homme commence à subir ne le dissout pas, il l'interroge.

Les Colloques sont nés en même temps que cette perspective planétaire, dont le pluralisme s'oppose à la perspective limitée du biographe, du directeur d'Encyclopédie, du XIXᵉ siècle lui-même. Pour lui substituer, non une autre causalité, mais l'interrogation qui subordonne causalités et conditionnements. L'audience d'un artiste est toute différente de ce qu'on nommait autrefois la gloire ; même celle d'un penseur qui ne se réclame pas de la seule science, Freud ou Jung. Particulièrement, celle d'un artiste qui ne fait pas appel aux sentiments fondamentaux : on pouvait pronostiquer que *les Misérables* deviendrait populaire aux Indes, non que *les Possédés* serait publié dans les collections de poche aux Etats-Unis.

L'adolescent américain qui découvre l'auteur des *Possédés* en subit le mythe et le questionnaire haletant. Il admire le livre, l'auteur, mais éprouve pour Stavroguine un sentiment plus complexe, parent de celui qu'il éprouve pour Vautrin ou Charlus ; étranger à celui qu'un adolescent indien éprouve pour Jean Valjean, car le prestige des héros exemplaires ne nous surprend pas, et *les Misérables* est un *Ramayana*. Mais le mythe n'est pas nécessairement exemplaire. D'où le recours aux valeurs esthétiques. La durée d'une œuvre, sa réincarnation, sa métamorphose ont été étudiées en fonction d'elles, le sont encore : Racine était immortel parce qu'il appliquait à la perfection des règles immortelles, Shakespeare l'était parce qu'il ne les appliquait pas du tout. Mais nous n'admirons pas *Phèdre* en fonction d'Aristote, nous l'admirons en dépit de lui. Ce qui distingue *les Possédés,* non seulement d'un roman médiocre, mais d'*Anna Karénine,* n'appartient évidemment qu'au génie du narrateur. La présence des grandes œuvres énigmatiques : *Hamlet, Don Quichotte, le Misanthrope,* n'est pas assurée par leur primat littéraire.

Dans ce qui fut l'empire du roman, ne voyons pas que le règne de ce qu'on peut traduire, la facilité de la transmission. Il existe un monde du roman où la princesse de Clèves habite avec *l'Etranger* de Camus ; la Sanseverina, avec l'héroïne de l'*Adieu aux Armes* ; Faulkner avec Tolstoï, Balzac avec Dostoïevski. Celui-ci a traduit *Eugénie Grandet*. Mais le prestige de Balzac suivait celui des modes de Paris ou de la puissance de Londres. Alors que toute littérature contemporaine naît dans un domaine aussi vaste que celui de Shakespeare.

La tentation suprême des esthéticiens, disait Valéry, est de découvrir les lois qui permettront de connaître *à coup sûr* (c'est lui qui souligne) les toiles et les sculptures que l'on admirera dans cent ans. A quoi Picasso répondait qu'ils avaient des âmes de marchands de tableaux. Dans une civilisation qui tient la postérité pour aléatoire, le « à coup sûr » de Valéry, la lutte contre le hasard, devient invincible et absurde à la manière du désir d'échapper à la mort.

Qui ne rêve de prendre, sur le fait, la postérité ?...

Le Musée Imaginaire classique nous est aussi familier que le romantique. En poésie, il va de Malherbe à Chénier, en face des Anciens ; mais il n'a pas observé que l'Antiquité avait inventé l'*objet littéraire*. Nos anthologies ont changé de contenu quand la poésie a changé de fonction. Ce que les lecteurs attendent de *Booz endormi* n'est en rien ce que ceux de Dorat attendaient des *Baisers*. Et avec Ronsard, la poésie avait changé de fonction plus encore qu'avec Victor Hugo.

Le monde poétique, du Moyen Age jusqu'à Saint Louis, n'est ressenti comme un monde de formes ni par les poètes ni par leurs auditeurs. Au-delà des échiquiers de mots dont les Grands Rhétoriqueurs donneront l'expression la plus compliquée, la vraie poésie médiévale, c'est la légende chevaleresque, c'est Tristan. Le sculpteur de Chartres sculpte une statue pour qu'on la prie, le poète invente un nouvel épisode de Tristan pour qu'on le croie. L'imprimerie apportera le rapport possessif du poète avec son sonnet, semblable à celui du bronzier avec sa statuette. D'autant mieux qu'on ne voit pas dans le sonnet, comme dans les ballades des Rhétoriqueurs, une curiosité, un bilboquet, mais le rival d'un objet littéraire ressuscité, ce qui veut dire alors : immortel.

La France hérite, en littérature et surtout en culture, le primat de l'Italie en peinture. La tragédie classique exprime un haut degré de civilisation, et c'est de ce degré, plus que des règles d'Aristote, qu'elle tire son prestige. Voltaire juge Shakespeare barbare. Valéry écrira encore (dans ses *Cahiers,* il est vrai) : « Peut-être Racine a-t-il écarté deux ou trois monstres à la Shakespeare. » Le classicisme ne se conçut point comme un style, mais comme LE style. Pour avoir partie gagnée, le romantisme dut détruire le mythe de la perfection, au bénéfice de celui du génie.

Nous connaissons par Victor Hugo la liste de ses élus. Homère, Eschyle ; Job, Isaïe, Ezéchiel ; Lucrèce, Tacite ; saint

Jean, saint Paul ; Dante ; Rabelais, Cervantès, Shakespeare. Il s'arrête là. Pas de purgatoire, comme en peinture : aucun de ces élus n'a été mis au rancart. Nous ajouterions Sophocle, Virgile, saint François peut-être. Moins de Grandes Découvertes que nous ne le croyions. Ce Musée Imaginaire, c'est Israël, l'Antiquité, la Renaissance. Nous leur adjoindrons des symboles plutôt que des œuvres : à Dante, Tristan, mais pas Béroul. A Homère, les épopées de l'Orient ancien et de l'Asie ? Non. Israël et l'Antiquité exercent sur nous une complicité formatrice qui, à la rigueur, franchit la barrière de la langue. Alors que la *Baghavad Gîta* reste en Occident pâture de spécialistes, même dans la traduction de Gandhi. Pas un mythe de l'Inde ou de la Chine ne vit pour nous à l'égal de Tristan, pas même la vie du Bouddha, pourtant sublime. Nous croyons que Saadi fut un rival de Keats, alors qu'il fut un rival de La Fontaine : sa gloire vient de nos poètes, non de ses poèmes. Après le romantisme, notre Musée Imaginaire de la sculpture annexera la terre ; pas celui de la littérature.

Ensuite, l'Europe rabougrit. Du futur Shakespeare, n'attendons pas qu'il ressemble au vrai. Mais peut-être s'appelle-t-il Baudelaire.

Car le Musée de la poésie que symbolise Baudelaire est aussi séparé de celui de Victor Hugo, que celui de Hugo l'était de celui de Ronsard. Le lecteur doit accéder au poète, qui ne s'impose plus à lui (déjà, Racine...). La meilleure traduction de Hölderlin, de Keats, de Pouchkine, ne nous fait pas éprouver le choc que nous recevons de Rimbaud. A la beauté avait succédé le génie, au génie succède l'art. Alors chaque littérature mêle ses deux Musées Imaginaires. L'un, formé de l'expérience humaine et de la noblesse du monde ; l'autre, de ce que nous nommons l'art. Fondés tous deux sur la volonté de créer durablement. Mais en littérature comme en peinture, un art qui tire ses valeurs de lui-même ne suscite plus une esthétique, il suscite une problématique.

Comme le génie avait succédé à la beauté, la bibliothèque du romantisme avait remplacé celle du XVIIIe siècle ; sur chacune régnait une valeur reconnue, chacune proclamait son esthétique. Mais le Musée Imaginaire de la littérature est né. Plus modeste que celui des arts plastiques, ou de la musique, qui sont polyglottes. Les hautes époques, les arts sauvages, n'ont pas d'équivalents littéraires. Mais si la poésie ne connaît pas l'invincible prolifération qui envahit nos musées, elle a

connu la Renaissance. Malgré Dante, malgré les copistes des
couvents, Virgile est sorti de la nuit comme une cathédrale.
La révolution apportée à tous les arts par les nôtres, c'est
la substitution, à des concepts dogmatiques, d'un empirisme
irrationnel et invincible.

Aucune nouvelle esthétique n'est reconnue : chacun de
nous imagine son anthologie ; leur ensemble contesté, accepté
pourtant, forme notre Bibliothèque de la Pléiade. Si nos successeurs — qui lieront vraisemblablement la littérature de
notre temps à la prise de conscience de la métamorphose —
en dégagent une valeur ordonnatrice, qu'ils sachent que nous
ne l'avons pas connue...

Le prochain poète de génie changera la fonction prise par
la poésie sous le règne de la triade Baudelaire-Mallarmé-Rim-
baud. La métamorphose profonde n'est pas dans le cortège
d'écoles qui fait succéder Mallarmé à Baudelaire, ou Apollinaire à Verlaine, mais dans ce qui remplace le discours de
Victor Hugo par la rêverie de Baudelaire — même si nous
retrouvons ensuite l'ineffable de Hugo. Pour que la métamorphose ait lieu, il faut que notre concept même de la poésie,
la valeur que nous lui attribuons, soient effacés — comme
l'a été celui de la tragédie grecque et, en somme, le concept
même de la littérature — comme l'est notre poésie du XVIIIe
siècle. Un art ne meurt pas quand on le conteste, mais quand
on lui répond : « Qu'importe ? »

Notre temps, qui a connu un développement sans précédent de la biographie, de tout ce qu'il y a de biographique dans
l'histoire, semble y voir un genre de littérature éternel comme
le fantastique, et tenir la relation d'un créateur avec son
œuvre pour une approche, de toute évidence, privilégiée.
L'on a beaucoup étudié ou relaté « la vie des hommes exemplaires ou singuliers » ; ce que nous appelons la grande biographie domine le genre par sa richesse et son étendue,
devient manifestement une des formes littéraires majeures
de l'individualisme. Le *Balzac* d'André Maurois, le jeu de
Thomas Mann avec Gœthe, ne ressemblent pas aux annales
anecdotiques de Tallemant des Réaux. Cette évolution ne
préfigure sans doute pas celle des Colloques. Mais substi-
tuons à l'idée vague suggérée par le mot Vies, un cortège
traditionnel : Plutarque, Suétone, Vasari, Tallemant, Saint-
Simon, le *René* de Chateaubriand et l'une des dernières biographies de Napoléon. Les Colloques semblent appelés, sinon
à remplacer ce cortège, du moins à se développer à côté de

lui comme les biographies modernes se sont développées à côté des Vies et des Etudes. Nous voyons s'approcher l'époque où l'on dira : au temps des biographies...

Le Colloque dispose d'ailleurs d'un champ beaucoup plus vaste, parce que ses méthodes ne s'appliquent pas seulement à la vie individuelle. Il choisit des événements comme il choisit des personnages : Longue Marche, Hiroshima, Meurtre du président Kennedy, se rejoignent comme les actes successifs d'une tragédie planétaire. Le Colloque tente la même prise sur un *Gandhi* et un *Jour de l'Indépendance de l'Inde,* un *de Gaulle* et un *18 Juin.* Les moyens de cette prise sont de plus en plus nombreux, ne cesseront de l'être pendant les prochaines années. Comment ne pas percevoir que notre époque élabore une autre prise, sur l'individu, que celle de l'individualisme ?

Sa méthode semble substituer, à l'éclairage calculé, le plus grand nombre d'instantanés, bouts de films, ombres chinoises, etc. Elle doit beaucoup au journalisme et à l'audiovisuel. Ses valeurs ne sont pas celles de la biographie. Un biographe rêve d'épuiser son modèle. Même si l'individualisme n'espère pas épuiser l'individu, il juge cette tentative féconde, la charge de valeur, dans la biographie comme dans l'autobiographie. Il s'engage dans l'obsédant problème de la connaissance de l'homme, que le Colloque semble écarter, au moins différer. Fondé sur la psychologie traditionnelle : « Connaître les hommes pour agir sur eux », son jeu n'en poursuit pas moins la connaissance des morts. Du moins obéit-il à une logique : l'individualisme prend pour objet et sujet, l'individu. Soumise à un postulat : connaître l'individu est la meilleure méthode de connaissance de l'homme. (Ce qui ne va pas sans interférences, à la fin, avec la recherche de la différence essentielle). Le Colloque échappe davantage à ceux-mêmes qui emploient ses méthodes, parce qu'il y entre une part de chasse. Moins superficielle qu'elle ne semble, elle conçoit sa pluralité comme valeur, se garde bien de la confondre avec l'éclectisme.

La pluralité du Colloque consacré à Freud dans cette collection [1] investit Freud, puis le saisit ou le perd comme les phares de la D.C.A. chassent un avion. Le provisoire qu'apporte la métamorphose rejoint l'aléatoire qu'apportent les Collo-

---

1. Ce livre paraît en anglais chez Weidenfeld & Nicolson, Londres, dans le cadre de la collection *The World of...* dans laquelle ont paru, entre autres, un Freud, un Proust et un D.H. Lawrence.

ques. Il n'est donc pas surprenant que les catalogues des uns
se développent en même temps que la conscience de l'autre.
Il faut choisir, eût dit le XVIIᵉ siècle, entre savoir et ignorer.
Mais notre époque montre un goût très vif pour ses sciences
incertaines, où la psychanalyse et l'histoire rencontrent le
marxisme et la biographie...

Les Etats-Unis jouent ici un grand rôle, parce que l'écrivain n'y exerce pas le magistère que lui reconnut l'Europe.
Faulkner y ressemble à Picasso plus qu'à Voltaire ou à Gœthe.
Un Colloque consacré à Hemingway s'accorde mieux à son
personnage qu'une biographie, ou une étude, qui n'étudierait
que son art. Le lien entre la littérature d'aujourd'hui, notamment américaine, et l'audio-visuel, mène au Colloque : la télévision s'accommode et s'accommodera mieux de lui que des
Vies. Les Etudes n'y sont transmises que par le monologue.
La biographie se délivre du documentaire grâce aux comé-
diens, donc au prix d'un porte-à-faux constant, et qui mène à
faire du biographié le héros d'une histoire. Biographie ou
roman, le petit écran renonce à l'analyse en faveur du récit.
Le Colloque lui échappe, même sous sa forme primitive de
personnes réunies devant un appareil. Il ne répond pas aux
questions que posait la biographie : il pose celles que la biographie ne posait pas.

L'effigie s'efface. Individualisme-biographie-roman for-
maient une figure. Mais on tient le roman pour un produit de la
vie du romancier, depuis un temps assez court. Le théâtre,
genre majeur avant lui, s'y prêtait moins ; surtout, la pré-
hension de l'œuvre était différente. On jugeait d'une pièce en
fonction de ce qu'elle aurait dû être, de règles qui en faisaient une forme, presque un objet. Le roman se veut rivière,
au temps même où le mythe du génie va dominer celui de la
perfection — dont la vaste littérature qui investit aujourd'hui
le roman, se soucie aussi peu que lui. Lorsque le livre prend
pour héros un événement (Le jour le plus long, l'Indépendance de l'Inde, etc.), il lui subordonne les personnages, et
l'auteur plus encore. La biographie de celui-ci n'a plus que
l'intérêt de celle d'un géomètre ou d'un violoniste. L'œuvre
cesse d'appeler l'écrivain comme un acteur triomphant ; d'exi-
ger de l'un et de l'autre les figures de leur danse. Dans la mesure
où les romans avaient convergé sur la biographie, ce qui leur
succède, diverge. La production éditoriale, dont les Lettres ne
forment plus qu'un département, abandonne peu à peu l'effigie
comme la biographie. Mais elle n'abandonne pas la littérature,

elle la découvre. Elle change l'englobant en englobé, isole sa nature particulière ; montre par sa seule arrivée au premier plan combien « l'évolution et les conditionnements » rendent peu compte de son histoire. Ce n'est plus la biographie que le Colloque met en question ; ni même l'homme, du moins directement. C'est le monde de l'écrit, dont elle pressent la nouvelle ordonnance et la métamorphose fondamentale, comme elle pressentit naguère celles du monde de l'art.

III

Avant la guerre, l'idée me vint de demander aux écrivains d'écrire ce qu'ils pensaient de ceux du passé dont
ils avaient envie de parler. Le recueil de ces textes, publié avec
une préface d'André Gide, ne couvrait encore que *De Corneille à Chénier*. Mais on y voyait la métamorphose de la littérature. J'avais conçu ce livre en rêvant qu'on le recommen-
cerait dans cent ans ; que, ne le recommençât-on pas, des
lecteurs d'alors nous liraient avec la même passion que nous
lirions un semblable *Tableau de la Littérature Française*,
composé par les écrivains de 1850. Gide consacra une partie
de sa préface à ce qu'eût signifié jadis une telle entreprise, en
face de la critique universitaire. La force de l'Université tenait
à ce qu'enseigner la littérature est d'abord enseigner son histoire, supposée soumise à la courbe traditionnelle : maladresse,
perfection, décadence. Or, il devenait évident que la création
bouleverse plus qu'elle ne perfectionne ; qu'une histoire de
la création littéraire n'est ni une histoire de perfectionnements,
ni un cortège de ceux « qui ont marqué les jalons ». En outre,
l'étudiant sensible à la poésie ne découvre pas les poètes « des
origines à nos jours », il les découvre dans une chronologie
discontinue, gouvernée par leurs affinités ; et qui ne commence
pas aux origines, mais précisément à nos jours : de Verlaine
à Villon, non de Villon à Verlaine. Déjà le conflit entre les
valeurs officielles et celles des écrivains d'abord, s'effaçait
devant le curieux impérialisme de toute *histoire* de la littérature. Ce recueil modestement appelé *Tableau* montrait qu'une
vue d'ensemble pouvait n'obéir qu'incidemment à l'histoire,
et pourtant échapper, plus même qu'une histoire écrite par un
seul auteur, à la critique subjective ou impressionniste. L'ouvrage ne s'opposait pas plus aux histoires de la littérature
universitaires qu'à celle de Thibaudet ; il s'opposait à ses
rivaux imaginaires du siècle dernier et du siècle prochain. On

attendait un système ; on découvrait un domaine — et la métamorphose littéraire, à l'œuvre.

J'avais demandé à *tous* les collaborateurs de parler de ce qu'ils aimaient. Par là, le *Tableau* se séparait radicalement de ce qui l'avait précédé. Tenant pour acquis que l'art ne connaît rien hors du talent et du néant, le livre ne se souciait que de faire aimer mieux, davantage ou autrement, les écrivains dont il traitait — donc, de les rendre présents. Chaque auteur devenait le metteur en scène de l'écrivain qu'il avait choisi.

On ne se rendit pas compte que la métamorphose décisive était là, non dans une transmutation des valeurs littéraires acquises depuis des années, et dont ce *Tableau* ne faisait que prendre acte. Cette « critique », comme la peinture dont elle était contemporaine, ne tentait pas de convaincre par l'argumentation, mais par la contagion.

Notre dialogue avec le passé reconnaissait pour valeur suprême la *présence* des œuvres, valeur sans degrés. Que le Gérard de Nerval des *Chimères* soit mineur en face du Victor Hugo de *la Légende des Siècles,* n'a aucun intérêt pour un poète : la présence ne se comptabilise pas. Un nain ressuscité n'est pas moins étonnant qu'un géant, et il ressemble plus à un géant ressuscité, qu'un géant mort.

En traitant chaque poète pour lui-même, Louise Labbé comme Corneille, cet ouvrage rompait avec la perspective que les anthologies imposent à la poésie. Chacune hésite entre l'échantillonnage et le palmarès. *La Belle Vieille* symbolise un Maynard dont les poèmes lui ressembleraient, ce qu'ils font peu. Le poème illustre d'un poète mineur joue un rôle transfigurateur. Il semble soumis à l'idéal de perfection, que souvent il ignore. Et pas seulement à lui. Que le choix soit fait par Gide, Arland, Eluard, ou Crépet conseillé par Baudelaire, ou par les directeurs anonymes des anthologies populaires, toute anthologie ressemble aux autres et aucune ne ressemble au maquis de la poésie française. La réduction d'un long poème à une courte pièce crée ce que j'ai appelé l'objet littéraire, le bibelot. *Souvenir* de Musset, *Olympio,* deviennent raciniens. Comme l'agrandissement photographique rend expressionnistes les détails, la citation anthologique rend classique la poésie. En revanche, Villon, c'est la *Vieille qui fut heaulmière,* Maynard, *la Belle Vieille,* Racan, *Sur la Retraite,* Musset, *Souvenir ;* et, bien entendu, *Olympio,* la fin de *la Maison du Berger, Recueillement...* Jusqu'au *Mal-Aimé.* Pourtant nos anthologies, qui imposent un classicisme à la présentation de notre poésie, imposent un romantisme à son sentiment, malgré tout ce qui nous sépare du romantisme. Quelle valeur remplacera la nostalgie ?...

La métamorphose complète d'une civilisation à anthologies ne s'accomplit cependant pas par sa réforme, mais par sa disparition ; saint Bernard se souciait peu de l'Anthologie grecque.

« Comprendre une œuvre » n'est pas une expression moins confuse que « comprendre un homme ». Il ne s'agit pas de rendre une œuvre intelligible, mais de rendre sensible à ce qui fait sa valeur. Ne pas comprendre une œuvre littéraire n'a rien de commun avec ne pas comprendre un exposé. Dans le second cas, le lecteur ne comprend *rien ;* dans le premier, il se fourvoie. Par un procès d'intention, il a prêté à l'artiste un dessein qui n'est pas le sien. Il lui reproche d'avoir conçu, ou mal accompli, ce dessein supposé. L'exemple le plus banal en est l'inépuisable procès en mystification, intenté à tant de novateurs. Mais le dessein des créateurs est-il rigoureusement formé, ou sommes-nous victimes du préjugé qu'une scène biblique de Rembrandt *reproduit* une scène imaginée par lui, donc un tableau vivant ? Gide se demande si Baudelaire ne se méprit pas sur ce qui faisait son génie. « Créer un poncif, c'est le génie. » D'où, ses accessoires de cimetière. Mettait-il pour autant *Une Charogne* plus haut que *Recueillement* ? Sans doute l'écart, entre le dessein initial et l'œuvre achevée, fait-il partie de la nature de l'œuvre d'art. Mais si nous ne lisons pas *Recueillement* comme le lisait Baudelaire, c'est que nous avons lu Rimbaud et Mallarmé : la métamorphose nous sépare d'abord du génie, par les créations qui ont succédé aux siennes...

Gide s'attache à cette méprise, parce que ceux qui tenaient l'art pour objet de connaissance postulaient une « vérité » des œuvres, indépendante des jugements successifs. La vérité des fresques de Giotto à la chapelle de Padoue était ce qu'en avait pensé Giotto. Malheureusement, il en pensait qu'elles imitaient la nature, ce qui rend mal compte de notre admiration pour sa tendresse souveraine. Il serait trop beau que l'artiste possédât le secret de son génie.

Les génies secrets sont assez nombreux parmi les artistes dont les contemporains reconnurent le talent : Baudelaire, Nerval, Diderot, Molière, Cervantès, Shakespeare. Mais quels contemporains de Cervantès et de Shakespeare les tinrent pour des colosses ? On connaît le dialogue : « Monsieur Despréaux, quel est le plus grand écrivain de mon règne ? — Sire, c'est Molière. — Tiens ! Je ne l'aurais pas cru... Mais vous devez le savoir mieux que moi. » La cour pensait comme Louis XIV — et Molière aussi, souvent. Balzac, lui, sait qu'il est Balzac ; à l'Académie, il ne recevra pourtant qu'une voix (celle de Victor Hugo). Par « ce qui fait le génie de Baudelaire », Gide entend : ce pour quoi *nous* l'admirons. Il est temps d'y ajouter l'élément inconnaissable pour nous, par lequel le siècle prochain l'admirera autrement.

Le besoin de déceler dans une œuvre la promesse de sa survie me semble, malgré Picasso, un sentiment de médium plus que de marchand de tableaux. L'œuvre d'art survivante nous atteint dans un double temps qui n'appartient qu'à elle : celui de son auteur et le nôtre. Un Rembrandt de 1660 ne peut être enfermé dans cette date comme n'importe quel tableau peint la même année, ni dans la date de l'année 1976 à laquelle nous l'admirons. La statue du portail de Chartres appartient à la fois au XIIᵉ siècle, au nôtre — et éventuellement au temps de l'art, comme le saint qu'on prie dans la cathédrale appartient à la fois au temps du sculpteur, à l'éternité divine et au temps de celui qui prie. Une œuvre contemporaine assurée de la postérité appartiendrait, elle aussi, à un double temps de l'art, le nôtre et celui de l'avenir.

Nous avons d'abord fait, de la postérité, la pérennité de la gloire. Victor Hugo était « entré vivant dans l'immortalité » : il y restait. Puis, elle rendit aux poètes maudits une justice tardive ; mais la gloire acquise ne s'effaçait pas. Sans doute avait-on oublié l'Antiquité pendant des siècles, mais les lumières avaient dissipé les ténèbres pour toujours ; l'esprit étroit des classiques avait dédaigné les cathédrales, mais on les admirait pour toujours. On n'avait pas besoin de Boileau pour admirer Villon. On pouvait prévoir la vie posthume des œuvres d'art.

Pas nous.

Sophocle a été admiré par ses contemporains comme Corneille par les siens.

Par les Hellénistiques et les Romains, comme un des Pères de la Tragédie, qu'on admirait et n'imitait plus.

Il a disparu pendant un millier d'années.

Il a reparu chargé d'une gloire comparable à celle de Platon, mais le Père du tragique devenait celui d'un art mesuré, peu enclin aux yeux crevés, aux hurlements d'Oedipe, et même à Tirésias. Comme Phidias était devenu le père des antiques, du Laocoon, de l'Apollon du Belvédère. Londres regarda les figures rapportées par Lord Elgin, avec une stupéfaction déconcertée : elles ne ressemblaient pas à celles de Canova.

Enfin, le goût des hautes époques, la découverte des Corés de l'Acropole, la résurrection d'Olympie, dégagèrent le style sévère. L'on admira en Phidias, non le précurseur des antiques (dont nous nous soucions peu), mais le dernier et le plus lyrique génie sévère — en face des Lapithes d'Olympie, de l'Héraklès d'Egine, et non de la Vénus de Médicis, ni du peuple de Père-Lachaise que nous ont légués Alexandrie et Rome — à l'époque où l'on découvrait le vrai Sophocle. Racine, qui savait le grec, semble avoir vu dans les héros d'Euripide des statues du Belvédère...

Il serait facile de suivre, en sens inverse, Gislebert d'Autun ou le tympan de Moissac. Et Homère, Virgile, Villon, même Shakespeare ou Racine. Il n'existe pas un seul de nos grands styles qui échappe à la métamorphose, puisque la Renaissance a dû ressusciter un passé enseveli, et le romantisme, un passé méprisé.

Nous ne confondons plus la métamorphose avec l'immortalité. Le génie de Sophocle, de Phidias ou de Racine serait-il dans ce qu'admirèrent en commun les siècles qui les ont admirés ? Mais ces raisons n'ont rien de commun entre elles ; les vers de Racine que nous savons par cœur ne sont même pas ceux qu'eût choisis Boileau, et la sculpture médiévale ressuscita comme un expressionnisme. La métamorphose est plus visible dans les arts plastiques, car lorsque nous ne recourons pas aux traductions, nous opposons cinq siècles de littérature à cinq millénaires de sculpture. Mais la métamorphose est la même, parce que notre prise sur une œuvre du passé est commandée par notre Musée Imaginaire, notre domaine de références. Ce que nous découvrons dans les frises du Parthénon y est, nul ne pourrait l'inventer. Mais Phidias voyait-il ses frises comme nous ? Cette idée saugrenue est née lorsqu'on a cru la peinture et la sculpture des arts d'imitation, a duré aussi longtemps qu'on les jugea en fonction des spectacles réels ou imaginaires qu'ils représentaient. Les frises du Parthénon, qui suscitent notre admiration, ont parlé le langage de leur création, et celui qu'entendit le XIXᵉ siècle, et celui que crurent entendre les Grandes Monarchies. Goya n'a pas été admiré par Picasso comme par Baudelaire, par Victor Hugo, par Goya lui-même. Nous admirons les Vierges romanes de pèlerinage comme des fétiches, on les admira autrement au siècle dernier, et ceux qui les sculptaient les priaient, ils ne les admiraient pas. Et sans doute Sophocle admira-t-il *Antigone,* mais pas comme nous.

Peu de civilisations auront aussi bien ignoré que la nôtre les raisons de leur admiration. Nous avons vu beaucoup de chefs-d'œuvre exhumés, beaucoup de bas-reliefs médiévaux dégagés de leurs surmoulages baroques, nous savons trop que l'on eut tort de croire l'épopée des *Argonautes* l'égale de l'*Iliade,* et que la littérature hellénistique a sombré corps et biens. Nous avons d'abord connu Dostoïevski par des traductions élémentaires, des œuvres amputées de murs entiers, des préfaces qui l'éclairaient à contre-jour en le présentant comme un Dickens russe. Il a subi en Russie un purgatoire de cinquante ans, intelligible du point de vue soviétique. Victor Hugo quitte à peine le sien. Nous avons tort d'oublier que la bibliothèque est une invention relativement récente...

IV

Notre civilisation, même en Russie ou en Chine, se veut héritière. Selon des métamorphoses différentes, aux questions et réponses différentes. Mais ni la métamorphose, ni les Colloques, n'exigent de réponses. Imaginons un livre parallèle à celui-ci, consacré à Engels par des écrivains marxistes. Son unité mettrait en pleine lumière la multiplicité occidentale et son caractère interrogateur. Cette pensée remplace souvent les réponses par une dialectique des questions. Ces colloques sans discussion, puisque la plupart des auteurs ignorent les textes des autres — au contraire des *Entretiens* comme ceux de Pontigny —, tendent moins à des jugements de valeur qu'à des perspectives, suscitées à l'occasion par le sujet plutôt que par son interprétation. Parler d'un écrivain dans une perspective planétaire, non en raison de son talent, mais parce que cette perspective est née, parce que ces colloques paraissent simultanément dans les grandes capitales, pose un fait culturel aux conséquences certaines et imprévisibles. On sait combien fut féconde la méthode de confrontation des photos, dans les arts plastiques. Le rapprochement du fétiche avec l'idole pré-romane nous retient plus qu'une théorie de leur similitude ou de leur dissemblance.

Dostoïevski ne pourrait parler de Julien Sorel selon notre perspective. Le colloque, qui s'est substitué au dialogue, porte moins sur la parenté de Julien avec Raskolnikov que sur l'éclairage, par ces deux ambitions parallèles, de ce qui sépare les deux romans. Nous sommes tentés de comparer les moyens auxquels recourt chacun des deux auteurs pour transmettre un même sentiment. Illusion. Ce ne sont pas des moyens d'expression que le rapprochement éclaire, c'est une différence radicale de domaines. Ambition ou pas, ce que choisit Dostoïevski dans l'informe multiplicité de la vie, n'est pas ce que choisit Stendhal. Leurs lunettes colorées ne portent pas le même filtre. On peut pousser l'analyse jusqu'à la technique de la mise en scène, de la psychologie, de l'écriture même (le changement du récit permis à Flaubert par l'emploi dans une même phrase, du passé simple et du passé composé). Elle sera moins instructive que notre impression première, celle que nous exprimons simplement par : on ne regarde pas Julien de la même façon, quand on a vu Raskolnikov.

« Le plus important, dans un tableau, c'est toujours ce qu'on ne peut pas dire », écrit Braque à quatre-vingts ans. Lorsqu'un Colloque international étendu sera consacré à Baudelaire (comment n'existe-t-il pas encore ! mais comment traduire un poète ?...), sans doute, devant un art devenu la Déclaration des droits de l'informulable, nous demanderons-nous si l'élément spécifique de tout art, ce qu'on eût appelé jadis son essence, n'appartient pas toujours à « ce qu'on ne peut pas dire ».

Ce n'est pas au-dessus de l'explicable, mais à côté. Le comparer à la musique vaut seulement comme suggestion ; un art est toujours son propre langage, et aucune œuvre ne se confond avec la somme de ses composants intelligibles. Il est pourtant bon de ne pas oublier que toute grande œuvre ressemble au livret de sa propre musique, et que l'on ne dit pas par hasard : muet d'admiration. Mais on a cru que le génie échappait aux concepts par sa force, non que l'art lui échappât par sa nature.

Les limites du formulable, distinctes en musique, le sont moins dans les autres arts. Parce que la peinture peut *aussi* reproduire des spectacles, un roman peut aussi transmettre une expérience humaine privilégiée. On fait les sonnets avec des mots, disait Mallarmé à Degas ; on fait aussi, avec des mots, beaucoup d'autres choses, alors que les gammes sont peu employées hors de la musique. L'approche nous donne l'illusion de la capture : *en tant qu'art,* la littérature échappe sans doute à la pensée organisée, dans les mêmes limites que la musique, ou la poésie quand elle en est une. Nous tenons Baudelaire pour l'un des plus grands esprits critiques de son siècle ; que nous a-t-il enseigné ? Le même génie lui fait écrire *les Phares* et découvrir Manet ; mais les études des *Curiosités esthétiques* doivent-elles beaucoup plus à l'argumentation que les images des Phares ? Il se garde de nous apporter une théorie de l'art, il exerce la perspicacité qui lui fait admirer à la fois, de leur vivant, Delacroix, Ingres, Corot, Daumier, Manet et d'autres. Dans une civilisation qui accorde

à la *présence* d'une œuvre une des plus hautes valeurs de
l'art, le grand critique est nécessairement prophète. Mais eût-
il refusé d'appliquer au *Balcon* l'affirmation de Braque ?

Jean Paulhan fut, en France, le découvreur le plus heureux
de son époque ; rien de ce qu'il a écrit ne permettrait à son
lecteur de découvrir des écrivains aussi différents que Jouhan-
deau, Supervielle, Saint-John Perse (la liste s'étendrait jusqu'au bas de la page...).

La raison pour laquelle aucune esthétique n'a survécu —
sauf lorsqu'on entend simplement par esthétique : propos sur
l'art — est sans doute que les systèmes esthétiques exigent
une articulation de la pensée qui ne s'applique pas plus à
l'art qu'à la musique. Si l'essence de tout art est liée à l'inex-
primable, « ce qu'on ne peut pas dire » suit l'œuvre à travers
ses métamorphoses, au point d'y devenir parfois ce qu'on peut
dire. Manet, Picasso, vénèrent en Goya ce qui n'était pour
Goya que son génie secret. Cézanne ressuscite ensemble Piero
della Francesca et le Greco ; le romantisme littéraire ressuscite notre poésie du XVIᵉ siècle, pas seulement la Pleiade, car
Victor Hugo exalte Agrippa d'Aubigné, à qui Baudelaire prend
la première épigraphe des *Fleurs du Mal*. Notre *Rouge et le
Noir* n'est évidemment pas celui de Janin, de Viennet ; est-il
celui de Taine et de Bourget qui le désensevelirent ? Même
de Barrès, de Valéry ? Le parfum de violettes auquel *la Chartreuse de Parme* semble aujourd'hui devoir son titre, le Lucien
Leuwen de Valéry, le Julien Sorel « napoléonien » puis « en
transfert de classe » qui ont succédé au « monstre » de Janin,
Henri Brulard, la sensibilité littéraire les a découverts, non
inventés ; comme les interprétations du roman. Tout cela se
trouvait dans *le Rouge et le Noir* de 1830, s'était trouvé dans
le Beyle foudroyé de 1842. Comme le papillon dans la che-
nille. Pour faire, de *la Chartreuse* dont parle si bien Balzac,
celle de Proust, le temps ne l'a pas patinée, il a transformé le
drame en opéra. Vers cette musique, Stendhal vivant ne tâton-
nait sans doute pas comme nous ; mais de quoi sont nés le
Fabrice de Proust, le Lucien Leuwen de Valéry, sinon de ce
que les chefs-d'œuvre — et même simplement les arts —
conjuguent des éléments au moins hétérogènes, parfois contradictoires ; de la part que Braque appelle « ce qu'on ne peut
pas dire » ?

Digression.
Je voudrais préciser d'où part la métamorphose de l'œu-

vre de Stendhal. Le sentiment qu'il vécut semblable à ses *happy few,* à un Valéry Larbaud de son temps, a fini par s'établir. C'est oublier que cette métamorphose ne fut pas seulement esthétique. Dans le *Journal des Débats* de 1830, donc lors de la publication du livre, Jules Janin écrit : « Il promène avec un admirable sang-froid son héros, son monstre, à travers mille turpitudes, à travers mille niaiseries pires que des turpitudes... La partie remarquable de ce roman est le séjour de Julien au séminaire. Ici l'auteur redouble de rage et d'horreur, il est impossible de se faire une idée de cette hideuse peinture ; elle m'a frappé comme le premier conte de revenants que ma nourrice m'a conté... Un auteur ainsi fait, corps et âme, s'en va sans inquiétude et sans remords, jetant son venin sur tout ce qu'il rencontre, jeunesse, beauté, grâces, illusions de la vie ; les champs même, les forêts, les fleurs, il les dépare, il les brise... » Le traître est caché dans les rideaux ! Ce qui nous montre d'abord que la relation de critique avec le fait romanesque a changé *de nature.* A l'évidence, Janin lit *le Rouge et le Noir,* par rapport à ce que doit être un roman ; puis par rapport au séminariste Berthet ; puis aux romans de son temps, qui ont presque tous sombré ; il le juge enfin, par rapport aux fictions tenues pour capitales (elles ne sont pas encore nombreuses). Fort peu en fonction de la vie, d'une expérience humaine qu'il opposerait à celle de Stendhal : il le juge au nom d'une convention : il veut l'équivalent des tableaux du Salon. Et en fonction de sa bibliothèque. Nous pouvons nous référer au même Berthet, ou le feindre ; il ne peut évidemment se référer à la même bibliothèque que nous.

Souvenirs ou études nous atteignent de façons presque opposées. Nous ne connaîtrons jamais Henri Beyle ; mais nous connaissons les *Ecrits intimes.* Dans l'œuvre de Stendhal, dans l'image que nous nous formons de lui, Dominique n'est pas un moindre personnage que Julien Sorel. Les Colloques nous apportent sans les juger les témoignages de haine, nous montrent comment le mythe nous relie au passé, dont ce qui l'a contredit trop abruptement s'efface. Viennet, pair de France, académicien, écrit dans son *Journal,* qu'il veut posthume : « Cet aventurier, jeté sur le pavé de Paris avec un esprit fort équivoque et sans un écu dans sa poche, se fit le fournisseur d'anecdotes littéraires dans un journal en crédit ; et quand la récolte manquait, il inventait des nouvelles pour dîner. Il se donna un nom d'emprunt et prit celui de Stendhal, dont la tournure germanique attestait la nature de la secte littéraire qui l'avait adopté. Il finit par faire des livres ; celui qu'il intitula *la Chartreuse de Parme* lui fit une sorte de réputation dans le monde assez nombreux des médiocrités de la littérature contemporaine... Je ne sais à quelle occasion j'en parlais un jour à M. Guizot, qui avait eu des accointances assez chaudes avec le cénacle et qui, par conséquent, devait avoir connu ce faquin : « C'est un polisson, me répondit-il, et je m'en suis tenu là. Une attaque d'apoplexie nous en a délivrés le 24 mars. »

Nous pensons à *Henri Brulard*, aux *Souvenirs d'Egotisme*... Fin de la digression.

Passons sur l'illusion de retrouver *la Chartreuse* de 1840, que la seule vertu du temps aurait décapée des bariolages, vernis et graffiti. Il ne suffit pas de gratter Janin pour trouver Stendhal.

Passons aussi sur la banale métamorphose de la gloire, patine au lieu du bariolage.

Ne nous réfugions pas dans : qu'en pensait Stendhal ? Nous y retrouverions Giotto. Les grands créateurs font rarement ce qu'ils croient faire, et nous ne voyons guère dans *la Chartreuse* « un miroir promené le long d'un chemin ».

Arrêtons-nous, en revanche, à la métamorphose des relations entre les éléments — à ce que les peintres appellent la palette. Ils entendent par là le choix des couleurs, et leur rapport relativement constant, souvent gouverné par une corrélation privilégiée : sépia et grenat chez Rembrandt, cendre bleue et jaune de Naples chez Vermeer, etc. Etendons le mot à la littérature, qui n'en possède pas l'équivalent : ce serait style, si style ne signifiait aussi écriture. Les éléments de l'œuvre : intrigue, personnages, affrontements, analyses, atmosphère, s'assemblent comme les couleurs. Il existe une palette de Dostoïevski et une de Stendhal, comme de Rembrandt et de Vermeer (j'écarte Tolstoï parce qu'il cache la sienne, comme le fait souvent Velasquez). Le monde auquel appartiennent Julien et Fabrice, et que nous nommons le monde du roman, ne se limite pas à la fiction. La fiction, en soi, n'a pas de couleurs particulières. Or, la relation d'un personnage avec le roman auquel il appartient a changé, depuis 1840, autant que le roman lui-même. Le personnage de Fabrice se référait à un récit, au talent de son auteur. Sa relation originelle avec le récit est effacée aujourd'hui par sa relation avec l'auteur, comme l'atmosphère de Milan en 1796, de Waterloo, des petites cours d'Italie, est effacée par l'univers de Stendhal. La route où le célèbre miroir est promené par des masques mozartiens ne parcourt pas l'Italie de 1820, mais celle d'Henri Beyle, lieu arbitraire et musical où baignent les personnages, et qu'imprègne un passé hors du temps, tout de souvenir. Transposons *la Chartreuse* en film moderne, nous y perdons l'Italie ancienne et, quel que soit le talent du metteur en scène, cette atmosphère qu'aucun film ne transcrira ; autant vaudrait tenter de reconstituer avec des fruits, une nature morte de Cézanne. Pourquoi ?

Lorsqu'un film tiré d'un chef-d'œuvre figure parmi les films à grand succès, les éditeurs populaires des films romancés ne publient pas le chef-d'œuvre, mais un roman « d'après le film », un récit du film fidèle à ses valeurs sentimentales, dramatiques, à sa narration propre. Imaginons cette opération, appliquée aux plus grands romans. En peinture, elle consiste à remplacer le *Concert champêtre* par un tableau vivant. La femme nue du roman, c'est le récit. Notre vocabulaire suggère que Stendhal et le spécialiste du roman-film tiré de *la Chartreuse* ont tous deux raconté *l'histoire* de Fabrice et de la Sanseverina, le premier avec plus de talent. Or, nous ne sommes nullement assurés qu'un cinéaste habile, Hitchcock par exemple, ne puisse raconter l'histoire de Fabrice mieux que Stendhal, compte tenu de l'évidente supériorité narrative des images. Et un rival de Simenon, romancer le film de Hitchcock avec autorité. Le génie de Stendhal n'est pas proprement narratif. Pourtant, fût-ce chez Dostoïevski ou Victor Hugo, le génie se décante lorsqu'un artifice le délivre du récit. Bien entendu, nul ne peut séparer *Crime et Châtiment* de Raskolnikov ; mais le cinéma nous montre périodiquement Raskolnikov sans Dostoïevski. La différence entre le chef-d'œuvre et le roman-film, voire le film, n'est pas de degré, mais de nature. Et la « palette » de l'auteur ne survit pas à l'incarnation de ses personnages.

Celle de la Sanseverina par Maria Casarès, de Fabrice par Gérard Philipe, précise comment la transformation des personnages et la métamorphose qu'impose le temps sont semblables et irréductiblement différentes. Faire d'un Fabrice 1840, un Fabrice 1975, les costumes de 1820 aidant, le film en a l'habitude. Prenons garde néanmoins : il ne transforme pas le Fabrice de Stendhal, mais un Fabrice réduit à sa biographie. Il n'y a pas identité entre le roman et le film, mais entre l'histoire que semble raconter le roman et celle que raconte le film. Or, on ne peut pas plus ramener un personnage de roman à sa biographie, qu'un roman à son intrigue. Le film a tenté de trouver des équivalents à tous les éléments du livre, à l'intrigue même. Ces éléments rassemblés ne font pas du film un équivalent du roman ; ils en restent séparés par un écart aussi grand que celui qui sépare le roman de la vie.

Films condamnés, à plus ou moins longue échéance ; comme ceux tirés des *Karamazov*, de *Moby Dick*, de Balzac, de Victor Hugo. On a parfois adapté de grands romans avec une respectueuse fidélité. Que manque-t-il à la meilleure *Anna Karénine* filmée, comparée au roman ? Tolstoï. Comment lui appliquer l'épigraphe : « Je me suis réservé la vengeance, dit le Seigneur. » ? Il ne suffit pas d'émouvantes images d'une histoire d'amour, pour lui donner un son d'éternité. Le vrai Tolstoï, c'est ce que l'on ne peut pas transposer, après qu'on a tout transposé. *Anna Karénine* est indissociable.

Cet indissociable englobe l'histoire contée, le récit. Englobant que ni le film ni le théâtre ne possèdent, parce qu'un acteur n'est pas un personnage, et parce qu'un grand roman est un produit élaboré ; séparé du théâtre, du cinéma, par le fait capital de n'exister que dans l'imaginaire. C'est ici que paraît l'illusion d'optique. Nous parlons de l'élément spécifique d'un chef-d'œuvre, qui appartient à sa totalité — qu'on l'appelle musique, parfum, palette, ou de tout autre mot allusif — comme s'il était *transcrit*, s'il avait un modèle ; quelque part, fût-ce dans l'imagination de Stendhal, aurait existé une Parme que celui-ci eût reproduite. Mort sans avoir jamais écrit, Beyle eût emporté avec lui *la Chartreuse de Parme,* violettes funèbres. Or, il n'existe pas plus de *Chartreuse* non écrite, que de modèle d'un tableau cubiste. Le livre est le résultat d'un *travail* littéraire, d'une suite de manœuvres, tantôt de l'esprit et tantôt de l'instinct, dont chacune se répercute ; auxquelles le grand romancier donne une cohérence particulière ; manœuvres inséparables de lui, et du tissu romanesque auquel elles s'appliquent. Stendhal, Tolstoï n'inventent pas mieux que d'autres leur intrigue, ne racontent pas mieux leur histoire. Ces critères s'appliquent aux romans narratifs (entre tous, aux romans-policiers), et la survie n'en a cure. Même si elle doit un jour abandonner Stendhal sur la grève, elle ne retient pas l'histoire de Fabrice, celle de Julien, elle retient *la Chartreuse de Parme* et *le Rouge et le Noir.*

Pas l'histoire du prince André, mais *Guerre et Paix*. Ce par quoi Tolstoï est Tolstoï, ce par quoi Stendhal est Stendhal.

L'adaptation des romans au cinéma devient plus instructive encore, lorsque s'y ajoutent la connaissance des desseins de l'auteur, et la comparaison d'un chef-d'œuvre avec les romans qu'on lui opposa lorsqu'il parut. *Fanny* de Feydeau rivalisa, dans la vie littéraire de 1857, avec *Madame Bovary*. *Fanny* n'est pas mauvais, il est mort.

Les lettres de Flaubert nous confient ses desseins, et leur exécution. Nous retrouvons Gide : Flaubert s'est-il mépris sur ce qui faisait son génie ? Ne l'a-t-il pas confondu avec le travail ? A-t-il cru maîtriser sa création parce qu'il savait comment il voulait l'exécuter, et mieux encore, comment il ne le voulait pas ? Ses moyens d'expression seront les mêmes dans *Salammbô*, la documentation remplaçant l'observation — ce qui montre les limites des moyens.

On a tiré plusieurs films de *Madame Bovary*. Le talent de Jean Renoir ne détruit pas la distance qui sépare un roman d'une adaptation filmée. Mais cette distance n'est pas moins grande ni, peut-être, moins spécifique, entre ce roman et les intentions de Flaubert.

Il s'agit d'un travail de sept ans, non d'un chef-d'œuvre dicté en quelques semaines, comme *la Chartreuse*. Le roman obéit aussi fidèlement aux intentions de l'auteur que ses descriptions à leur modèle ; et aussi vainement. Madame Bovary, le scandale aidant, connut un triomphe ; *l'Education sentimentale*, dont allaient vingt ans plus tard se réclamer tous les romanciers naturalistes, subit un échec auquel Flaubert ne comprit rien. (Nous non plus.) Il n'existe pas de *Madame Bovary*, d'*Education sentimentale* conçus par Flaubert — pourtant, que de plans ! — exécutés par lui comme des chaises, et chaises pour l'éternité. La métamorphose, qui apparie les deux romans devenus films, fera aussi de *l'Education*, la sœur jumelle de *Madame Bovary*. Mais à défaut du public qui confond Flaubert et Feydeau, des écrivains sont lucides : « Si maintenant c'est ça, la littérature, dit Alexandre Dumas, nous sommes foutus ! » Quoi : ça ?

Ni l'histoire de *Madame Bovary* ni celle de « la femme de Delamare », ni le seul style de Flaubert (qui disparaît à la traduction, et on traduit le livre partout), ni ses analyses ni ses atmosphères, ni ses descriptions : leur constellation, évidemment. Y compris « ce qu'on ne peut pas dire ». Mais qu'on peut cerner : ce par quoi aucune œuvre ne se confond avec la somme de ses éléments, ni la Grande Ourse avec ses étoiles dispersées.

Or, ce que Braque désignait ainsi fait partie de cette constellation, ou la compose. L'évidente supériorité du roman de Tolstoï sur le film de Clarence Brown joué par Greta Garbo n'est pas établie par une doctrine, mais par le consensus qui ordonne les bibliothèques de la Pléiade ou les Classiques de Poche. Le roman de Tolstoï est parent de celui de Stendhal, de Flaubert, plus que du film qui porte le nom de son héroïne. Et cette parenté deviendra manifeste lorsque, dans cinquante ou cent ans, le roman, cessant d'être le genre majeur, perdra la primauté qui fait graviter les autres autour de lui comme ils ont gravité autour de la tragédie. L'Auguste de *Cinna* n'est pas seulement le semblable du Pyrrhus d'*Andromaque* ou d'un autre souverain de tragédie, plus que de l'empereur d'un film ; il en est plus proche que de l'histoire, même que d'Octave. Pour que se dessine en relief le caractère spécifique et délibéré de toute création romanesque, comparons n'importe quel roman avec le récit qui lui ressemble le plus : la biographie d'un malade par un psychanalyste. Un jour, confondre le roman avec une imitation de « la vie » sera aussi singulier que l'est, aujourd'hui, tenir la peinture pour une imitation des spectacles.

C'est nécessairement par sa constellation que *Madame Bovary* accède à la métamorphose, où n'entre pas *Fanny*. Comme *la Chartreuse de Parme,* comme *Anna Karénine.* Elle change de nature dans cette accession autant que lorsqu'elle devient un film. Mais en sens inverse. Le film détruit la constellation en ordonnant ses étoiles selon son récit, en transformant ses personnages en personnes. Mais la survie aussi, détruit sa Grande Ourse, même telle que Flaubert crut l'avoir établie.

L'informulable d'une œuvre — ce qui reste du roman quand on en retire le film — transcenderait-il la métamorphose ? Parfois, elle le révèle ; parfois, elle semble le dégager. C'est le fameux : « Tel qu'en lui-même enfin... » Parfois, elle le modifie : l'insaisissable de Stendhal pour Taine n'est pas le nôtre, d'abord parce que Taine ne le tient pas pour insaisissable. La mode détruit vite ce qui lui appartient, accessoires, ton d'époque, macabre de Baudelaire, éloquence de Victor Hugo. Mais ce qui n'appartient pas à l'éloquence, les plus beaux vers de *Booz* ou du *Tombeau de Théophile Gautier* ? Pourtant, on s'est peu soucié de l'insaisissable de Virgile, pendant un millier d'années... Nous appréhendons le domaine commun à Virgile, Racine, Hugo, Baudelaire, Mallarmé ; il n'a pas pris des formes successives, liquide versé du flacon Racine dans le flacon Hugo. Nous n'attendons pas qu'une école lui succède, comme le symbolisme au Parnasse. C'est lui que nous appelons la poésie, quand nous parlons d'elle et non de son histoire. Ce qui unit, dans notre admiration, Stendhal et Dostoïevski n'est pas moins indéfinissable. Mais le fait littéraire est au-delà de la mélodie et du récit, comme le fait pictural est au-delà de l'harmonie et du sujet. Loin de transcender la métamorphose, la constellation et l'insaisissable en forment l'objet principal, dans la littérature comme dans la peinture.

Nous ne pouvons concevoir une œuvre capitale hors de la métamorphose, une *Ronde de Nuit* indépendante de celles qu'ont cru voir les siècles qui lui succédèrent. Hors d'un dialogue, elle n'existe plus. Et elle ne peut être pour nous ce qu'elle fut pour Rembrandt, puisque Rembrandt ne connaissait pas la peinture postérieure à la sienne. Ce tableau appartient au genre dit « de corporations » ; remplaçons-le, figure pour figure, par un « tableau de corporation » hollandais médiocre. Il vieillira comme les costumes de ses personnages ; il entrera dans le passé, non dans la métamorphose. Or, la métamorphose introduit ses tableaux dans le monde de la peinture et abandonne les tableaux médiocres dans le monde commun de ce qu'ils représentent. Loin de faire entrer les chefs-d'œuvre dans le passé, elle les en fait sortir : elle prend Rembrandt dans le purgatoire où il vieillissait comme les représentations, et le fait accéder au monde intemporel de l'art.

L'opération est moins visible dans le roman, d'abord parce qu'il est plus limité dans le temps. L'illusionnisme est commun aux deux arts. Bien qu'en peinture, en sculpture, il ait été d'abord au service de la spiritualisation et de l'idéalisation, alors que dans le roman, il se réclama des réalismes. D'abord par les sujets. Qu'appelons-nous sujet, chez Balzac ? Tout ce qui se retrouverait nécessairement dans une adaptation cinématographique — de même que le sujet de *la Ronde de Nuit* est tout ce que le peintre médiocre devrait conserver : les modèles. Et c'est précisément l'ensemble des modèles de Balzac qui s'éloigne de nous, bascule dans le passé commun. Auquel échappe le « visionnaire », celui qu'aucune adaptation n'exprime, car il rejoint dans la métamorphose le monde intemporel de l'écrit, qui n'imite pas le monde commun ainsi que l'affirme l'illusion-logique du XIXᵉ siècle.

Pour celle-ci, l'œuvre, exécution d'un plan, devait passer son bachot (mentions : succès, gloire, promesse de postérité) devant un jury qui s'appelait vaguement le public, et théoriquement, la critique. Roman ou tableau, l'œuvre était donc supposée introduite dans le monde de son art, par le rang que lui conférait la critique ou les académies. Ce qui ne supporte plus l'illusion, même logique. Le public cultivé, naguère une caste, devient une foule ; dans tout l'Occident, les média retirent à une critique nécessairement sans dogmes l'autorité dont elle disposa. En 1857, elle avait mis *Fanny* de Feydeau au même rang que *Madame Bovary,* et presque ignoré *les Fleurs du Mal.* Quand cessa-t-on de comparer *Madame Bovary* à *Fanny* pour le comparer à *la Cousine Bette,* et Baudelaire à Pétrus Borel pour le rapprocher de Racine ? Quand une œuvre se délivre-t-elle du monde commun pour entrer dans le monde spécifique où l'œuvre ne passe aucun bachot, mais s'assimile aux œuvres *qui ont survécu ?* Parfois brutalement : Lautréamont, méconnu malgré Léon Bloy et Rémy de Gourmont, doit au surréalisme de passer en Livre de Poche. Parfois, lentement : la consécration de Baudelaire semble achever une pénétration. La vie d'un grand roman et celle d'un être humain semblent parallèles, si l'on pose la première dans le temps. La vie de l'homme passe de la conception à la naissance, puis à la biographie ; celle du livre, du dessein flou à la publication, puis à la métamorphose. La vie d'un chef-d'œuvre dans le temps ressemble encore à celle d'un homme par son irréversibilité : on ne revient de l'œuvre à son origine qu'à la façon dont on revient de l'homme fait au bambin.

Rien de plus obscur que ce point initial de l'œuvre, après que la métamorphose l'a prise. Nous pouvons concevoir (vainement) une image-robot de *la Ronde de Nuit,* non croire que cette image a existé et que chaque siècle lui apporte sa déformation particulière : elle n'existe qu'à travers ces déformations comme les faits picturaux de Vermeer n'existent que dans ses tableaux. La peur de perdre pied, que nous inspirerait une métamorphose sans fin, nous pousse à confondre l'original — non isolable — avec l'originel, isolable et définissable : Rembrandt, lui, a existé, il a peint ce tableau, l'a regardé après son achèvement. Mais si l'on peut tenir l'achèvement d'une œuvre pour une naissance, un point *initial,* la génétique a son mot à dire. Et nous connaissons assez de textes de grands peintres pour savoir que nous admirons rarement dans leur œuvre, ce à quoi ils se sont consciemment efforcés. Il n'y a pas que Baudelaire, pour se méprendre sur « ce qui faisait son génie » (à nos yeux, bien entendu). Giotto ne s'y était pas moins mépris — autrement. La métamorphose des *Fleurs du Mal* depuis la publication du livre n'est pas moins complexe que sa création, qui le fut tant. L'intention floue de *Madame Bovary* commence dans le monde-de-l'écrit, sa promotion s'achève dans le même monde, où le roman rejoint ses prédécesseurs survivants. Ce n'est pas à l'état-civil que Balzac « fait concurrence », c'est à Walter Scott et aux *Mille et une Nuits.*

La métamorphose se montre de façon symbolique par celle du nom des artistes ; colonnade blanche qu'appelle le nom de Racine, ou décombres de l'Erèbe qu'éveille celui de Victor Hugo ; figure qu'évoqua le mot : Racine, chez Voltaire, Hugo et Claudel, qu'il éveillera dans cent ans chez nos plus grands artistes, qui ne seront peut-être pas des poètes. Ce qui prendra la place de notre anthologie, de notre Bibliothèque de la Pléiade (même si la nouvelle reliure conserve certaines œuvres...) n'est pas plus discernable que le Christ pour les philosophes de Rome qui pressentaient la fin du monde antique — et l'avènement du stoïcisme.

La plus complète métamorphose que l'art ait connue, c'est de naître : que l'on puisse admirer la statue du saint que l'on prie, *Tristan* pour sa musique et non pour son histoire, un grand roman, malgré son intrigue... Imprévisible, la prochaine métamorphose n'est pas inimaginable. Il suffirait qu'elle subordonnât les valeurs artistiques à une valeur fonctionnelle. Subordination qui fut presque générale dans les arts de l'anonymat ; et de Tristan à Chartres, ils ne sont pas des arts mineurs. L'art fonctionnel a-t-il disparu du réalisme-socialiste, aux thèmes imposés aux « héros positifs » ? de la production cinématographique, où le style d'Eisenstein, de René Clair ou de Sternberg est presque toléré et ne domine le récit que pour des spécialistes ? a-t-il disparu du roman policier, voire, simplement, de la très grande majorité des lecteurs, des spectateurs ? L'admirateur de Joyce et le lecteur exclusivement voué au feuilleton, combien de siècles les séparent ? On peut d'ailleurs supposer que la relation de Sophocle avec *Œdipe-Roi* fut plus proche de celle d'Eisenstein avec le *Potemkine,* que de celle de Mallarmé avec *Hérodiade.* L'enjeu d'une métamorphose complète ne serait pas une forme de roman ou de poésie, il serait la littérature elle-même.

V

On a prédit — non sans apparence de logique — que la conscience de la métamorphose portait en elle une inculpation de l'art. Je crains qu'affirmer : il n'y a pas d'art sans normes, ne relève de la même illusion d'optique, que : il n'y a pas de morale sans religion — et, confondant d'abord cause et effet, ne confonde ensuite la métamorphose et les modes. L'empirisme, que la vie de la littérature oppose aux dogmatismes, n'est pas une valeur, pas seulement une expérience, c'est l'aquarium dans lequel nous vivons ; regardons notre bibliothèque et nos musées. Déjà Paul Valéry notait sa perplexité devant son admiration pour Shakespeare et Racine. Quant à la mort, nous n'avons pas besoin que Sophocle ou Phidias soit immortel, mais qu'il puisse renaître. La révolution copernicienne, par laquelle les arts gravitent désormais autour de nous, n'implique ni désaveu ni éclectisme. Au musée, les salles des antiques après Phidias sont vides. De notre XVIIIe, on n'a ressuscité ni les petits vers ni les grands ; ni Dorat ni Lebrun-Pindare. Il est surprenant, en effet, que nous ne pensions pas : une démocratie populaire accepterait plus volontiers le vertueux jugement de Janin sur Stendhal que le jugement esthétique de Gide. Ni : les jugements de l'an 2175 ne seront pas les nôtres. Bien que nous tenions pour aléatoires les valeurs successives auxquelles l'avenir soumettra les œuvres d'art, nous tenons *notre* relation avec ces œuvres pour assurée. Par une faveur déconcertante, nous nous mettons entre parenthèses de l'histoire. Nous ne saurons jamais ce que fut *La lionne blessée* pour un roi de Nimroud, ni même pour celui qui l'a sculptée, mais nous l'admirons avec autant d'assurance que *les Fusillades du 3 Mai* de Goya, que *Guernica* de Picasso. Bergotte échappe à Proust, non sa relation avec la *Vue de Delft*. Nous savons mal qui furent Cervantès et Dostoïevski, plus mal encore Shakespeare, à peine ce que leurs œuvres signifièrent pour eux ; mais notre relation avec *Don*

Quichotte, les Frères Karamazov, Macbeth, est moins équivoque pour chacun de nous, que sa relation avec lui-même ; notre relation avec les arts montre moins de scepticisme que d'agressivité. Le Colloque interrogatif devient parfois son propre objet, comme la toile devient le sujet dans la peinture contemporaine, comme le *Tableau* de trente ou cinquante maîtres du passé par trente ou cinquante de nos contemporains devient un tableau de chasse.

Nos immortalités provisoires auraient étonné nos prédécesseurs. Etonnement qui nous instruit, car il dégage, des décombres de valeurs où nous vivons, l'une des poutres maîtresses : presque toutes les civilisations qui nous ont précédés ont vu dans l'homme l'objet d'une *formation.* Elles l'ont moins interrogé, qu'elles n'ont posé ce qu'il doit être. Une civilisation capable de former l'homme l'interroge peu.

A ces questions, le XIXe siècle avait pris l'habitude de répondre : la science répondra *demain.* La science répond aujourd'hui que ses découvertes peuvent détruire tous les hommes, mais non en former un.

« Les hommes, écrivais-je, ont été séculairement formés par d'autres voies : la religion, la famille ou l'exemplarité, l'imaginaire. Ce dernier n'étant pas le moins important. L'Espagne et l'Angleterre, qui fondèrent nos plus grands empires, possédaient un mot pour désigner l'homme exemplaire : gentleman, caballero. Romain avait suffi pour Rome. La culture s'est appelée humanités. Or, notre civilisation, différente en maints domaines de *toutes* les autres, est la première à ne pas connaître de valeurs suprêmes. L'animal humain le plus puissant est aussi le premier à confondre l'exemplarité avec le succès. Nous concevons de moins en moins l'homme que nous voudrions être. »

Les notions qui assuraient la formation de l'homme sont en voie de disparition. Aux deux sens du mot, notre civilisation fuit. Un chrétien du XIIIe siècle, un athée de la moitié du XIXe, diraient que nous avons transformé leurs évidences en problématique. Dante n'était pas déconcerté par l'homme, ni Balzac par l'individu, ni Michel-Ange par l'art.

Mais notre civilisation, peut-être en raison de sa puissance, nous paraît moins informe que secrète. « Le plus extraordinaire, disait Einstein, est que tout cela ait sans doute un sens... » D'où, la force, dans notre siècle, de la pensée interrogative. Toujours plus enfoncée dans le temps, ou dans notre part

nocturne. Aussi, toujours plus étendue. Dans une interrogation planétaire, nous espérons frôler la postérité, entrevoir
le ferment par lequel les œuvres échappent à la mort. Tout
colloque international joue aux échecs avec cette postérité
rapprochée, comme la reine Nefertari, à l'entrée de son tombeau, joue aux échecs son destin d'outre-tombe, avec l'invisible dieu des morts. Le regard intrigué que nous portons sur
l'exposition de Picasso à Tokyo est parent de celui que nous
portons sur l'exposition de la sculpture africaine au Grand-
Palais. Il semble nous guider vers le chemin du pouvoir par
lequel l'œuvre tiendra la mer. Comme les biologistes auxquels
le microscope montra la première cellule, nous regardons, fascinés, les lucioles de précaires survies vaguer au hasard des
ténèbres. L'immortalité était moins surprenante.

Qui croit à des valeurs littéraires fixes ? A une littérature
apportée par les époques et les auteurs, comme les pommes
par les pommiers ? A un roman image de la vie, ou miroir
le long d'une route ? On croit encore un peu que les grandes
œuvres reproduisent des modèles, réels ou imaginaires, mais
on a tort. Des fiacres à la lune, la génération née avec le siècle
vit la métamorphose ; garçons et filles de dix-huit ans aussi,
à qui l'on enjoint bienveillamment de s'asseoir dans un monde
dont on a retiré les chaises. Pour qui l'audio-visuel n'existe-t-il
pas ? Qui n'a pris conscience de regarder les avions, non de
son fauteuil, mais d'un fauteuil d'avion en vol ?

Or, la métamorphose que nous devons à notre propre
avion, l'immense dérive du passé, la mise en question des
formes littéraires, toute l'aventure des écrits en notre temps,
le Colloque l'appréhende avec des moyens plus efficaces que
ceux de ses rivaux. Il jongle avec l'appareil photographique :
la multiplicité des points de vue y est acquise. Il prend conscience de ne pas succéder aux travaux collectifs où des spécialistes mettaient leurs connaissances au service d'un ouvrage
dirigé. Au Colloque, des auteurs qui se connaissent peu ou
ne se connaissent pas, écrivent dans l'ignorance des travaux
de leurs collègues, et le plan d'ensemble est établi comme
celui du métro, non d'une narration. Il s'agit de faire, à un
hasard limité, la part aussi grande que possible : travail sans
filet. Mais dont chaque année nous montre davantage comment
il se dégage des essais, études et biographies. Comme d'autres
formes nouvelles, le Colloque, en complicité avec l'aléatoire,
semble aux aguets de la part irrationnelle du monde. Depuis
la télévision, cette forme se développe non vers une perfec-

tion, mais comme un tir : de plus en plus de coups au but, les autres hors de la cible — et la conscience qu'il ne pourrait en être autrement. A maints égards, ce livre-ci clôt une lignée à laquelle il ne semblait pas appartenir : internationales mais contemporaines, ses contributions nous proposent la dernière métamorphose de Plutarque.

VI

De même que l'homme a vécu inséré dans un monde-de-l'art circonscrit : des dieux aux cathédrales, des cathédrales aux collections, des collections aux musées, des musées au Musée Imaginaire —, de même sommes-nous habitants d'un monde-de-la-littérature variable et circonscrit.

Nous vivons à la fin du règne de l'imprimerie, entre le temps de la parole et le temps prochain des images ; à l'époque du roman, entre le théâtre et la télévision. Epoque où la conquête du récit par les média, l'abandon du récit et du spectacle par la peinture, et les problèmes de plus en plus spécifiques de celle-ci, mettent simultanément en question la nature même de l'œuvre littéraire.

Le roman subit une double illusion d'optique. D'une part, on assimile son récit aux récits épistolaires ; nous connaissons la gloire des romans par lettres, depuis *la Nouvelle Héloïse* jusqu'aux *Liaisons dangereuses*. Le roman raconterait une histoire, comme une lettre, des anecdotes. On passerait du modèle (vivant) à sa transcription (littéraire) par la narration.

L'autre illusion est étrangère à la durée. C'est celle d'une fidélité photographique, appliquée surtout à des scènes. Illusion moins forte qu'en peinture, parce qu'un réalisme rigoureux devrait, comme l'avait prévu Flaubert, abandonner le récit. Mais en littérature comme dans les arts plastiques, l'illusion repose sur le préjugé que l'œuvre reproduit le modèle. Or, la sculpture commence par les dieux, la littérature aussi. Le modèle de tout art réaliste n'est qu'un des moyens de l'artiste, contre le style idéalisateur ou religieux qui précède le sien. Les réalismes flamand, espagnol, français, italien, restent liés par l'ombre à l'idéalisation italienne ; en littérature, le naturalisme reste lié par le récit aux romantiques. On a tenu *l'Assommoir* pour le symbole du réalisme, l'histoire quelconque de Gervaise et de Coupeau. Cette histoire, cette atmosphère, ne sont nullement quelconques : pour le roman de l'époque, elles sont exotiques. Notre habitude de voir en Zola un successeur de Balzac fausse la perspective : ce successeur est l'auteur de *Nana*. Mais *l'Assommoir* est né contre *les Misérables*.

Zola ne s'y trompait pas, puisque, malgré sa dette envers Flaubert, il proclama que le naturalisme succéderait au romantisme. Il n'y a pas de tranches de vie, mais des chapitres. Aucun romancier n'a écrit *l'Assommoir* en regardant Coupeau, de même que nul berger n'est devenu Giotto en regardant ses moutons. *L'Assommoir,* c'est Coupeau plus Zola ? Nous commençons à comprendre, la métamorphose aidant, que pour passer d'un spectacle à un roman, il faut changer de références. Coupeau et Gervaise ne se réfèrent qu'à la vie, Zola ne peut se référer à eux sans se référer aussi aux mondes fictifs créés par les écrivains. Que la bibliothèque, le monde-de-la-littérature, ne soit pas une référence constante, chacun semble prêt à l'accorder, mais accorde seulement, sans en avoir une conscience claire, que le monde-de-l'écrit, celui de l'art, se forment par adjonctions. Celui de Zola serait le nôtre, moins la littérature depuis Zola ; comme le Louvre de Cézanne serait le nôtre, moins la peinture depuis Cézanne. Alors que la présence des Hautes Epoques au Louvre fait déserter les salles d'antiques, alors que la différence entre les mondes-de-l'écrit de deux époques ressemble à celle qui sépare le Paris de Balzac du nôtre. L'incendie des Tuileries permet la perspective des Champs-Elysées, mais supprime le palais. Nous le savons. Nous en prenons faiblement conscience, parce que le monde-de-l'écrit d'une époque se confond pour nous avec celui de ses écrivains. Il nous semble que le XVIIe siècle se nourrissait de Racine ; alors qu'en 1830 encore, la bibliothèque réelle ou imaginaire regorgeait d'anciens. Victor Hugo construit ses drames contre eux mais en fonction d'eux, au nom de Shakespeare et à l'aide du mélodrame, non pour raconter l'histoire d'Hernani. Au temps de nos classiques vénérés, la littérature française était subordonnée : pour Racine, qu'était Ronsard ? Même Malherbe ? Son maître n'était pas un poète français, mais Euripide. Le sentiment d'une littérature française continue, en face de laquelle les lettres anciennes deviennent peu à peu archéologiques, le sentiment des Goncourt s'est établi aussi tard que la peinture moderne. Pour prendre conscience de la métamorphose apportée par l'effacement progressif de l'Antiquité, lié à celui des études latines, il faut imaginer que dans un siècle ou deux, soient balayés toute notre poésie depuis Chénier jusqu'à Saint-John Perse, tout le roman occidental depuis Balzac jusqu'à Faulkner.

On n'écrit pas plus *l'Assommoir* pour avoir été bouleversé par Coupeau, qu'on ne devient Corot si l'on est fortement ému par la brume du matin. Le roman a pour origine un dessein du romancier. Plutôt que Valéry, qui souhaitait détecter ce dessein, puis juger des moyens de l'auteur, je suivrais Picasso : « On a toujours besoin d'un sujet, d'une intention, pour commencer un tableau. Mais il faut un sujet flou. » Je crois que le dessein initial d'un romancier est, en effet, un dessein flou, et son rôle, celui d'un ferment plutôt que celui d'un plan.

Ce dessein ne se confond pas avec un premier état de *l'intrigue*. Un récit limité à la relation des faits serait extrêmement court. En outre, un romancier véritable pense à son intrigue en fonction d'éléments étrangers au domaine du récit. C'est le « J'ai voulu faire un roman puce » de Flaubert, ce sont les affrontements de Dostoïevski. Cézanne, peignant sur le motif, ne se soucie pas de l'imiter : il cherche ce qu'il va en faire pour en faire un Cézanne. Bien entendu, il n'imagine pas un modèle mental : si délibérés que soient des tableaux, ils ne s'imaginent pas, il se font. Un roman aussi. Mais le domaine de références devant la toile n'est pas la nature : « Si je choisissais un arbre plus grand, une rivière plus bleue, etc. » Non : c'est le Musée Imaginaire qui hante Cézanne, le tableau vers quoi il tend. Ses éléments se coordonnent dans le monde de la peinture, formes et couleurs, et non dans le monde des arbres et des soldats de la garnison : ils naissent dans le Musée Imaginaire, non dans la vie, où la relation des choses entre elles est spécifiquement différente. Le dessein initial, le travail principal d'un artiste ont lieu dans le monde des œuvres, non dans celui des choses. Par la répulsion autant que par l'admiration.

Individualisme et impressionnisme aidant, les peintres, à l'indignation de Degas, ont cru pendant un demi-siècle que le peintre transcrivait sa vision individuelle, mais il fut difficile de croire que les cubistes voyaient les compotiers en morceaux. Indéniablement, le Tintoret, Poussin, ont pris pour modèles de petits personnages de cire ; ils n'ont pas peint ces personnages, ils ont peint, d'après eux, des saints en vol, des scènes antiques. Quelle différence avec Cézanne devant ses pommes ou ses soldats au bain qui s'appelleront *Baigneuses ?*

Nous connaissons les plans détaillés de Flaubert. Je ne suis pas assuré que leur rôle n'ait pas été celui d'un aide-mémoire et d'un guide ; quoi qu'il en soit, nul n'a tenté d'écrire, de mettre au théâtre, de filmer, les chapitres de *Bouvard et Pécuchet* dont nous ne possédons que ces plans.

Et puis, *Madame Bovary*. Il a lu à ses amis la première *Tentation de Saint Antoine*. Ils l'ont jugée mauvaise et déclamatoire. « Tu devrais te mettre à écrire l'histoire de la femme de Delamare. » Fait divers local, auquel *Madame Bovary* sera ce qu'est *le Rouge et le Noir* au procès du séminariste Berthet. Mais que Bouilhet, Maxime du Camp et d'autres, écrivains de profession, aient décidé que Flaubert avait écrit *cette histoire,* devient extrêmement singulier.

L'illusion se fonde sur l'idée qu'un roman est identifiable à l'histoire qu'il raconte.

Nous commençons à distinguer que celle de Mme Delamare, fût-elle le ferment de l'intrigue (comme l'histoire de Berthet), ne serait pas celui du roman, parce que « le roman » est la totalité des facteurs qui font de l'intrigue le porte-manteau dont *Madame Bovary* est la robe. Comme en peinture, l'œuvre et le modèle n'appartiennent pas au même univers. Si nous pouvons trouver dans les faits divers l'origine de beaucoup d'intrigues, mais non le ferment d'un grand livre, c'est que le vrai dessein initial du romancier naît dans le monde-de-l'écrit, non dans l'autre. Avant de ressembler à Mona Lisa, *la Joconde* appartient à la peinture. Le ferment filtre, rejette, aspire. Il éclaire Coupeau ou le rejette dans l'ombre selon les exigences de l'*Assommoir* en cours, non selon celles d'un modèle supposé. La *présence* d'un roman dans notre bibliothèque mentale, univers spécifique d'œuvres, est aussi liée au monde des romans que la présence de *Cinna,* au monde des tragédies.

Le dessein initial d'un grand roman libère la vie de sa confusion illimitée. Elle change de nature, comme des prés informes cessent de l'être aux yeux d'un chasseur. La volonté de création n'apporte pas, ne suggère pas une architecture de l'univers. Elle le filtre de façons successives puisque le filtre varie selon les états de l'œuvre, comme la prunelle des chats selon l'obscurité, mais elle devient ce que Delacroix appelle le dictionnaire : un catalogue. Le romancier y trouve les éléments dont il a besoin, ceux des personnages compris, comme le peintre y trouve les objets complémentaires appelés par les vides de sa nature morte. Pour les assimiler plutôt que pour les insérer : une œuvre s'élabore plutôt à la façon d'un organisme, que d'une partie d'échecs. Car malgré les règles reconnues ou

secrètes du jeu, cette assimilation oriente la recherche et la
hiérarchie, depuis l'imitation supposée de modèles jusqu'à l'indépendance prêtée à des personnages. Et selon l'aléatoire de
la vie et de la création, non selon un destin génétique : certaine,
la mue reste imprévisible, et telles chrysalides s'étonnent de ne
pas devenir papillons. Si, plus tard, la métamorphose accueille
le roman, elle accueillera un tout : mais s'exercera sur ce qui
vint du ferment, de la germination ; sur l'écrit, non sur ce qu'il
« représente », comme elle s'exerce sur le tableau et non sur
son sujet. L'œuvre se métamorphose dans le monde spécifique
où elle est née.

Les éléments du réel pénètrent dans un monde de l'art par
assimilation, le monde du roman ne figure ni une rêverie
ni une photographie immenses, mais un monde dont la ressem-
blance avec le monde commun, la vie, est subordonnée à sa
cohérence propre, aussi rigoureuse que celle à laquelle le
monde musical subordonne ses livrets ou ses ballets. Nous en
prenons moins conscience par l'évolution du roman que par le
développement de la narration audio-visuelle ; elle ne fait pas
seulement du roman un genre (ce qu'il était), mais une convention semblable à celle du théâtre ou de la chanson de geste.
Nous ne comparons pas la *Carmen* de Bizet au modèle supposé
de Mérimée : quelle existence posséderait un personnage
d'opéra, hors du monde de l'opéra ?

Que le dessein initial ne naquît pas dans un monde particulier laisserait supposer, même aux théoriciens de l'art comme
expression de l'individu, ce qu'ils acceptent en effet, à condition de ne pas le préciser : que seule, l'absence d'apprentissage
empêche un artiste de s'exprimer indifféremment par la peinture, la littérature ou la musique. Madame Delamare n'eût pas
mené Flaubert à un tableau, dessinât-il brillamment ; l'habileté
de Victor Hugo ne l'a pas mené à peindre l'équivalent de *Booz*.
On peut jouer à imaginer ce que la mort de cette dame eût
provoqué chez Géricault. Mais non parce que Géricault se servait mieux d'une palette que Flaubert : parce que le dessein en
soi, le sujet en soi, n'existe pas : il n'existe que des desseins
d'œuvres. La création de Géricault fût née en dialogue avec le
musée, non avec la bibliothèque ; avec le monde de l'art, non
le monde-de-l'écrit. Etre un peintre, ne serait-ce pas d'abord
cela ? L'art commence lorsque la vie n'est pas un modèle, mais
une matière première. Y compris celle du créateur.

Si la présence commune des œuvres est assurée par un fait
créateur irréductible à la pensée analytique, si *le Rouge et le*

Noir n'est pas présent parce que génial, mais génial parce que présent, de quoi tient-il sa présence ? Sans doute de l'inter-action entre ce qui advient ou nous entoure, et notre monde-de-l'écrit — dialogue parent de celui de Stendhal, de la création même. Qu'est ce monde, dont notre époque croit, la première, pressentir la nature ? La coordination du langage, comme celle des formes, semble soumise à celle de la vie, alors que nous la découvrons secrètement parente de celle de la musique. Et celle des arts peut échapper au temps : la seule coordination humaine plus forte que la mort.

La littérature « présente » l'est dans notre Pléiade imagi-naire, non dans notre mémoire de la vie. Ses successions varia-bles, héritières de l'Olympe des chefs-d'œuvre inébranlables, portent comme un courant les œuvres qu'attire l'incertain magnétisme des créations prochaines... Mais la métamorphose est la loi suprême, parce que tout présent devient passé avec autant de force qu'il se dirige vers la mort. Ce que chacun tiendrait pour allant de soi, si la métamorphose ne s'opérait à pattes de velours, insensiblement. Une œuvre illustre ou mécon-nue n'y entre pas avec la mort de l'artiste ; la mort y coïncide rarement avec trépas. Mais tardive au non, la métamor-phose, entraînant les transitoires habitants du présent, change l'accusé en juré, avec une rigueur de destin.

Puis, recommence...

Si la postérité ne croit plus aux palmarès, la métamorphose croit encore aux cooptations. Le Musée Imaginaire et la Bibliothèque de la Pléiade semblent immobiles ; le firmament aussi.

TABLEAU SYNOPTIQUE

établi par Philippe et François de Saint-Chéron

Toute vie est faite de moments historiques traversés d'instants éternels.

José BERGAMIN

1901 — 3 novembre, naissance à Paris de Georges André Malraux. Habitera Bondy pendant son enfance.

1909 — Novembre, « Inexplicable suicide » de son grand-père à Dunkerque.

1914-1918 — Son père est mobilisé.
Automne 1915, entre à l'école Turgot, qu'il quittera en juillet 1918.

1919 — Suit des cours au musée Guimet et à l'Ecole du Louvre. Travaille pour le libraire-éditeur René-Louis Doyon. Rencontre François Mauriac. Etudes assez poussées de sanscrit.

1920 — Malraux publie dans *la Connaissance,* revue qu'édite Doyon, son premier article : « Des origines de la poésie cubiste », puis dans la revue *Action,* des articles sur Lautréamont, André Salmon et « La genèse des Chants de Maldoror ». Edite des textes peu connus de Jules Laforgue. Directeur artistique chez Simon Kra où il publie Baudelaire, Rémy de Gourmont, Max Jacob. Fréquente les milieux artistiques parisiens et fait la connaissance de Vlaminck, Max Jacob, Ensor, Léger et Derain.

1921 — Se lie avec Kahnweiler et publie chez lui en avril : *Lunes en papier* dédié à Max Jacob, illustré par Fernand Léger, limité à 100 ex. Publie aux *Signaux de France et de Belgique* : « les Hérissons apprivoisés » et dans *Action* : « Journal d'un pompier du jeu de massacre ». Séjours à Venise et Florence.
21 octobre, épouse Clara Goldschmidt.

1922 — Rencontre Picasso. Publie dans *Action* et la N.R.F. des articles sur Gide, Max Jacob ; son premier article à la N.R.F. : « L'Abbaye de Typhaines », de Gobineau. Ecrit dans *Dés* : « Des lapins pneumatiques dans un jardin français ». Préface le catalogue de l'exposition Demetrios Galanis. Voyages. Spéculations malheureuses en Bourse.

1923 — Préface *Mademoiselle Monk* de Maurras. Part pour l'Indochine avec Clara. Louis Chevasson les retrouvera. Après leur expédition au temple de Banteaï-Srey au Cambodge, d'où ils rapportent des statues et des bas-reliefs, ils sont inculpés de vol et arrêté à Pnom-Penh.

1924 — Procès de Pnom-Penh. Prévenu par Clara qui a pu rentrer à Marseille, Doyon lance un appel en faveur de Malraux dans *l'Eclair. Les Nouvelles Littéraires* font de même et recueillent les signatures de 23 écrivains célèbres dont Mauriac, Gide, Breton, etc. Réformation du jugement en appel, Malraux obtient le sursis et rentre en France. Publie dans *Accords* : « Ecrit pour une idole à trompe ».

1925 — Nouveau départ pour l'Indochine. Organise avec Nguyen Pho le mouvement « Jeune Annam », et avec Paul Monin le journal *l'Indochine* qui cessera de paraître en août, « aucun imprimeur n'osant plus composer le journal ». Sous le nom de Maurice Sainte-Rose, publie dans *L'Indochine* : « L'Expédition d'Ispahan ». Se rend à Hong Kong. à Canton. Novembre, *l'Indochine* reparaît sous le titre *l'Indochine enchaînée.* Aurait été très malade. Quitte Saigon.

1926 — A Paris, dirige les éditions « A la sphère », où paraissent des œuvres de Mauriac, Gide, Samain, Morand, Giraudoux. Fait paraître en août chez Grasset *la Tentation de l'Occident* (la N.R.F. en avait, en avril, publié des extraits intitulés « Lettres d'un Chinois »).

1927 — Publie dans la revue *600* : « Ecrit pour un ours en peluche », dans *Commerce* que dirigent Paul Valéry, Léon-Paul Fargue et Valery Larbaud : « le Voyage aux Iles fortunées ». Publie dans *Ecrits* un essai : « D'une jeunesse européenne ».

1928 — Grasset édite *les Conquérants*. Gallimard *Royaume-farfelu*.
Visite la Perse. Participe aux Décades de Pontigny. Membre du Comité de lecture et directeur artistique chez Gallimard jusqu'à la Guerre d'Espagne, on lui doit notamment l'édition des poèmes de Valéry commentés par Alain.

1929 — Une des premières interventions publiques de Malraux à propos des *Conquérants.*

1930 — Publication chez Grasset de *la Voie royale,* tome I des *Puissances du désert.* Visite l'Afghanistan. voyage aux Indes, au Japon, aux Etats-Unis. 20 décembre, suicide de son père. Rencontre Paul Valéry.

1931 — Expositions gothico-bouddhique, gréco-bouddhique et hindo-hellénistique à la N.R.F. Discussion entre Trotsky et Malraux sur *les Conquérants,* dans la N.R.F. Se rend en Chine. Préface *Méditerranée* de Charles Clément.

1932 — Expositions : œuvres gothico-bouddhiques du Pamir (N.R.F.), Jeune Chine (N.R.F.), Sémirani (N.R.F.). Préface *l'Amant de Lady Chatterley* de D.H. Lawrence.
Rencontre Claudel à la N.R.F., à l'occasion de la publication du *Livre de Christophe Colomb.* A Cologne, rencontre Heidegger avec Bernard Groethuysen.

1933 — Exposition Fautrier (N.R.F.). Préface à *Sanctuaire* de Faulkner. Publie chez Gallimard *la Condition humaine.* Enorme succès. Prix Goncourt en décembre.
Naissance de Florence Malraux.
Février, survole avec Edouard Corniglion-Molinier le désert de Dhana au Yémen, à la recherche du « royaume de Saba... ». Raconte sa découverte dans *l'Intransigeant.* « Aborde de face » le Sphinx de Gizeh.

1934 — Rencontre Trotsky en mars, à Royan.
Avril, Malraux retrace cette rencontre dans *Marianne.*
Président du Comité Thaelmann contre la barbarie hitlérienne qui menace la paix et la culture et du Comité international pour la libération de Dimitrov.
Se rend à Berlin avec Gide : lettre à Gœbbels qui les reçoit. Membre du présidium de la L.I.C.A. (Ligue internationale contre l'antisémitisme). Président du Comité mondial contre la guerre et le fascisme.
Août, discours au Premier Congrès des écrivains soviétiques à Moscou, dont il rendra compte dans un discours à la Mutualité. Fait la connaissance de Meyerhold et Eisenstein (le projet de tournage de *la Condition humaine* avec ce dernier est annulé à cause de Staline). A Moscou, rencontre Pasternak. En Crimée, Gorki et chez celui-ci : Staline. Rencontre Lawrence d'Arabie. Voit beaucoup Alain entre 1934 et 1936.

1935 — Malraux publie chez Gallimard *le Temps du Mépris* (l'édition originale ne comprend pas la préface). Préface *Indochine S.O.S.* d'Andrée Viollis. Discours au Congrès international des écrivains pour la défense de la culture, à Paris, où Pasternak est invité. Les découvertes sumériennes commencent.

1936 — Juin, discours au Congrès international des écrivains pour la défense de la culture, Londres. Juillet : Guerre d'Espagne, crée et commande *l'Escadrille España.* Prend part à 65 missions aériennes et est deux fois blessé. Combat à Medellin, Madrid, Tolède, Teruel. Colonel de la République espagnole. C'est en Espagne qu'il verra Jawaharlal Nehru pour la première fois. Rencontre Léon Blum. Camus adapte pour le Théâtre du Travail à Alger *le Temps du Mépris.*

1937 — Assiste au deuxième Congrès international des écrivains pour la défense de la culture, à Madrid et Valence. Voyage de propagande aux U.S.A. en faveur de l'Espagne républicaine. Rencontre Hemingway. Albert Einstein donne l'hospitalité à André Malraux à Princeton, où il rencontrera Robert Oppenheimer. Gallimard fait paraître *l'Espoir*. Verve, en versions préoriginales, *la Psychologie de l'Art*, puis en 1938 avec : *la Psychologie des Renaissances* et *De la Représentation en Occident et en Extrême-Orient*. Rencontre Georges Bernanos.

1938 — Commence à tourner *Sierra de Teruel* à Barcelone, musique de Darius Milhaud.

1939 — *L'Etude sur Laclos*, écrite en 38, paraît chez Gallimard dans le *Tableau de la littérature française*. Verve publie *l'Esquisse d'une psychologie du cinéma* (cf. 1946). Après maintes péripéties, son film est achevé en avril et projeté en privé au mois de juillet (cf. 1945). Allocution sur André Gide. A Provins, Malraux s'engage comme deuxième classe dans les chars.

1940 — Juin, est fait prisonnier à Sens lors d'une attaque. 5 mois plus tard, s'évade et gagne la zone libre.
18 juin, Appel du général de Gaulle. La lettre que Malraux a écrite à de Gaulle n'arrivera jamais.

1941 — Travaille aux *Noyers de l'Altenburg*. Fait paraître dans les *Lettres Françaises* de Buenos Aires : « la Fosse à tanks », correspondant à la dernière partie du *Camp de Chartres*.
A Roquebrune, il reçoit André Gide, ainsi que Jean-Paul Sartre.

1942 — Commence un ouvrage sur le colonel Thomas Edward Lawrence (cf. 1934), *le Démon de l'Absolu*, (cf. 1946). La Gestapo brûle le manuscrit de *la Lutte avec l'Ange* dont il ne subsistera que la première partie *les Noyers de l'Altenburg*. Malraux fait publier chez Gallimard *l'Etranger* de Camus. Part pour la Corrèze avec Josette Clotis.

1943 — *La Semaine Littéraire* de Genève publie la version préoriginale de *la Lutte avec l'Ange*, chapitre I : *les Noyers de l'Altenburg*. Simultanément, à Lausanne, les éditions du Haut-Pays font paraître ce même texte. « Le Camp de Chartres », première partie des *Noyers de l'Altenburg* est édité à Alger par *Fontaine*.
De Beaulieu-sur-Dordogne, il entre en rapport avec les groupes résistants de Corrèze et de Dordogne.

1944 — Sous le nom de colonel Berger, Malraux commande les F.F.I. du Lot, de la Dordogne et de la Corrèze. Avec 1 500 hommes, il est chargé de ralentir la marche de la division Das Reich. Lors d'une mission, il est blessé puis capturé. A Gramat, les Allemands le mettent au poteau d'exécution. « Simulacre... » Envoyé à la prison Saint-Michel de Toulouse. La Gestapo l'interroge mais ne le torture pas. Les Allemands fuient Toulouse, Berger-Malraux assume le commandement de la prison, « fureur de la liberté... » Son premier demi-frère Roland périt dans le naufrage du « Cap Arcona », et le second, à Bergen-Belsen, section « Nacht und Nebel »... Josette Clotis, avec laquelle il a eu deux fils, meurt accidentellement. Malraux crée la « Brigade Alsace-Lorraine ». Commande les Forces françaises à la Bataille de Dannemarie qu'il libère ainsi que Sainte-Odile et Mulhouse ; défend Strasbourg.
Arrache à l'ennemi le Retable d'Issenheim de Grünewald. Décembre, rencontre à Erstein avec le général Leclerc.

1945 — Rencontre Koestler. Arrive l'un des premiers à Nuremberg et à Stuttgart où de Lattre lui remet la Légion d'honneur. Discours au Premier congrès national du M.L.N. Hiroshima. Conversation avec Picasso. Rencontre pour la première fois de Gaulle. Vers la fin de l'année, le Général lui fait rencontrer Blum à nouveau. Le film *Espoir* (anciennement *Sierra de Teruel*) sort publiquement et reçoit le Prix Louis Delluc. Préface au catalogue des Peintures et Sculptures de Fautrier. Conseiller technique du général de Gaulle, puis ministre de l'Information (nov. 45 - 20 janv. 46).

1946 — Les Editions du Pavois publient le premier chapitre du *Démon de l'Absolu* : *N'était-ce donc que cela ?* Gallimard publie *Scènes choisies* et *l'Esquisse d'une psychologie du cinéma*. Prononce en Sorbonne une importante conférence sous l'égide de l'U.N.E.S.C.O. : *L'Homme et la Culture artistique*.

1947 — Création du R.P.F. Malraux est délégué à la propagande. Nombreux discours pour le R.P.F. jusqu'en 1952. Discours au Gaumont-Palace après la projection d'*Espoir*. Allocution prononcée devant les enseignants.

Malraux préface les *Dessins de Goya au Musée du Prado* chez Skira où paraît le tome I de la *Psychologie de l'Art : Le Musée Imaginaire.*

1948 — Fonde avec Albert Ollivier et Pascal Pia *le Rassemblement.* « Appel aux Intellectuels », Salle Pleyel. Ce texte sera la postface des *Conquérants.* Epouse Madeleine Lioux, veuve de son demi-frère Roland. Skira publie le tome II de la *Psychologie de l'Art : La Création artistique.* Gallimard publie *les Noyers de l'Altenburg* (cf. 42-43).

1949 — Fonde la *Liberté de l'Esprit,* revue dirigée par Claude Mauriac. Skira publie le tome III de la *Psychologie de l'Art : La Monnaie de l'Absolu.* Entrée de Mao à Pékin.

1950 — *Saturne, Essai sur Goya,* paraît chez Gallimard. Très malade durant l'été.

1951 — Membre du Conseil des musées de France où il succède à Gide. Gallimard publie *les Voix du Silence,* il s'agit de la *Psychologie de l'Art* revue corrigée et augmentée.

1952 — Préface :*Van Gogh et les peintres d'Auvers ; Qu'une larme dans l'océan* de Manès Sperber. Dirige la publication de *Tout l'œuvre peint de Leonard de Vinci* et de *Tout Vermeer de Delft.* Donne un texte à *Barrès parmi nous* de Pierre de Boisdeffre. Discours au Congrès de l'œuvre du xxe siècle. Dernier des discours de Malraux pour la R.P.F. (Saint-Maur). Gallimard publie le tome I du *Musée imaginaire de la Sculpture mondiale* (« La Statuaire »). Voyage en Egypte et en Perse.

1953 — Lettre-préface à *Chimères ou Réalités.* Essai de stratégie occidentale du général Jaquot, avec lequel il avait combattu dans le maquis et en Alsace, et qui fut commandant en chef en Indochine, et ensuite des Forces Alliées Centre-Europe (1961-63).

1954 — Discours à l'occasion du Congrès d'art et d'archéologie de New York pour la réouverture du Metropolitan Museum et du bi-centenaire de l'Université de Columbia. La version préoriginale de *la Métamorphose des Dieux* paraît à la N.N.R.F. Préface *Saint-Just ou la force des choses* d'Albert Ollivier et Gallimard publie les tomes II et III du *Musée imaginaire de la Sculpture mondiale : Des Bas-reliefs aux Grottes sacrées* et *le Monde chrétien. La Condition humaine* est adaptée par Thierry Maulnier pour le théâtre.

1955 — Fonde chez Gallimard *l'Univers des Formes* avec Georges Salles. Préface : *Les Manuscrits à Peintures en France du xiiie au xvie siècles, Le Sang noir* de Louis Guilloux, *Israël* de Nicolas Lazar, Izis (couv. et frontispice de Chagall).

1956 — Discours à l'occasion du 350e anniversaire de la naissance de Rembrandt, Stockholm. Participe au développement de la Caisse nationale des Lettres.

1957 — Gallimard publie le tome I de *la Métamorphose des Dieux (l'Inaccessible),* qui s'appellera *le Surnaturel* (cf. 1977).

1958 — Signe avec Martin du Gard, Mauriac et Sartre une « Adresse solennelle » au président de la République condamnant la torture. Discours et conférences sur l'art à Venise, « le Secret des grands Vénitiens ». De Gaulle revient au pouvoir. Malraux est ministre délégué à la présidence du Conseil, puis ministre de l'Information. Conférence de presse très importante. Discours, 14 juillet, Place de l'Hôtel de Ville ; 24 août, pour le 14e anniversaire de la libération de Paris ; Place de la République, 4 septembre. Nombreux discours et allocutions à la Martinique, la Guadeloupe, la Guyanne, en Iran, au Japon ; il adresse un *Message d'Adieu* à l'Inde. Rencontre Nehru et l'empereur du Japon, Hiro-Hito.

1959 — Création du premier ministère des Affaires culturelles. Malraux est ministre d'Etat chargé des Affaires culturelles (il sera, du 15 avril 1962 jusqu'en 1969, le premier dans la hiérarchie des ministres d'Etat). Le gouvernement interdit *la Gangrène.* Allocutions : Biennale de Paris, Tamanrasset, Edjelé, Hassi-Messaoud, Ouargla, Festival de Cannes et au Brésil. Discours à Athènes, Brasilia. Remet à Saint-John Perse le Grand Prix National des Lettres.

1960 — Accueille au nom de la France le président de la République du Pérou à Bordeaux. Voyage au Mexique. Répond « le premier à l'appel que vient d'adresser au monde » le directeur général de l'U.N.E.S.C.O., pour sauver les monuments de Nubie. Inaugure en compagnie de Nehru et du général de Gaulle *Les Trésors de l'Inde* au Petit Palais. Le catalogue est préfacé par Malraux et Nehru. Discours pour le centenaire de l'Alliance isréalite universelle (U.N.E.S.C.O.). Inaugure à Paris la statue du général José de San Martin. Inaugure à Tokyo la Maison franco-japonaise. Annonce l'Indépendance tchadienne à Fort-Lamy ; discours à Brazzaville. Puis proclamation de l'Indépendance : au Gabon, au Congo et en République centrafricaine. Rencontre à Lambaréné le docteur Schweitzer. Préface *Sumer* d'André Parrot.

1961 — Préface le catalogue de l'exposition *7 000 ans d'art en Iran,* Petit Palais. Violente réaction de Malraux contre la rébellion des généraux d'Alger. Est prêt à se battre pour la République. Discours aux fêtes de Jeanne d'Arc à Orléans. Inaugure la place de la Brigade Alsace-Lorraine à Metz. Vincent et Pierre-Gauthier, ses fils, trouvent la mort sur une route de Bourgogne.

1962 — Attentat O.A.S. au plastic contre Malraux, qui n'est pas atteint. Voyage aux Etats-Unis, rencontre Kennedy, prononce un discours à la Maison Blanche et un autre, pour le cinquantenaire de l'Institut français de New York. Inaugure avec le général de Gaulle les *Chefs-d'œuvres de l'art mexicain.* A Orly, déjeune avec Nehru, hôte officiel de la France. Fonde l'Association « Pour la Ve République » par un discours.

1963 — Discours à Washington en l'honneur du voyage de *la Joconde* aux U.S.A., Kennedy est présent. Prononce, devant la colonnade du Louvre, l'oraison funèbre de Braque. Discours en Finlande. Voyage au Japon. Discours et conférence de presse au Canada. Discours à Nice. Protège Lascaux.

1964 — Discours inaugural de la Maison de la Culture de Bourges, en présence du général de Gaulle. La *Vénus de Milo* est envoyée et exposée au Japon sur l'ordre de Malraux. Le plafond de l'Opéra commandé à Chagall par Malraux est dévoilé. Discours aux fêtes de Jeanne d'Arc à Rouen. Inaugure à Saint-Paul de Vence la Fondation Maeght. Fait « régner le corps de Dina Vierny sur le Jardin du Carrousel » en y plaçant les 19 statues de femmes de Maillol dont elle fut le « modèle ».
Oraison funèbre de Jean Moulin pour le transfert de ses cendres au Panthéon, en présence du général de Gaulle.

1965 — Sur ordre des médecins, Malraux pour se reposer fait une croisière à bord du « Cambodge », et commence les *Antimémoires.* Se rend en Chine, porteur d'un message du général de Gaulle. Entretien avec Chen Yi et Chou-en-laï. 3 août, rencontre Mao Tsé-Toung à Pékin, après avoir visité le Yenan. Revient par l'Inde où il reçoit le titre de Docteur « Honoris Causa » de l'Université Sanscrite de Bénarès (premier docteur étranger) ; se recueille sur le mausolée de Gandhi. Passe à Aden. Prononce dans la Cour carrée du Louvre l'hommage funèbre de Le Corbusier. Discours au Palais des Sports. Plafond du Théâtre de France (anciennement l'Odéon) par Masson. A la demande de Malraux, ce vers de Baudelaire est gravé sur le pavement de la Faculté des Sciences : *Ah ! ne jamais sortir des Nombres et des Etres.* (« Le Gouffre »). Gallimard publie le premier volume de l'édition définitive des *Voix du Silence : le Musée Imaginaire* revu et complété.

1966 — Discours inaugural de la Maison de la Culture d'Amiens. Reçoit Aragon au ministère. Inaugure à Dakar avec Léopold Senghor le Premier Festival mondial des Arts Nègres, par un important discours. Organise la rétrospective Picasso au Grand et Petit Palais.

1967 — Discours au Palais des Sports. Publication chez Gallimard des *Antimémoires.* Immense succès. Exposition Toutankhamon. Voyage en Grande-Bretagne. Fait au Sheldonian Theater d'Oxford une conférence sur « L'Art et le Temps ». Docteur « Honoris Causa » en droit civil de l'Université d'Oxford. Discours inaugural de la Maison Française d'Oxford. Crée le Centre National d'Art Contemporain. Hommage à Nehru. Crée avec Charles Munch l'Orchestre de Paris.

1968 — Discours inaugural de la Maison de la Culture de Grenoble. Inaugure par un discours au Louvre devant la *Victoire* de Samothrace *Europe Gothique.* Mai 68 : 20 juin, discours important au Parc des Expositions. Voyage en U.R.S.S., rencontre Kossiguine. Discours à Versailles sur la culture.

1969 — Musée Fernand Leger. Discours à Niamey. Allocution à Strasbourg aux Assises de l'U.J.P. Docteur « Honoris Causa » de l'Université de Jyvacskylae (Finlande). Crée l'Inventaire national. Demande dans son dernier discours politique de voter « oui » au référendum. 27 avril, de Gaulle démissionne. Malraux fait savoir qu'il démissionne aussi, il partira définitivement au mois de juin. Signe une pétition avec Sartre et Mauriac en faveur de Régis Debray. Se retire à Verrières-le-Buisson, chez son amie de jeunesse retrouvée, Louise de Vilmorin. 11 décembre, dernière rencontre avec le général de Gaulle, à Colombey. 26 décembre, mort de Louise de Vilmorin.

1970 — Publie chez Gallimard *le Triangle noir* qui rassemble l'Etude sur Laclos, la préface sur Goya au Prado et celle à *Saint-Just*. 9 novembre, mort du général de Gaulle. Malraux assiste aux funérailles à Colombey, « les funérailles des chevaliers ». Mort de son ami et traducteur en japonais, Kyoshi Komatzu (Kyo dans *la Condition humaine*). Préface les *Poèmes* de Louise de Vilmorin. Le projet de tournage de *la Condition humaine* par F. Zinnemann est abandonné.

1971. — Gallimard publie : *Oraisons funèbres, Les chênes qu'on abat...* Préface le *Livre du Souvenir* à Charles de Gaulle. *Espoir* est redonné souvent jusqu'en 1975 (cinémas et télévision). Claude Santelli et Françoise Verny tournent avec Malraux *la Légende du Siècle* pour la télévision. Appel de Malraux en faveur des massacrés du Bengale oriental. Lettre ouverte au président Nixon (*Figaro*). Rencontre Indira Gandhi à l'ambassade de l'Inde à Paris. Devient, selon le souhait du Général, président de l'Institut Charles-de-Gaulle. Préface *la Querelle de la Fidélité* d'Edmond Michelet.

1972 — Nixon invite Malraux ʲà se rendre à la Maison Blanche avant de rencontrer Mao. Conférence de presse aux U.S.A. Voyage à travers la Méditerranée. Discours à Durestal, en souvenir du « premier combat du premier maquis ». Préface *le Clou brûlant* de José Bergamin et *les Céramiques et les Sculptures de Chagall*. Malraux ajoute aux *Antimémoires* deux importants chapitres : Sur le Japon et « La mort qui n'est pas loin... ». Novembre, transporté d'urgence à la Salpêtrière. Il est considéré comme perdu.

1973. — Préface le tome I des *Cahiers André Gide* de la « Petite Dame » ; *L'enfant du rire* de Pierre Bockel ; *La Revue de l'Art*. La *Revue des Lettres Modernes* inaugure une série dirigée par Walter Langlois : « Du farfelu aux *Antimémoires* ». *L'Espoir* publie *Paroles et Ecrits politiques de 47 à 72*. Malraux aborde *pour la première fois* avec Tadao Takémoto les questions fondamentales que pose le seppuku. Skira publie en tirage de très grand luxe : *Roi, je t'attends à Babylone...* illustré par Dali. Première version de la deuxième partie de *Hôtes de passage*. Part pour l'Inde. Docteur « Honoris Causa » de l'Université de Rajshahi (Bengladesh). Discours et allocutions à Dakka et à Chittagong. Rencontre le roi du Népal et Madame Gandhi.
Juillet, la Fondation Maeght consacre à Malraux une très importante exposition : *André Malraux et le Musée Imaginaire* qu'il inaugure. Inaugure le *Message biblique Chagall* à Nice. Oraison funèbre des morts des Glières. Témoigne en faveur de Jean Kay devant les Assises de Versailles. Inaugure à Vincennes l'exposition Charles de Gaulle mais ne « parle pas ». Tourne trois films sur l'art qui remportent le 1ᵉʳ Prix au Festival international du film sur l'art d'Asolo : *les Métamorphoses du Regard*.

1974 — Gallimard publie : *La tête d'obsidienne, Lazare* et *L'Irréel*, tome II de *la Métamophose des Dieux*. Malraux propose une réforme de l'enseignement en faveur de l'audio-visuel, lors des élections présidentielles. Part pour le Japon. Rencontre l'empereur Hiro-Hito, le Premier ministre Tanaka. Conférence de presse, allocutions, conférence sur l'Art à Tokyo où il est ambassadeur extraordinaire du gouvernement français à l'occasion du prêt de la *Joconde*. Symposium à Kyoto : *Qu'est-ce que l'Asie ?* Allocution sur l'audio-visuel à Asnières. Oraison funèbre pour le 30ᵉ anniversaire de la « Brigade Alsace-Lorraine », Créteil. Préface la réédition du *Journal d'un curé de campagne* de Bernanos. Reçoit à New-Dehli le prix Nehru de la Paix, discours pour « la survie de notre civilisation » où il suggère la création d'un Institut des méthodes d'action internationales en fournissant « les fonds nécessaires à sa première année de travail par le montant du prix » dont il est « honoré ». Allocution à Paris sur la biologie, remise d'épée d'Académicien au Pr. Hamburger. Prend publiquement position en faveur d'Israël.

1975. — Conférence sur la civilisation à l'Ecole Polytechnique, Paris. Discours devant la cathédrale de Chartres, 30ᵉ anniversaire de la libération des Camps. Gallimard publie *Hôtes de passage*. Préface *l'Indépendance de l'Esprit* (correspondance Guéhenno-Rolland). Signe contre le fascisme une Pétition. Célèbre Michel-Ange pour la R.A.I. « Assume le *triste et fier honneur* de saluer » la mémoire du général de Gaulle, en un vaste discours. Part pour Haïti, consacre son voyage aux peintres naïfs (Saint-Soleil).

1976 — Malraux annonce un livre sur « l'évolution de la littérature ». Mars, Gallimard publie *la Corde et les Souris* (tome II du *Miroir des Limbes* dont le t. I est *Antimémoires*), et comprenant : I - *Hôtes de passage*, II - *Les chênes qu'on abat...*, III - *La tête d'osbsidienne*, IV - *Lazare*.

Le premier tome des *Œuvres complètes* à la *Pléiade* est annoncé pour octobre, il comprendra *le Miroir des Limbes* et *Oraisons funèbres* augmenté.

Octobre, tome III de *la Métamorphose des Dieux : L'Intemporel* avec de très importants chapitres sur l'Asie et les arts sauvages.

Annoncé pour 1977 — « Et sur la terre... », chapitre inédit de *L'Espoir,* achevé par Malraux, est annoncé aux Editions Maeght, illustré par quinze pointes sèches originales de Chagall. Gallimard publiera *le Surnaturel* (tome I de *la Métamorphose des Dieux*), remanié.

(Les passages entre guillemets sont d'André Malraux.)

BIBLIOGRAPHIE

ŒUVRES D'ANDRÉ MALRAUX

Lunes en papier, Editions des Galeries Simon, 1921.
La Tentation de l'Occident, Grasset, 1926.
Les Conquérants, Grasset, 1928.
Royaume farfelu, Gallimard, 1928.
Les Puissances du désert :
    I. *La Voie royale,* Grasset, 1930. (1ᵉʳ Prix Interallié).
La Condition humaine, Gallimard nrf, 1933. (Prix Goncourt).
Le Temps du Mépris, Gallimard nrf, 1935.
L'Espoir, Gallimard nrf, 1937.
La Lutte avec l'Ange :
    I. *Les Noyers de l'Altenburg,* Editions du Haut-Pays, 1943.
Le Démon de l'Absolu :
    I. *N'était-ce donc que cela ?* Editions du Pavois, 1946.
Les Noyers de l'Altenburg, Gallimard nrf, 1948.
Scènes choisies, Gallimard nrf, 1946.
La Psychologie de l'Art :
    I. *Le Musée imaginaire,* Editions Skira, 1947.
    II. *La Création artistique,* Editions Skira, 1948.
    III. *La Monnaie de l'Absolu,* Editions Skira, 1949.
Saturne. Essai sur Goya, Gallimard nrf, 1950.
Les Voix du Silence, Gallimard nrf, 1951 :
    I. *Le Musée imaginaire.*
    II. *Les Métamorphoses d'Apollon.*
    III. *La Création artistique.*
    IV. *La Monnaie de l'Absolu.*
Le Musée imaginaire de la sculpture mondiale :
    I. *La Statuaire,* Gallimard nrf, 1952.
    II. *Des Bas-reliefs aux grottes sacrées,* Gallimard nrf, 1954.
    III. *Le Monde chrétien,* Gallimard nrf, 1954.
Antimémoires I, Gallimard nrf, 1967.
Le Musée imaginaire, Gallimard Idées/Art, 1965
Le Triangle noir, Gallimard nrf, 1970.
Les chênes qu'on abat..., Gallimard nrf, 1971.
Oraisons funèbres, Gallimard nrf, 1971.
Roi, je t'attends à Babylone..., Editions Skira, 1973.
La tête d'obsidienne, Gallimard nrf, 1974.
Lazare, Gallimard nrf, 1974.
Hôtes de passage, Gallimard nrf, 1975.
La Métamorphose des dieux :
Le Surnaturel, Gallimard nrf, à paraître en 1977 (paru chez Gallimard sous le titre
    la *Métamorphose des Dieux*).
L'Irréel, Gallimard nrf, 1974.
L'Intemporel, Gallimard nrf (à paraître en 1976).
Le Miroir des Limbes :
    I. *Antimémoires I,* Gallimard Folio, 1972 (version définitive).

II. *La Corde et les Souris*, Gallimard Folio (Printemps 1976) :
    1) *Hôtes de Passage,*
    2) *Les chênes qu'on abat...,*
    3) *La tête d'obsidienne,*
    4) *Lazare*
A paraître :
Tome I des *Œuvres complètes,* Pléiade, Gallimard, qui comprendra :
    Le Miroir des Limbes
    Les Oraisons funèbres (augmentées).

PRINCIPAUX OUVRAGES EN FRANÇAIS SUR ANDRE MALRAUX

Ouvrage d'initiation : PICON, Gaëtan. *Malraux par lui-même.* (Ecrivains de toujours), Seuil, annoté par Malraux.
Ouvrage de base :LACOUTURE, Jean. *André Malraux, une vie dans le siècle.* Seuil 1973.
BOISDEFFRE, Pierre de. *André Malraux,* Editions Universitaires, 1952.
BRINCOURT, André. *André Malraux ou le temps du silence,* Table Ronde, 1966.
DELHOMME, Jeanne. *Temps et Destin.* Essais, Gallimard 1955.
DUTHUIT, Georges. *Le Musée inimaginable.* 3 vol. José Corti 1956.
DORENLOT, Françoise. *Malraux ou l'Unité de Pensée.* Gallimard, Essais 70.
ERHENBOURG, Ilya. *Vus par un écrivain d'U.R.S.S. :* Gide, Malraux, Mauriac, Duhamel, etc. Gallimard 1934.
GAILLARD, Pol. Présence Littéraire : *Malraux.* Bordas 1970.
GAILLARD, Pol. *Les Critiques de notre temps et Malraux.* Garnier 1970.
GOLDMANN, Lucien. *Pour une sociologie du roman* / Introduction à une Etude structurale des romans de Malraux. Gallimard 1964.
HOFFMANN, Joseph, *L'humanisme de Malraux.* Klincksieck, Paris, 1963.
LANGLOIS, Walter. *L'Aventure indochinoise d'André Malraux.* Mercure de France, 1967.
MALRAUX, Clara. *Le Bruit de nos pas.* 3 vol. Grasset 1966.
MARION, Denis. *André Malraux, Cinéma d'aujourd'hui.* Seghers 1970.
MAURIAC, Claude. *Malraux ou le Mal du Héros.* Grasset 1946.
MOSSUZ, Janine. *Malraux et le Gaullisme.* (Cahiers de la Fondation Nationale des Sciences Politiques) Colin 70.
MOUNIER, Emmanuel. *Malraux, Camus, Sartre, Bernanos, l'Espoir des Désespérés.* Seuil 1953.
STEPHANE, Roger. *Procès de l'Aventurier :* T.E. Lawrence, Von Salomon, Malraux. (Préface de J.P. Sartre), Sagittaire 68.
VANDEGANS, André. *La Jeunesse d'André Malraux.* Pauvert 1964.

Sous la Direction de Walter LANGLOIS. La Revue des *Lettres Modernes :*
    Série André Malraux :
        I. du farfelu aux Antimémoires, 1972.
        II. Visages du Romancier, 1973.
        III. Influences et affinités, 1975.
Calepins de Bibliographie :
    N° 2. **Malraux Cristicism in English.** Essai de Bibliographie des études en langue anglaise). Mignard 1972.
    N° 1. à paraître : Critique française (W.L. Langlois, F. Dorenlot, P.C. Hoy).

REVUES ET ARTICLES EN FRANÇAIS

Parmi les innombrables articles écrits sur Malraux, les suivants sont particulièrement importants.
en français :
GROSJEAN Jean. Les Antimémoires d'André Malraux.
    Nouvelle Revue Française, octobre 1967, N° 178.
PEYRE Henri. Malraux, le Romantique.
    Revue des Lettres Françaises (Mignard), pp. 355-59.

Le N° Spécial de la Revue *Esprit,* octobre 1948, N° 10, qui contient des articles de Albert BEGUIN, Pierre DEBRAY, Gaëtan PICON, Claude-Edmonde MAGNY, Emmanuel MOUNIER, Roger STEPHANE.
Le N° 2 de la Revue *Espoir,* revue de l'Institut Charles-de-Gaulle, a publié « Malraux, Paroles et Ecrits Politiques », 1947-1972.

PRINCIPAUX OUVRAGES EN ANGLAIS SUR ANDRÉ MALRAUX

BLEND Charles D. *The Tragic Humanism of André Malraux.*
    Columbus, Ohio State University, 1968.
BOACK Denis. *André Malraux.*
    Oxford, Clarendon Press 1968.
FROHOCK Wilbur, Merril.*André Malraux and the Tragic Imagination.*
    Standford University Press, 1951.
FLANNER Janet. *Men and Monuments.* (pp. 1-70, The Human Condition).
    New-York, Harpers and Brothers, 1957. Hamish-Hamilton, 1957, London.
GANNON Edward. *The Honor of being a Man.*
    Chicago, Lloyola University Press, 1957.
LACOUTURE Jean. *André Malraux,* Deutsch.
LANGLOIS Walter. L. *The Indochina Adventure.*
    New York, Washington, Frederick A Praeger 1966.
    London, Pall Mall Press 1966.
PAYNE Robert. *A portrait of André Malraux.*
    Englewood cliffs, N.J., Prentice-Hall, inc. 1970.
RIGHTER William. *The Rhetorical Hero, an Essay on the Aesthetics of André Malraux.* New-York, Chilmark Press 1964.
SAVAGE Catherine. *Malraux, Sartre and Aragon as political novelists.*
    Gainesville, University of Florida 1964.

REVUES ET ARTICLES EN ANGLAIS

CHIAROMONTE Nicolas. Malraux and the Demons of Action. *Partisan Review,* July 1948.
STEINER Georges. André Malraux, a Gaul for all seasons. *Life May* 68.
WOLFE Bertrand. Malraux mosaïc : reflections see through a creative prism. *Chicago Daily News* 26 oct. 1968.
WILSON Edmund. André Malraux, *The New Republic,* august 1933.
    The Shores of Light : a literary Chronicle of the Twenties. (pp. 566-574), New York, Farrar, Strauss and Young.
    The Bit between my teeth : a literary Chronicle of 1950-1965. (pp. 137-150).
    The Museum without Walls ; New York, Farrar, Strauss and Giroux.

Malraux Criticism in English : Bibliography of books and articles published about Malraux in english. (Walter Langlois).
    Lettres Modernes, Mignard, 73, rue du Cardinal Lemoine, 75005 Paris.

DISQUES

Les questions que posent les Antimémoires : André Malraux répond aux jeunes. (Entretien du 25 octobre 1967 sur Europe I).
    33 tours. 65 FT 68. Collection : Français de notre temps.
Entretien avec Pierre de Boisdeffre (O.R.T.F.), A.D.E.S., O.R.T.F. 1967.
Hommage de la France à Jean Moulin. O.R.T.F. 1965.
André Malraux, Discours Politiques (1933-1968). Hommes et faits du xxᵉ siècle.
    Deux disques SERP.
André Malraux, Discours historiques. (Institut Charles-de-Gaulle).
    Deux disques Déesse DDLX 83-94.

TABLE DES MATIERES

Martine de COURCEL. — Avertissement au lecteur 7

I. — L'ACTION SŒUR DU REVE

Walter LANGLOIS. — Indochine, l'Initiation 29
Isaiah BERLIN. — Malraux et la Russie des années 30 et beaucoup
    d'autres choses encore ou le langage des Parthes a-t-il vraiment
    disparu ? 43
Hugh THOMAS. — L'Illusion lyrique : Espagne 1936 56
Freddie AYER. — Les premiers Romans 72
Pierre BOCKEL. — Métaphysique de l'Agnosticisme 81
Gaston PALEWSKI. — Malraux et de Gaulle 92
André HOLLEAUX. — Le Ministre 107
Nicole ALPHAND. — Chevalier servant de la Joconde 126

II. — LES TENTATIONS DE L'ORIENT

Chang MEI-YUAN. — « Des flots dans les fleuves sans age », Malraux
    et la pensée chinoise 135
Girija MOOKERJEE. — « Dans les jardins nocturnes des grands
    rêves de l'Inde » 146
Tadao TAKEMOTO. — Malraux et le Japon, Rencontre sous une
    cascade 157

III. — LA RECHERCHE DU SENS

François DORENLOT. — L'Unité de pensée à travers l'Art et l'Action 167
John LEHMANN. — Le Mythe et l'Ecrivain 183
Manès SPERBER. — Malraux et la Politique 198
Ernst GOMBRICH. — La philosophie de l'Art de Malraux dans une
    perspective historique 216
Jean LEYMARIE. — Malraux et la Création artistique 235
Maurice SCHUMANN. — André Malraux, la biologie et l'anti-destin .. 259
Cyril SULZBERGER. — L'Humaine Condition de Malraux 274
Victoria OCAMPO. — Le Temps de Malraux 283

IV. — NEOCRITIQUE

André Malraux. — Postface 297

ACHEVÉ D'IMPRIMER LE
7 AVRIL 1976 SUR LES
PRESSES DE LA SIMPED
POUR PLON, ÉDITEUR A
PARIS

Dépôt légal : 2ᵉ trimestre 1976
Numéro d'éditeur : 10 211
Numéro d'impression : 5 727